부활을 살라

IVP(InterVarsity Press)는
캠퍼스와 세상 속의 하나님 나라 운동을 지향하는
IVF(InterVarsity Christian Fellowship)의 출판부로
생각하는 그리스도인을 위한 문서 운동을 실천합니다.

Originally published by Wm. B. Eerdmans Publishing Co.
as *Practice Resurrection: A Conversation on Growing Up in Christ*
Copyright ⓒ 2010 by Eugene H. Peterson

Korean language edition published by permission of Eugene H. Peterson
c/o the literary agency of Alive Communication, Inc.,
7680 Goddard Street, Suite 200, Colorado Springs, CO 80920, U. S. A.
through the arrangement of rMaeng2, Seoul, Korea.

Korean Edition ⓒ 2018 by Korea InterVarsity Press
156-10 Donggyo-Ro, Mapo-Gu, Seoul 04031, Korea

본 저작물의 한국어판 저작권은 알맹2 에이전시를 통하여
Alive Communication, Inc.와 독점 계약한 IVP에 있습니다.
신 저작권법에 의하여 한국 내에서 보호받는 저작물이므로
무단전재와 무단복제를 금합니다.

# 부활을 살라

유진 피터슨 | 양혜원·박세혁 옮김

**Ivp**

부활을 살며 50년간 함께 사랑의 멍에를 맨

아내 잰에게

## 차례

| | |
|---|---:|
| 감사의 글 | … 9 |
| 들어가는 글 | … 13 |

## 제1부 에베소와 에베소 사람들

**1. 에베소 교회:** 에베소서 1:1-2 … 27
눈에 보이지 않는 교회 | 교회에 대한 환상과 기만 | 교회라는 기적

**2. 에베소를 향한 메시지:** 에베소서 4:1, 7 … 53
'악시오스' 은유 | 시편 68편: "주께서 높은 곳으로 오르시며…"

## 제2부 하나님의 복

**3. 하나님과 영광:** 에베소서 1:3-14 … 85
우주 속에서 길을 잃다 | 하나님의 동사 | 하나님의 영광

**4. 바울과 성도들:** 에베소서 1:15-23 … 109
"내가 기도할 때에 기억하며" | "모든 성도"
"그것은 여기 있다. 우리 발밑에 있다"

**5. 은혜와 선한 일:** 에베소서 2:1-10 … 139
습득된 수동성 | 선한 일 | 영광을 돌리는 형태

## 제3부 교회의 창조

**6. 평화와 무너진 담:** 에베소서 2:11-22 … 169
개인주의라는 가시밭 | "심각한 땅 위의 심각한 집" | 존재론적 교회
"그는 우리의 화평이신지라" | 환대하는 교회

**7. 교회와 하나님의 각종 지혜:** 에베소서 3:2-13 … 201
"모든 성도 중에 지극히 작은 자보다 더 작은 나에게"
메섹과 게달의 장막 | 내경 | 그림자

## 8. 기도와 하나님의 모든 충만: 에베소서 3:14-21 ... 227

"교회 안에서와 그리스도 예수 안에서 영광이"

"아버지 앞에 무릎을 꿇고 비노니" | "모든 충만하신 것" | "속사람"

## 9. 한 분과 만유: 에베소서 4:1-16 ... 255

"너희가 부르심을 받은 일에 합당하게 행하여"

권면의 언어 | 하나님 측량법 | 폰 휘겔 남작

## 제4부 행동하는 교회

## 10. 거룩과 성령: 에베소서 4:17-32 ... 285

스타와머스 치프 | 부정적인 공간 | 숨어 계신 삼위일체의 위격

## 11. 사랑과 예배: 에베소서 5:1-20 ... 309

"모든 것이 허물어지고, 중심이 사라졌다…" | 사랑의 언어

"잠자는 자여, 깨어서 죽은 자들 가운데서 일어나라"

## 12. 가정과 일터: 에베소서 5:21-6:9 ... 343

보리오불라가 | "나란히 날갯짓하며 나란히 노를 저으며"

사이 | 언약궤와 무덤

## 13. 마귀의 간계와 하나님의 전신갑주: 에베소서 6:10-17 ... 379

"굳게 서라" | 마귀의 간계 | 하나님의 전신갑주

"항상 성령 안에서 기도하고" | "두기고가 모든 일을 너희에게 알리리라"

**부록** 부활의 삶에 관한 글을 쓴 작가들 ... 411
주 ... 423
인명 색인 ... 433
주제 색인 ... 435
성구 색인 ... 451

**일러두기**
본서에 인용된 「메시지」 신약 본문은 "복있는사람"의 허락을 받고 사용하였습니다.

# 감사의 글

내가 처음으로 에베소서를 가르친 것은 1965년, 메릴랜드 주 벨 에어에 새로 개척한 교회의 성인 그룹을 대상으로 한 것이었다. 회원은 캐서린 크라우치와 베티 크로스데일 그리고 루실 맥캔, 세 명이었다. 당시 나는 서른세 살이었고 그들은 전부 오십대였다. 캐서린과 베티는 고등학교 교육까지만 받았고, 농부의 아내였다 사별한 루실은 중학교 과정도 다 마치지 못했다. 많은 학자들이 에베소서가 바울의 편지 중에서 가장 어려운 편지라고 주장하지만, 나는 그들이 틀렸음을 증명하고 싶었다. 대학교를 나와야 부활의 삶을 살며 성숙해지는 법을 배울 수 있는 것이 아니다. 전문 직종에서 성과를 내는 사람이어야 그리스도 안에서 자랄 수 있는 것이 아니다. 나는 그 세 여성과 함께 에베소서에 빠져 1년을 보낸 후, 에베소서야

말로 성령을 통해 성숙하는 성도들의 공동체, 즉 '그리스도의 장성한 분량이 충만한 데까지' 자라는 남녀들의 공동체 속에서 사역하는 목사의 정체성을 포괄적으로 빚어 주는 텍스트임을 깨달았다. 그로부터 26년 동안 나는 교회에서 여러 차례 에베소서를 가르쳤다. 그 후에 밴쿠버 리젠트 칼리지에서 영성 신학 교수로 일하게 되었는데 그때 내가 처음 만든 강좌가 에베소서를 기초로 한 강좌였다. 그 강좌의 이름은 "영혼의 성숙: 그리스도 안에서 사는 성숙한 삶"이었고, 6년 동안 해마다 그 강좌를 열었다. 그렇게 에베소서를 가지고 (26년은 나의 회중과 함께, 6년은 내 강의실에서) 32년간 나누었던 대화가 이제 이 한 권의 책으로 묶이게 되었다. 그러니 이 책은 내가 혼자 쓴 것이 아니다. 그 세 명의 여성(캐서린, 베티, 루실)이 시작했고, 그들 이후의 회중에서 그리고 강의실에서 이름을 다 알 수 없는 수많은 그리스도인들이 해준 논평과 질문과 글과 기도가 있었다. 그 '좋은 토양'에서 이 책에 실린 내용들이 자라났다.

또한 이름을 직접 언급해야 할 중요한 사람들이 많다. 처음부터 끝까지 꾸준한 대화의 동반자가 되어 주었던 조나단 스타인(Jonathan Stine), 내 글의 편집자인 어드먼스(Eerdmans) 출판사의 존 포트(Jon Pott)와 제니퍼 호프먼(Jennifer Hoffman), 내 에이전트인 얼라이브 커뮤니케이션스(Alive Communications)의 사장 릭 크리스천(Rick Christian), 리젠트 칼리지의 조교들인 조이스 피스굿(Joyce Peasgood) 박사와 스티븐 트로터(Steven Trotter) 박사, 그리고 마이클 크로우(Michael Crowe) 목사, 마일스 핀치(Miles

Finch) 목사, 린다 넵스테드(Linda Nepsted) 목사, 에릭 피터슨(Eric Peterson) 목사, 켄 피터슨(Ken Peterson) 목사, 웨인 프리스(Wayne Pris) 목사, 그리고 데이비드 우즈(David Woods) 목사. 이 모든 분들에게 감사의 마음을 전한다.

## 들어가는 글

이 책은 성숙한 그리스도인이 되는 것, 그리스도인으로 빚어져 가는 것, 그리스도의 장성한 분량이 충만한 데까지 자라는 것에 대한 대화다.

사람이라면 누구에게나 태어나는 순간이 있다. 예외는 없다. 발을 버둥거리고 세찬 울음을 터뜨리며 우리는 이 거대하고, 복잡하고, 훼손되었고, 요구가 많은, 그러나 아름다운 세상에 태어난다. 날마다 조금씩 우리는 사는 법을 터득한다. 어머니의 젖을 먹고, 잠을 자고, 잠에서 깨기를 반복한다. 그러다가 어느 날 그냥 잠에서 깨기만 하는 것이 아니라 두 발로 일어나 걷는 곡예를 보여 줌으로써 모두를 놀라게 한다. 머지않아 우리는 명사와 동사를 자유자재로 구사하며 언어를 능숙하게 사용한다. 말하자면 자라는 것이다.

예수님은 이와 같은 출생의 사건을, 또 다른 출생을 설명하는 은유로 사용하셨다. 즉 하나님을 향해 살아나는 출생이다. 살아 계신 하나님을 향해 살아난다. 거대하고, 복잡하고, 훼손되고, 요구가 많은 그러나 아름다운 생명이다. 하나님의 거룩함, 하나님의 뜻, 하나님의 나라와 권능과 영광을 향해 살아난다. 이렇게 태어난 이후의 인생에는 어머니의 젖과 자고 깨는 것과 걷고 말하는 것 이상의 의미가 있다. 하나님이 계신 것이다.

예수님은 어느 날 밤 예루살렘에서 랍비 니고데모와 나눈 대화에서 출생의 은유를 제시하셨다. 예수님은 이렇게 말씀하셨다. "위로부터 태어나야 한다"(요 3:7). 이 은유는 "다시 태어나야 한다"(새번역) 혹은 "거듭나야 한다"(개역개정)로 번역될 수도 있다. 니고데모는 이 은유를 이해하지 못했다. 문자주의자들은, 특히 종교적 문자주의자들은 은유를 잘 이해하지 못한다. 은유는 보이는 것과 보이지 않는 것을 유기적으로 연결해 준다. 우리가 보지 못하는 하나님에 대해서 대화할 때는 생생하고도 직접 와 닿는 언어가 중요한데, 그때 은유는 아주 값진 역할을 한다. 은유가 없으면 밋밋한 추상성과 막연한 일반성만 남는다.

예수님은 은유를 좋아하셨다. "위로부터 태어난다"는 말도 참으로 기억에 남는 예수님의 은유 중 하나다. 예수님이 이 은유를 구체적으로 설명하시는 내용(요 3:5-21)을 들으면서 우리는 결국에는 니고데모가 이해했을 것이라고 어느 정도 확신하게 된다. 왜냐하면 성경에서 니고데모가 다시 언급되는 부분은 십자가에서 죽으신 예수님의 시신을 묻을 때 아리마대 요셉과 나란히 주된 역할을 하는 장면인데(요 19:38-40), 그때의 니고데모는 예수님의 길에 동참하기로 결심한 것이 거의 확실해 보이기 때문이다. 그 은유에도 불구하고, 아니 오히려 그 은유 때문에 니고데모는 위로부터 태어났다. 그리고 태어나기만 한 것이 아니라, 자랐다. 예수님을 묻는 현장에 그가 있었다는 것은 예수님과 나눈 그때의 대화 이후로 그가 자랐다는 증거다. 그는 더 많이 이해하게 되면서 더 많이 동참했고, 그렇게 살아 계신 하나님의 세계에서 성숙의 길을 갔다.

태어나고 자란다. 그런데 사람의 성장 중 가장 중요한 성장은 그리스도인으로서 성장하는 것이다. 다른 모든 성장은 준비 혹은 보조에 불과하다. 생물학적, 사회적, 정신적, 감정적 성장은 모두 그리스도 안에서 자라는 것에 궁극적으로 흡수된다. 물론 모든 사람이 그렇게 되는 것은 아니다. 인간은 몸과 정신과 감정도 성숙해져야 하지만, 하나님과의 관계 그리고 다른 사람과의 관계에서도 성숙해져야 한다.

자라려면 성령이 우리의 거듭난 영혼을 그리스도와 닮게 빚으셔야 한다. 성 누가가 세례 요한에 대해 한 말에서 그와 같은 성령의 사역을 예견할 수 있다. 요한의 탄생 이야기 다음에 이런 문장이 나온다. "아이가 자라며 심령이 강하여지며 이스라엘에게 나타나는 날까지 빈들에 있으니라"(눅 1:80). 그러고서 한 페이지 정도 뒤로 가면 예수님의 탄생 이야기에 이어서 이런 문장이 나온다. "예수는 지혜와 키가 자라가며 하나님과 사람에게 더욱 사랑스러워

가시더라"(눅 2:52).¹⁾ 성 바울도 에베소서에서 그리스도인들에게 주어진 과제를 비슷한 용어로 설명했다. "…온전한 사람을 이루어 그리스도의 장성한 분량이 충만한 데까지 이르리니…그에게까지 자랄지라. 그는 머리니 곧 그리스도라"(엡 4:13, 15). 나는 그것을 이렇게 번역했다. "하나님은 우리가 충분히 자라서, 모든 면에서 그리스도처럼 온전한 진리를 알고, 사랑으로 그 진리를 말하기를 바라십니다.…우리는 하나님 안에서 건강하게 자라고 사랑 안에서 강해질 것입니다"(「메시지」).

요한이 자랐다.

예수님이 자라셨다.

바울은 우리에게 말한다. "자랄지라."

먼저 태어나고 그 다음에 자란다. 두 은유는 분리될 수 없다. 출생은 성장을 전제하고, 성장은 출생에서 비롯된다. 미국 교회가 성장보다 출생에 훨씬 더 많은 주의를 기울였다고 하면 과장된 말일까? 나는 그렇지 않다고 생각한다. '교회 성장' 혹은 '성장하는 교회'에서처럼 성장의 은유가 자주 사용되는 것은 사실이다. 그러나 그 은유가 원래의 생명체로부터 잘려 나와 추상적이고 영혼이 사라진 산술적 계산으로 축소된 것 또한 자명한 사실이다. 이것은 성경의 토양으로부터 멀어질 대로 멀어진 것이다. 그래서 은유는 심각하게 왜곡되었고, 하나님 나라에서 사는 것이 무엇을 의미하는지를 이해하는 기독교적 사고도 심각하게 왜곡되었다.

부모에게 자녀의 출생은 기쁘고 경이로운 체험이다. 아기가 태어나면, 부모는 이런 정보가 적힌 카드를 돌린다. '몸무게: 3.1킬로그램, 키: 53센티미터, 이름: 베로니카 앤, 출생일: 5월 6일.' 이처럼 별 내용이 아닌 정보도 경외에 가까운 감탄으로 받아들여진다. 자녀가 태어났을 때 느끼는 행복감은 몇 주간 이어진다. 처음 그 생명이 수정될 때 느꼈던 짧은 오르가즘에 비하면 상당히 긴 시간 동안의 희열이지만, 영원히 계속되지는 않는다. 불과 얼마 전까지만 해도 기쁨에 푹 빠져 있던 부모에게 아이가 자란다는 것은, 누적되는 피로와 불안, 늦은 밤에 놀라서 의사에게 전화 걸기, 확신을 가지기 힘든 훈육 원칙, 선생님들과의 걱정스런 만남, 이해하기 힘든 청소년기의 태도와 반항을 의미하기 때문이다. 낳는 일은 (어머니들은 좀 다른 견해를 가지고 있겠지만 적어도 아버지들에는) 빠르고 쉬웠지만, 자라는 일은 끝이 없고 복잡하다.

친한 친구가 하나 있는데, 그녀는 나를 만난 지 얼마 되지 않았을 때(당시에 그녀는 마흔 살이었다) 자신이 아칸소 주의 가난한 집안에서 태어나 엄격한 근본주의적인 환경에서 학대를 받으며 자랐다고 말해 주었다. 그녀는 가출해서 캘리포니아로 갔는데 열여덟 살에 임신을 하게 되었다. 그때 자기 안에서 생명이 자라고 있다는 그 느낌은 완전히 희열 그 자체였다고 한다. 그때처럼 '자기 자신'을 확신했던 적이 없었다. 자궁에 이 새롭고도 순진무구한 생명을, 이 신비를 지니고 있다는 사실은 그녀에게 삶의 의미와 기쁨을 가져다주었다. 가출한 이후로 관습적인 의미의 종교성은 더 이상 가지고 있지 않았지만, 자기 안에 있는 이 생명을 하나님이 창조하셨고 자신에게 주셨다는 것만큼은 추호의 의심도 없었다고 한다.

그녀는 아이를 낳았고, 그 경험도 희열과 아름다움, 선 그 자체였다. 그토록 살아 있다는 느낌, 자기 자신에 대한 확신으로 가득했던 적이 없었다. 그러다가 몇 주후 그녀는 완전히 무너지고 말았다. 그녀는 생명에 대해서 아는 것이 하나도 없었다. 무엇을 해야 할지 몰랐고, 혼란스러웠고, 감당할 수 없었고, 갈팡질팡했다. 그래서 술을 마시기 시작했고 알코올 중독자가 되었다. 이어서 코카인에도 손을 댔고 이번에는 마약 중독자가 되었다. 머지않아 그녀는 성을 파는 여성이 되었다. 그리고 그 후로 20년 동안 자신과 아이의 생계를 위해 샌프란시스코의 거리를 일터 삼아 살았다.

그러던 어느 날 우연히 어떤 교회에 들어가 보게 되었다. 그녀는 그 텅 빈 교회 안에서 그리스도인이 되었다. 정확하게 어떻게 그렇게 되었는지는 모르지만 그렇게 **되었다**는 것은 분명했다. 또 한 차례의 임신이었다. 자기 아들을 임신했을 때와 거의 비슷한, 우발적이고 의도하지 않은 사건이었다. 아직은 그 의미를 잘 몰랐지만, 자신이 그리스도인이 **되었다**는 사실만큼은 분명히 알았다.

그녀는 생명에 대해 아는 것이 하나도 없었지만, 그렇다고 마약과 알코올과 섹스로 그날 벌어 그날 먹는 생활을 계속 할 수는 없다고 생각했다. 그래서 잠시 이리저리 기웃거렸고 그러다가 그리스도인이 살아야 하는 길을 발견하고 그것을 받아들였다. 그렇게 그녀는 그리스도 안에서 자라는 일에 몰두했고 그때 이후로 계속 그렇게 살았다.

그런데 이 여성이 가장 힘들어했던 것이 무엇이었는지 아는가? 바로 미국 교회다. 그곳에서 환영을 받지 못해서가 아니었다. 오히려 그녀는, '불타는 장작더미에서 건진 나뭇조각' 같은 존재로 대우받고 크게 환영받았다. '이런 사람이 그리스도인이 되다니!' 하는 반응이었다. 그러나 이 교회들은 예수님의 이름으로 다시 태어나는 것에 대해서는 잘 알아도 '그리스도의 장성한 분량이 충만한 데까지 자라는' 문제에는 관심도 없고 능력도 없어 보였다.

그녀가 보기에 교회는 자신이 한때 알코올과 마약과 섹스를 사용했던 것처럼, 하나님을 회피하고 현실을 회피하고 이웃을 외면하기 위해서 수많은 아이디어와 프로젝트를 사용하는 것 같았다. 그들은 예수님을 따르는 것을 제외한 모든 종교적인 행위들을 하고 있었다. 그들은 가장 유아적이고 사춘기적인 충동들을 만족시키면서 예수님의 십자가를 지지 않으려 했다. 그들은 그리스도 안에서 자라고 있지 않았다. 교리도 많고, 성경공부도 많고, 도덕과 윤리에 대한 관심도 많고, 프로젝트도 많았다. 하지만 그녀가 보기에 그런 것들은 전부 묽은 죽 같았다. 그녀는 자신이 이전에 살았던 삶과 너무 비슷한 모습을 보고 깜짝 놀랐고, 그래서 자신이 하나님을 모르고 살았을 때보다는 좀더 제대로 그리스도인의 삶을 살아야겠다고 다짐했다.

시간이 좀 걸렸지만, 결국에는 마음이 맞는 친구들을 찾을 수 있었고, 자신을 가르쳐 줄 선생과 목사도 만나게 되었다. 이제 그녀에게는 그리스도의 장성한 분량이 충만한 데까지 자라는 삶, 성숙해지는 삶을 함께 살아갈 동료들이 있다.

'하나님 안에서 건강하게 자라고, 사랑 안에서 강해지는 것.' 이것이 내가 다룰 주제다. "거룩함의 아름다움"(the beauty of holiness, 시 29:2; 개역개정에는 "거룩한 옷"으로 번역되어 있다—역주)이라고 어느 시편 번역본이 말하는 그것을 찾고 그것에 따라 사는 것. 우리의 정신과 영혼과 삶이 빚어지는 것. 삶이 변화되고, 하나님 안에서 건강하게 자라고, 그리스도의 장성한 분량이 충만한 데까지 자라는 것.

사람이 그리스도 안에서 새롭게 태어나는 일은 물론 중요하다. 그러므로 전도는 본질적이고 긴급한 사안이다. 그러나 그리스도 안에서 자라는 것 또한 중요하다는 사실도 자명하지 않은가? 그런데 미국 교회는 태어나는 문제를 대하는 것만큼 긴박하게 성숙의 문제를 대하지 않았다. 미국 교회는 새로운 출생이 주는 희열과 흥분에만 빠져 있다. 사람들을 교회로, 하나님 나라로, 큰 목적으로, 운동으로, 프로그램으로 끌어들이기에 급급하다. 성숙의 문제는 주일학교 교사들에게, 기독교 교육 전문가들에게, 교과 과정을 개정하는 위원회에, 리트릿 센터에 떠맡긴다. 나는 목사나 교수 중에 거룩함을 빚어 가는 문제에 큰 관심을 가진 사람을 별로 보지 못했다. 그들은 그런 일보다 이목을 끄는 일에 더 신경을 쓴다.

미국인들은 일반적으로 성숙이 일어나는 환경에 순응하는 삶을 잘 견디지 못한다. 성숙이 일어나는 환경이란 조용하고, 명확하지 않고, 인내해야 하고, 인간의 통제와 관리에 종속되지 않는 환경이다. 미국 교회는 그러한 환경에 처하면 불안해한다. 그래서 '현실에 참여한다'는 핑계로 미국의 지배 문화에 스스로 순응해 버리고, 머지않아 그 문화와 구분되지 않을 정도로 비슷해진다. 말이 많고, 시끄럽고, 바쁘고, 통제하고, 이미지를 의식하는 집단이 되어 버리는 것이다. 세속 사회가 교육과 활동, 심리적인 영역에서 추구하는 목표가 교회의 목표가 된다. 인격 형성, 기도의 삶, 거룩의 아름다움과 같은 문제는 특수 목회나 단체에 위임되고, 교회 생활에서는 더 이상 그러한 것들이 중심을 차지하지 못한다. 그렇게 자라는 것을 태어나는 것과 분리해서 교회 생활 주변부에 팽개쳐 둔다. 현대 문화와 영성에 대해 가장 예민한 통찰력을 가진 선각자 중 한 사람이라고 할 수 있는 웬델 베리(Wendell Berry)는 이렇게 썼다. "우리는 12년 혹은 16년 혹은 20년의 인생과 거액의 공공 기금을 '교육'에 쓰면서, 인격에 대해서는 단 한 푼도 쓰지 않고 조금의 생각도 기울이지 않는 것을 정상이라고 생각한다."[2]

플라톤은 진, 선, 미라는 구조를 만들어 '보편자'라고 이름 붙였다. 그는 온전하고 성숙한 삶을 살려면 그 세 가지가 우리 안에서 조화롭게 작용해야 한다고 말했다. 미국 교회는 그 세 가지 요소 중에서 미를 제거했다. 우리는 진리를 위해서 싸우고, 하나님을 바르게 이해하는 일에 열심을 낸다. 선한 일을 주장하고, 하나님 앞에서 바르게 행동하는 일에 열정을 가진다. 그러나 진리와 선이 인간의 삶에서 드러나는 형태인 아름다움은 대체로 무시하고, 아름다움을 꽃꽂이 장식가와 실내 장식가에게 맡긴다. 플라톤과 그를 따른 많은 지혜로운 스승들은 진, 선, 미가 서로 유기적으로 연결되어 있다고 주장했다. 아름다움이 없으면, 진리와 선이 담길 그릇이 없어지고, 형태가 없어지며, 그것을 인간의 삶에서 표현할 길이 없어진다. 아름다움과 분리된 진리는 추상적이고 혈색을 잃는다. 아름다움과 분리된 선은 사랑과 은혜가 없다.

이것을 일컬을 공식 용어가 필요하다면, '신학적 미학' 정도면 충분할 것이다.

성인기 내내 나는 성숙의 문제, 영성을 빚어 가는 문제, 신학적 미학의 문제, '하나님 안에서 건강하게 자라고 사랑 안에서 강해지는' 문제가 주변화되는 것에 저항했다. 그것을 실천하려면 무엇이 필요한지를 증언하려고 노력했다. 하지만 별 성과가 없었다.

그렇다고 무시를 당한 것은 아니다. 오히려 사람들은 내 말을 상당히 잘 받아들여 주었다. 하지만 많은 경우 그러한 반응은 그냥 친절하게 들어 주는 것에 불과했다. 목사들은 그런 의제로는 일을 해낼 수가 없다고 했다. 신학적 **미학**? 사람들이 참지 못할 것이고, 교인들이 참지 못할 것이라고 했다. 이 교회 저 교회를 건너뛰며 옮겨 다니기로 유명한 어느 목사가 내게 얼마 전에 말하기를, 그것은 시간 낭비라고 했다. 거기에는 아무런 도전이 없고, 앉아서 페인트가 마르는 모습을 지켜보는 것만큼이나 지루한 일이라고 했다.

나는 그에게, 이스라엘이나 대부분의 교회 선조들이 페인트가 마르는 모습을 지켜보며 대부분의 시간을 보냈다고 말했다. 그렇게 기다리고 인내하면서 서두르지 않는 것이 그리스도 안에서 자라는 일의 특징이고 오랫동안 교회 생활의 중심이 되어 왔는데, 그것이 미국에서 주변화된 것은, 말하자면 참으로 미국다운 일이라고 말했다. 하지만 그는 나의 말을 받아들이지 않았다. 그에게는 도전이 필요하다고 했다. 그의 어조와 태도로 미루어 그가 말하는 도전이란 40일 안에 이루고 성취할 수 있는 무엇이라는 생각이 들었다. 예수님도 40일 만에 해결하셨으니 말이다.

너무 오랫동안 우리는 문화의 전적인 지지를 받으면서 우리의 변덕스런 감정적 필요에 자신을 내맡겼다. 너무 오랫동안 교회 시장 분석가들이 교회의 의제를 정하게 내버려두었다. 너무 오랫동안 우리는 자칭 기독교적 삶의 전문가들이 '그리스도의 장성한 분량'을 메마른 나무토막 같은 온갖 수치들로 대체해 버려도 아무런 저항을 하지 않았다.

따라서 내가 하려는 일은 '그리스도 안에서 자라는 것'에 대해 그리스도인 형제자매들과 길고도 진지한 대화를 나누는 것이다. 그리고 이 대화에 믿음직한 옛 사람의 지혜로운 목소리를 끌어들이려고 한다. 바로 성 바울의 목소리다. 그는 이 '성장'의 은유를 만들어 낸 사람이다. 2천 년 전에 에베소의 회중에게 보낸 그 편지에 적힌 내용은 오늘날 들어도 전혀 손색이 없고, 오늘날 우리가 처한 상황에 대해서도 전략적으로 중요한 말을 해주고 있다. 이 대화에서 나는 바울이 주도적인 목소리를 내기를 바란다.[3]

무엇보다, 우리가 그리스도인의 삶을 살면서 성숙해질 수 있는 토대는 바로 예수님의 부활이다. 살아 계시고 현존하시는 예수님. 우리의 도움이 필요 없었고 우리의 견해와도 상관없었던 예수님의 부활을 생생하게 인식해야만 우리의 성장을 직접 책임지려는 태도를 극복할 수 있다. 예수님의 부활을(그 거대한 신비와 거기에서 흘러나오는 전례 없는 에너지를) 자주 묵상해야 우리의 대화를 우리가 규정하거나 통제할 수 있는 언어로 축소하지 않을 수 있다. 그래서 웬델 베리에게서 빌려온 "부활을 살라"라는 문구는[4] 아주 절묘한 표현이다. 우리는 우리에게서 비롯되지 않았고 우리가 예견할 수 없는 것을 삶으로 살아낸다. 부활을 살 때 우리는 자신보다 더 큰 무엇으로 끊임없이 들어가게 된다. 부활을 살 때 우리는 살아 계시며 현존하시는 예수님과 동행하게 된다. 예수님은 우리가 어디로 가는지 우리보다 더 잘 아신다. 그 길은 언제나 '영광에서 영광으로' 이어지는 길이다.

## 제1부
# 에베소와 에베소 사람들

이 책을 읽는다는 것은
자신을 규정한다고 생각했던 모든 소유물을
영원히 잃어버릴 위험을 무릅쓰는 행위다.

마가렛 에비슨, 「언제나 지금」

# 1. 에베소 교회

에베소서 1:1-2

하나님의 뜻으로 말미암아 그리스도 예수의 사도 된 바울은 에베소에 있는 성도들과
그리스도 예수 안에 있는 신실한 자들에게 편지하노니,
하나님 우리 아버지와 주 예수 그리스도로부터 은혜와 평강이 너희에게 있을지어다.
에베소서 1:1-2

교회는 추구해야 하는 이상이 아니다. 교회는 그냥 존재하고 인간이 그 안에 있다.
조르주 베르나노스, 「어느 시골 신부의 일기」

교회라는 복합적인 환경 속에서 우리는 그리스도 안에서 자라며 성숙해진다. 그러나 교회는 힘든 곳이다. 하지만 우리가 그리스도 안에서 자라는 것을 진지하게 받아들인다면 언젠가는 교회 문제를 해결해야 한다. 너무 오래 미뤄 두지 않는 것이 좋다. 그래서 나는 교회에 대한 이야기부터 하고 싶다. 그리스도인으로 살면서 무엇이 가장 힘드냐고 물으면, 많은 그리스도인들이 교회라고 대답한다. 그래서 많은 그리스도인들이 교회를 다니다가 그만둔다. 교회의 못난 면까지도 다 수용하면서 다니는 사람보다는 교회에 아예

나가지 않거나 간혹 나가는 그리스도인들이 아마도 더 많을 것이다. 실제로 교회에는 못난 면이 많다. 목사들에게도 이 문제가 쉽지는 않은지, 회중을 떠나는 목사의 수가 놀랍게 늘어나고 있다.

그렇다면 왜 교회를 고집하는가? 짧게 대답하면, 성령이 교회를 죽음의 나라에 존재하는 하늘의 식민지로 세우셨기 때문이다. 시인 윌리엄 블레이크(William Blake)는 영적인 삶을 포괄적으로 재구성한 시에서 그 죽음의 나라를 "얼로의 땅"(land of Ulro, 타락하고 공허한 기계적인 현대 문명을 지칭하는 블레이크의 조어-역주)이라고 불렀다. 예수님이 이 땅에 시작하신 하나님 나라를 사람의 목격담을 통해 들려주고 그 나라의 존재를 물리적으로 보여 주기 위해서 성령이 세우신 전략의 핵심이 바로 교회다. 교회는 그 나라의 완성된 모습이 아니라, 그 나라가 있음을 보여 주는 증거다.

그러나 교회의 모습을 전부 이해하고 받아들이려면 꾸준한 노력과 의지적인 상상력이 필요하다. 교회를 가볍게 피상적으로만 경험하면, 피 튀기는 싸움과 독설 섞인 논쟁과 계파 간의 투쟁만 있는 곳이라는 인상을 받기가 쉽다. 그것은 단지 유감스럽기만 한 일이 아니라 부끄럽기 짝이 없는 일이다. 그러나 그것이 교회의 전부는 아니다. 그리스도인들과 다른 사람들이 교회를 아무리 속되게 만들고 남용한다 할지라도, 교회에는 언제 어디서나(라틴어 관용구로 *ubique et ab omnibus*, '어디서나 그리고 모두에 의한') 교회를 일차적이고 근본적인 하나님의 일로 존속시켜 주는 깊은 연속성이 있다. C. S. 루이스(Lewis)는 '언제 어디서나' 계속해서 다시 경험되는 바다처럼 깊은 전통을 뜻하는 말로 '깊은 교회'라는 용어를 소개했다.[1] 마음에 드는 말이다. 깊은 교회.

민족의 죽음, 문명의 죽음, 결혼의 죽음, 경력의 죽음, 끝없이 이어지는 부고. 전쟁에 의한 죽음, 살인에 의한 죽음, 사고에 의한 죽음, 기아에 의한 죽음. 전기 의자, 독극물 주사에 의한 사형, 교수형. 이처럼 죽음이 신문의 머리기사를 장식하는 세상에서 교회는 부활을 사는 구체적 개인들이 특정 장소에서 하나님께 받은 임무를 가지고 모이는 모임이다. 부활을 산다는 것은 부활의 **생명**, 죽음에서 벗어나는 생명, 죽음을 이기는 생명, 결정적 발언인 생명, 예수님의 생명을 믿고 거기에 동참하겠다는 의도적인 선택이다. 이러한 삶은 막연하게 위를 향하는 소원이 아니라, 죽음과 악마에 몰두하는 이 세상에서 신뢰할 수 있는 성실한 삶의 방식, 진짜 삶의 방식을 유지해 주는 개별적이면서도 상호적으로 연결된 여러 행위들로 이루어져 있다.

이러한 삶은 하나님이 삼위일체로서 하시는 모든 일들 속에서 하나님을 예배하는 삶이다. 부활을 받아들이고, (세례를 통해) 위로부터 태어나는 정체성을 얻고, (주님의 식탁에서) 그리스도의 부활하신 몸과 피를 먹고 마심으로써 부활의 삶을 빚어 가고, 성경에 계시된 하나님의 말씀을 집중해서 읽고 그것에 순종하고, 기도를 통해 우리의 감각으로는 접근할 수 없는 실재와 친밀해지고, 죄를 고백하고 용서받고, 이방인과 버림받은 사람들을 환영하고, 평화와 정의, 치유와 진리, 신성함과 아름다움을 위해 일하고 발언하고, 창조계의 모든 것을 돌보는 일들. 이 모든 것이 하나님이 삼위일체로서 하시는 일들 속에서 하나님을 예배하는 행위다. 부활을 산다는 것은 성경에 주어진 그리고 예수님을 통해 계시된 부활의 이야기를 바탕으로 그때그때 다양한 이야기들을 만들어 내는 것이다. 예상하지 못했던 수많은 부활의 이야기들이 그렇게 파생되고 급격하게 증식된다. 부활을 사는 무리가 이 세상의 지도에 이름과 숫자로 표시된 큰길과 곁길에서 예수님의 길을 복제해 낸다.

이것이 교회다.

부활을 산다는 것은 죽음의 세상에 대한 공격이 아니다. 죽음의 나라에서 폭력을 사용하지 않고 생명을 끌어안는 것이다. 시간 안에서 영원을 살라는 공개적인 초대다.

그러나 부활을 사는 일은, 본질적 특성상 잘해 내기가 쉽지 않다. 교회 밖의 사람들은(그리고 교회 안의 많은 사람들도!) 우리가 얼마나 엉망인지를 본다. 우리가 살아내는 부활이 얼마나 시행착오의 연속인지를 본다.

실제로 많은 사람들이 교회를 무력하고 자신과는 무관한 집단으로 무시해 버린다. 교회에 속한 많은 사람들이 별다른 인상을 주지 못하는 보잘것없는 사람들이기 때문에 교회를 얕잡아 보기 쉽다. 교회에 환멸을 자주 느끼는 이유는, 죽음의 나라에서 마귀의 거짓말이 만들어 낸 기대가 실망을 낳기 때문이다. 쉽게 무시하고, 얕잡아 보고, 환멸이 전염병처럼 퍼진 상황에서, 어떻게 하면 교회 안에 있는 사람들과 함께 부활을 계속 살아낼 수 있을까?

이 질문은 진지한 대화를 요구한다. 교회가 이 세상을 향한 하나님의 광고 전략이라면, 사람들이 떼로 몰려와 들어오고 싶어할 정도로 이상적인 공동체가 되어야 한다면, 교회는 실패한 전략임이 분명해 보인다. 그리고 만약에 교회가 정부의 부패를 척결하고, 이 세상의 도덕적 기강을 바로잡고, 순결하고 정직하게 살게 하고, 숲과 강과 공기를 경외심으로 대하게 가르치고, 아이와 노인과 가난한 사람과 배고픈 사람들의 존엄성을 지켜 줄 책임을 맡았다면, 아직까지 그런 일은 일어나지 않았다. 지금까지 2천 년 동안 존재했는데, 사람들이 들어오겠다고 아우성치지 않는다. 지금까지 2천 년 동안 존재했는데, 이제 막 지나온 20세기는 역사상 가장 폭력적이고 피를 많이 흘린 세기였고, 그 뒤를 잇는 21세기도 거기에 뒤질세라 안간힘을 쓰고 있다. 분명 교회는, 누구나 한 번 보고 '어떻게 하면 들어갈 수 있나요?' 하고 묻는 이상적 공동체가 아니다. 분명 교회는, 이 세상의 모든 잘못을 바로잡는 일에 별 진전을 이루지 못하고 있다. 그렇다면 남은 일은 무엇인가?

바로 성경과 예수님을 통해서 우리에게 주어진 것이 무엇인지를 살펴보면서 왜 처음부터 우리에게 교회가 주어졌는지, 우리에게 주어진 교회가 무엇인지를 이해하는 것이다. 우리는 이상적 공동체가 아니며, 하나님의 명을 받아 벌을 주는 천사들도 아니다. 나는 지금 우리가 가지고 있는 것, 현재 교회의 모습을 보면서 묻고 싶다. 하나님이 교회를 만들 때 의도하신 것이 바로 이런 것이었다고 생각하지 않느냐고. 어쩌면 지금 이 순간의 교회의 모습이, 그 안의 동료들이, 그리스도 안에서 자라고 성숙해지고 그리스도의 장성한 분량에까지 이르기에 딱 맞는 조건인지도 모른다. 우리에게 교회를, 이런 교회를 주신 하나님은 나름 의도가 있으신 것 아닐까.

## :: 눈에 보이지 않는 교회

에베소서에 계시된 교회는 우리 눈에 결코 보이지 않는 교회다. 에베소서는 삼위일체가 하시는 모든 일의 건강한 토양과 뿌리 체계를 보여 주는데, 거기에서 실제로 **눈에 보이는** 교회가 자라 나온다. 에베소서는 그 토양에서 무엇이 성당과 카타콤으로, 상가 교회와 부흥 집회용 대형 천막으로, 장막과 작은 예배당으로 자라는지 그 다양한 양상을 설명하지는 않는다. 혹은 교회의 예전이나 조직을 만드는 다양한 방식도 다루지 않는다. 대신 그 토양에서 언제 어디서나 밖으로 자라 나와 우리의 눈에 보이게 된 교회 아래에, 뒤에 그리고 안에 무엇이 있는지를 보여 준다.

에베소 교회는 언변이 뛰어나고 학식 있는 유대인 설교자 아볼로가 세운 교회였다(행 18:24). 바울은 두 번째 선교 여행 때 갓 태어난 이 기독교 공동체를 방문했고, (불과 열두 명에 지나지 않았던)

그곳의 작은 회중을 만나 성령을 받는 일에 대해 지도해 주었다. 아마도 때는 주후 52년이었을 것이다. 그는 그곳에 3개월간 머물렀고, 그 지역의 회당에서 '하나님 나라'를 설교하고 가르쳤다(행 19:8). 그리고 스게와의 일곱 아들 사건과 아데미 문제 때문에 데메드리오와 직공들이 일으킨 소동을 겪은 후, 그 3개월의 방문은 3년으로 연장되었다. 바울은 에베소에 3년을 머물면서 막 만들어지던 이 그리스도인 회중의 목사가 되었다.

훗날 에베소서라는 이름이, 무엇이 교회를 만들어 가는지를 가장 잘 설명해 주는 이 편지에 붙여졌다. 에베소서는 오늘날 우리의 소도시나 대도시에 등장하는 교회의 모습이 아니라 그 이면의 본질 즉 하나님의 뜻과 그리스도의 현존, 성령의 사역에 대해서 설명해 주는 편지다. 우리가 어느 교회에 속했든 그것을 제대로 이해하고 참여하려면 이 내용, 그러니까 우리가 믿거나 불신하거나, 순종하거나 불순종하거나, 행하거나 하지 않는 내용이 아니라 삼위일체 하나님의 사역의 본질을 깊이 알아야 한다. 에베소서는 오늘날 우리가 접하는 그리고 이해하려고 노력하는 복잡하고 다양한 수많은 '교회들'의 내면과 이면에 대해서 매우 자세하고 생생하게 설명해 주는 신약의 유일한 책이다.

신약 성경에 이름이 언급되는 교회는 열다섯 교회인데[2] 그중에서 두 교회(안디옥과 예루살렘)를 제외한 모든 교회가 자기 앞으로 편지를 받았다. 1세기의 회중들이 돌려 보았던 일반적인 교회 서신일 수 있는 에베소서는 다른 서신서들과 선명하게 대조된다. 다른 편지들은 모두 특별한 목적을 위해서 쓰였다. 그 교회에 문제나 오해가 없었다면 그들에게 편지를 보내지 않았을 것이다. 에베소서는 그 반대 방향에서 접근하여 성숙한 삶이 개발될 수 있는 거룩하고 건강한 조건이 무엇인지를 잘 보여 주는 편지다.

데살로니가 교회의 경우, 일부 교인들은 주께서 곧 돌아오신다고 어찌나 확신했던지 아예 일을 그만두었다. 그들이 앉아서 예수님이 어떤 구름을 타고 도착하실까 이런저런 추측을 하는 동안 그들보다 덜 영적인 형제자매들이 그들의 식사를 차려 줄 정도였다. 고린도 교회 교인들은 까다로운 집단이었는데, 식사와 성도덕과 예배와 관련된 온갖 태도에 대해서 논쟁하고 말다툼을 벌였다. 골로새의 그리스도인들은 그리스도에 대한 특별한 지식을 추구하며 혼란에 빠져 있어서 바로잡을 필요가 있었다. 갈라디아의 그리스도인들은 그 지겨운 과거의 율법주의로 역행하고 있어서 제대로 각성할 필요가 있었다. 유대인과 이방인이 섞여 있던 로마 교회의 교인들은 그리스도 안에서 공통된 기반을 찾느라 고생하고 있었다. 골로새 교회의 지도자 중 한 사람이었던 빌레몬에게는 도망갔다가 돌아온 노예가 있었는데, 그를 어떻게 대해야 할지에 대해서 분명한 조언을 들을 필요가 있었다. 디모데와 디도는 이상적인 교회라고 할 수 없는 교회를 지도하고 있었고 그래서 바울의 특별한 가르침과 격려가 필요했다.

가끔씩 친구들이 초대교회에 대해서 낭만적으로 이야기하는 것을 들을 때가 있다. "초대교회로 돌아갈 필요가 있다." 말도 안 되는 소리다. 초대교회는 엉망이었고, 바울은 그 문제를 해결하기 위해서 여러 서신들을 쓴 것이다.

그러나 에베소서의 주된 관심사는, 예외 없이 모든 교회에서 불가피하게 생기는 인간적인 문제들을 다루는 것이 아니라, 교회에 교회만의 독특한 정체성을 부여해 주는 하나님의 영광을 살펴보는 것이다. 이 편지는 또한 충만한 하나님의 영광 속에서 살아가는 삶, "그의 영광을 찬송하는"(엡 1:14) 삶을 사는 데 적합한 어휘와 넉넉한 상상력을 제공해 준다. '영광'은 성경에서 매우 중요한 단어인데, 하나님의 장엄함의 여러 양상이 빛을 발한다는 뜻이다. 그 밝은 광채가 사방의 모든 것을 밝혀 준다. 또한 이 편지는 그와 같은 삶을 개인이 혼자서는 결코 이해할 수 없다고 분명하게 말한다. 식당에 가서 원하는 음식을 고르듯 각각의 그리스도인이 자신이 좋아하는 것을 개별적으로 골라내는 식으로는 불가능하다. 우리는 하나의 교회로서 그 삶을 이해한다. 함께 식탁에 앉아서 성령이 우리 식탁에 내어 주시는 것을 감사하게 받는 것이다. 에베소서를 읽어 보면, 꼭 바울이 여러 교회에서 튀어나오는 신앙과 태도의 문제를 바로잡다가 일부러 시간을 내서 최대한 명쾌하고 완벽하게 무엇이 교회를 **교회**로 만드는지에 대해서 쓴 글 같다. 이 글이 분명하게 말하는 것은, 교회는 우리가 하는 일이 아니라는 것이다. 비록 우리가 참여할지라도, 교회는 하나님이 하시는 일이다.

우리가 교회에 들어가 교회의 생명에 참여하다 보면, 그 회중의 개인적이고 집단적인 미덕과 결함, 역사 등 우리가 거기서 보고 경험하는 것이 그 장소와 집단을 어떻게 이해하느냐에 큰 영향을 미친다. 이 말은 그 누구도 교회의 온전하고도 완전한 모습을 결코 보지 못한다는 뜻이다. 우리는 오직 부분적인 것, 때로는 왜곡된 것, 그리고 언제나 불완전한 것만 접할 뿐이다.

에베소서는 안에서 들여다본 교회의 모습을 이해하게 해준다. 누가 모였건, 어디에 세워졌건, 사람과 장소에 토대와 형태를 제공해 주는 교회의 숨겨진 기초와 구조를 보게 해준다. 에베소서는 회중을 빚어 가는 삼위일체의 실체를 자세히 기록하고 있다. 아무리 불완전하고 파편화된 회중일지라도 회중은 거기에서 빚어진다. 비록 우리 주변에 미숙하고 부족하고 불완전한 교회밖에 없을지라도, 성숙이 무엇인지, 그리스도 안에서 자라는 것이 무엇인지를 에베소서를 통해서 맛볼 수 있다. 에베소서를 통해서 우리는 하나님이 무슨 일을 하시는지, 그리고 모든 회중의 중심에서 성령이 어떻게 일하시는지 볼 수 있다. 그래서 에베소서는 큰 계시의 선물이다. 에베소서가 없었다면 우리는 추측해 가면서 그때그때 교회를 만들어 낼 수밖에 없었을 것이고, 따라서 당대의 유행이 무엇이든 거기에 쉽게 빠져들었을 것이다. 에베소서가 제시하는 분명한 비전이 없었다면 우리는 더럽고 금이 간 자동차 유리를 통해 교회를 바라볼 수밖에 없었을 것이다.

따라서 에베소서를 읽을 때는 현재 자신이 속한 회중과 비교하고 모방하려는 '완벽한 교회'의 그림으로 읽어서는 안 된다. 에베소서는, 각 회중 안에서 가시적으로 이루어지는 것의 보이지 않는 기초인 삼위일체 하나님이 하시는 모든 일을 계시해 주는 글로 읽어야 한다. 그러한 하나님의 일이 우리의 진정한 모습을 만들어 낸다. 우리가 아무리 불완전하게 혹은 신경질적으로 그것을 살아낸다 할지라도 말이다.

에베소 교회를 신약 성경에서 유일하게 제대로 된 교회라고 이상화시키는 사람들이 있다. 그러나 그렇지 않다는 것을 결정적으로 보여 주는 곳이 두세 군데 있다. 에베소 교회를 떠나고 몇 해 후 바울은 에베소 교회에 목사로 가 있는 디모데에게 편지를 썼다. 바울이 디모데에게 보낸 첫 번째 편지는 에베소 교회의 문제를 어떻게 해결해야 하는지에 대한 조언이었다. 그 편지를 보면 이상적인 회중과는 거리가 너무 먼 에베소 교회의 모습을 볼 수 있다. 에베소 교회는 말이 많고 논쟁을 일삼는 집단으로서, 어리석은 추측과 "헛된 말에 빠져…자기가 말하는 것이나 자기가 확증하는 것도 깨닫지 못했다"(딤전 1:6-7). 바울은 지도자를 세우는 일에서 가장 기본적인 것들을 이야기해 준다. 그리고 디모데가 책임지고 있던 회중이 "망령되고 허탄한 신화"(4:7)에 빠질 위험이 있음을 언급한다. 심지어 "이미 사탄에게 돌아간 자들도 있었다"(5:15). 그리고 "변론과 언쟁을 좋아하는 자"(6:4)에 대해서도 경고한다. 간략하게 말해서 그들은 시시한 일로 말다툼을 일삼는 회중이었다. 성숙한 혹은 건강한 교회 같아 보이진 않는다.

1. 에베소 교회

바울은 또한 고린도 교회에 쓴 첫 번째 편지에서도 에베소 교회를 언급한다. "내가…에베소에서 맹수와 더불어 싸웠다면"(고전 15:32). 이 "맹수"가 교회 안에 있었는지 밖에 있었는지는 구체적으로 언급하지 않지만, 많은 독자들이 아마도 교회 안에 있었을 것이라고 추측한다.

신약 성경에서 에베소 교회가 언급되는 또 다른 본문은 그로부터 20년 혹은 30년이 지난 후, 바울의 시대는 가고 로마가 교회를 박해하던 시기의 본문이다. 당시에는 사도 요한이 에베소를 포함한 일곱 회중의 순회 목사였다. 박해를 받아 밧모 섬으로 유배를 가게 된 요한은 어느 주일날 당시에 일어나고 있는 일과 그 일의 결과에 대해서 놀라운 환상을 보게 된다. 그 절박한 상황 속에서 매주 일곱 교회가 예배를 드리는데, 그 교회를 두고 벌어지는 선과 악의 거대한 전쟁을 환상으로 보았다. 하늘의 천사들이 묵시의 짐승들 및 거대한 용과 치르는 우주적 전투였다. 로마가 칼과 군마를 앞세워 노골적으로 약하고 힘없는 교회를 겨냥하자 그리스도인들이 죽어 나갔다. 회중에 속한 그리스도인들은 주어진 상황에 적응하면서 생존하려고 애썼지만 한편으로는 흔들리고 있었다.

그러나 로마의 적나라한 힘보다 더 위대한 것이 있다. 바로 예배다. 하나님이 보좌에 계시고, 그리스도께서 자신의 포괄적 구원을 계시하시고, 장로들과 모든 피조물이 기쁨에 찬 노래와 경배를 드리고, 그리스도인들이 성경과 기도로 예배만 드리고 있어도 바벨론과 로마가 패망한다. 요한은 자신의 일곱 회중을 위해서 이 환상을 기록하면서, 그들이 예배를 드리고 있던 바로 그날에 일어나고 있는 모든 일을 받아들일 수 있도록 그들의 상상력을 최대한 열어 준다.

그러나 그들 앞에 그 큰 그림을 제시하기 전에 요한은 먼저 일곱 회중을 차례로 거명한다. 그는 목사였기 때문에 각 회중에는 나름의 강점과 약점이 있다는 사실을 알았다. 비록 그들이 시야를 가득 채우는 환상에 사로잡혔다 할지라도 그러한 문제는 분명히 지적할 필요가 있었다. 각 교회는 먼저 예수님에 대한 성실함으로 칭찬받았고, 그 다음에는 잘못하는 일에 대해서 질책을 받았고, 마지막으로 은혜로운 약속을 받았다.[3] 그중 에베소가 제일 먼저 거명된다. 예수님은 그들의 "인내"를 칭찬하신다(계 2:2). 역경의 시기였기에 예수님은 그들이 악에 훌륭하게 맞선 것을 칭찬하신다. 그러나 매우 심각한 질책이 이어진다. "그러나 너를 책망할 것이 있나니 너의 처음 사랑을 버렸느니라. 그러므로 어디서 떨어졌는지를 생각하고 회개하여 처음 행위를 가지라"(2:4-5). 사랑이 없는 회중? 이상적인 회중처럼 들리지는 않는다.

그렇다, 에베소 교회는 이상적인 교회가 아니다. 바울이 그들의 목사로 3년을 지내고 나서 몇 년이 흐른 후에 그들은 말다툼과 논쟁과 분쟁을 일삼는 혼란에 빠졌고, 그래서 디모데가 가서 그 공동체의 건강을 회복해야 했다. 그로부터 약 30년 후 그들은 박해에 굴복하지 않는 용기를 보여 주었지만, '한 가지 필요한 것'이 있었다. 그들은 결연했지만, 사랑이 없었다.

나는 우리가 이 에베소서를 읽는 동안에는, 우리가 속한 회중의 태도나 이교적 신앙이나 미성숙에서 오는 어리석음의 문제는 한편으로 제쳐 놓고 싶다. 그러한 나쁜 신학, 나쁜 도덕, 나쁜 태도의 문제는 신약 성경의 다른 서신들이 이미 다루었다. 여기서는 바울에게 자유로운 지휘권을 주어서, 빚어져 가는 그리스도인인 우리가 창조되고 구원받은 의도에 맞게 그 모습을 표현할 수 있고 "하나님의 영광을 찬송하며" 살 수 있는 적절한 형식을 최대한 잘 찾아갈 수 있도록, 그의 가르침과 격려를 받고 싶다.

우리가 다양한 형식으로 그리고 다양한 조건 아래서 교회로 살아온 지난 20세기 동안, 에베소서는 회중이 "하나님 안에서 건강하게 자라고 사랑 안에서 강해지는"(엡 4:16, 「메시지」) 삶을 살 때 그 이면에서는 어떤 일이 일어나고 있는지를 가장 잘 보여 주는 본문이었다.

## :: 교회에 대한 환상과 기만

자라면서 나는 교회를 이렇게 이해했다. 제대로 보수하지 않고, 살림도 게으르게 하고, 마당의 잔디는 잡초로 뒤덮이게 내버려두는 세입자들이 사는, 형편없이 지어진 집이라고 훗날 목사가 되고 나서는, 대대적인 보수 작업을 하는 것이 나의 일이라고 생각했다. 안

퓨으로 수리를 하고, 수십 년 어쩌면 수백 년 동안 쌓인 잔해들을 깨끗이 치워서 새롭게 시작할 수 있게 만드는 것이라고 생각했다.

이러한 관점은 내가 속했던 회중의 목사들로부터 얻은 것이었다. 그들은 우리가 살던 작은 몬태나의 도시에 그리 오래 머물지 않았다.

교회에 대한 설교 본문 중에서 내가 가장 좋아했던 본문은 목사마다 서로 다르게 설교했던 아가서의 본문이다. "내 사랑아, 너는 디르사같이 어여쁘고, 예루살렘같이 곱고, 깃발을 세운 군대같이 당당하구나"(아 6:4). 오래 전 몬태나의 문화에서는 이것이 바로 교회를 언급할 때 애용되는 본문이었다. 교회는 아름다운 디르사였고 깃발을 세운 당당한 군대였다. 우리 교회 목사들은 이 은유를 영광스런 이미지로 채웠다. 적어도 설교가 진행되는 30분 혹은 40분 동안만큼은, 현관 바닥이 썩어 가는 허름한 우리 교회가 예수님의 재림만큼이나 훌륭한 모습으로 변신했다.

그 설교는 퍼즐 상자 겉면에 인쇄된 그림과도 같았다. 수많은 퍼즐 조각들을 탁자 위에 펼쳐 놓고 그 그림을 앞에 세워 놓는다. 충분히 시간을 들이기만 하면 그 조각들은 결국 다 맞춰져서 아름다운 그림을 만들어 낼 것이다. 하지만 우리 교회 목사들은 그 정도의 끈기가 없었다. 퍼즐 상자를 포장할 때 문제가 생겨서 많은 조각들이 실수로 빠졌다는 결론을 내렸는지도 모른다. 어쨌거나 그들이 보기에 디르사와 깃발을 세운 당당한 군대의 그림을 완성시킬 만한 조각들이 우리 회중에는 충분하지 않았다. 우리 교회에 온 목사들은 언제나 2년 정도 후면 다른 회중을 찾아 떠났고, 그 다음 목사도 그랬다. 지금에 와서 생각해 보면, 그들은 우리 교회가 더 이상의 시간을 보내기에는 파손 상태가 너무 심각하다고 결론을 내렸던 것 같기도 하다.

그 목사들이 좋아했던 또 다른 본문은 에베소서에 나온다. 그리스도께서 교회를 "물로 씻어 말씀으로 깨끗하게 하셔서" 자기 앞에 세워 "티나 주름 잡힌 것이나 이런 것들이 없이 거룩하고 흠이 없게 하려" 하신다는 본문이다(엡 5:26-27). 하지만 나는 이 "티나 주름 잡힌 것"의 은유를 별로 좋아하지 않았다. 우리 집에서 빨래하는 날의 이미지를 너무 많이 연상시켰기 때문이다. 흙바닥으로 된 칙칙한 지하 세탁실에는 수동 세탁기에 넣어야 하는 더러운 빨래가 한 무더기 있었고, 빨래가 끝나면 어머니는 다리미판 앞에서 길고도 지루한 시간을 보내셨다. 아름다운 디르사와 깃발을 세운 당당한 군대의 은유가 나는 더 마음에 들었다. 교회를 아주 낭만적으로 그려 주는 은유 말이다. 매혹적인 여인과, 악의 세력과 맹렬하게 싸워 이긴 군대가 나란히 서 있는 모습이 좋았다. 그 두 가지가 결합된 이 은유는 청소년기의 내 영혼에 꺼지지 않는 환상과 이상주의의 불을 지펴 주었다. 그리고 우리 교회 목사들도 화려하게 이 은유를 장식할 때만큼은 최고의 모습이었다.

그러다가 내가 목사가 되었다. 나는 교회에 대한 감상적이고 낭만적이고 십자군 같은 환상을 버리기가 힘들었다. 그 환상은 내 상상력 안에 꽤 깊이 자리잡고 있었고, 그것이 환상인지도 모르고 있었다. 왜냐하면 그 무렵에는 그 환상이 이미 망상으로 발전했기 때문이다. 나는 교회가 원래 어떤 모습이어야 하는지에 대해 강한 확신이 있었고, 안수를 받음으로써 사람들이 아름다운 디르사로부터 영감을 받고 깃발을 든 군대 안에 자신의 자리를 찾게 하도록 수리와 보수와 살림을 책임지게 되었다고 생각했다.

하지만 그러한 망상은 오래가지 않았다. 내가 자라면서 가졌던 낭만적인 혹은 십자군 같은 교회의 이미지가 달라졌음을 곧 알게 되었기 때문이다. 아가서나 에베소서의 본문은 더 이상 교회를 미화하거나 군사화하는 데 사용되지 않았다. 이제는 성경 본문이 아니라 미국의 기업이 새롭고도 신선한 이미지를 제공해 주었다. 내가 외딴 소도시에서 자라는 동안 새로운 세대의 목사들이 교회의 그림을 재구성해 놓은 것이다. 디르사와 깃발을 든 당당한 군대의 이미지 대신에, 소비자들을 행복하게 해주기 위해서 그들에게 영성을 판매할 사명을 받은 종교 사업의 이미지가 그 자리를 차지했다. 동시에 교회 밖에 있는 사람들도 그들을 행복하게 해줄 수 있는 것이라면 무엇이든 사게 하도록 전략을 짰다.

내 입장에서 보자면 교회의 사명을 이해하는 조건이 달라진 것이었다. 교회는 더 이상 보수가 필요한 곳이 아니라, 교회에 속했건 속하지 않았건 영적인 성향을 가진 죄인들의 소비 취향에 맞게 물건을 팔 수 있는 사업으로 이해되었다. 교회의 모양새를 갖추는 데는 깃발을 든 당당한 군대에 대한 설교보다 그런 전략이 훨씬 더 효과가 있다는 것을 미국의 목사들이 알아채기까지는 그리 오랜 시간이 걸리지 않았다. 그것은 인상적인 성공 기록을 보여 주는 미국의 기업이 실험을 통해 검증한 방법이었다. 목사들은 더 이상 교회가 어떠해야 하는지에 대해서 꿈 같은 설교를 하지 않았다. 대신 광고 기법을 사용해서 교회는 성공한 사람들, 화려한 경력을 가진 사람들과 어울릴 수 있는 곳이라는 이미지를 만들어 내는 데 주력했다. 교회는 미디어 조작을 통해서 사람들이 이미 잘하고 있는 일, 즉 소비하는 일을 계속해서 하도록 유도했다. 고모라와 모리아와 골고다의 하나님 그림을 벽에서 떼어 내고 모임 장소를 좀더 소비자 친화적으로 만들었다. 하나님을 비인격화해서 원칙이나 공식으로 재포장해 놓고 사람들이 자기 인생을 더 재미있고 더 만족스럽게 만들어 줄 것 같아 보이는 것을 편리하게 구입하도록 했다. 마케팅 연구는 빠르게 발전해서 사람들이 하나님과 종교로부터 바라는 것이 무엇인지를 보여 주었고, 그것이 무엇인지를 알자마자 우리는 사람들에게 그것을 제공했다.

나는 평생을 북미 교회의 교인으로 살았고(이 글을 쓰고 있는 시점에서 보자면 75년이다) 그중에서 50년은 교회의 목사라는 책임을 맡고 있었다. 그 50년 동안 나는 교회와 그 안에서 받은 목사라는 나의 소명이 교회 사업의 관점으로 다시 정의됨으로써 가차 없이 축소되고 타락하는 것을 보았다. 목사 안수 증서에 잉크가 채 마르기도 전에, 나는 교회 분야의 전문가들로부터 앞으로 나의 주된 과제는 주유소와 식료품점과 기업과 은행과 병원과 금융업을 운영하는 그리스도인 형제자매들처럼 교회를 운영하는 것이라는 말을 들었다. 그러한 전문가들 중에서 많은 사람들이 그 방법에 대해서 책을 썼고 강의를 했다. 그중 베스트셀러였던 책에서, 목사가 택하는 설교 본문보다 교회의 주차장 크기가 회중의 상태와 훨씬 더 많은 연관이 있다는 내용을 보고 깜짝 놀랐다. 이러한 모든 조언을 진지하게 받아들이려고 몇 년을 노력하다가, 나는 그것이 거짓말이라는 결론에 도달했다.

이것이 바로 회중의 미국화다. 즉 모든 회중을 종교 소비자들로, 광고 기법과 인상적인 수사학에 따라 마음이 움직이는 소비자로 바꾸는 것이다.

결론적으로, 나는 교회에 참여하는 일원으로서의 경험과 목사라는 소명을 다룰 만한 적절한 상상력을 얻을 수 없었다. 유년기와 청소년기에 가지고 있던 환상은 어른이 되면서 곧 사라졌다. 어른이 되면서 교회에서 함께 예배드리고 일했던 사람들은 확실히 화려하지 않았고 종종 산만한 남자와 여자들이 대부분이었다. 언제나 예외는 있었지만 우아한 디르사나 당당한 군대에 미치는 경우는 없었다. 한편, 무력하고 흐리멍덩한 교회를 구하겠다고 약속하는 미국의 기술과 소비주의를 목회의 차원에서 수용한 실용주의적 입장은 예수님을 따르는 자로서 나의 정체성을 세워 준 모든 것(성경적, 신학적, 경험적인 모든 것)을 침해했다. 그것은 교회가 내게 명한 삶의 양식과 내 소명을 끔찍하게 모독하는 것이었다.

## :: 교회라는 기적

그래서 나는 '교회'를 찾는 탐험을 시작했고 그 결과 에베소서에 도달하게 되었다. 하지만 시작은 사도행전이었다. 사도행전에는 '교회'라는 단어가 24회 나오는데, 이 횟수는 성경의 그 어떤 책에서보다도 많은 횟수다. 또한 사도행전은 에베소가 처음으로 언급되는 책이기도 하다.

전에는 한 번도 진지하게 생각해 보지 않았던 것으로 내가 사도행전에서 가장 먼저 알아챈 것은, 예수님이 성령으로 잉태된 사건과 교회가 성령으로 잉태된 사건이 서로 정확하게 병렬 구조를 이루고 있다는 것이었다. 구원자 예수님이 태어나신 사건과 구원 공동체인 교회가 태어난 사건을 각각 다루고 있는 누가복음 1-2장과 사도행전 1-2장은 서로 병렬 구조를 가진 이야기다.

하나님이 어떻게 구원자를 이 세상에, 우리의 역사 속에 들여보내셨는가? 하나님은 자기 아들을 보내셔서 모든 돌을 빵으로 바꾸게 해서 전 세계적인 기아 문제를 해결하실 수 있었다. 그러나 그렇게 하지 않으셨다. 하나님은 예수님이 팔레스틴 지방을 순회하면서 헤롯이 세운 일곱 개의 거대한 원형 극장과 경기장에 차례로 사람들을 모아 놓고 초자연적인 서커스 공연을 보여 주게 해서 하나님의 실존과 현존의 기적으로 사람들의 마음을 사로잡게 하실 수 있었다. 그러나 그렇게 하지 않으셨다. 하나님은 더 이상 전쟁도 불의도 범죄도 없도록 예수님이 직접 나서서 이 세상을 통치하게 하실 수 있었다. 하나님은 그것도 하지 않으셨다.

그보다 하나님은 예수님이라는 기적을 우리에게 주셨다. 그러나 그 기적은 정치적으로나 종교적으로나 문화적으로 아무런 이해나 지지도 받지 못하는 위험한 장소에서 가난하게 태어난 무력한 아기의 기적이었다. 예수님은 자신이 태어나신 그 세계, 연약함과 주변성과 가난의 세계를 결코 떠나지 않으셨다.

하나님이 어떻게 구원 공동체를 이 세상에, 우리의 역사 속에 들여보내셨는가? 우리의 구원자를 이 세상에 들여보내신 것과 거의 같은 방법으로 하셨다. 모든 면에서 예수님이 태어나신 사건만큼이나 기적적이었고, 예수님이 태어나신 조건과 똑같은 조건에서 그 기적이 이루어졌다. 그 공동체는 유명 인사가 없는, 정부가 안중에도 두지 않는 공동체였다.

하나님은 회중의 기적을 예수님의 기적과 똑같은 방법으로 주셨다. 바로 '비둘기의 강림'(the Descent of the Dove)을 통해서다.[4] 성령은 나사렛 지방의 갈릴리 마을에 사는 마리아의 자궁에 강림하셨다. 그로부터 30년 정도 후 그 성령이, 마리아를 포함해서 예수님을 따랐던 남자와 여자들의 집단적인 영적 자궁에 강림하셨다. 그들이 유대인의 축제인 오순절에 예루살렘 성에서 예배를 드리고 있을 때 일어난 일이었다. 첫 번째 잉태는 예수님을 낳았고, 두 번째 잉태는 교회를 낳았다.

그것은 기적처럼 보이지 않는 기적이었고, 무력하고 연약하고 하찮은 모습으로 주어진 기적이었다. 주변에 널려 있는 평범한 교회의 모습과 별로 다를 바가 없었다. 바울이 기록한 1세대의 교회는 전혀 낭만적이지 않았다. 매력 있는 사람, 유명한 사람, 영향력 있는 사람이 아무도 없었다. "형제들아, 너희를 부르심을 보라. 육체를 따라 지혜로운 자가 많지 아니하며, 능한 자가 많지 아니하며, 문벌 좋은 자가 많지 아니하도다. 그러나 하나님께서 세상의 미련한 것들을 택하사 지혜 있는 자들을 부끄럽게 하려 하시고, 세상의 약한 것들을 택하사 강한 것들을 부끄럽게 하려 하시며, 하나님께서 세상의 천한 것들과 멸시 받는 것들과 없는 것들을 택하사 있는 것들을 폐하려 하시나니, 이는 아무 육체도 하나님 앞에서 자랑하지 못하게 하려 하심이라"(고전 1:26-29). 이 사실은 오늘날에도 변함이 없다.

이 말을 다르게 표현하면 이렇다. "친구 여러분, 여러분이 이 그리스도인의 삶으로 부름받았을 때, 여러분의 모습이 어떠했는지 잘 떠올려 보십시오. 나는 여러분 가운데서 가장 영리하고 뛰어난 사람, 상당한 영향력을 가진 사람, 상류층 집안 출신을 그다지 많이 보지 못했습니다. 하나님께서 '잘났다고 하는 사람들'의 그럴듯한 허세를 폭로하시려고, 홀대받고 착취당하며 학대받는 사람들, 곧 '아무것도 아닌 사람들'을 일부러 택하신 것이 분명하지 않습니까?"(「메시지」)

보통 그리스도께서 십자가에서 돌아가신 사건을 "유대인에게는 거리끼는 것이요 이방인에게는 미련한"(고전 1:23) 스캔들이라고 이야기한다. 나는 교회를, 내가 속한 실제 회중을, 거리끼는 것이요 스캔들이요 어리석은 것이라고 말하고 싶다.

성령은 '거룩함의 아름다움'을 갈망하는 재능 있는 남자와 여자들을 모아 엘리트 회중으로 만드실 수도 있었다. 굴곡진 몸매의 디르사처럼 매력적이고, 깃발을 든 군대처럼 악의 세력에 위협적인 회중 말이다. 왜 그렇게 하지 않으셨을까? 그것은 성령이 일하시는 방식이 아니기 때문이다. 우리의 구원자도 우리 삶에 그런 식으로 들어오지 않았다. 따라서 구원 공동체인 교회를, 회중을 우리 삶에 들여오는 전략을 성령이 굳이 바꾸실 이유는 없다.

누가는 섬세한 작가다. 그는 사도행전의 교회 이야기를 자신이 복음서에 기록한 예수님 이야기의 연장선상에서 쓰고 있다. 누가가 들려주는 교회의 이야기를 보면 결국 예수님 이야기의 반복이다. 로마의 지배를 받던 팔레스틴과 시리아와 갈라디아와 그리스와 로마 지역에서 교회가 계속해서 예수님의 이야기를 살아냈기 때문이다.

누가가 복음서에서 예수님의 이야기를 들려주는 방식에 주의를 기울일수록 그가 사도행전에서 교회의 이야기를 들려주는 방식과의 병렬 구조가 더 눈에 띄었고, 그러면서 우리의 회중도 똑같은 이야기를 듣고 살아내고 있다는 사실이 더 잘 보였다. 물론 아름다운 디르사와 당당한 깃발에 대한 나의 오랜 낭만적 환상은 포기하기가 힘들었다. 그리고 종교 사업을 통제할 때 순간적으로 느끼는 흥분과 자기 만족은 비록 속임수이기는 해도 여전히 매혹적이었다. 그러나 누가의 이야기는 결국 나를 설득했고 나는 서서히 누가의 관점에서 나의 회중을 보기 시작했다. 에밀리 디킨슨(Emily Dickinson)의 멋진 표현을 빌리자면, "진리는 서서히 빛나야 하리./ 모두가 눈이 멀어 버릴 테니."[5]

서서히 광채를 발하는 진리의 증인이 되는 것, 이것이 바로 교회 안에서 내게 주어진 일임을 나는 깨달았다. 깨어지고, 절뚝거리고, 성적으로 영적으로 폭력을 당했고, 감정적으로 불안하고, 수동적이면서도 공격적이고, 신경증적인 남자와 여자들이 모인 나의 회중이 성령의 회중으로 빚어지는 모습을 목격하는 것이 나의 일이었다. 수십 번도 넘게 실패하는 동안 어느덧 쉰 살이 되었고 이제는 그 무엇도 이룰 가능성이 없다고 생각하는 남자들. 성실하게 결혼생활을 했지만 남편으로부터 계속 멸시당하고 폭력을 당한 여자들. 중독에 깊이 빠진 자녀나 배우자와 사는 사람. 또는 이 새로운 삶을 시작한 것에 흥분하는 새 신자. 열망과 열정이 가득한 활기 넘치는 청년들. 기도하고 듣고 인내하는 법을 아는 몇몇 경험 많은 성도들. 그리고 그저 출석만 하는 상당수의 사람들. 이들이 나의 회중이다. 뜨거운 사람, 차가운 사람, 미지근한 사람. 그리스도인, 절반짜리 그리스도인, 그리스도인이 될까 말까 하는 사람. 뉴에이지를 신봉하는 사람, 가톨릭 교인이었던 사람, 새로 회심한 사람. 내가 선택한 사람들이 아니다. 선택할 **권한**이 아예 없다.

어느 회중이든 사랑스런 눈으로 이러한 사람들을 한참 동안 바라볼 가치가 있다. 처음에는 잘 보이지 않지만, 그렇게 사랑스런 눈으로 한참을 바라보다 보면 그 회중이 교회라는 것을, 바로 여기서 그리스도의 몸을 구성하는, 성령이 만드신 공동체라는 사실을 깨닫게 된다. 고상하게 '영적'인 의미에서, 그리스도께서 위해서 죽으신 소중한 영혼이라는 관점에서 그들을 보게 된다는 뜻이 아니다. 물론 그들은 그런 존재이지만, 여기에 발가락 하나, 저기에 손가락 하나, 처진 엉덩이와 가슴, 앙상한 무릎과 팔꿈치, 하는 식으로 지금 여기에서 그리스도의 몸을 구성하는 여러 지체들로 보려면 시간이 좀 걸린다. 교회를 이렇게 그리스도의 지체로 묘사한 바울의 은유는 단순한 은유가 아니다. 은유에는 이빨이 있어서 눈앞에 보이는 현실에 묶여 있게 한다. 그리고 동시에 우리가 보지 못하는 삼위일체의 모든 일과 연결해 준다.

이것이 바로 성령이 만드신 교회의 현실을 깨닫고 받아들이는 과정이다. 우리가 선택했거나 우리에게 주어진 회중의 모습을 사랑스런 눈길로 한참을 바라본다. 그렇게 계속 보면서, 그리고 예배와 세례와 성찬을 통해 세워지는 교회를 기도 중에 내면화하면서, 우리는 서서히 그러나 확실하게 교회의 현재 모습은 성령이 만드신 모습 그대로임을 보게 된다. 이 세상에, 이 땅에, 샌디에이고나 시카고라는 구체적 지역의 땅에, 그 현지의 성도들과 죄인들이 모인 곳이 바로 교회다.

세례받은 그리스도인이 아니면 누가 성령이 보여 주시는 **교회**의 실제 모습에 계속 주의를 기울일 수 있겠는가? 교회는 디르사도, '깃발을 든 당당한 군대'도 아니고, 인간이 관리하며 대중에게 종교 상품과 서비스를 제공해 주는 집단도 아니다. 교회는 당황스러울 정도로 평범한 사람들이 모인 곳이고 하나님은 그 사람들 안에서 그리고 그 사람들을 통해서 이 세상에 현존하기로 택하셨다.

외부 사람들에게는 교회가 그렇게 보이지 않는다. 사실 내부 사람들에게도 교회는 그렇게 보이지 않을 때가 많다. 그러나 그것이 교회다. 하나님은 자격이 없는 죄 많고 흠 많은 (그러나 물론 용서받은) 남자와 여자들을 제쳐 놓고 일하지 않으신다.

낭만적으로 혹은 십자군으로 혹은 소비자로 재현된 교회는, 교회의 실제 모습을 인식하는 데 방해가 된다. 성령이 만드신 것이 환상이나 기만으로 왜곡되게 내버려둔다면, 심지어는 그렇게 부추긴다면, 우리는 진짜 실체에 참여하지 못한다. 우리가 가지고 싶어 하는 교회가 현재 우리가 가진 교회의 적이 되어 버린다.

성경에 계시된 하나님의 회중 가운데서 낭만적이거나, 십자군 같거나, 소비자 같은 회중이 하나도 없다는 사실은 의미심장하다. 성경에는 그리고 교회의 역사에는 '성공적인' 회중이 하나도 없다.

그러나 우리에게는 에베소서가 있다. 그처럼 깨어진 우리의 삶을 가지고 성령이 어떻게 교회를 만드시는지, 그 방법과 수단에 대해서 분명하고도 정돈된 생각을 얻기 위해서 우리는 에베소서에 푹 잠겨야 한다. 우리는 바로 그 거룩한 토양에 심겼고, 그 토양이 우리가 그리스도 안에서 성숙해 갈 수 있게, '하나님 안에서 건강하게 자라고 사랑 안에서 강해질' 수 있게 해준다.

## 2. 에베소를 향한 메시지

에베소서 4:1, 7

그러므로 주 안에서 갇힌 내가 너희를 권하노니 너희가 부르심을 받은 일에 합당하게 행하여,
…우리 각 사람에게 그리스도의 선물의 분량대로 은혜를 주셨나니,
그러므로 이르기를 그가 위로 올라가실 때에 사로잡혔던 자들을 사로잡으시고
사람들에게 선물을 주셨다 하였도다.
에베소서 4:1, 7-8

이 편지는 순수한 음악이다.…여기서 우리는 노래하는 진리, 곡조가 붙은 교리를 읽는다.
…이 책은 성경에서 가장 현대적인 책이다.
존 맥케이, 「하나님의 질서」

"하나님을 아는 것과 하나님을 섬기는 것은 우리 삶에서 쉽게 분리된다. 우리는 온전한 인간으로 살아가도록 창조되었지만, 믿음과 행함의 유기적인 일치가 깨어지는 순간 온전한 인간으로 살아갈 수 없게 된다.

에베소서는 죄로 난파된 세상에서 깨어진 모든 것을 두루 봉합한다. 바울은 먼저 그리스도인들이 하나님에 대해 믿는 내용을 의욕적으로 파고든다. 그런 다음에 복합골절을 능숙하게 맞추는 외과의처럼, 하나님을 믿는 믿음과 하나님 앞에서 살아가는 삶, 곧 믿음과 행위를 서로 짜 맞추고 치료한다.

일단 이렇게 깨어진 모습에 주목하고 나면, 우리 도처에 만연한 균열과 분열이 보이기 시작한다. 우리 몸에서 상처 입지 않은 뼈는 하나도 없다. 마을이나 직장, 학교나 교회, 가정이나 국가에서 깨어지거나 어그러지지 않은 관계를 찾아보기 어려울 정도다. 손댈 곳, 짜 맞출 곳이 한두 군데가 아니다.

그런 이유로 바울은 일을 시작한다. 그는 하늘에서부터 땅까지 그리고 다시 하늘에 이르기까지 모든 것을 두루 아우르며, 메시아이신 예수님이 어떻게 만물과 모든 사람을 끊임없이 화해시키고 계신지를 보여 준다. 또한 바울은 그 일이 우리 안에서 우리를 위해 이루어졌을 뿐 아니라, 우리가 그 시급한 일에 협력해야 한다는 사실을 밝힌다. 이제 우리는 사태가 어떻게 돌아가는지 안다. 또한 화해의 에너지가 우주의 중심에 자리한 발전기인 것도 잘 안다. 그러므로 우리는 우리 삶의 일거수일투족이 그리스도께서 완수하신 하나님의 계획, 곧 '광대한 하늘에 있는 모든 것과 땅에 있는 모든 것을 그리스도 안에서 화해시키시고 종합하시려는 원대한 계획'에 이바지한다는 확신을 가지고, 의욕적으로 꾸준히 이 일에 참여해야 한다."[1]

## :: '악시오스' 은유

우선 가운데서부터 시작하자. 먼저 은유를 다루고 그 다음에 본문을 다루도록 하겠다. 에베소서의 가운데 부분에는 편지의 나머지 내용 전체의 축이 되는 헬라어가 하나 나오는데, 바로 '악시오스' (*axios*)다. '합당하게'로 번역되는 이 단어는 4장 1절에 나온다. "그러므로 주 안에서 갇힌 내가 너희를 권하노니 너희가 부르심을 받은 일에 **합당하게** 행하여."

'악시오스'는 그림을 담고 있는 단어로, 에베소서에서 은유로 사용된다. '악시오스'는 균형 저울인데, 균형을 잡고 있는 막대 양쪽 끝에 접시가 매달려 있다. 한쪽 접시에 예를 들어 1파운드의 납을 놓고 두 개의 접시가 균형을 이룰 때까지 밀가루를 다른 쪽 접시에 놓는다. 밀가루를 놓은 접시가 다른 쪽 접시와 균형을 이루면 밀가루의 무게는 1파운드가 된 것이다. 균형이란 평형을 이룬다는 뜻이다. 두 가지 물질, 곧 납과 밀가루가 '악시오스'다. 즉 서로가 합당하다. 그 둘은 같은 가치를, 이 경우 같은 무게를 가지고 있다. 납과 밀가루는 서로 아주 다른 종류이지만, 마치 신발이 사람의 발에 맞듯, 드레스가 여자의 몸에 맞듯, 렌치가 너트의 머리에 맞듯, 결혼반지가 사랑하는 이의 손가락에 맞듯, 그 둘은 서로 '맞다.'

에베소서의 저울에서 균형을 이루는 두 가지 물건은 하나님의 부르심과 사람의 삶이다. 바울은 이렇게 쓰고 있다. "내가 너희를 권하노니 너희가 **부르심을 받은**(*kaleō*) 일에 합당하게 **행하여** (*peripateō*)." 우리의 행함과 하나님의 부르심이 균형을 이루면, 우리는 온전하다. 즉 성숙하게 사는 것이고, 하나님의 부르심에 제대로 응답하며 사는 것이고, 하나님이 우리를 부르신 길에 맞게 사는 것이다. '악시오스' 합당하게. 즉 성숙하고, 건강하고, 강건하게.

균형 저울인 '악시오스'가 에베소서 한가운데 놓여 있다. 이 편지에 나오는 모든 내용은 하나님의 부르심(1-3장)과 우리의 행함(4-6장)이 평형을 이루도록 고안되었다. 우리 자신의 관점에서 스스로를 점검해서는, '인간의 잠재력'과 같은 비관계적인 추상적 개념에 빗대어서 스스로를 평가해서는, 우리 자신의 값을 잴 수 없다. 그리고 하나님은 그분의 부르심에 대한 우리 반응과 분리시켜 비인격적인 '진리'로 추상화할 수 없다. 비인격적이고 비관계적인 방식으로는 하나님에 대해서도 우리 자신에 대해서도, 생생하게, 적합하게, 성숙하게 이해할 수 없다. 하나님의 부르심과 우리의 행함이 서로 맞을 때, 우리는 그리스도 안에서 자란다.

하나님이 부르시고, 우리는 행한다.

부르심. 하나님이 우리를 부르신다. 하나님은 우리에게 정보를 나눠 주지 않으신다. 설명하지 않으신다. 정죄하지도 면제해 주지도 않으신다. 하나님은 부르신다.

아담은 동산에서 하나님의 명령에 불순종함으로써 하나님이 말씀으로 창조하신 친밀함의 끈을 끊어 버렸다. 하나님의 말씀과 아담의 행함 사이의 평형이 깨어졌다. 그래서 하나님은 다시 아담을 부르셔서 균형 저울에 올려 놓으시고 처음에 아담을 있게 했던 그 말씀과 다시 관계 맺게 하는 과정을 시작하셨다. 다시 한 번 아담을 하나님의 부르심에 반응하는 위치에 놓으신 것이다.

우르에 있던 아브라함은 자기 나라를 떠나서 가나안으로 가라는 부름을 받았다. 그곳에서 그는 구원의 백성을 형성하기 시작할 것이다. 아브라함은 사막을 지나 서쪽으로 갔다. 부름과 행함이 결합되어 역동적인 반응이 되었고 그 결과 아브라함은 믿음의 조상이 되었다.

미디안에서 양떼를 돌보던 모세는 불타는 떨기나무에서 자기 이름을 부르는 소리를 들었고, 자신을 부르신 분의 이름을 알게 되었다. 바로 '야훼'였다. 불타는 떨기나무에서 개인적으로 받은 부르심에 대한 모세의 개인적인 반응 즉 '행함'은, 이집트에서 나와 바다를 건너 자유를 얻는 회중으로 발전했다.

갈릴리 해변에서 예수님은 네 명의 제자를 이름으로 부르셨다. 예수님은 계속해서 부르셨다. 네 명은 곧 열두 명이 되었다. 그들은 예수님을 따라 갈릴리를 오가며 듣고, 순종하고, 질문하고, 지켜보고, 기도했다. 훗날 그들이 예수님의 음성에 익숙해지자 예수님은 그들을 다시 부르셨다. 이번에 그 부름은 각자 자기 십자가를 지고 예수님의 십자가까지, 예루살렘에서의 죽음까지 따르라는 부름이었다. 그들은 그 부름을 받고 예수님과 함께 걸었다. 예수님의 부름과 그들의 행함이 합해지면서 그들은 성령이 세우신 교회가 되었다.

그리스도인들을 박해하기 위해서 다메섹으로 가던 사울이라는 남자가 자신의 이름을 부르는 소리를 듣고 가던 길을 멈췄다. "사울아! 사울아!" 1,200년 전의 모세처럼 그는 자신의 이름을 부른 존재의 이름을 알게 되었다. 이번에 그 이름은 '예수'였다. 그 부름에서 사울의 이름 자체가 바뀌었다. 사울은 그 자리에서 회심해서, 예수님을 추적하던 자에서 예수님을 따르는 자로 바뀌었다. 예수님의 부름과 사울의 반응은 바울의 행함이 되었고, 그의 발걸음도 이제는 가벼워졌다.

하나님은 우리를 그 길 위에 데려다 놓는, 그 생명의 길에 데려다 놓는 결정적인 말씀을 하신다. 히브리어로 성경은 '미크라'(Miqra)인데, '부르다'라는 동사인 '카라'(qārā)에서 파생된 명사다. 성경은 들고 다니면서 하나님에 대한 정보를 얻으려고 읽는 책이 아니라, 들어야 하는 음성이다. 그 말이 나는 마음에 든다. 우리가 성경, 책이라고 이름 붙인 이 하나님의 말씀은 어원상 읽고 찾아보고 토론하는 말씀이 아니다. 듣고 순종하는 말씀이고, 우리를 움직이게 하는 말씀이다. 근본적으로 그것은 부름이다. 하나님은 우리를 부르신다.

부름에 대한 반응은 행동이다. 우리는 행동한다. 우리는 하나님의 부름을 따른다. 삶으로 하나님의 부름에 응답한다. 우리의 출발점은 하나님에 대해서 생각하는 것이 아니다. 하나님은 사상이 아니다. 우리는 듣고 반응하고 순종한다. 그러나 그 순종은 상투적인 자극에 반응하는 파블로프식의 반응이 아니다. "앉아" "가져와" "굴러" 등의 명령어에 자동적으로 반응하는 것이 아니다. 순종은 다양한 상황 속에서 그리고 인격적인 관계 속에서 일어난다. 순종은 개인에게 주어지는 명령 혹은 초대를 따르는 행위다. 우리의 이름을 부르는 소리를 듣고 우리를 부르시는 그분에게 반응하는 것이다.

부름은 물리학의 법칙에 따라서 어떤 일이 기계적으로 일어나게 하는 비인격적인 원인이 아니다. 야구 방망이를 휘둘러서 야구공이 구장 밖으로 날아가는 현상과는 다르다. 부름은 우리의 귀에 들리는 소리이며, 미래로 우리를 부르는 소리다. 전에는 한 번도 경험해 보지 못한 새로운 삶의 방식으로, 약속으로, 새로움으로, 축복으로, 새 창조 안에 있는 우리의 자리로, 부활의 생명으로 우리를 이끄는 소리다.

그 부름과 우리의 행함이 평형을 이루면, 우리는 합당하다. 그 균형 저울 위에서 우리가 이름을 아는 하나님 그리고 우리의 이름을 아시는 하나님과 민감하고도 즉각적인 접촉을 하게 된다. 하나님은 부르시고 우리는 행한다.

균형 저울은 단단하게 고정된 어떤 것(일단 한 번 자리를 잡으면 그대로 고정되어 버리는)이 아니다. 이 은유는 부름과 행함 사이의 섬세하고도 민감한 연결성을 늘 인식하게 해준다. 그 둘의 관계는 결코 일방적이지 않고 언제나 상호적이다. 이것이 바로 그리스도 안에서 자란다는 것, 성숙해진다는 것, '악시오스'를 이룬다는 것, 합당하다는 것, 건강하다는 것의 의미다.

그리스도의 길을 따라가면서 하나님이 시작하신 이 대화를 나누는 우리의 언어가 성숙해지면 그 대화는 더 인격적이 된다. 우리는 종종 하나님에 대한 정보를 찾는 데서 출발하지만, 곧 하나님과 친밀함을 나누는 언어를 개발하게 된다. 하나님 계시의 인격적인 언어와 우리의 듣고 순종하는 인격적인 언어가 대화를 나눈다. 하나님의 음성과 우리의 귀가 유기적인 친밀성을 가진다. 하나님의 말씀과 우리의 행함이 맞물릴 때 생기는 그 복잡한 얽힘을 이해하게 된다. '악시오스' 은유는 이 지속적인 들음과 반응이 우리의 언어와 삶에서 사라지지 않게 해준다.

언어가 정보나 설명으로 축소되면, 다시 말해서 부르고 명령하고 축복하는 살아 있는 음성과의 연결이 끊어지면, 그리고 듣고 반응하고 믿는 열린 귀가 없으면, 언어는 죽어 버린다. 말씀이, 활기 넘치는 동사와 빛을 발하는 명사가, 살아 있는 음성과 단절되면 바람에 이리저리 휘날리는 죽은 낙엽이 되어 버린다.

언어는 인격적이 될수록 더 **상호적**이다. 이것은 다중 음성의 대화다. 그러니까 예수님과 단둘이 동산에서 나누는 사적인 대화로 좁혀지거나 축소될 수 없다. 물론 그 길을 가면서 홀로 듣고 말하는 때도 많다. '작고 세미한 음성'을 듣고 속삭이는 목소리로 우리 주님께 응답해야 하는 때가 있다. 그것 또한 소중한 순간들이다. 그러나 혼자서 예수님을 다 차지할 수는 없다는 사실을 곧 깨닫게 된다. 우리가 반응하며 그 안으로 뛰어드는, 생명이라고 불리는 이 모험에서 일어나는 일에 충분히 참여하려면 이 대화를 확장시켜서 하나님이 부르시는 다른 사람들, 그 부름을 받고 행하는 다른 사람들을 포함시켜야 한다. 그리스도 안에서 성숙해 가는 삶이란 곧 공동체 안에서 빚어지는 삶이다.

에베소서는 우리의 상상력에 영향을 미쳐서 우리 자신만 인식하게 하는 것이 아니라, 다양하면서도 연합된 다른 순례자들도 인식하게 해준다. 모두 다르지만 모두가 하나인, 부름받은 이러한 동료 여행자들의 모임이 바로 교회다. 이 교회에 대한 바울의 은유는 그리스도를 머리로 하는 인간의 몸, 즉 "그리스도의 몸"(엡 4:12)이다. 모두가 다르지만, 모두가 유기적으로 연결되어 있다. 반짝이는 다양성 그리고 조화로운 통일성. "온 몸이 각 마디를 통하여 도움을 받음으로 연결되고 결합되었다"고 바울은 생생하게 표현한다(4:16). 여러 부분으로 되어 있지만, 희한하게 연합되어 있는 이 모임의 전형적 형태는 "그리스도와 교회"(5:32)다.

공동 예배, 다시 말해서 다함께 드리는 예배는 이러한 차원에서 그리스도의 장성한 분량이 충만한 데까지 자라는 일에 기본적인 형식과 본질적인 내용을 제공한다. 텔레비전 화면 앞에 마비된 사람처럼 꼼짝 않고 혼자 앉아서 드리는 예배는 성숙한 예배가 아니다. 물론 우리는 홀로 예배를 드릴 수 있다. 해변을 걷다가 혹은 정원을 거닐다가 혹은 산 정상에 앉아 있을 때 가장 풍성한 예배를 경험하기도 한다. 그러나 우리가 결코 해서는 안 되는 일은 고의적으로 다른 사람들을 우리의 예배로부터 배제하거나 같은 생각을 가진 친구들하고만 예배를 드리는 것이다. 에베소서는 그것을 선택 사항으로 제시하지 않는다. 우리는 예배를 통해서 성숙해지는데, 그것은 **우리가** 선호하는 친구들이 아니라 **하나님의** 친구들과 함께 예배를 드리면서 그들과의 우정이 자랄 때 가능하다. 예배는 개인만이 아니라 공동체를, 교회를 빚어 간다. 그리스도 안에서 자라려면 하나님의 부름에 응답하는 모든 사람과 함께 자라야 한다. 우리가 그들을 좋아하건 싫어하건 그것은 아무런 상관이 없다.

공동 예배의 모습을 보여 주는 또 하나의 은유가 있는데, 바울의 '악시오스' 은유에서 발전된 것이다. 이 은유는 월리스 스티븐스(Wallace Stevens)의 시 "항아리의 일화"(Anecdote of the Jar)에 나온다.

테네시에 항아리를 하나 놓았다.
둥그런 항아리를 언덕에 놓았다.
그러자 지저분한 황무지가
그 언덕을 에워쌌다.

황무지는 높이 솟아올라
주변으로 퍼져 나갔고, 더 이상 황량하지 않았다.
항아리는 여전히 둥글고
우뚝 솟은 모습이 위풍당당했다.

항아리는 모든 곳을 지배했다.
회색의 꾸밈없는 항아리였다.
항아리에서는 새도 숲도 나오지 않았다.
테네시에 있는 다른 것들과는 달리.[2)]

항아리가 테네시의 어떤 언덕에 놓였다. 단지 거기 있는 것만으로도 항아리는 황무지 세상에 질서를 가져온다. 딱히 아름다울 것도 없는 항아리였다. 인공의 물건일 뿐 무심한 눈에 그것은 전혀 아름답지 않다("회색의 꾸밈없는 항아리"). 그러나 단지 거기에 있는 것만으로도 항아리는 잡초와 덤불이 무성한 "지저분한 황무지"의 중심이 된다.

이 항아리는 바울이 사용한 그리스도의 몸 은유와 짝을 이루어, 교회가 예배하면, 부름을 받고 하나님을 따르는 티 나지 않는 남자와 여자들이 모여서 예배하면, 어떤 일이 일어나는지를 확인해 준다.

예배를 무시하는 흔한 이유 중 하나가, 그것이 너무 평범하기 때문이라고 한다. 지루하기만 하고 아무 일도 일어나지 않는다. '얻는 게 없다.' 그래서 뜻 있는 사람들이 거기에 흥분제를 집어넣기로 결정한다.

항아리 은유가 유용한 이유는, 예배와 마찬가지로 그것이 무슨 일을 일으키는 것이 목적이 아니라는 점이다. 예배는 하나님이 무엇인가를 일으키시는 현존으로 우리를 데려간다.

화려하게 치장하지 않은 소박한 공동 예배는 공동의 삶에, 다른 사람과 함께하는 삶에 그러한 질서를 가져온다. 우리가 경험하는 실존은 일종의 혼돈이다. 일들이 예상치 못하게, 무질서하게 일어난다. 삶은 이러한 무질서에 대항하는 끊임없는 씨름이며, 우리는 손목시계와 벽시계, 일정과 규칙을 가지고 거기에 질서를 부여하려고 한다. 삶의 본성적 에너지는 혼돈으로 흐르는 경향이 있다. 물리학자들은 그러한 현상에 인상적인 이름을 붙였는데, 바로 '열역학 제2법칙'이다. 사물은 그냥 내버려두면 흐트러지는 경향이 있다는 것이다. 아무리 잘 지어지고 정돈된 집이라 할지라도, 청소하지 않고 정리하지 않고 보수하지 않으면 금세 무질서해지고 지저분해져서 '거주가 불가능한' 상태가 되어 버린다. 사람들은 먼지를 털어 내고, 이불을 개고, 정원에서 잡초를 뽑고, 설거지를 하고, 쓰레기를 내다 버리는 등의 일과를 통해서 이 무질서한 에너지에 질서를 부여하려고 한다.

공동 예배도 하나님의 부름에 응답하는 우리 삶에서 그와 같은 기능을 한다. 그러나 예배는 강제적으로 부과된 질서가 아니다. 함께 기도하고, 찬양하고, 듣고, 순종하고, 복을 받다 보면 어느덧 그러한 예배의 질서가 무질서를 바로잡는다.

그런데 여기에서 말하는 질서는 창세기 1-2장에 기록된 소위 창조의 질서가 아니다. 모든 것이 놓일 자리를 찾고 모든 것을 제자리에 놓는, 창조가 이루어진 7일간의 질서정연함, 동산에 있던 남자와 여자의 질서정연함이 아니다. 예배는 창세기 1-2장에 따라서 존재를 재배열하지 않는다. 인간의 죄가 생기기 전, 한때 우주가 정돈되어 있었던 그때의 깔끔한 분할 상태로 돌리려 하지 않는다.

예배가 이루는 질서는 구속의 질서다. 강제적으로 부과된 법칙의 질서가 아니라 상호적 사랑의 질서다. 사람들에게 어떻게 살아야 하는지를 가르쳐 주는 것이 예배의 일차적 목적이 아니다. 예배는 구속하시는 그리스도의 현존 가운데로 우리를 부르고 거기에 알맞게 반응하는 공동체를 만들어 낸다. 예배의 삶은 기도와 찬송, 선포되고 듣는 하나님의 말씀(음성!) 그리고 세례와 성찬으로 이루어져 있다. 그 어느 것도 한 부류의 그리스도인이 다른 부류의 그리스도인에게 강제로 부과할 수 없는 것들이다. 예배는 바로 그 항아리다. 장식도 없고, 자기 존재를 알리려고 요란을 떨거나 강제하지 않고, 스스로 이목을 끌려고 하지도 않고, 그냥 있는 것만으로도 질서를 만들어 낸다. 울타리와는 아주 다르다.

이렇게 바울의 저울 은유는 부름과 행함의 두 극단을 균형 있게 붙잡고, 월리스 스티븐스의 항아리 은유의 도움을 받아 황무지 같은 문화에 질서를 가져오는 현존의 힘을 증언한다. 이 두 개의 상호보완적 은유는 일하고 예배하는 교회를 은유적으로 표현해 준다.

예배는 인격적인 대화의 언어를 사용해서, 인격적으로 부르시는 하나님의 음성을 들을 줄 아는 우리의 본질적 능력을 더 잘 인식하게 해준다. 그리고 우리를 그 부름에 합당하게, 즉 그 부름에 맞게 살 줄 아는 존엄한 존재로 대해 준다. 그리고 이 부름과 행함의 삶은 결코 격리된 상태로 사는 것이 아니라는 사실을 확실히 알게 해준다. 우리는 모두 서로 관계를 맺을 수밖에 없다. 그리고 우리가 각자 하는 일은 다른 모든 사람에게 영향을 미친다. 우리는 주로 홀로 하나님의 음성을 듣고 거기에 반응하지만, 다른 사람들과 같은 곳에 있든 다른 곳에 있든, 암묵적으로는 언제나 공동체 안에서 그렇게 한다.

그리고 예배는 질서를 부여하시는 하나님의 현존을 거기에 모인 사람들과 함께 조용히 끈질기게 증언하는 것이다. 그 사람들은 단지 특정 장소에 있는 것만으로도, '테네시의 항아리'처럼 풍경의 중심이 된다.

그리스도 안에서 성숙하게 자라기에 가장 좋은 환경을 자기 것으로 받아들이는 기독교 공동체의 가장 특징적인 행위가 바로 예배다.

## :: 시편 68편: "주께서 높은 곳으로 오르시며…"

바울이 제시한 '악시오스' 은유는 그가 자신의 메시지를 성숙의 영성에 단단히 고정시키기 위해서 택한 본문과 상상력의 차원에서 쌍을 이룬다. 바로 시편 68편에서 가져온 본문인데, 하나님이 행하신 위대한 구원의 행위들을 의기양양하게 나열하다가 그것을 위대한 예배의 행위로 귀결시키는 내용이다. 바울은 그 시편의 가운데

한 연(17-20절)을 택해서 인용한다.

> 하나님의 병거는 천천이요 만만이라
> 　주께서 그중에 계심이 시내 산 성소에 계심 같도다.
> 주께서 높은 곳으로 오르시며
> 　사로잡은 자들을 취하시고
> 　선물들을 사람들에게서 받으시며
> 반역자들로부터도 받으시니
> 　여호와 하나님이 그들과 함께 계시기 때문이로다.

이 시편은 긴박한 탄원으로 시작하고 있다. "하나님, 일어나셔서 당신의 원수들을 흩어 버리십시오." 그러자 하나님이 실제로 일어나신다. 이어지는 연마다 하나님의 행적이 선포된다. 적들이 도망가는 앞에서 하나님은 주권자로서 위엄이 있으시다("하늘을 타고 광야에 행하시던", 1-4절). 하나님은 황무지 세상을 행진해 가시면서 과부와 고아를, 집 없는 자와 감옥에 갇힌 자를 구출해 주신다. 하나님의 구원이 아낌없이 과시된다("주께서 흡족한 비를 보내사", 5-10절). 하나님은 권세 있는 교만한 자와 남겨진 약한 자가 서로 자리를 바꾸는 위대한 복음의 역전("소식")을 선포하라고 선지자들에게 명령하신다("집에 있던 여자들도 탈취물을 나누도다", 11-14절). 풍경을 지배하는 것에 익숙한 바위산이 자신을 가리는 보좌의 산("하나님이 계시려 하는 산", 15-16절)을 보고 놀란다. 동지뿐만 아니라 적으로부터 받은 선물까지 가득 싣고 높은 곳으로 올라가실 때 하나님은 구원받은 자들을 자기 주변에 모으셔서("날마다 우리의 짐을 지시는 주", 17-23절) 자신의 승리를 나누신다. 하나님은 구원의 행진을 하시며 죽은 자와 저주받은 자의 나라를 지나가시고, 포로로 잡혔던 자들을 데려오신다.

구원을 행하시는 하나님에 대한 광범위한 다큐멘터리와도 같은 시편 68편은(1-23절) 갑자기 지성소에서 드리는 포괄적인 예배의 행위로 바뀐다(24-35절). 구름을 타시고, 황무지를 바꾸시고, 복음을 선포하라고 선지자들에게 명령하시고, "높은 곳으로" 올라가시는 하나님의 모습과 행동이, 선물을 들고 복을 외치며 성소로 예배하러 들어가는 노래하는 자와 악기 연주하는 자들의 행렬과 합해진다. 그리고 마지막으로 그 음성, 그 "웅장한 소리"에 다시 이목이 집중되면서 이 시는 마무리된다. 그 소리는 억압과 멸망의 세상을 구원의 세상으로 바꾸고 "그의 백성에게 힘과 능력을 주는" 소리다.

이 예배의 배경은 성소다. 예배는 성소에서 시작되어(24절) 성소에서 끝난다(35절). 성소는 예배를 위해서 따로 구분된 신성한 장소인데, 그곳에서 예배를 드리며 하나님이 자신을 누구라고 계시하시는지, 그리고 우리의 역사 속에서 자신을 어떻게 계시하시는지에 경건하게 주의를 기울인다. 성소는 또한 폭넓은 구원의 드라마에 우리가 어떤 자리와 역할로 참여할지를 볼 수 있는 극장이기도 하다. 시편 68편의 이 예배는 단순히 바라보는 예배가 아니다.

일하시는 하나님에 대한 설명을 가만히 앉아서 듣지 않는다. 또한 하나님이 어떻게 일하시는지를 알아내는 워크숍도 아니다. 시편 68편의 예배는 하나님의 말씀과 행동을 집중해서 듣고 보다가 그 말씀과 행동에 기꺼이 참여하게 되는 예배다.

성소에서 하나님이 주체가 되는 마지막 동사는 '주다'(35절)이다. 하나님은 자기 백성에게 **주신다**. 하나님의 존재와 하나님이 하시는 일이, 하나님의 "힘과 능력"이, 하나님의 백성인 우리에게 주어진다. 그것을 다 받은 백성은 소고를 치고 노래하며 나아간다. 맨 앞에는 그들 중 가장 작은 베냐민이 서고 그 뒤에는 유다와 스불론의 고관이 따라온다.

내 생각에 바울은 시편 68편 전체를 자신의 묵상과 기도 안으로 끌어온 것 같다. 그는 시편 68편에서 에베소서에 쓸 본문을 가져오기만 한 것이 아니라, 그 시편에서 발견한 구조를 자신이 쓰는 글의 문학적, 신학적 구조에 적용한다. 우선은 하나님의 말씀과 행동을 철저하게 묵상하면서 거기에 푹 잠기고(1-3장), 그 묵상은 예배가 만들어 내는 믿음으로 순종하는 삶에서 구현된다(4-6장).

'악시오스'의 은유와 시편 68편의 본문은, 마치 부러진 뼈가 붙으면서 서로 결합하듯이 하나님의 부르심과 하나님 백성의 행동을 살아 있는 유기체로 결합시킴으로써 서로를 강화해 준다. 그 두 개가 임의로, 혹은 프로그램에 따라서 그냥 나란히 놓인 것이 아니다. 성숙은 이러저러한 훈련과 기도, 그리고 교리와 대의들을 조립하는 짜 맞추기 작업이 아니다. 성숙은 부활을 사는 삶 속에서 삼위일체가 하시는 모든 일이다.

---

그런데 여기서 독자들은 무엇인가를 눈치 챘을 것이다. 바울은 시편 68편을 문자적으로 번역하지 않고 본문이 예수님을 지칭하도록 내용을 응축시키고 각색한다. 그는 우리가 놓쳤을 수도 있는 의미들을 그 본문에서 찾아내는 방식으로 본문을 각색하는데, 두 가지 측면에서 그렇게 한다.

그의 번역은 다음과 같다.

> 그가 위로 올라가실 때에
> 　사로잡혔던 자들을 사로잡으시고
> 사람들에게 선물을 주셨다 하였도다.

그의 첫 번째 각색은 예수님을 '올라가다' 동사의 주체로 만든 것이다. 이 시편 본문은 히브리인들이 하나님의 주권적 통치와 모든 적에 대한 승리를 축하했던 위대한 즉위식 축제와 관련될 가능성이 크다. 그러나 번역의 과정에서 바울은 주어를 바꾸어서 "주께서[하나님이] 높은 곳으로 오르시며" 대신에 "그가[예수님이] 위로 올라가실 때에"로 번역했다. 바울은 보좌에 앉으신 하나님을 예배하는 시편의 찬송을 하늘로 올라가시는 예수님에 대한 증언으로 사용하고 있다.

예수님이 부활하신 후에 제자들은 40일 동안 예수님과 함께 있으면서 그의 음성을 들었다. 예수님이 **하나님 나라에 대해서 말씀하시는 것**을 들었다. 지금 이곳에, 살과 피로, 몸과 영혼으로 나타난 부활에 대해서 자세히 알고 그 내용과 함의를 철저하게 자기 것으로 만들기 위해서 예수님과 함께하는 하루하루가 절실히 필요했다. 죽음 너머의 생명을 약속하는 부활만이 아니라 지금 존재하는 부활을 알아야 했다.

환각 상태는 40일간 지속될 수 없다. 꿈도 40일간 이어질 수 없다. 종교적 광란도 40일간 유지될 수 없다. 그 40일은 예수님의 부활을 가족과 이웃과 함께, 거리에서든 집에서든 살아내야 하는 삶으로, 예수님의 제자인 **그들이** 살게 될 삶으로 규정해 주었다. 사적인 '영적' 체험이 아니라 예수님을 따르는 모든 사람과 함께 일터에서든 정치 현장에서든 전쟁의 대학살 가운데서든, 고요한 예배 가운데서든 역사적으로 살아내야 하는 삶이었다.

제자들을 두고 떠나기 전에 예수님은 예루살렘에 머물면서 "아버지께서 약속하신 것"을 기다리라고 했다. 예수님은 그 약속에 대해서 분명하게 말씀하셨다. "성령이 너희에게 임하시면 너희가 권능을 받고…내 증인이 되리라"(행 1:8).

그러고는 그들을 떠나셨다. 그들은 그 모습을 지켜보았다. 예수님은 구름에 가려 더 이상 보이지 않게 되었다(행 1:9-11). 그들은 그 후로 다시는 예수님을 보지 못했다. 열흘 후 예수님의 약속이 지켜졌다. 예수님이 베다니에서 하늘로 올라가신 지 열흘 후에 약속하신 대로 성령이 예루살렘에 모여 있는 제자들 위에 임하셨다. 찰스 윌리엄스(Charles Williams)는 그것을 신학적 삼각법으로 설명했다. "하늘을 향하는 두 개의 선이 만났다. 하나는 베다니에서 메시아의 승천을 따라 그어진 선이고, 또 하나는 예루살렘에서 성령의 강림을 따라 반대 방향으로 그어진 선이다."[3] 승천의 밝은 구름을 향해 위로 그어진 선과 바람같이 임하는 오순절의 강림을 따라 아래로 그어진 이 두 개의 선은 구체적인 시간과 장소에서 교회가 시작되었음을 표시해 준다. 승천과 강림의 두 선은 하늘의 거대한 지평선과 이 땅의 교회를 연결해서 광대한 영원의 정삼각형을 이룬다. 바로 삼위일체의 심오한 작용을 측정하는 삼각법이다. 에베소 교회나 우리가 속한 교회는, 실제로 하늘에서 교회가 시작되고 끝난 결과물이다. 우리가 보는 교회는, 그리고 세계는, 언제나 결과물일 뿐이다.

교회에서 마땅히 축하해야 할 만큼 축하하지 않는 사건 중 하나가 아마도 승천일 것이다. 그 이유 중 하나는 승천일이 언제나 일요일이 아닌 목요일에 오고, 그렇기 때문에 설교를 하지 않게 되어서다. 루터는 '아버지의 오른편에'라고 하는 신앙 고백은 '모든 곳에'라는 뜻이라고 말했다. 그 보좌는 지상의 모든 보좌와 이 세상의 정치를 상대화하고 주변으로 밀어낸다. 예수님의 승천은 예수님의 통치를 내 마음의 보좌로 축소시키지 않게 해준다. 물론 내 마음의 보좌에서도 통치하시지만, 승천은 그것보다 훨씬 더 많은 것을 의미한다.

예수님의 승천을 언제나 생생하게 기억하기 위해서 교회는 시편 47편을 공통적으로 사용해서 승천과 관련된 모든 일에 우리가 보여야 할 반응을 제시했다. 이 본문은 기쁨에 찬 승리의 장면을 묘사하고 있다.

> 하나님께서 즐거운 함성 중에 올라가심이여.
> 여호와께서 나팔 소리 중에 올라가시도다.…
> 찬송하라. 우리 왕을 찬송하라.…
> 하나님이 뭇 백성을 다스리시며
> 하나님의 그의 거룩한 보좌에 앉으셨도다. (시 47:5, 6, 8)

약 40일 전에 골고다의 보좌에서 '유대인의 왕'으로 즉위하셨던 그 예수님이 이제는 하늘의 보좌에서 다스리신다. 로마가 점령한 팔레스틴 지방에서 예수님이 하셨던 모든 말씀과 행동이 이제는 '높은 곳에서' 이루어진다.

바울의 동료였던 누가는 사도행전에서 교회의 이야기를 들려주기 위해 예수님의 승천 이야기부터 시작했다. 승천은 그 뒤에 오는 모든 사건의 배경을 설정하는 도입 장면이다. 예수님이 절대적 통치의 자리에 앉으셨다. 그리스도는 우리의 왕이시다. 모든 사람은 예수님의 통지를 받으며 산다. 이 통치는 다른 모든 보좌와 주권과 권세를 능가하는 통치다.

이 사실을 앎으로써, 그리고 예배를 통해서 그 앎이 정교해지고 깊어짐으로써, 교회는 부활이라는 현실 속에서 건강하게 살 수 있는 가능성이 생겼다. 이 사실을 알지 못하면 교회는 죽음과 악마가 좌우하는 상상력에 따라 소심하게 그리고 조심스럽게 살 수밖에 없다.

바울은 누가가 교회의 탄생과 그 초기의 모습에 대한 이야기 서두에서부터 승천에 초점을 맞춘 것을 그대로 이어받아, 성숙한 부활의 삶을 살아가야 할 이들이 지침으로 삼아야 할 본문에 '그가 위로 올라가셨다'는 승천의 이미지를 반복한다. 부활하신 예수님이 하늘에 있는 전략 기지에서 교회와 이 세상과 우리 모두를 다스리신다. 예수님이 다스리신다는 **사실**은 모두가 기본적으로 믿는다. 그러나 예수님이 다스리시는 **방식**에 대해서는, 인격적인 주님을 비인격적인 교리로 대체하겠다고 고집하는 그리스도인들이 숱한 논쟁을 벌이고 있다.

바울이 시편 68편을 각색하는 또 다른 부분은 동사의 변화다. 그는 시편 기자가 "선물을 받으셨다"고 한 것을 "선물을 주셨다"로 바꾸어 놓았다.

시편 68편에서 왕이신 하나님은 시내 산에서 '성소'로 승리의 행진을 하시는데, 사로잡혔던 자들을 이끌면서 그리고 적과 친구 모두로부터 선물을 받으면서 가신다. 하나님은 자신을 예배하는 사람들로부터 선물을 잔뜩 받으신다. 하나님의 적, 즉 "반역자들"

도 이의를 제기할 수 없는 하나님의 통치를 인정하면서 선물을 가져온다. 뒤로 가면 하나님이 예배의 장소인 성전에 앉으시는데 그때 "왕들이 주께 예물을 드리리이다"라는 문구에서 이 선물의 주제가 다시 나온다.

왕이 즉위할 때 우리는 선물을 가져온다. 우리의 선물은 그토록 사랑스런 왕을 맞아 기쁘다는 것을 보여 주는 증거다. 반역자가 드리는 선물은, 비록 마지못한 것이겠지만 자기 주권을 포기한다는 상징적 표시가 된다. 어떠한 경우든 선물은 그날이 축제의 날임을 인정하는 표시다.

바울의 메시지를 읽었던 (혹은 들었던) 많은 에베소 사람들이 시편 68편을 잘 알고 있었을 것이다. 특히 시편을 기도서로 사용했던 유대인들은 더 잘 알고 있었을 것이다. "받으셨다" 대신에 "주셨다"라는 말을 듣고 깜짝 놀라는, 심지어는 충격을 받는 사람들이 있었을까? 그랬을 것이라고 나는 생각한다. 적어도 주의는 끌었을 것이다. 바울이 잠시 실수한 것일까? 그의 기억력이 쇠퇴한 것일까?

그렇지 않았을 것이다. 바울은 의도적으로 그렇게 썼다. 그는 자신이 쓰는 내용을 정확하게 알았다. 그는 에베소 사람들이, 그리고 우리가 '주다'라는 단어를 결코 잊지 않기를 바라는 마음에서 그렇게 썼다.[4]

그렇다. 왕은 대관식 때 선물을 받는다. 그렇다. 영광스런 왕이신 하나님을 예배할 때 우리는 선물을 가져온다. 경건하게 예를 표할 때는 최고의 것을 내놓아야 제대로 올바르게 예를 표한 것이다. 하나님께 드리고 서로에게 주는 행위는 모든 형태의 삶에서 중요한 부분이다. 그리고 하나님은 우리가 가져오는 것을 받으신다. 박사들은 예배의 행위로서 요람에 누우신 왕 예수님께 예물을 가져왔다. 예수님은 소년이 선물로 드린 떡 다섯 덩이와 물고기 두 마리를 받으셨고, 다시 그것으로 오천 명을 먹이셨다. 오천 명은 그것을 대관식 만찬으로 이해했고 그래서 예수님을 왕으로 세우려고 했다(요 6:15). 예수님은 최후의 만찬 때 빵과 포도주의 선물을 받으시고 그것을 자신의 살과 피로 제자들에게 돌려주셨다.

그러나 바울은 우리가 아버지의 오른편에 앉으신 승천하신 왕이신 예수님을, 선물을 받으시는 왕이 아니라(물론 받으시기도 하지만) 선물을 주시는 왕으로 보기를 원한다. 바울은 '받다'일 것이라고 사람들이 예상하는 동사를 복음의 핵심인 '주다'로 바꾼다.

바울은 우리가 "그리스도의 장성한 분량이 충만한 데까지"(엡 4:13) 자라기를 바란다. 성숙하려면 무엇보다도 "이제부터 어린아이가 되지 아니하고"(엡 4:14) 우리의 힘과 이해력에 알맞은 책임을 져야 한다. 그리스도 안에서 이러한 책임을 실행하기 위한 선행 조건은 그리스도의 영을 받는 것이다. 그리스도는 우리에게 자신의 성령을 주셨다. 자기 자신을 선물로 주신 것이다. 예수님은 승천하시고 열흘 후인 오순절 날에 자신의 성령을 부어 주셨다.

바울은 우리가 자라는 조건을 제시해 주는데, 바로 풍성한 선물이다. "그가 위로 올라가실 때에…사람들에게 선물을 주셨다." 승천하신 예수님, 아버지의 오른편에 계신 예수님, 왕이신 예수 그리스도께서 선물을 주심으로써 자신의 통치를 시작하셨다. 그 선물은 우리가 왕의 통치에, 복음의 통치에 참여하는 수단이다. 하나님 나라의 삶은 선물의 세계에 점점 더 깊이 들어가는 삶이며, 우리 주님과 함께 일할 때 최대한 그 선물을 사용하는 삶이다.

우리는 선물의 언어를 잘 알고 있다. 우리는 선물에서 시작되었다. 우리는 스스로를 만들 수 없고, 스스로 태어날 수 없다. 우리의 근본적 정체성은 선물이다. 태어나자마자 우리는 곧바로 선물을 받는다. 사랑과 음식과 옷과 집이라는 선물을 받고, 치유와 양육과 교육과 훈련의 선물을 받는다. "네게 있는 것 중에 받지 아니한 것이 무엇이냐. 네가 받았은즉 어찌하여 받지 아니한 것같이 자랑하느냐?"(고전 4:7) "여러분이 지니고 있는 것과 여러분의 현재 모습은 모두 하나님께로부터 온 순전한 선물이 아닙니까?"(「메시지」) 이 선물은 서서히 성숙의 힘과 성숙의 책임으로 발전한다. 갓난아기들은 전적으로 부모에게 의존하지만, 어린이가 되면 서서히 스스로 옷을 입고 밥을 먹게 되고, 독립적인 결정을 내리게 되고, 먼저 나서기도 한다. 청소년기는 유년기에서 성인기로 넘어가는 아주 중요한 시기다. 우리가 받은 선물을 어른의 책임과 통합시키는 법을 배워 가는 이 시기는 어색하고 종종 격정적이 되기도 한다. 우리는 많은 것을 받았다. 이제는 이 선물을 공동체 안에서 실현하기 시작한다. 우리에게 주어진 것을 지혜롭게 잘 살아내는 법을 서서히 배운다. 자라가는 것이다.

바울은 승천에 대한 본문을 이렇게 시작한다. "우리 각 사람에게 그리스도의 선물의 분량대로 은혜를 주셨나니"(엡 4:7). 은혜(*charis*)는 선물의 동의어다. 그런데 이 선물은 인색하게 주어지지 않았다. 선물이라는 생색만 내는 정도로 주어진 것이 아니라 "그리스도의 선물의 분량대로" 주어졌다. 뒤에서 "이는 만물을 충만하게 하려 하심이라"(10절)는 말로 확장되는 이 '분량'이라는 단어를 나는 '과도하게', '풍부하게'라는 의미가 담긴 말로 이해한다. 우리는 성숙해 가려면 반드시 자신을 처음부터 끝까지 선물로 인식해야 한다. 그 인식은 서서히, 그러나 확실히 이루어져야 한다. 그렇지 않으면 우리는 자신이 스스로 창조되었다고 오해하고 출구 없는 상태에 빠지게 될 것이다.

바울은 다섯 가지 선물을 열거한다. 사도, 선지자, 복음 전하는 자, 목사, 교사. 각각의 선물은 초대이며 예수님의 일에 참여할 수 있는 수단이다. 이 선물은 꽃병에 꽂힌 꽃처럼 선반에 놓고 보는 것이 아니다. 이동전화를 사용하듯이 자기 편리에 맞게 사용하는 것이 아니다. 연주회 티켓처럼 기분 전환이나 오락을 위한 선물이 아니다. 결혼 기념일의 루비 목걸이나 은퇴 기념 손목시계처럼 감사의 선물이 아니다. 이 선물은 예수님과 나란히 그리고 예수님과 함께 일하기 위해서 우리에게 필요한 것을 갖춰 주는 선물이다. "봉사의 일을 하게 하며 그리스도의 몸을 세우려 하심이라"(엡 4:12).

우리는 삼위일체가 하시는 일을 함께 하는 관계로 초대를 받은 것이다.

이 점을 이해하는 것이 중요하다. 지금까지 이 선물을 개인적으로 이해하는 경우가 너무 많았다. 우리가 원하고 마땅한 기질과 소질을 가졌다면 할 수 있는 일들로 이해했다. 이것은 잘못된 이해다. 일이란 곧 성부, 성자, 성령이신 삼위일체의 일이다. 우리는 예수님의 동료로 일할 수 있지만, 정말 중요한 의미는 그것이 우리에게 주어지는 과제라는 것이다. 그리고 이 일은 같이 하는 일이다. 이 일은 전문적인 임무를 수행하기 위한 직무 설명서가 아니다. 이 선물들은, 오순절 날 '비둘기의 강림'에서 시작되었고 **그 다음에** 세상으로 흘러넘친 그 일의 여러 양상들이다. 누구나, 아무 때나, 그 일들 중 하나를 할당받을 수 있다. 우리는 함께 이 일을 한다. 이것은 전문적인 일이 아니며, 살아 있는 공동체라면 자연스럽게 하게 되는 일이다.

바울은 선물을 나열하기를 무척 좋아한다. 그는 다섯 번이나 승천하신 그리스도께서 주시는 선물을 나열한다("사람들에게 선물을 주셨다"). 에베소서에서 그가 나열하는 다섯 개의 선물(사도, 선지자, 복음 전하는 자, 목사, 교사) 외에 그는 고린도전서 12:4-19에서 아홉 개의 선물을 나열한다. 지혜의 말씀, 지식의 말씀, 믿음, 병 고치는 은사, 능력 행함, 예언, 영 분별, 각종 방언, 방언 통역. 고린도전서 12:28-29에서는 여덟 개를 나열한다. 사도, 선지자, 교사, 능력을 행하는 자, 병 고치는 은사, 서로 돕는 것, 다스리는 것, 각종 방언을 말하는 것. 고린도전서 14:26에서는 다섯 개를 나열한다. 찬송시, 가르치는 말씀, 계시, 방언, 통역. 로마서 12:6-8에서는 일곱 개를 나열한다. 예언, 섬기는 일, 가르치는 자, 위로하는 자, 구제하는 자, 다스리는 자, 긍휼을 베푸는 자. 이 다섯 개의 목록 외에도 바울은 몇몇 곳에서 선물을 언급한다. 존 스토트(John Stott)는 바울의 글에서 "최소한 스무 가지의 선물"을 세었는데, 그중에는 "긍휼을 베푸는 자"(롬 12:8)처럼 아주 평범한 것들도 있다고 지적한다.[5] 이 목록들은 완결된 것이 아니다. 그리고 몇몇 항목은 반복해서 나타나기도 한다. 어떤 것들은 선물을 실행하는 사람을 지칭하고, 어떤 것들은 선물 자체를 지칭한다. 그러나 이 목록들에는 일관된 관심사가 깔려 있다. 성령이 다양한 선물을 주셨지만 성령은 하나라는 것이다. 다양한 선물들이 하나의 기능으로 통일된다. 선물들 사이에 혹은 선물을 받은 사람들 사이에는 경쟁이 있을 수 없다.

이 각각의 선물이 구체적으로 무엇인지 그리고 그것이 하나님의 백성 안에서 어떻게 사용되는지에 대해서 상당히 많은 연구가 있었다.[6] 그러나 지금 내 관심은 이 선물이 주어진 에베소서의 전체적인 배경을 설정하는 것이다. 바울이 주장하는 것은, 우리가 예수님의 이름과 성령의 능력으로 하는 모든 일은 삼위일체가 하시는 일의 어느 측면을 순종하며 실행하는 것이라는 사실이다. 우리는 성숙한 만큼 그 일에 참여하게 된다. 각각의 그리스도인은 자신이 처한 삶의 상황과 조건에 따라서 나름의 특별한 방식으로 참여하지만, 그 누구도 혼자, 자신의 능력으로 하지 않는다.

우리는 선물을 넘치도록 받은 세상에서 살고, 일하고, 존재한다. T. S. 엘리엇(Eliot)은 교회에 대해서 쓴 뛰어난 시 "바위"(The Rock)에서 성령이 주시는 선물의 본질과 위치에 대한 바울의 통찰의 핵심을 잘 포착했다.

함께 하는 일이 있다.
모두를 위한 교회다.
그리고 각자의 임무가 있다.
모두 자기 일을 한다.<sup>7)</sup>

바울은 '악시오스' 은유를 그리스도의 통치와 그리스도의 자비와 연결하기 위해서 시편 68편의 본문을 사용한다. 승천하신 그리스도는 높으신 왕이다. 그리스도는 선물을 주심으로써 자신의 통치를 매우 가시적으로 실행하신다. 그리스도의 주권의 본질은 자기 백성 위에 군림하는 것이 아니라 그리스도처럼 자기를 내어주는 일에 백성을 초대하는 것이다. 즉 성숙해지라고, 예수님의 존재와 예수님의 일에 동참하는 사람으로 자라라고 그 백성을 초대하신다.

성숙한 삶이란 우리가 그 일이 일어나는 사업상의 일원임을 깨닫는 것이다. 우리는 그 일을 선물로 받아들인다. 이 위대한 구원의 작업장에서 주님과 나란히 일하다니 참으로 대단한 선물이다!

'승천하다' '주다' '선물'이라는 단어는 에베소서의 메시지를 묵상하고 기도하고 살아낼 때 서로 공명을 일으킨다. 우리는 그리스도께서 왕이 되시는 길, 우리에게 주어진 삶에서 자발적인 참여자가 된다. '합당하게'는 서서히 그리고 조금씩 풍성한 울림을 가지게 된다. 우리가 자라는 것이다.

제2부
# 하나님의 복

위대한 신학은 서사시나 대하소설처럼
거대하고 복잡하게 얽힌 일종의 시 같다.

마릴린 로빈슨, 「아담의 죽음」

## 3. 하나님과 영광

에베소서 1:3-14

> 찬송하리로다. 하나님 곧 우리 주 예수 그리스도의 아버지께서
> 그리스도 안에서 하늘에 속한 모든 신령한 복을 우리에게 주시되,
> 곧 창세 전에 그리스도 안에서 우리를 택하사 우리로 사랑 안에서 그 앞에 거룩하고
> 흠이 없게 하시려고…이는 우리 기업의 보증이 되사 그 얻으신 것을 속량하시고
> 그의 영광을 찬송하게 하려 하심이라.
> 에베소서 1:3-4, 14

> 찾은 것에 비하면 잃은 것은 아무것도 아니다. 그리고 지금까지 있었던 모든 죽음을
> 생명과 나란히 놓고 본다면 컵 한잔의 분량도 되지 않을 것이다.
> 프레드릭 뷰크너, 「고드릭」

"찬송하리로다"(1:3)로 시작해 "영광"(14절)으로 끝나는 이 말을 바울은 단 하나의 문장으로 썼다. E. 노든(Nordon)이라는 학자는 그 문장을 "헬라어에서 내가 접한…가장 괴물 같은 문장 조합"이라고 했다.[1] 그러나 이 뛰어난 학자는 박학하긴 했지만 언어 감각은 둔했던 사람이다. 예배하는 회중과 함께 이 문장을 읽거나 듣는 그리스도인이라면 이 분법학자의 까다로운 분노를 칭얼대는 소리 정도로 치부할 것이다. 우리가 살고 있는 이 세상의 거대하고 복잡한 얽힘을 소개해 주는 폭포와도 같은 시를 누가 거부할 수 있겠는가?

바울은 우리가 태어났고 지금은 자라고 있는, 하나님이 창조하셨고, 그리스도께서 구원하셨고, 성령이 복을 주신 이 세상에서 일어나는 일을 쾌활하게, 과장되게, 그리고 완전히 몰입해서 들려주고 있다. 우리가 사는 이 세상은 그날 벌어 그날 먹는 작고 비좁은 세상이 아니다. 지평선은 넓다. 하늘은 높다. 바다는 깊다. 우리가 움직일 여유가 충분히 있다.

하나님이 우리를 부르시는 이 세상의 크기를, 그 압도적인 크기를, 그 다면적인 여유로움을, 우리가 안락하게 느끼는 정도의 면적으로 축소해서는 안 된다. 바울은 우리가 그렇게 하지 못하도록 최선을 다한다. 죄는 우리의 상상력을 축소한다. 그러나 바울은 움츠러든 우리를 확 펴 준다. 바울은 거룩한 시로 대항한다. 우리가 감당할 수 있는 것 혹은 설명할 수 있는 것으로 이 세상의 본질을 추정한다면 우리는 아주 작은 세상에서 살게 될 것이다. 그리스도의 장성한 분량이 충만한 데까지 자라려면 그렇게 할 수 있는 좋은 환경이 필요하다. 여유로운 공간이 필요하다. 에베소서는 그러한 공간을 준다. 깊고도 넓은 면적을 준다. 에베소서는 우리를 깊은 바다에 던져 넣고, 우리는 숨을 헐떡이며 그 바다에서 올라온다. 익숙해지려면 시간이 좀 걸릴 것이다.

## :: 우주 속에서 길을 잃다

워커 퍼시(Walker Percy)는 미국 문화에 만연한 소외라는 영적

질병을 잘 보여 주는 여섯 권의 소설을 썼다.[2] 인간의 그러한 상태를 그는 "우주에서 길을 잃었다"고 표현했다. 우리가 누구인지, 어디서 와서 어디로 가는지 모른다는 뜻이다.

퍼시의 원래 소명은 의사였다. 그는 약물과 수술을 통해서 병들고 망가진 육체를 고치고자 했다. 하지만 그 길을 제대로 가기도 전에 직업을 바꾸어 버렸다. 때로는 자신의 소명을 지키기 위해서 직업을 바꿔야 할 때가 있다. 퍼시가 그랬다. 그는 영혼을 치유하는 일을 하기 위해서, 우리의 병을 명사와 동사를 가지고 치료하기 위해서 작가가 되었다. 그가 그리스도인이었다는 사실 또한 중요하다. 미국인 형제자매들이 영적으로 길을 '잃었다'는 그의 진단은, 우리를 일깨워서 우리의 절박한 상황을 보게 하고 집으로 돌아가는 길을 찾을 수 있도록 표지판을 세워 주기 위한 조처였다.

퍼시보다 2천 년 앞선 시대를 살았던 바울도 잃어버린다는 것에 대해 잘 알고 있었다. 바울은 1세기 중반인 50년대와 60년대에 그리스도인 회중과 친구들에게 썼던 13통의 편지에서 당시의 상황에 대해 날카로운 진단을 하고 있다. 바울의 진단은 "우주에서 길을 잃었다"는 퍼시의 진단과 본질적으로 같다. 그러나 바울은 그 외에 또 다른 일도 한다. 퍼시가 몇 개의 표지판을 세운 것과는 달리 바울은 그리스도 안에 계신 하나님이 성령을 통해서 이 우주에서 어떻게 일하시는지를 자세하게 증언한다.

'우주에서 길을 잃은' 상태를 초래한 몇 가지 요인 중에서 두드러지는 것 하나는 언어가 비인격적인 사실들로 전락하여 세속화되

3. 하나님과 영광

었다는 것이다. 그에 따라 우리의 상상력도 정형화된 역할과 기능으로 축소되었다. 우리가 살고 있는 언어 세계에서는 모든 '너'가 '그것'으로 중성화되고 상상력은 도식화된다. 바울은 우리 주변에서 일어나는 일들에 이름을 붙이고 그것들을 제대로 인식해서 더 이상 길을 잃지 않고 집을 찾아갈 수 있도록, 어휘와 문장을, 모국어를 우리에게 돌려준다.

바울은 에베소서를 시작하면서 참으로 탁월하게 언어를 회복한다(1:3-14). 우주에서 길을 다시 찾게 해주는 언어의 회복이다. 이 시대의 빼어난 학자 중 한 사람은 이렇게 평가했다. 이 도입부는 "신약 성경에 나오는 유대인의 글 중에서 가장 훌륭한 찬양과 기도다.…창조와 구속에서 대단한 행동을 보이신 한 분 하나님을 찬양하는 기도다."[3] 명사와 동사, 부사와 형용사, 전치사와 접속사를 통틀어 201개의 단어가 바울의 펜 끝에서 쏟아져 나오는 이 단 하나의 문장은 화려하게 치러지는 행사와도 같다. 우주의 핵심적 행동, 즉 하나님의 포괄적인 구원이 행진을 하는 모습이다. 우리는 더 이상 길을 잃지 않고 집으로 갈 수 있다.

## :: 하나님의 동사

하나님. 우리는 하나님에서 시작한다. 그것만큼은 의문의 여지가 없어 보인다. "태초에 하나님이" "하나님이 말씀하시기를" "하나님이 세상을 이처럼 사랑하사"…하나님. 하나님. 하나님. 우주에 시동을 거신 하나님. 예수님을 보내신 하나님. 우리는 하나님의 이름으로 세례를 받고 새로운 정체성을 얻는다. 그러나 그 사실이 자명해 보이기는 해도 우리 앞에 성경이 펼쳐져 있지 않거나 교회 안에 있지 않을 때, 그 시작에 대해서, 하나님이 모든 것을 **낳으시는** 행위에 대해서 본능적 감각을 유지하기란 매우 힘들다.

우리의 집중력은 매우 짧다. 하나님을 소개받자마자 곧 하나님에 대한 흥미를 잃어버리고 자신에게 몰두한다. 자아는 확장되고 영혼은 위축된다. 심리학이 신학을 이기게 된다. 우리의 감정과 느낌, 건강과 직장, 친구와 가족이 중심 무대로 치고 들어온다. 물론 하나님을 짐 싸서 보내 버리거나, 벽장에 가두거나, 성경에 가둬 버리는 것은 아니다. 그러나 하나님을 주변부로 밀어 놓는다. 급할 때 도와달라고 부를 수 있는 정도의 거리에, 더 이상 답이 없는 상황에 처할 때 자문을 구할 수 있는 정도의 거리에 편리하게 둔다.

우리의 일상은 과외의 일을 할 여유가 거의 없이 바쁘다. 해야 할 일이 있고, 흥미로운 관심사가 있고, 읽어야 할 책이 있고, 편지도 써야 하고, 자녀를 양육해야 하고, 주식에도 신경 써야 하고, 잔디를 깎아야 하고, 식사를 차려야 하고, 내다 놓아야 할 쓰레기가 있다. 이러한 일들을 하는 데는 하나님의 도움이나 조언이 필요 없다. 하나님은 창조와 구원처럼 큰일에 필요하다. 나머지는 대부분 스스로 알아서 할 수 있다.

그 정도면 살아갈 만한 인생을 꾸릴 수 있다. 적어도 괜찮은 직장과 좋은 소화력을 가지고 있다면 말이다. 그러나 그것은 부활을 사는 것, 그리스도 안에서 자라는 것, 삼위일체와 함께 사는 것, 우리의 근원에 근거해서 사는 것과 거리가 멀다. 우리가 자신의 근원에서 너무 멀리 떨어지거나 단절되면 그리스도의 장성한 분량이 충만한 데까지 결코 도달할 수 없다. 바울은 일곱 개의 동사를 로켓처럼 쏘아 올림으로써 부활에 우리의 이목을 집중시킨다. 일을 일으키는 동사들, 의도를 가지고 인격적으로 우주를 운영하는 동사들이다. 모든 일 속에 우리가 차지하는 자리에 대해서는 뒤에서 충분히 다룰 기회가 있을 것이고, 우선은 무엇이 이 '모든 일'을 계속 움직이게 하는지를 알아야 한다. 일곱 개의 동사. 하나님이 각각의 동사를 발사시키시고, 그 동사는 우리 가운데서 일하시는 하나님의 방식으로 하늘을 가득 채우고 지구를 밝힌다.

일곱 개의 동사는 다음과 같다. **복을 주셨다. 택하셨다. 예정하셨다. 거저 주셨다. 넘치게 하셨다. 알리셨다. 통일되게 하셨다.**

첫 번째 동사: 하나님이 **복을 주셨다**. "찬송하리로다, 하나님 곧 우리 주 예수 그리스도의 아버지께서 그리스도 안에서 하늘에 속한 모든 신령한 복을 우리에게 주시되"(엡 1:3).

'복'이라는 단어가 먼저는 하나님을 그 다음에는 우리를 꾸며 준다. '복된'이라는 형용사가 하나님을 꾸미고, 그 하나님이 복되시므로 우리에게 복을 주신다. ["찬송하리로다, 하나님"으로 번역된 부분의 영문(NRSV) 번역은 'Blessed be the God'(복된 하나님)

이다—역주] 여기에서 '복'이라는 명사는 하나님께 복을 받는 우리의 체험을 포괄적으로 가리킨다. 하나님이 무엇을 **하시느냐**는 하나님이 누구시냐에서 비롯된다. 그리고 우리가 하나님께 무엇을 받느냐가 하나님의 존재를 말해 준다. 하나님의 존재가 하나님의 행동으로 표현되는 것이다. 우리가 경험하는 하나님이 하나님의 존재다.

이 말은 하나님을 부분적으로 혹은 속성에 따라서 나눌 수 없다는 뜻이다. 하나님은 하나님이다. 우리는 하나님을 추측할 수 없다. 하나님을 설명하거나 규정할 수 없다. 우리는 하나님**으로** 존재하시는 하나님을 예배한다.

그리고 하나님은 하나님이 주시는 그것이다. 우리는 하나님을 예측하지 않는다. 하나님을 지휘하지 않는다. 하나님을 평가하지 않는다. 도스토옙스키의 작품에 나오는 둘째 아들 이반 카라마조프와는 달리, 우리는 "받은 표를 돌려주지" 않는다. 우리는 하나님은 이래야 한다고 말할 수 없다. 우리가 하나님을 예배할 때는 하나님이 하나님 되시게 해야 한다.

다른 숱한 말과 기도와 노래에 앞서, 우선은 첫 번째 동사인 **복을 주다**가 이 나라에서 길을 찾는 데 필요한 지도이자 나침반이다.

복 되도다. 우리에게 복을 주셨다. 신령한 복. 창조와 구원의 이야기가 세대를 이어 내려오면서 '복'도 다양한 울림과 뉘앙스를 쌓아 간다. 하나님이 아브라함에게 복을 주시고, 다윗과 스가랴가 하나님을 복 되신 분으로 찬송하고, 마리아가 복 받은 자가 되고, 예수님이 어린아이들에게 복을 주시고, 어린아이들이 식사 시간에 축복의 기도를 하고, 누군가가 재채기를 하면 무조건반사처럼 "복을 빕니다"(영어권에서는 누군가가 재채기를 하면 인사말처럼 이 말을 한다—역주)라는 말이 튀어나오고, 부모가 자녀를 축복하고, 목사와 신부가 축복하며 회중을 해산시킨다. 모두가 축복의 말을 하고, 많은 사람이 축복의 일을 한다. 우리의 언어와 경험에 스며들어 있는 단어, 결코 피할 수 없는 단어다.

두 번째 동사: 하나님이 **택하셨다**. "곧 창세 전에 그리스도 안에서 우리를 택하사 우리로 사랑 안에서 그 앞에 거룩하고 흠이 없게 하시려고"(엡 1:4).

지금까지 내가 알았던 모든 사람은 선택받지 못하는 경험이 주로 유년기에 있었다고 한다. 합창단의 선택을 받지 못했고, 농구팀의 선택을 받지 못했고, 동네 야구팀을 뽑을 때는 마지막으로 선택되었고(사실 이것은 아예 선택받지 못하는 것보다 더 기분 나쁘다), 원하는 직장의 선택을 받지 못했고, 누군가의 배우자로 선택을 받지 못했다. 선택받지 못한다는 것은, 가치가 없고 필요가 없고 아무 쓸모가 없다는 노골적인 메시지다.

이것을 순순히 받아들이는 사람은 별로 없다. 적어도 처음에는 말이다. 우리는 눈에 띄려고 애를 쓴다. 어떤 때는 사람들이 잘 아는 다른 누군가의 정체성을 빌려오기도 하고, 어느 스포츠 팀을 충성스럽게 따라다니면서 응원하기도 하고, 어떤 정치적인 대의를 지지하기도 한다. 어떤 사람들은 예의와 규칙을 깨 버리는 폭력배의 성격을 개발하기도 한다. 비록 학교나 클럽이나 술집에서 쫓겨나고 심지어 감옥에 가는 한이 있더라도 자신을 알아보지 않을 수 없게 만드는 것이다. 머리를 염색하는 방법은 언제나 효과가 있다. 머리를 보라색으로 염색하면 어디를 가나 분명 눈에 띌 것이다. 그리고 적절한 위치에 문신을 한 사람도 눈에 띄지 않을 수 없다.

이러한 방법들과 그 외 다른 수많은 보상의 전략들은 제법 효과가 있고 때로는 대단한 효과가 있지만, 오래가지는 않는다.

이처럼 누구도 알아봐 주지 않는 경험, 무시당하는 경험, 거절당하는 경험, 군중에 묻히는 경험은 누구나 하는 공통된 경험인데, 그 경험 앞에서 '택하셨다'는 동사는 신선하게 불어오는 바람이다. 하나님이 우리를 **택하셨다**.

그렇다, **하나님이** 우리를 택하셨다. 아무도 데려가지 않는 버려진 개처럼, 혹은 아무도 입양하지 않는 고아처럼 아무도 우리를 택하지 않은 것이 안쓰러워서 막판에 그렇게 하신 것이 아니다. 하나님은 우리를 '창세 전에' 택하셨다. 우리가 뽑혔는지 어쨌는지를 알기 한참 전에 우리는 이미 뽑혔다. 우리는 우주적 존재다.

세 번째 동사: 하나님이 **예정하셨다**. "그 기쁘신 뜻대로 우리를 예정하사 예수 그리스도로 말미암아 자기의 아들들이 되게 하셨으니…그의 은혜의 영광을 찬송하게 하려는 것이라"(엡 1:5-6).

'예정하셨다'는 말은 '택하셨다'는 말과 비슷하다. 두 단어 모두 의도의 의미를 가지고 있다. 삶은 임의적이지 않다. 우리는 웅웅거리며 벌집을 드나드는 벌떼가 아니며, 냄새를 따라 개미탑을 드나드는 개미 군단이 아니다. 하나님 안에는 그리고 우리 안에는 의도성이라는 관계적 요소가 있다. 하나님이 우리를 택하시고 하나님이 우리를 예정하신다. 이 동사는 완벽하게는 아니지만 서로 동의어가 될 수 있다.

'예정하다'는 '택하다'가 전달하는 의도성의 초점을 약간 틀어서 우리 안에서 일어나는 일에 초점을 맞춘다. '예정하다'가 '예정된 도착지'로 명사화되면 그 의미는 더 분명해진다. 하나님은 우리를 알아보시고, 확인하시고, 선택하신다. 그리고 그 선택은 일반적인 선택을 넘어 구체적인 임명이 된다.

'예정하다'(*proorizō*) 동사는 '경계'(*oros*)라는 명사에서 파생된 동사다.[4] 문자적인 의미는 '한계를 설정하다' '경계를 표시하다'라는 뜻이다. 목초지에 세워진 울타리는 한계를 설정해서 어떤 농부에게 부과된 일이 어디에서 시작해서 어디에서 끝나는지를 정해 준다. 그 경계선이 없다면 농부는 자기 앞에 바다처럼 펼쳐진 그 넓은 목초지 앞에서, 끝도 없는 가능성 앞에서 꼼짝을 못할 것이다. '어디에서 시작하지? 끝이 있기는 한 건가?' 하는 생각에 압도당하고 만다. 하나님이 예정하실 때는 경계를 표시해 주신다. 그 경계 안에서 하나님이 우리를 임명하신, 의도가 있는 인생을 산다. 우리는 우주 안에서 스스로 자기 자리를 찾고 길을 찾지 않는다. 우리는 선택받았고, 하나님은 목적을 가지고 우리를 임명하심으로써 경계를 그어 주셨다. 선택은 막연하거나 추상적이지 않다. 선택은 상호적이고 호혜적인 관계로 발전한다.

몇 년 전에 아내와 이스라엘에서 미국으로 돌아가는 길에 로마에서 며칠을 머물려고 아테네 공항을 경유한 적이 있다. 우리는 탑승권을 받아들고 비행기를 탈 게이트를 찾기 시작했다. 나는 게이트 입구에 '프로오리스모스 로마'(*Proorismos Roma*), 즉 '도착지 로마'라고 그리스어로 적혀 있는 것을 보고 깜짝 놀랐다. 성경에서 익히 보았던 단어였다. 하지만 도착지를 뜻하는 그 '프로오리스모스'는 성경에만 나오는 단어인 줄 알았다. 바울이 쓰는 특별한 단어, 하나님이 하시는 일과 관련해서만 쓰는 단어인 줄 알았다.

하나님의 계시와 관련해서만 사용되고 성경에만 나오는 것으로 알았던 단어를 우리가 사는 도시에서 보게 되거나, 공항에서 보게 되면 기분이 참 좋다. 로마로 가는 비행기 안에서 나는 난해한 신학적 교리하고만 연관된 것이라고 늘 생각했던 단어의 일상성, 실제성을 발견한 것이 즐거워 한동안 그 사실을 음미했다.

'프로오리스모스 로마'라고 표시된 게이트로 들어왔기 때문에 나의 예정지가 로마인 것처럼, 나를 '예정'하셨기 때문에 내가 다른 사람들과 더불어 '아들들'이 되었다는 사실을 깨달으며, 비행하는 그 몇 시간이 즐거웠다. 예정지를 알고 있으니 편히 앉아서 비행을 즐겨도 되리라.

하나님이 예정하셨다는 말은 상당한 신비를 내포하는 말이다. 하나님과 관련된 모든 일이 우리가 알기도 전에 일어난다는 사실을 깨닫는 순간, 우리가 신이 아닌 이상 이 '모든 일'을 완전히 이해하기는 영원히 불가능하다는 사실이 자명해진다. 이 사실은 우리에게 두 가지 매우 유익한 효과가 있다. 우선 절대적으로 겸손할 수밖에 없다. 우리가 충분히 알지 못하기 때문에 항의를 할 수도 없고 찬성을 할 수도 없다. 경배가 절로 나온다. 우리가 사용할 수 없고, 포장할 수 없으며, 하나님이 주신 것 말고는 다른 어떤 조건으로도 파악할 수 없는 실재의 현존 가운데 우리가 있다는 것을 깨닫게 된다. 그래서 그저 손을 내밀어 **받는다**.

그럼에도 불구하고 몇몇 아주 똑똑하고 배운 것이 많은 사람들은 그 말씀을 맥락에서 떼어내고 비인격화해서 밋밋하고 신비로울 게 하나도 없는 것으로 만들어 버린다. 그들은 그 말씀을 우리가 삶을 어떻게 살아야 하는지 자세하게 하나하나 정해 주는 청사진으로 만들어 버린다. 어떤 사람들은 심지어 그 청사진이 지금까지 살았던 모든 사람의 영원한 운명을, 그들의 구원 여부를 정해 준다고까지 말한다. 여기서는 소설가 조지 엘리엇(George Eliot)의 신랄한 평이 적절해 보인다. "덧셈도 못하는 멍청이가 우주의 문제를 풀고 싶어 한다."[5]

실제로는 누구도 그 청사진을 손에 넣을 수 없기 때문에, 교회에서 성경공부를 하면서 혹은 술집에서 맥주를 마시면서 예정의 범위와 내용이 무엇인지를 추측하느라 상당히 많은 생각을 낭비하게 된다. 거의 불가피한 그 다음 단계의 행동은, '내 인생을 향한 하나님의 뜻을 놓치지 않기 위해서' 이 청사진의 내부 정보를 얻어내는 방법을 미친 듯이 찾는 것이다. 예정을 청사진으로 이해함으로써 너무도 많은 사람이 인생을 망쳤다. 그리스도 안에서 잘 자라기에 좋은 방식이라고 할 수 없다.

이 문제에 대해서 매우 탁월한 글을 쓴 칼 바르트의 아들인 마르쿠스 바르트는, 에베소서의 분위기는 처음부터 끝까지 흠모의 어조를 띠며, 결코 무엇을 산출해 내려고 애쓰는 어조가 아님을 지적하면서 에베소서에는 결정론의 흔적이 전혀 없다고 말한다. 비인격적인 운명, 별자리표, 업보와 숙명, '생물학적 결정론'에서 벗어나는 길이 여기에 있다.

혹 그 청사진에 '하나님의 뜻'이라는 글씨가 새겨져 있어서 수많은 천사들이 열심히 다니면서 이 지구상에 있는 모든 생명체에 그 내용이 실행되도록 애를 쓴다 할지라도, 예정하시는 하나님은 우주적 청사진으로 탈인격화될 수 없다.

네 번째 동사: 하나님이 **거저 주셨다**. "이는 그가 사랑하시는 자 안에서 우리에게 거저 주시는 바 그의 은혜의…"(엡 1:6).

번역가들은 여기서 사용된 동사의 독특한 성격을 포착하느라 애를 먹는다. 이 동사는 신약 성경에 딱 두 번 나온다. 누가는 수태고지 때 가브리엘이 마리아에게 나타나서 하는 말에 이 동사를 사용했는데, 가브리엘은 마리아를 "은혜를 받은 자"(눅 1:28)라고 불렀다. 바울은 하나님이 우리에게 은혜를 주시는 행위를 표현하기 위해서 여기에 이 동사를 사용했다. 번역가에게 어려운 점은 바울이 쓴 헬라어가 가지는 강렬한 에너지를, 그 과장된 느낌을 영어로 전달하는 것이다. 하나님은 은혜를 주시고, 자신의 호의를 베푸시며, 우리를 기뻐하시고, 우리가 결코 상상하거나 추측하지 못할 것을 즐거이 주신다.

'주다'(bestow)는 '은혜'(grace)라는 명사를 동사화한 것이다. 동사형은 명사의 의미도 전달하지만 동시에 그것을 강화하기도 한다. 마르쿠스 바르트는 이것을 '부어 주셨다'로 번역하고 있는데[6] 나라면 '흠뻑 적시다' 정도의 의미를 택하겠다. 꿈을 꾸다(to dream a dream), 죽음을 죽다(to die the death)와 같은 영어의 표현을 따라서 '은혜로 은혜주다'(begrace with grace) 정도의 표현을 시도할 수도 있을 것이다. 하지만 이 본문의 정확한 느낌은 전달하지 못한다. 영어에는 '은혜'라는 단어에 합당한 동사가 없다. 그 안에 담긴 오랜 세월의 의미를 유지하면서 동시에 숨 막힐 듯한 에너지로 그것을 움직이게 하는 동사가 없다. '주다'는 너무 온순하게 들린다. 바울이 사용한 동사는 은혜가 마치 지하수가 땅위로 활기차게 솟아오르는 느낌을 전달한다. 성 요한이 예수님을 "우리가 다 그의 충만한 데서 받으니 은혜 위에 은혜러라"(요 1:16)라고 묘사했던 고전적인 표현과 비슷하다.

'은혜'는 바울이 사용한 단어 중에서 가장 광범위하고 가장 의미가 풍성하고 가장 포괄적인 단어 중 하나다. 에베소서에는 이 단어의 변형이 스무 번이나 나온다. 깔끔한 개념 정의로 고정시킬 수 있는 단어가 아닌 것이다. 그 단어가 사용된 방식 즉 하나님이 행동하시는 다양한 맥락과 우리가 그 하나님의 행동을 경험하는 다양한 맥락에서 그 단어가 어떻게 의미를 끌어모으는지를 유심히 지켜보는 수밖에 없다.

우리가 그리스도 안에서 자라는 이 세상의 크기, 그 어마어마한 크기와 친숙해져야 한다. 그 풍경의 모든 부분, 날씨의 모든 변화, 모든 대화, 만나는 모든 사람은 그 세상에 대한 독특하고 다양한 관점들이다. 즉 우리 안에서 활성화된, 움직이는 하나님의 은혜다. 그것을 다 이해하거나 분류하거나 완전히 터득하는 것은 우리가 할 일이 아니다. 그 풍성함에 익숙해지라. 하나님은 객관적으로 정의할 수 있는 명사가 아니다. 하나님은 명사의 동사화다.

다섯 번째 동사: 하나님이 **넘치게 하셨다**. "우리는 그리스도 안에서 그의 은혜의 풍성함을 따라 그의 피로 말미암아 속량 곧 죄 사함을 받았느니라. 이는 그가 모든 지혜와 총명을 우리에게 넘치세 하사"(엡 1:7-8).

바울은 '거저 주셨다'는 단어를 에베소서에서 단 한 번 쓰고 있는데, 명사 '은혜'를 놀랍도록 새로운 형태의 동사로 바꾸어서 아주 적절하게 사용한다. 그가 그 단어를 만들어 낸 것일까, 아니면 그의 동료 누가가 만들어 낸 것일까? 어쨌거나 그들은 초대교회의 저자들 중에서 유일하게 그 단어를 사용한다. 그리고 각자 전략적인 배경에서 그 단어를 사용하고 있다. 그러나 그것의 동의어에 가까운 '넘치게 하셨다'가 여기에서 주목을 끄는 이유는, 이 단어가 굉장히 자주 나오기 때문이다. '거저 주셨다'는 드물게 있다. '넘치게 하셨다'는 어디에나 있다. 이 단어는 바울이 좋아하는 단어이며, 넘치게 쓰고 있다.

이 단어는 (명사, 동사, 형용사, 부사의) 다양한 형태로 신약 성경에서 78번 사용되었다. 그중에서 절반 이상을 바울이 사용했는데, 총 45번이다. 바울은 기회가 있을 때마다 이 단어를 사용한다. 아무리 써도 부족한가 보다.

바울이 지나친 것일까? 나는 그렇지 않다고 생각한다. 하나님의 은혜를 말할 때 지나친 과장법은 있을 수 없다.

제러드 맨리 홉킨스(Gerard Manley Hopkins)도 하나님을 과도하게 찬양하는 시를 썼다. 성 바울처럼 이 아일랜드 출신의 예수회 사제는 온 사방에서 발견하는 은혜의 풍성함을 아무런 망설임 없이 표현했다. "하나님의 장엄함"(God's Grandeur)이라는 그의 시는 바울의 에베소서에 필적할 만큼 흥분으로 들떠 있다.

이 세상은 하나님의 장엄함으로 충만하네.

흔들리는 금박의 반짝거림처럼 활활 타오르리.

으깨져 나오는 기름처럼 한데 모여 거대해지네.

그런데 사람들은 왜 주의 막대기를 개의치 않나?

수많은 세대가 짓밟고, 짓밟고, 또 짓밟았네.

그리하여 만물이 생업 때문에 시들고, 수고로 흐려지고 얼룩졌네.

거기에 사람의 얼룩이 묻어 있고 사람의 냄새가 배었네.

땅은 이제 헐벗었고, 발에는 감각이 없네. 신발을 신었기에.

그럼에도 자연은 결코 소진되지 않으리.

가장 깊은 곳에 가장 귀한 신선함이 살아 있으니,

비록 암흑의 서쪽으로 마지막 빛이 져 버렸다 해도

오, 아침이, 동쪽 저 갈색 끝에서 솟아오르리니,

성령께서 구부러진 이 세상을

따뜻한 가슴과 아! 빛나는 날개로 품고 계시기 때문이라.[7)]

여섯 번째 동사: 하나님이 **알리셨다**. "이는 그가…그 뜻의 비밀을 우리에게 알리신 것이요"(엡 1:8-9).

우리는 어둠 속에 있지 않다. 우리는 하나님이 하시는 일에 동참한다. 우리가 무지의 상태로 아무 질문도 하지 않는 것은 하나님의 의도가 아니다.

그런데 하나님이 우리에게 알려 주시는 것은 "그 뜻의 비밀"이다. 주의를 확 끄는 말 아닌가. 하지만 알려지고 나서도 여전히 비밀일 수 있을까? 추리 소설처럼 단지 우리가 긴장하며 계속 페이지를 넘기게 해서 마침내 우리보다 더 똑똑한 어떤 사람이 비밀을 푸는 것을 보게 하려는 문학적 장치라면 그 비밀은 풀리는 순간 더 이상 비밀이 아니겠지만, 그렇지 않은 경우라면 여전히 비밀일 수 있다. 바울은 이 '비밀'이라는 단어에 "때가 찬 경륜을 위하여 예정하신 것이니 하늘에 있는 것이나 땅에 있는 것이 다 그리스도 안에서 통일되게 하려는"(엡 1:10) 것이라는 설명을 덧붙이고 있다. 여기에서 '비밀'은 제대로 절차를 거치지 않은 사람은 접근할 수 없는 기밀 정보가 아닌 것 같다. 여기에서 '비밀'은 하나님이 우리를 이야기 안으로 초대하기 위해 일하시는 방식을 알려 주는 내막 이야기에 더 가깝게 들린다. 이러한 지식은 정보를 모으거나 단서를 줍는 것으로는 얻을 수 없는 지식이다.

하나님이 이 비밀을 알리시는 방법은 모든 지혜와 총명을 주시는 것이다. 즉 하나님이 우리에게 주시는 지식은 지혜와 총명의 형태로 온다는 뜻이다. 하나님은 우리에게 정보를 쏟아놓으시지 않는다. 하나님은 수학과 생물학 과외를 시키시지 않는다. '지혜와 총명'은 살아낸 지식이다.

미국의 학교에서는 이런 것을 거의 배우지 못한다. 우리의 교육은 날짜와 숫자, 설명과 개념 정의, 작동 방식, 도서관 이용 방법, 과학 실험이 주를 이룬다. 전부 유용한 것들이지만, 성숙한 사람이 되는 것, 자라는 것과는 별 상관이 없다. 우리는 오직 **관계 속에서만** 사물을, 진실을, 사람을 알 수 있다. 비인격적인 지식은 상당히 많지만, 비인격적인 지혜는 없다.

우리는 안으로 들어가야만, 사랑으로 껴안아야만 무엇을 진정으로 알 수 있다. 흡수되고 소화된 진리, 그것이 지혜다.

일곱 번째 동사: 하나님이 **통일되게 하셨다**. "하늘에 있는 것이나 땅에 있는 것이 다 그리스도 안에서 통일되게 하려 하심이라"(엡 1:10).

우리가 부활을 살며 자라가는 우주, 창조되고 구원받은 존재가 되어 가는 이 우주가 얼마나 광범위하고 활기 넘치는지를 잘 설명해 주는 일련의 '로켓 동사'를 요약해 주는 동사가 바로 '통일되게 하다'이다.

이 동사들을 다시 살펴볼 때 놀라운 것은 각각의 행동을 드러내고 시행하시는 분이 예수 그리스도라는 사실이다. 고유명사로 혹은 대명사로 그리스도가 지칭되는 횟수는 열한 번이다. "주 예수 그리스도"(엡 1:3), "그리스도 안에서…복을 우리에게 주시되"(3절), "그리스도 안에서 우리를 택하사"(4절), "우리를 예정하사 예수 그리스도로 말미암아"(5절), "사랑하시는 자[그리스도] 안에서 우리에게 거저 주시는 바"(6절), "우리는 그리스도 안에서 그의[그리스도의] 은혜의 풍성함을 따라"(7절), "그의[그리스도의] 피로 말미암아"(7절), "이는 그가[그리스도께서]…넘치게 하사"(8절), "그리스도 안에서 때가 찬 경륜을 위하여"(9절), "다 그리스도 안에서 통일되게 하려 하심이라"(10절).

여기에는 또한 우리를 개인적으로 그 행동 안으로 끌어들이는 열한 개의 대명사 '우리'가 같이 나온다(NRSV에 따른 것이다—역주). 이번에도 마찬가지로, 그 어느 것도 일반화되거나 범주화되지 않는다.

이 긴 문장의 뒷부분(엡 1:11-14)에서는(마침표에 도달해 마침내 숨을 돌릴 수 있으려면 70단어를 지나야 한다) 그리스도를 여덟 번 더 언급하고 우리를 여섯 번 더 언급해서 부활의 세계에 우리를 적응시켜 주는 이 거대한 축복을 더 자세하게 부연한다. 이는 폭발적이고 우주적인 동사들이 가져온 결과들이다. 그 결과는 이 편지의 나머지 부분에 더 자세하게 설명된다.

부활을 살 때, 성숙을 향해 자라갈 때 비인격적이거나 일반적이거나 추상적인 것은 하나도 없다.

하나님에 대해 혹은 하나님과 대화할 때 쓰는 언어뿐만 아니라, 우리가 서로에 대해 혹은 서로와 대화할 때 쓰는 언어를 탈인격화하고, 추상화하고, 일반화하는 것은 꽤 오래된 습관이다. 그것은 마귀가 좋아하는 나쁜 습관이다. 우리는 책임을 회피하기 위해서 인격성을 회피한다. 우리는 하나님이나 우리 이웃이나 우리 자신을 통제하는 데 쓸 수 있는 방법은 무엇이든 다 동원한다. 우리는 집요하게 하나님을 토론할 수 있는 관념으로 탈인격화한다. 주변 사람들을 사용할 수 있는 자원으로 축소시킨다. 우리 자신을 소비자로 규정한다. 그렇게 할수록, 어른의 삶을 사는 능력 즉 사랑과 흠모, 신뢰와 희생을 통한 성숙의 경지로 자라는 능력은 더 줄어든다.

바울은 한 치의 틈도 주지 않는다. 이 일곱 개의 동사들, 하나님이 직접 행동하시는 이 동사들을 우리 눈앞에 한데 펼쳐 놓고 우리의 삶이 부활에서 벗어나지 않게 해준다.

바울이 이 긴 문장을 요약하는 동사로 선택한 '통일되게 하셨다'는 생생하고 쉽게 연상되고 완전하다. 이 동사의 핵심은 은유인데, 바로 '머리'(*kephale*)의 은유다. 모든 것을 하나의 머리, 즉 그리스도의 머리 아래에 둔다는 뜻이다. 우리는 그리스도의 몸이다. 우리는 어수선한 우주에서 쓰레기 더미에 빠져 허우적대는 존재가 아니라 통일성 안에서 산다. 산발성이 아닌 유기적 통일성 안에서 산다. 우리는 파편화되고 단절된 존재들이 아니라 그리스도를 머리로 하는 몸의 일부다. '머리'는 위계성과 제도성이 아니라, 인격성과 관계성을 계속 지향하게 해준다.

이 그림을 염두에 두면 좋을 것이다. 이 에베소서의 메시지는 그리스도께서 하시는 다면적인 일, 모든 것을 포괄하는 일로 우리를 모아들이려는 의도로 기록한 글이다. 그리스도의 일 안에서 우리는 온전해지고, 건강해지고, 완전한 남자와 여자가 된다. 그 누구도 스스로는 몸이 되지 못한다. 우리는 그리스도께서 머리이신 몸에 꼭 필요한 부분이다.

## :: 하나님의 영광

한 가지 더 말하자면, 각 행이 서로 빠르게 교차하는 이 길고도 복잡한 도입 문장에서 바울은 이 부활의 우주에서 일어나고 있는 일을 간결하게 진술하는 문구를 소개한 후에, 그 문구를 강조하기 위해서 세 번 반복한다.

> 우리를 예정하사…그의 은혜의 영광을 찬송하게 하려는 것이라. (엡 1:5-6)

> 이는 우리가 그리스도 안에서 전부터 바라던 그의 영광의 찬송이 되게 하려 하심이라. (1:12)

> 약속의 성령으로 인치심을 받았으니…그의 영광을 찬송하게 하려 하심이라. (1:13-14)

모든 일이 '그의 영광을 찬송하게 하기 위해서' 일어난다. '찬송'은 감사에서 우러나오는 축하다. '영광'은 하나님의 빛나는 현존이다. 이것이 우리의 운명이고, 우리가 창조된 이유다. 하나님의 완전한 현존 가운데서 웅장하게 축하하는 것. 찬송과 영광.

우리가 다루는 주제, 에베소서의 주제는 '자라는 것'이다. 우리 모두에게 지대한 영향을 미치는 이 중요하고도 개인적인 문제를 다루는 데 있어서 놀라운 사실이 하나 있다. 우리의 방향을 설정해 주는 이 도입부의 문장은 하나님이 모든 것을, 정말로 모든 것을 시작하시는 우주에 우리를 데려다 놓는다. 무엇을 하라고 명령하는 동사가 하나도 없다. 우리가 무엇이든 해야 한다는 암시나 단서가 전혀 없다. 아무런 요구도, 법도, 잡일도, 임무도, 수업도 없다. 우리가 자라는 데 필요한 모든 조건과 상태가 갖춰져 있을 뿐만 아니라 여전히 활동하고 있는 우주에 우리는 태어났다.

일단 이것을 받아들이고 우리의 생각 속에 제대로 흡수했다면 조종석에서 내려와 다시는 그 자리로 돌아가서는 안 된다. 부활을 사는 것은 우리가 직접 수행하는 프로젝트가 아니다. 부활은 하나님의 프로젝트이고 하나님은 전적으로 그 일을 하신다.

이제 우리는 협소한 생각에서, 자기 인생을 너무 작게 보는 관점에서 벗어날 수 있다. 구원과 부활의 세상은 크다. 목표나 목적에 대해서 우리가 생각해 낼 수 있는 것들은, 이미 이 우주에서 '하나님의 영광을 찬송하며' 움직이고 있는 것에 비하면 다 보잘것없다.

바울은 하나님이 적극적으로 이 모든 것에 관여하신다는 놀라운 계시, 도저히 믿기지 않아 눈을 비비고 다시 보며 그것이 사실인지 묻게 되는 계시를 전달하면서, 하나님이 하시는 활동의 모든 년(일곱 개의 동사 모두!)에 우리 모두가 자비롭게도 포함되어 있다고 추호의 망설임 없이 말한다. 우리를 그 행동에 끌어들이지 않는 동사가 단 하나도 없다. 우리는 웅장한 우주 쇼의 관람자가 아니다. 우리가 그 쇼 **안에** 있다. 그러나 우리가 운영하는 것은 아니다. 우리가 성숙하게 자랄 수 있게 해주는, 그리스도의 장성한 분량이 충만한 데까지 이르게 해주는 모든 조건은 '창세 전에' 이미 그 자리에 있었다.

그러나 성령을 통해 그리스도 안에서 하나님이 하시는 모든 것을 아우르는 행동에 포괄적으로 참여하려면, 어린아이들을 제외하고는 그 누구도 능숙하지 않은 참여 방식을 익히고 습득해야 한다. 다시 말해서 잘 받을 줄 알아야 한다는 뜻이다.

모든 것이 선물이다. '은혜는 곳곳에 있다.' 그리스도 안에 계신 하나님은 우리를 위해서 그리고 우리 안에서, 부활을 사는 것과 관련된 모든 일을 적극적으로 행하신다. 그렇다면 우리가 할 일은 무엇인가? 받는 것이다. 더 이상 우주에서 길을 잃지 않고 그 안에 편하게 거하려면, 받는 것이 우리의 일차적인 반응이어야 한다. 일반적으로 받는 것은 학습된 반응이다. 선물을 받으라. 바울이 에베소의 장로들을 처음 만나 했던 질문이 그가 나중에 쓴 이 편지에도 내포되어 있다. 오늘날까지도 그 질문은 계속된다. "너희가 믿을 때에 성령을 받았느냐?"(행 19:2)

# 4. 바울과 성도들

에베소서 1:15-23

이로 말미암아 주 예수 안에서 너희 믿음과 모든 성도를 향한 사랑을 나도 듣고,
내가 기도할 때에 기억하며 너희로 말미암아 감사하기를 그치지 아니하고.
에베소서 1:15

내 주 예수님은 나보다도 못한 재료를 가지고도 천국을 만드실 수 있다.
새뮤얼 러더퍼드

바울은 복에 대한 언급으로 에베소서를 시작한다(엡 1:3-14). 우리에게 복 주시는 하나님을 복되다고 찬송하고, 그 복을 하나님이 주체가 되시는 일곱 개의 동사로 자세히 설명한다. 그리고 이 위대한 우주 안에서 하나님이 일하시는 포괄적인 방법을 광폭 스크린에 펼쳐 보여 준다. 하나님은 우리 편이시다. 하나님은 우리가 잘되도록, 우리가 구원받도록 우리 가운데서 적극적으로 일하신나. 수동적이지 않으시다. 하나님은 현존하시며 인격적이시다. 멀리 계시지 않다. 하나님은 이 우주에 완전히 개입하신다.

우리는 이 복에 굴복한다. 쉬운 일은 아니다. 익숙해지는 데 상당한 시간이 걸린다. 일단 그 복에 굴복하면 우리의 상상력이 세례를 받는다. 우리는 부활이라고 하는 얼음처럼 차갑고 부드럽게 흐르는 강에 잠겼다가 올라온다. 그때 우리의 모든 감각은 얼얼해지고 우리의 상상력은 정화된다. 그리고 전에는 한 번도 보지 못했던 것이 보인다. 우리가 하나님을 찾고 있다고 생각했지만, 사실은 하나님이 우리를 찾으신다.

먼저는 복이다. 우리는 하나님에서 출발한다. 우리 자신에서 출발하면 깊은 숲속을 헤맬 수밖에 없다. 오직 신기루에만 희망을 걸고 사하라 사막을 걸을 수밖에 없다.

우리가 그리스도 안에서 자라가면서, 다시 말해서 부활을 살면서 사용하는 가장 중요한 언어는 기도다. 그러나 이 부활의 기도를 드리려면, 상상력이 획기적으로 새로워질 필요가 있다. 기도를 모든 것에 관여하는 삶의 방식으로 실존적으로 이해해야 한다. 기도는 거룩한 것이나 신성한 관심사에 대해서만 사용하는 특별한 언어가 아니다. 기도는 하나님의 존재 앞에서 하나님께 반응할 때 그리고 성도들과 더불어 서로에게 반응할 때 언어를 인격적으로 사용하는 방법이다. 바울은 우리가 하는 일과 우리가 보는 것, 우리가 아는 것과 믿는 것을, 하나님이 때로는 주어가 되시고 서술어가 되시고 때로는 전치사나 접속사, 쉼표나 마침표가 되시는 문장 안으로 가져온다.

　세례는 우리의 삶이 하나님의 선물이라고 재정의한다. 그리고 우리는 그 선물을 하나님이 하시는 일 안에서 살아내야 한다. 출생신고서가 우리의 생물학적 탄생을 기록하듯이, 세례는 우리가 영원히 하나님의 것이 되었음을 기록한다. 우리가 하나님의 것이라는 사실을 정말로 진지하게 받아들일 때 우리는 하나님의 아들딸이라는 훨씬 더 포괄적인 존재로 살아가게 된다. 부활을 산다는 것은 이렇게 재정의된 존재를 하루하루 살아내는 것이다. 그것이 '나의 일'이 되는 것이다. 그렇게 되려면 하나님이 성부와 성자와 성령으로서 우리 삶의 특정 상황(우리가 선 자리와 우리가 맡은 책임들) 가운데 현존하시고 행동하신다는 사실을 무엇보다도 중요하게 여기는 언어가 필요하다. 그 언어가 바로 기도다.

　부활을 살면서 세례받은 우리의 정체성을 실현하려면, 이해하고 결정하고 표현해야 할 것이 많다. 우리는, 우리의 참 정체성에는 신경도 쓰지 않고 부활에는 별 관심도 없는 사람들과 주로 말을 주고받는다. 그렇기 때문에 기도를 능숙하게 잘 하려면 시간이 필요하고 신경 써서 집중해야 한다. 기도는 우리의 참 모습과 일관된 언어이며, 부활을 사는 우리가 말하고 듣기에 적합한 언어다.

　바울은 기도한다. 에베소서를 읽기 시작하는 순간부터 우리는 기도를 보게 된다. "찬송하리로다. 하나님 곧 우리 주 예수 그리스도의 아버지께서…" 하나님의 백성이었던 히브리 선조들의 삶에 두드러지는 특징은 축복의 기도를 자주 반복해서 드린 것인데, 바울은 그 특징을 따라서 정교하고 풍성한 축복의 기도를 드리고 있다. 우리는 우리에게 복 주시는 하나님을 복되다고 찬송한다. 축복하는 기도의 언어는 하나님의 계시의 핵심이다.

이 축복은 하나님이 창세기에서 아담과 하와를, 노아를, 그리고 아브라함을 축복하시면서 시작되었다. 그리고 하나님의 축복을 받은 사람들이 순식간에 그 축복을 다른 사람들에게 전달한다. 이삭이 야곱을 축복하고, 야곱이 자기 아들들을 축복하고, 모세가 열두 지파를 축복한다. 축복은 거듭 축적되어, 시편에 이르면 홉킨스의 의미심장한 표현처럼 "한데 모여 거대해지고"[1] 나중에는 예수님의 언어에도 영향을 미친다. 축복의 언어는 요한계시록에서 화려한 대단원에 도달한다. 일곱 개의 축복이 요한계시록 곳곳에 소금처럼 흩어져 그 위대한 묵시의 시를 골고루 간해 주고, 돌이켜서 성경 전체를 축복으로 맛내 준다.

축복의 언어가 성경의 언어에 스며들어 있다. 축복을 받은 우리는 그것을 우리의 순종 안으로 흡수한다. 곧 우리의 언어가 우리가 살아내는 바를 쏟아낼 것이다.

:: "내가 기도할 때에 기억하며"

바울은 기도로 (즉 축복으로) 시작했다. 그리고 하나님을 복되다고 찬송하는 기도에 이어서, 자신의 친구들 즉 에베소에 있는 그리스도인 회중을 위해서 기도한다. 그는 그들을 (그리고 우리를) '성도'라고 부른다(엡 1:15-23).

하나님의 축복은 언제나 우리 모두를 포함할 수밖에 없지만, 15절에서는 약간 초점을 바꾸어 특별히 성도들에게 집중한다. 그는 성도들을 감사의 자리로 데리고 나온다. "내가 기도할 때에 기억하며 너희로 말미암아 감사하기를 그치지 아니하고"(엡 1:16). 그는 감사를 드린다. 그리고 곧 그들을 위해서 기도한다. "우리 주 예수 그리스도의 하나님, 영광의 아버지께서 지혜와 계시의 영을 너희에게 주사 하나님을 알게 하시고"(17절).

그리고 축복의 하나님이 그들에게 주시기를 바라는 다섯 가지 선물을 나열한다.

지혜와 계시,

마음의 눈을 밝히심,

소망,

그 기업의 영광의 풍성함,

능력의 지극히 크심.

이 선물은 하늘에서 흩날리며 떨어지는 색종이 가루처럼 그냥 아무렇게나 내려오는 선물이 아니다. 이 선물들 뒤에는 에너지가 있다. 이 선물들은 그리스도 안에서 하나님의 위대한 능력이 발휘된 결과다(19-20절). 즉 그리스도 안에서 하나님의 네 가지의 연속적이고 상호 연관된 행위들에서 비롯되는 능력 말이다. 선물을 나열한 후에 바울은 하나님이 정확하게 어떻게 그리스도 안에서 이 능력을 발휘하시는지를 네 가지로 자세하게 설명한다.

> [그리스도를] 죽은 자들 가운데서 다시 살리시고,
> 하늘에서 자기의 오른편에 앉히시고,
> 만물을 그의 발 아래에 복종하게 하시고,
> 만물 위에 교회의 머리로 삼으셨다.

바울이 기대하는 다섯 개의 선물은 부활을 사는 우리가 하나님께 무엇을 바랄 수 있는지를 보여 준다. 하나님이 이 '능력'을, 이 선물을 우리 안에 작동시키시는 방법은 인격적이면서('그리스도 안에서') 우주적이다(부활하시고, 승천하시고, 다스리시고, 교회의 머리가 되시는 예수님). 부활을 사는 것은 은밀하게 구석에서 하는 일이 아니다. 개인적으로 개발해야 하는 일이 아니다. 우리는 그리스도께서 하시는 모든 일에 동참한다. 바울이 기도한 다섯 가지의 선물과 사방으로 미치는 그리스도의 능력은, 모든 것을 포괄하는 일곱 개의 로켓 같은 축복의 동사와, 세 번이나 강조되면서 이 모든 것이 결과적으로 어떻게 될지를 말해 주는 '하나님의 영광의 찬송'이라는 맥락에서 일어나는 일이다.

우리가 받아들이기에는 너무도 벅찬 내용이다. 여기저기서 기도가 터져 나오지 않을 수 없다. 어떻게 감명 받지 않을 수 있겠는가. 시편 기자가 그토록 간절히 기다린 '산 자의 땅'인 이 부활의 나라는 길들여진 도덕주의나 문명화된 예의범절로 축소될 수 없다. 또한 우리가 죽은 후에 살게 될 미래로 투사될 수도 없다. 이 나라는 우리가 살고 있는 나라다. 지금. 여기에서.

바울은 자신이 하는 일을 세 가지 동사로 명명했다. 복 주다, 감사하다, 기도하다. 그리고 하나의 명사가 있다. 기도. 그러나 기도는 문법으로 설명할 수 있는 것이 아니다. 바울이 드린 기도가 두드러진 예다. 학술적인 명명의 용어를 개발해서 기도의 언어를 논의하려는 경우가 많다. 흠모, 간구, 중보, 찬양, 감사, 축복, 고백, 심지어 저주도 있다. 이런 식의 목록 만들기가 유용하지 않은 것은 아니지만, 나는 그것을 결코 좋아하지 않는다. 너무도 많은 것이 배제되기 때문이다.

부활을 살면서 우리가 추구하는 것은, 하나님께 반응할 때나 서로와의 관계 속에서나, 우리가 사용하는 언어에서 언제나 하나님의 말씀을 암묵적으로 담아 내는 것이다. 그것은 곧 하나님이 하시는 모든 말씀과 행동을 포괄하는 언어를 능숙하게 습관처럼 사용하는 것인데, 그 언어는 철저하게 대화의 언어다.

기도의 본질과 실천을 탁월하게 가르치는 우리 시대 최고의 스승 중 한 명인 마틴 손튼(Martin Thornton)은 prayer(기도)를 종종 대문자 'P'로 시작한다. 기도는 모든 것을 모아서 하나님께 집중시키고 하나님께 바치는 행위라고 보기 때문이다. 기도할 때 우리는 공중 부양하는 거룩한 혼이 아니라 중력으로 굳건하게 그 자리에 버티고 서 있는 육체다.

그는 이렇게 말했다. "기도라는 단어를 대문자로 시작하면, 인간의 영혼과 하나님 사이의 살아 있는 관계에 속한 과정과 활동을 포괄적으로 일컫는 명사가 된다. 그 활동은 일반적으로 기도로 분류되는 모든 행위를 아우를 뿐만 아니라…진정 하나님과의 교제에서 비롯되는 모든 일과 예술과 도덕적 행위들을 아우른다. 기도는, 간단히 말해서 그리스도인 남녀의 총체적 체험이다."[2]

시편 118편을 펼쳐 놓고 하나님 앞에 묵상하며 잠잠히 있을 때 우리는 기도한다. 쓰레기를 내다 놓을 때도 우리는 기도한다. 어찌할 바를 몰라 하나님께 도움을 구할 때도, 정원에서 잡초를 뽑을 때도, 궁지에 빠진 친구를 도와달라고 하나님께 구할 때도 우리는 기도한다. 냉소적이고 난폭한 상사와 대화를 할 때도 우리는 기도한다. 교회에서 친구들과 함께 있을 때, 낯선 사람들 틈에서 거리를 걸을 때도 우리는 기도한다.

나는 (그리고 손튼도) 우리가 하는 모든 일이 기도라고 말하는 것이 아니다. 그러나 우리가 하는 모든 일과 말과 생각은 기도가 **될 수** 있다. 바울에게는 그랬던 것 같다. 또한 내가 하고 싶은 말은, 많은 사람들이 자신이 실제로 생각하는 것보다 훨씬 더 많이 기도한다는 것이다. 사람들이 일반적으로 기도를 드리는 장소에 있지 않을 때도 우리는 기도한다. 일반적인 기도의 언어를 사용하지 않을 때도 우리는 기도한다. 내 말은 "항상 기도하고 낙심하지"

않는(눅 18:1) 일이, 알지 못하는 사이에 눈에 띄지 않게 자주 일어난다는 것이다.

물론 기도에는 형식과 모범이 있고, 그것을 알고 익히는 것도 중요하다. 그러나 반복할 수 있는 모범과 방법과 전략을 찾는 것으로는 기도가 성숙해질 수 없다. 어린아이가 말을 유창하게 하려면 ("괜찮습니다" "감사합니다" "감자를 좀 건네 주세요"와 같은) 판에 박힌 문구들만 배워서는 안 되는 것과 마찬가지다. 하나님은 상황에 따라서 다르게 일하신다. 우리는 그리스도와 성경 안에 생각과 기억을 푹 적신 후, 미리 준비한 대본도 없이 자기를 의식하지 않고 성령의 언어를(그 구문론과 은유를, 그 어조와 리듬을) 신뢰하며 하루의 일과를 처리한다. 성령의 언어는 우리가 인식하지 못해도 언제나 우리 영혼 깊숙이 작용하며, 때로는 우리의 귀에 또렷이 들리고 혀로 분명하게 발음되기도 한다.

존 라이트 폴렛(John Wright Follette)은 내가 어릴 때 교회를 순회하며 가르치던 교사였다. 내가 지금 쓰는 이야기는 그분이 일흔 살 정도의 노인이었을 때의 일이다. 그분은 결혼도 하지 않았고, 전국에서 '성자'로 크게 존경받았다. 체구는 작고 가냘팠는데, 섬세한 손가락과 금욕적인 표정이 전체적으로 가느다란 느낌을 주었다. 그분은 언제나 부드러운 음성으로 말했고 결코 웃지 않았다. 부모님은 그분을 무척 좋아하셨는데 그분이 몬태나 지역으로 오실 때면 언제나 집에 모셨다. 산속 호숫가에 있던 우리 오두막집에서 보내는 며칠간의 피정을 그분은 참으로 좋아했다.

어느 여름날 나는 그날의 식사 준비를 위해서 그리고 그분의 "발치에 앉기" 위해서(어머니의 표현이다) 어머니와 함께 오두막집으로 갔다. 당시에 나는 열여섯 살 정도였고 이 거룩한 사람의 명성에 깊이 압도되어 있었다. 점심 식사 후에 그분은 호숫가에 있던 그물 침대로 쉬러 가셨다. 나는 오두막집 앞에서 그분을 가만히 지켜보았다. 그 유명한 폴렛 박사와 이야기하고 싶은 마음이 간절했다. 기도에 대해서 그분과 이야기하고 싶었다. 평생에 한 번 있을까 말까 한 기회였다. 한 시간 정도 기다리다가 나는 조급해졌다. 조금 있으면 어머니와 그 오두막을 떠나야 하는데, 기회를 놓치고 싶지 않았다. 나는 어머니께 그분이 얼마나 주무실 것 같으냐고 물었다. 어머니는 그분이 주무시는 것 같지 않다고 하셨다. "그분은 조용히 성령의 음성을 듣기를 좋아하신다"고 말씀하셨다. 어머니는 나더러 가서 그분과 이야기를 해 보라고 하셨다. "귀찮아하시지 않을 거야." 나는 망설였다. 수줍었다. 그 '거룩하신 분'과 이야기를 하다니! 어머니는 계속 채근하셨다. 그래서 나는 머뭇거리며 조심스럽게 그물 침대로 갔다.

"폴렛 박사님, 기도에 대해서 이야기를 좀 나누어도 될까요?"

그분은 눈도 뜨지 않은 채 말씀하셨다. 으르렁거리는 듯한 목소리였는데, 그분에게서는 한 번도 들어 보지 못한 큰 목소리였다. "내가 기도를 안 한 지가 40년이라네!"

나는 너무도 큰 충격을 받아서 그 자리에 가만히 서 있었다. 그걸로 끝이었다. 나는 자리를 떴다.

처음에는 혼란스러웠고 그 다음에는 분개하며 숲속으로 무작정 걸어갔다. 그 덕망 높은 폴렛 박사가 40년 동안 기도를 하지 않았다니! 나는 이 사기극에 어머니도 분개할까 봐 아무 말도 하지 않고 그 일을 비밀로 했다.

내가 깨달음을 얻은 것은 5-6년의 세월이 흐른 후였다. 그분은 사실 정말로 지혜롭고 거룩한 분이셨다. 그분은 그날 풋내기 청소년이었던 내가 자신이 말하는 것이면 무엇이든 다 받아들이고 맹종하듯 모방하리라는 것을 직관적으로 아셨다. 그분이 무슨 말을 하든, 나는 오랜 세월 폴렛 박사처럼 기도하려고 애를 썼을 것이다. 하나님이 주도하시는 대화인 기도로 나를 이끌어 줄 언어 사용 방식을 실험하고 연습하고 내면화해야 했던 그 시기를, 모형을 모방하려고 애쓰며 낭비했을 것이다. 그는 낭만적인 영적 '일들'에 내 영혼을 허비하지 않게 하려고 내게 혼란을 주고 분개를 일으킬 위험을 무릅쓰기로 했던 것이다. 그는 그러한 혼란과 분개가 일시적인 현상이길 바랐을 것이고, 다행히 실제로 그랬다. 그리하여 그는 정말로 나를 구해 주었다.

그 유명한 '기도의 사람'으로부터 무안을 당해 실망에 빠진 나는 그로부터 몇 년에 걸쳐 서서히 시편에서 다윗을, 에베소서에서 바울을, 그리고 기도하시는 예수님을 발견하게 되었다. 기도를 배우기 시작한 것이다.

:: "모든 성도"

자, 그렇다면 '모든 성도'란 누구인가? 부활의 세례를 받고 강에서 올라와 젖은 머리를 뒤로 쓸어 올리면서 주변을 둘러본다. 젖어 있는 모습이나 흐트러진 옷매무새가 제각각인 수많은 사람들이 떼를 지어 서성거리고 있다. 이 사람들은 누구인가? 한 번도 본 적이 없는 사람들이 대부분이다.

이 남자와 여자들이 누구인지, 우리가 이제 일원이 된 이 부활의 무리가 누구인지를 이해하려면 우리가 하나님의 축복에 굴복했을 때처럼 철저한 상상력의 혁신이 필요하다. 그 축복을 받아들이기 전에는 하나님에 대한 우리의 이해가 대체로 잘못되어 있었다. 완전히 잘못된 것은 아니라도 어쨌거나 잘못된 정보와 무지 그리고 죄로 인해 왜곡되어 있었다. 그런데 그 축복이 우리를 계시에 푹 담가서 하나님에 대해 분명한 시각을 가지게 해주었고, 하나님의 '동사들'을 알아들을 수 있게 귀를 열어 주었다.

그런데 이제 보니, 우리가 지금까지 이웃에 대해서 이해한 내용도 대체로 잘못되어 있었다. 완전히 잘못된 것은 아니라도 어쨌거나 잘못된 정보와 무지 그리고 죄로 인해 왜곡되어 있었다. 그래서 바울은 그가 서두를 열었던 '복된 하나님'의 계시를, '복된 백성'의 계시(엡 1:15-23)로 확장시킨다. 그 백성은 이제 이 구원의 우주에서 우리의 동료가 된 사람들이고, 그들은 앞으로 부활을 살며 평생을 같이 살아갈 동료들이고, 예수 그리스도의 장성한 분량이 충만한 데 이르기까지 함께 자라갈 친구들이다(그중에는 정말로 생각도 못했던 친구들도 있다). 이 일을 혼자서 은밀히 할 것이라고 생각했는가? 달밤에 묵상하며 해변을 자주 산책하면 그리스도 안에서 자랄 것이라고 생각했는가? 영적인 자극을 위해 몇 명의 친구들만 골라서 사귈 것이라고 생각했는가? 그렇다면 다시 생각해야 한다.

바울은 아무런 조건 없이, 평판이나 태도에 상관없이 자신의 회중에 있는 모든 사람을 '성도'(saint)라고 부르는 것으로 편지를 시작한다(엡 1:1). 성도란, 말 그대로 '거룩한 사람'이라는 뜻이다. 복 주시는 하나님에서 복을 받는 사람들로 초점을 옮겨 가면서 바울은 다시 한 번 그 명칭을 사용한다. "모든 성도"(1:15). 이 기도의 중간 즈음에 그는 "성도 안에서"(1:18) 사는 것이 어떤 것인지를 설명하면서 다시 한 번 반복한다. 그는 이 편지에서 그 표현을 여섯 번 더 사용한다(합해서 총 아홉 번이다). 바울은 하나님의 백성(이 우주에서 더 이상 길을 잃지 않고 예수님을 따르는 남자와 여자들)을 일컫는 명사로 '성도'를 택한 것이다. 편지마다 바울은 '성도'라는 말로 우리를 부른다. 이후 수세기에 걸쳐 '그리스도인'이라는 말이 일반적인 명칭으로서 '성도'를 대체하게 되는데, 사실 '그리스도인'은 신약 성경에 단 세 번 나올 뿐이고 바울의 저작에는 한 번도 나오지 않는다. 시간이 지나면서 '성도'라는 말이 뛰어난 그리스도인을 일컫게 되면서 엘리트적인 색채가 더해진다. 그리고 결국에는 그 의미가 더 좁아져서, 엄격한 심사를 거친 후에 일종의 영적인 '명예의 전당'에 공식적으로 앉는 사람에게만 국한되는 호칭이 되었다(saint가 우리말로 '성인'으로 번역되는 경우를 가리킨다—역주). 바울이 사용하던 초기의 용례는 일반 화법에서는 거의 사라지고 우리의 신앙 고백에만 화석화된 표현처럼 남아 있다. "성도가 서로 교통하는 것을 믿사오며."

따라서 '성도'라는 말이 명예를 내포한 말로 사용되는 것에 익숙한 우리로서는 다양한 사람들이 섞여 있는 교회에서 아무런 조건 없이 그 말이 사용되는 것을 들으면 어색하다. 바울의 말을 우리가 제대로 이해하고 있는 것일까? 정말로 바울이 그 말을 쓴 것일까? 나라면 내가 잘 아는 주변의 그리스도인들을 볼 때 그런 말은 분명히 쓰지 않을 것이다. 바울은 순진한 것일까? 이 사람들을, 나를, 우리를, 얼마나 잘 알고 있는 것일까? 아니면 이 말은 심리 조작을 위한 아부의 말일까?

바울은 그 말 **그대로의** 의미로 이 단어를 사용한다. 그리고 우리가 그 말에 놀라고, 어색해하기를 바란다. 우리라면 결코 성도라고 이름 붙이고 싶지 않았을 이 남자와 여자들을 다시 보기를 원한다. 바울은 하나님의 복을 받은 (당연히 우리도 포함되어 있는) 이 백성의 신분을 밝힐 때, 우리가 하는 일이 아니라 하나님이 하시는 일에 따라서 우리의 정체성이 규정되는 단어를 의도적으로 선택한다. 그는 우리를 예수님에 의해 구원받았고, 성령에 의해 거룩하게 빚어져 가는 하나님의 피조물로 다시 규정해 준다. 바울은 우리가 스스로를 어떻게 느끼는지, 다른 사람들이 우리를 어떻게 대하는지에 따라서가 아니라, 하나님이 우리를 어떻게 느끼고 대하시는지에 따라서 스스로를 이해하도록 우리의 생각을 다시 단련시킨다. 우리 부모나 스승이, 혹은 의사나 고용주, 혹은 자녀가 우리를 보는 대로가 아니라 하나님이 보시는 대로. 우리의 직업이나 교육이나 외모나 성취나 실패에 의해서가 아니라 하나님에 의해서.

어떤 사람이 우리에게 "너는 성인이야"라고 말한다면, 우리의 자동적인 반응은 "나는 성인이 아니야"일 것이다. 우리는 이의를 제기한다. "네가 나를 안다면 절대로 그렇게 말하지 않을 거야." 그러나 바울은 포기하지 않는다. "아닙니다, 당신은 성도입니다. 내가 하는 말을 잘 들으십시오. 나는 당신에게 새로운 단어를 주고 싶습니다. 모든 외모와 역할과 기능의 이면으로 파고드는 단어, 당신을 무엇보다 하나님의 관점에서 규정하는 단어를 주고 싶습니다. 하나님이 당신에게 어떤 존재인지, 하나님이 당신의 삶에서 어떤 일을 하고 계신지에 따라서 당신을 규정하는 단어, 그리스도 안에서 자라는 사람, 하나님의 의도와 집요한 관심 밖에서는 정확하게 밝혀낼 수 없는 사람임을 말해 주는 단어를 주고 싶습니다. 그것이 바로 성도입니다." 그래서 우리는 주의해서 듣는다. 성도. 거룩.

그렇다면 이제 우리 자신과 다른 사람에 대한 인식은 근본적으로 달라질 수밖에 없다. 우리는 외모와 역할, 태도와 잠재력에 따라서 우리를 평가하는 사회에서 자란다. 우리는 철저하게 세속적인

**사물**로 취급받으며 끝도 없이 시험받거나, 검토되거나, 분류되거나, 칭송받거나, 욕먹거나, 존경받거나, 멸시당하거나, 아첨 받거나, 경멸받거나, 사랑받거나, 걷어차인다. 물론 모두는 아니지만 대부분의 사람들이 우리를 그렇게 대한다. 학교나 회사나 정부가 우리를 바라보는 관점은, 이처럼 체계적으로 속속들이 영혼과 인격을 제거하고 결국에는 우리에게서 하나님과 관련된 것이면 무엇이든 잘못되었다고 말하는 태도를 공식적으로 인증한다.

그러나 "찬송하리로다, 하나님 곧 우리 주 예수 그리스도의 아버지께서"라는 도입의 말이 우주의 결정적 행위(정확하게 우리 개개인을 겨냥하는 그 일곱 개의 동사)를 정확하게 전달하는 말이라면, 이 기본적인 실재를 전달하지 못하는 용어로 우리의 정체를 밝히려는 것은 오류다. 우리의 가장 중요한 진실 즉 하나님의 행동이 있고 우리가 그 행동을 지향한다는 사실에 무관심한 용어로 모두가 우리를 부른다면, 어떻게 우리가 사는 이 세상과 이 세상에서 사는 의미를 이해할 수 있겠는가? 우리가 모두 우주에서 길을 잃은 존재라는 전제를 가지고 우리를 대하는 지도자와 스승과 부모, 코치와 정신분석학자와 시인, 영업 사원과 판사와 법률가가 어떻게 우리의 참 모습을 알 수 있겠는가? 사방에서 쉼 없이 들려오는 이 음성들 틈에서 우리는 어떻게 하나님을 지향하는 정체성을 가질 수 있을까?

거울을 들여다보며 거기에 비친 모습에 '성도'라는 이름을 붙이는 것도 한 방법이다. 그 다음에는 우리 주변에 있는 이 사람들을 성도로 재정의해야 한다. 거기에서부터 출발한다. 바울도 거기에서 출발한다. 바울은 우리를 성도라고 부른다. 우리가 그렇게 대단해서가 아니라 우리를 가장 진실하게 보고, 또한 언제나 삼위일체 가운데서 보기 때문이다. 거룩한 남자, 거룩한 여자, 거룩한 아이들. 거룩, 거룩, 거룩.

정체성의 혼란에 빠진 우리 사회에서는, 많은 사람들이 주민등록번호, 의료 기록, 학위, 직업 경력, 가족사 등으로 구성된 정체성에 만족한다. 하지만 그리스도인들은 그것보다는 나은 선택을 해야 한다. 우리는 성부, 성자, 성령의 이름으로 **세례**를 받았다. 우리 가문의 이름 때문이 아니라, **그** 이름 때문에 우리는 성도다.

바울이 에베소서의 독자들(혹은 청자들)을 성도라고 부른 이유는 그들이 영웅적인 영적 행위를 해서 혹은 도덕적으로 건강해서가 아니었다. 바울은 그리스도인들과 살아 보았기 때문에 우리가 어떤 사람들인지 잘 안다. 그리고 그는 자기 자신에 대해서도 잘 안다. 바울은 이 성도들이나 자기 자신에 대해서 아무런 환상이 없다. 그가 에베소 교회의 목사직을 그만둔 지도 몇 년이 지났고 그 교회 성도 중에 이름을 아는 사람은 몇 명 되지 않을 것이다. 물론 그들에 대해서 전혀 모르는 것은 아니다. "주 예수 안에서 너희 믿음과 모든 성도를 향한 사랑을 나도 듣고, 내가 기도할 때에 기억하며, 너희로 말미암아 감사하기를 그치지 아니하고"(1:15-16). 그러나 이것은 소문으로 듣고 아는 것에 불과하다. 어떻게 진지하게 그들을 성도라고, 거룩하다고 할 수 있단 말인가?

그 이유는 거룩하다는 것이 그들 자체만을 보고 하는 말이 아니라, 그들이 하나님 안에서 어떤 존재인지를 일컫는 말이기 때문이다. 그들에 대한 하나님의 의도, 그리고 그들을 위한 하나님의 행동과 그들 안에서 하시는 하나님의 행동이 그들을 규정한다. 그들이 스스로를 어떻게 생각하느냐, 혹은 얼마나 성공적인 인생을 사느냐, 그들이 얼마나 착하냐가 그들을 규정하는 것이 아니다. 하나님이(그 일곱 개의 동사가!) 그들의 존재를 규정한다. 바울은 그 사실을 알고 있었고, 그들도 그 사실을 잊지 않게 하려고 했다.

그리스도를 따르는 사람들이 스스로를 이해하는 이 새로운 방식을 강화하는 바울의 방법 중 하나가 그들을 성도라고 부르는 것이다. '거룩'이라는 말은 그들이 어떤 존재인지를 말하는 것이 아니라, 그들 안에 계시고 그들을 위하시는 하나님이 누구이신지를 말하는 것이다. 바울은 무엇보다도, 그들이 하나님을 어떻게 대하느냐가 아니라, 하나님이 그들을 어떻게 대하느냐의 관점에서 그들을 포괄적으로 이해한다. 우리에게 가장 중요한 것은 우리가 하나님을 위해서 하는 일이 아니라 하나님이 우리를 위해서 하시는 일이다. 하나님이 우리 안에서 그리고 우리를 위해서 하시는 일이 무엇인지를 알기 때문에 더 이상 우주에서 길을 잃지 않는 것이다.

하지만 그리스도인과 함께 조금이라도 시간을 보내 본 사람이라면, 바울이 성도라고 부르는 사람들 중에서 관습적인 의미에서 성인인 사람은 아무도 없다는 사실을 안다. 대부분의 사람들이 예외적으로 착하지도, 잘생기지도 않았다. 그 정도가 아니다. 그리스도인의 회중에서도 어느 학교나 대학, 은행이나 군대, 정부나 기업 못지않게 간음과 중독, 험담과 식탐, 교만과 선전, 성적 폭력과 자기 의가 나타날 수 있으며, 심지어 그런 것들이 번창할 수도 있다. 그래도 바울은 여전히 주저하지 않고 자기 회중 가운데 있는 이 남자와 여자들을 성도라고 부른다.

조금 더 나은 회중을 찾아 주변을 둘러보아도 소용이 없다. 교회는 언제나 이런 모습이었고 앞으로도 언제나 그럴 것이다. 지금도 이 성도들은 끔찍한 범죄를 저지른다. 형편없는 불의를 계속 행한다. 그러나 하나님은 이 최악의 사람들, 비열한 사람들을 꺼리는 결벽증이 없으신 것 같다. 하나님은 날마다 이 최악의 사람들을 구속하신다. 신중하게 최상의 사람들을 걸러 내고 그 성도들을 모아 이 땅에 유토피아적인 교회 공동체를 세우심으로써 천국이 굳이 오지 않아도 되게 하시는 하나님을 나는 상상할 수 없다.

몇 년 전에 나처럼 목사인 친구와 편지를 주고받으며, 우리가 보기에 참으로 불만족스런 이 성도들과 함께 매주 일하면서 평생을 보내야 하는 어려움과 좀처럼 사라지지 않는 당혹스러움에 대해 이야기를 나누었다. 그는 화를 내고픈 유혹을 받았지만 자신을 제어하면서 이러한 생각을 했다고 한다. "예수님은 사사건건 자신의 불만을 표명하며 다니지 않으셨다. 예수님은 하나님이 자신의 영향권 안으로 데려오시는 구체적인 사람의 정곡을 찌르셨다. 예수님은 사소한 것들에 **시간을 낭비하셨다**. 예수님은 실제 사람들과 교제하셨고 이 몇 안 되는 영혼들의 동기와 태도를 바꾸는 일에 헌신하셨다. 거룩한 역설이다. 신성한 신비다. 현존하시는 인격적인 하나님을 신뢰하라. 그분은 사랑의 하나님이다. 예수님의 성전 정화 사건과 당국과의 대결 사건은 항의하거나 교정하기 위한 행위가 아니었다. 예배하는 하나님 백성의 신성모독죄를 꼬집기 위해서, 하나님 앞에서 회개를 이끌어내기 위해서, 거룩하신 분을 명예롭게 하고 그분의 사랑을 돌려 드리기 위해서 한 행위였다. 그리고 그 일은 자신의 생명을 개인적으로 희생하러 가시는 길에 하신 일이었다. 이것이 바로 십자가의 길이다."

나는 이 친구와 가끔 이런 내용의 이야기를 나눈다. 우리는 바울처럼 '성도'라는 단어를 쉽게, 별 생각 없이 사용하려고 노력한다. 최근에 내 친구는 교회가 정의로움과 의의 문제를 제대로 해결하지 못하는 것에 진저리를 치고 화를 내는 사람을 만났다. 그 사람은 예수님은 참으로 존경하지만 교회는 그만 다니겠다고 했다. 그는 나아질 가망도 없고 아무짝에도 쓸모없는 사람들의 공동체로부터 스스로 자기 이름을 제명한 것이다.

분위기로 보아서 대화가 가능하지 않았기에 내 친구는 그에게 편지를 썼다. 그리고 내게도 그 편지의 사본을 보내 주었다. 나는 그 편지를 책상 서랍에 보관해 두고 가끔 꺼내서 읽는다. 성도라는 말에 대한 생각을 분명하게 지키는 데 도움이 되기 때문이다.

그 편지에서, 내 친구는 먼저 그 사람의 견해에 동의해 주었다. "나도 동의합니다. 시간이 지날수록 교회에 다니면서 인간성을 지키기가 쉽지 않습니다. 당신이 비판하는 그 부분에 대해서 개탄하는 것은 옳습니다." 그 다음에 그는 직설적인 질문을 던졌다. "하지만 당신은 회중과 함께 예배를 드리고 있습니까? 궂은일을 하고, 어린아이들을 돌보아 주고, 함께 위기에 직면하고, 복잡한 관계 속에서 자신을 낮춥니까? 당신이 존경하는 예수님은 그렇게 하셨습니다. 예수님은 예배와 공동체를 존중하고 지키셨습니다. 예수님은 과거의 예배 공동체를 존중하면서 새 공동체를 세우셨습니다. 예수님은 참여자로 사셨습니다. 예수님이 죄와 맞서신 것은 '하나님의 백성' 안에서이지 밖에서가 아닙니다. 그리고 예수님이 재판을 받고 죽으신 것은 그 안에서이지 밖에서가 아닙니다. 예수님이 세우시게 된 교회가 예수님을 죽인 것이지, 독립적으로 행동하는 이상주의자들이 합세해서 예수님을 죽인 것이 아닙니다."

그 다음에 그는 핵심을 찌르고 들어갔다. "교회는 통탄할 정도로 죄를 많이 짓고, 왜곡되었고, 부족합니다. 지금까지 교회는 상업과 군대와 정치 제도와 종종 동침을 하거나, 아니면 그러한 제도에 반동적으로 대응하는 기회주의적 태도를 취했습니다. 둘 다 나쁘기는 마찬가지입니다. 그러나 그들은 여전히 교회의 내장이고, 하나님이 위해서 일하시고 사시고 때로는 죽으시기로 택하신 예배자들입니다. 그것이 바로 예수님이 세우시겠다고 말씀하신 교회이며, 지옥이 이기지 못할 것이라고 말씀하신 교회입니다."[3]

성도. '교회의 내장.' 마음에 드는 표현이다. 바울이 고린도에 사는 성도들에게 쓴 편지에서 자기 자신을 묘사한 말과 비슷하다. "우리가 지금까지 세상의 더러운 것과 만물의 찌꺼기같이 되었도다"(고전 4:13).

놀라운 것은 이러한 내장으로부터 지속적으로 증언과 찬양의 소리, 전혀 예상치 못했던 '부활'이라는 단어와 치유와 용서에 대한 이야기, 설교와 기도가 나온다는 것이다. 낙오자이고 때로는 파렴치하고, 결함도 있고 종종 창피하기도 한 '형제자매들'인 이 남녀들을 성도라고 부르기를 부끄러워하지 않는 그 사람들로부터 말이다.

믿기 힘든 이 성도의 정체성은 세례를 통해서 확인되고 더 명확해진다. 거룩한 세례는 사람을 성부, 성자, 성령 하나님의 피조물로, 새 피조물이자 계속 진행 중인 피조물로 포괄적으로 정의해 준다. 세례를 통해서 사람은 삼위일체가 하시는 모든 일에 완전히 잠기게 된다. 세례는 교회가 생긴 이래로 (퀘이커 교도를 제외하고) 전 세계의 모든 기독 교회가 오늘날까지 계속해서 행하는 유일한 관습이다. "내가 성부와 성자와 성령의 이름으로 세례를 줍니다." 어떤 교파는 어른에게만 세례를 주고 어떤 교파는 유아에게도 세례를 주지만, 어쨌거나 세례는 사실상 모든 사람을 그리스도인으로, 성도로 표시해 주는 정체성 규정의 행위다. 세례는, 오직 하나님이 누구시고 어떻게 자신을 계시하시고 일하시는가와 관련해서만 한 사람을 이해할 수 있다고 공개적으로 증언하는 의식이다.

세례는 자기 자신과 서로를 이해하는 근본적으로 새로운 방식이다. 인종도 아니고, 언어도 아니고, 부모나 가족도 아니고, 정치도 아니고, 지성도 아니고, 성별도 아니고, 태도도 아닌, 새로운 방식이다. 우리 자신을 설명해 주는 그런 다양한 방식들도 다 중요하지만, 그 어느 것도 결정적이지 않다. 거룩한 세례는 우리를 거룩한 존재로, 성도로 규정해 준다. 세례는 결정적이다.

그렇다면 일단 이 정체성을 얻은 우리는 어떻게 그것을 유지하는가? 우리는 부활을 살면서, **예수님의** 부활을 살면서 세례받은 정체성을 유지한다. 그 정체성은 운전면허증이나 주민등록증이나 여권처럼 자기 자신이 그 인물임을 증명해 보이기 위해서 가지고 다니는 정체성이 아니다. 우리의 정체성은 이름표처럼 외면에 붙어 있는 것이 아니다. 우리는 부활을 살면서 우리의 정체성을 살아낸다.

예수님의 부활은, 성경에 계시된 모든 내용을 우리같이 살과 피를 가진 남자와 여자들이 실제로 살아낼 수 있음을 보여 주는 선언이다. 그것은 팔레스틴 지방에서 이루어진, 그리고 1세기의 로마 역사에 기록된 설득력 있는 선언이었다. 우리는 예수님의 부활을 단지 진리라고 동의하는 것이 아니라, 예술이라고 감탄하는 것이 아니라, 연극 공연처럼 연출하는 것이 아니라, 때로는 맑고 때로는 흐린 가정과 일터라는 평범한 상황 속에서 **살아낼** 수 있다. 요단 강에서 요한에게 세례를 받으신 예수님이 하셨던 것과 똑같이 말이다. 우리가 그렇게 살 수 있는 이유는 죽은 자 가운데서 부활의 생명으로 옮겨진 성도이기 때문이다.

우리는 우리가 누구인지를 직접적으로 아는 사람들과 함께 지냄으로써 이 정체성을 계속 유지한다. **하나님이** 복 주시고, 택하시고, 예정하시고, 거저 주시고, 넘치게 주시고, 알리시고, 통일되게 하신 사람들 말이다. 우리는 이 사람들의 삶이 엉망인 것을 보고 당황하고, 그들의 기뻐하는 모습에 덩달아 신이 나고, 그들의 일관성 없는 삶이 불쾌하고, 그들의 연민에 위로를 받는다. 그들은 때로 우리를 못살게 굴고, 비판하고, 격려하고, 지루하게 만들고, 열정으로 우리를 자극하기도 한다. 그러나 우리는 그들을 선택하지 않는다. 하나님이 선택하신다. 우리는 하나님이 선택하신 남녀들과 함께 산다. 이 성도들과 함께 산다.

:: "그것은 여기 있다. 우리 발밑에 있다"

몇 년 전 몇몇 작가 친구들과의 모임에서, 자신이 최근에 쓴 글을 서로에게 읽어 주는 시간을 가졌다. 그때는 내가 이 책의 내용을 머릿속에서 구상하고 있던 시기였다. 그때 로버트 시겔(Robert

Siegel)이라는 친구가 자신이 최근에 쓴 시를 하나 읽어 주었다. 에베소서에 나오는 '성도'라는 용어를 분명하게 만들어 주는 이미지를 찾고 있던 나는, 로버트의 그 시가 바로 나를 위한 시라는 생각이 들었다. 그의 시를 듣는 순간, 나는 에베소서 1장을 마무리하는 지점에 그것을 인용하고 싶어졌다.

자신의 시를 읽기 전에 로버트는 그 시를 짓게 된 경위를 설명해 주었다. 뉴잉글랜드에 사는 로버트와 그의 아내 앤은 모나드노크 산(Mt. Monadnock)이라는 표지판이 세워진 교차로를 여러 해 동안 지나다녔다. 그 산 이름은 에머슨의 시를 통해서 익히 아는 이름이었지만, 부부는 한 번도 그 표지판을 따라서 그 산에 가 본 적이 없었다. 그날도 표지판을 보고 습관처럼 그냥 지나가다, 갑자기 충동적으로 아내에게 말했다. "이 유명한 산을 우리도 한번 직접 볼 때가 된 것 같지 않아요?" 그는 다시 교차로로 돌아가서 산으로 가는 길로 들어섰다. 그러고서 그는 이 시를 썼다. 내가 기대하던 그림을 정확하게 그려 주는 시였다. "모나드노크 산을 찾아서"

'모나드노크 주립 공원'이라는 푯말이 보인다.
휙 지나쳐서 2, 3킬로미터 가다가

다시 돌아가기로 한다. "모나드노크를 보지 않고
그냥 지나칠 수는 없지," 차를 돌리며 내가 말한다.

곁길을 따라가니 '모나드노크 부동산'
'모나드노크 도자기', '모나드노크 디자인'

그러나 모나드노크는 보이지 않는다. 그러다가 간판들이 사라지고
나무들과 어둑해지는 오후 햇살만이 보인다.

우리는 아무 말 없이, 공터 하나를 지나고 나서야 말을 꺼낸다.
"본 것 같은데, 아니면 일부라도. 맨 바위인가?"

몇 킬로미터를 더 간다. 드디어 차를 세우고
지도를 찾아본다. "모나드노크는 바로 여긴데."

"아니면 조금 뒤던가." "하지만 분명 보일 텐데―
우리가 그 위에 서 있나 봐." 그러고는 차를 돌려 내려가며

우리는 찾는다. 나무와 언뜻 보이는 공터, 보랏빛 바위를
하지만 우리는 너무 가까이 있어서 보지 못하나 보다.

그것은 여기 있다. 우리가 그 위에 서 있다. 우리 발밑에 있다.[4]

부활을 사는 것, 그리스도 안에서 자라는 것, 더러는 이야기하고 많이 듣는 이 기독교적 삶은 일종의 모나드노크 산 같은 삶이다. 표

지판을 보고 거기에 쓰인 글을 읽는다. 이야기를 듣고, 시를 읽고, 찬송가를 부르고, 기도를 드린다. 유명한 바울이 쓴 유명한 편지도 읽는다. 에베소서를 읽는다.

그래서 우리는 기독교적 삶을 진지하게 받아들이기로 하고 가서 직접 봐야겠다고 결심한다. 그리스도인, 부활, 성도라는 말을 곳곳에서 본다. 성지로 여행도 가 본다. 교회도 다녀 본다. 하지만 우리가 기대했던 것은 결코 보지 못한다. 산을 결코 보지 못하는 것이다. 그 대단한 말과 로켓 동사와 선물의 명사와 모든 것을 포괄하는 전략 등, 이 산과 관련된 모든 대단한 목적들을 읽는다. 그러나 그 산은 결코 보이지 않는다.

이것은 전혀 새로운 사실이 아니다. 오래 전부터 그랬다. 예수님이 팔레스틴 지방에서 사셨던 그 30년 동안 예수님을 보았던 대부분의 사람들이 주변에 굳이 알릴 만한 내용을 예수님에게서 보지 못했다. 예수님은 나사렛이라는 소도시에서 장남으로 자랐고, 생애의 대부분을 목수로 지냈고, 결말이 좋지 못해서 범죄자로 십자가에서 죽었다. 당시에 유명했던 몇몇 사람은 예수님을 알아보았지만 곧 무시했다. 볼거리가 될 만한 기적을 기대했던 헤롯 안티파스는 실망했다. 빌라도 총독은 의아해했지만 별다른 인상을 받지 못했다. 대제사장 가야바는 경멸했다. 부활하고 나서도 예수님은 여전히 별다른 인상을 주지 못하셨다. 막달라 마리아는 예수님을 정원사로 오해했다. 글로바와 그 친구들은 10킬로미터가 넘게 예수님과 함께 걸으면서 대화를 하고도 그분을 알아보지 못했다. 홍미로운 대화였던 것은 사실이지만, **하나님**이라고? 이 세상의 구주와 대화했다는 사실을 그들은 전혀 알지 못했다. 10킬로미터가 넘게 예수님과 함께 걸으면서 성경에 대해 토론을 했는데도 그들은 육신이 되신 말씀과 함께 대화하고 있다는 사실을 몰랐다. 왜 몰랐는가? 더 중요한 일에, 영적인 일에, 성경공부에 너무 몰두해 있었기 때문인지도 모른다. 그때 예수님이 빵을 들어 축복하시고 떼어서 돌리셨다. 그 빵의 질감이 손끝에 느껴지고 그 맛이 혀에 느껴지자(일상에 뿌리박자) 그들은 예수님을 알아보았다. 바울은 사흘 동안 눈이 먼 채로 있은 후에야 예수님을 보았다.

날마다 예수님을 보는 많은 사람들이 왜 예수님을 보지 못한다고 하는 것일까? 사진을 찍거나 시의 은유로 사용하려고, 물 위를 걸으시는 예수님이나 우주적인 빛의 쇼와 카리스마적인 서커스를 보여 주시는 예수님, 산 위에서 변모하시는 예수님을 찾는 것일까? "너희가 무엇을 보려고 나갔더냐?"(마 11:8)

왜 예수님은 스스로를 선전하지 않으실까? 우리 가운데 계시며 치유하시고 구원하시고 복 주시는 하나님으로 알려지기 원하신다면, 왜 우리의 이목을 끄셔서 단도직입적으로 상황을 설명하시지 않는단 말인가? 바울이 우리에게 숙고해 보고 받아들이라고 펼쳐 놓는 모든 동사와 명사가 진짜라면, 왜 예수님은 적어도 목청이라도 높이지 않으신단 말인가?

간단하게 대답하면, 하나님은 오직 인격적인 관계 속에서만 자신을 드러내시기 때문이다. 하나님은 우리가 숙고해 보아야 하는 현상이 아니다. 하나님은 사용할 수 있는 힘이 아니다. 하나님은 논쟁해야 하는 명제가 아니다. 하나님에게는 비인격적인 면이나 추상적인 면, 강제적인 면이 하나도 없다. 그래서 하나님은 동일한 인격적 존엄성을 가지고 우리를 대하신다. 하나님은 우리에게 깊은 인상을 남기려 하시지 않는다. 하나님은 우리와 함께 빵을 드시고, 우리의 모습 그대로를 우리가 있는 곳에서 자신의 사랑으로 받아들이시려고 이곳에 계신다.

부활이 거대하고 영광스러운 산인 것은 분명하다. 바울의 동사와 명사에는 과장된 것이 하나도 없다. 그러나 부활을 실천하는 삶은 산을 오르는 것이 아니다. 그 모든 거대함과 영광은 우리 발밑에 있다. 그것은 일종의 모나드노크 산이다. "그것은 여기 있다. 우리가 그 위에 서 있다. 우리 발밑에 있다."

## 5. 은혜와 선한 일

에베소서 2:1-10

> 너희는 그 은혜에 의하여 믿음으로 말미암아 구원을 받았으니,
> 이것은 너희에게서 난 것이 아니요 하나님의 선물이라. 행위에서 난 것이 아니니
> 이는 누구든지 자랑하지 못하게 함이라. 우리는 그가 만드신 바라.
> 그리스도 예수 안에서 선한 일을 위하여 지으심을 받은 자니,
> 이 일은 하나님이 전에 예비하사 우리로 그 가운데서 행하게 하려 하심이라.
> 에베소서 2:8-10

> 그가 이토록 수동적인 것은 처음이었다.
> 전에는 자신의 생각, 자신의 공격성, 자신의 육체적 욕망이 전부였다.
> 그런데 현재의 이 수동성은 무엇인가를 열어 주는 것 같았다.
> 로버트 퍼시그 「릴라, 도덕의 탐구」

이제 우리는 새로운 영역으로 들어섰다. 멀찍이서 바라보던 나라, 바로 부활의 나라다. 지금까지 우리는 풍경의 윤곽을, 거대한 지평선을 익히고 있었다. 바울이 전선에서 후방으로 보내 주는, '우리를 위해서 그리고 우리 구원을 위해서' 하나님이 행하신 일을 알려 주는 긴급 속보를 받아 보고 있었다. 바울은 이 풍경을 예수님의 부활에 단단히 고정시켰다. "그의 능력이 그리스도 안에서 역사하사 죽은 자들 가운데서 다시 살리시고"(엡 1:20). 그리고 이제 우리는 그 안에 서 있다. 실제로 그 땅에 발을 디디고 서 있다. 송진과 꽃들

의 야생적 향을 맡아 보고, 나무껍질의 질감을 느껴 보고, 머리에 떨어지는 빗방울과 얼굴을 스치는 바람을 느껴 본다. 이 구원의 나라에, 부활의 땅에, 부활의 남녀들과 함께 우리는 서 있다.

장엄한 윤곽의 지평선을 바라보면서 산맥 뒤로 모여드는 구름과 그 틈새로 한 번씩 터져 나오는 햇빛이 불꽃놀이처럼 펼쳐지는 장관을 바라보는 것과, 실제로 차나 버스에서 내려 그 숲으로 걸어 들어가 산을 오르는 것은 매우 다르다.

그 전환은 갑작스레 일어난다. 너희는 죽어 있었다(2:1). 그러나 이제 너희는 그리스도와 함께 살았다(2:5). 하나님이 예수님을 죽은 자 가운데서 살리셨고(1:20), **우리도** 죽은 자 가운데서 살리셨다. "또 함께 일으키사"(2:6). 부활은 예수님의 생명을 규정한다. 그리고 우리의 생명을 규정한다. 우리는 죄로 죽어 있었지만, 부활로 살아났다.

바울의 언어는 흑과 백이다. 죽음 그리고 생명. 이제 우리는 부지런히 사진을 찍고 집으로 엽서를 보내던 전망 좋은 길가를 떠났다. 숲으로 들어선 것이다. 부활의 나라는 이제 더 이상 경외감에 사로잡혀 바라보는 웅장한 풍경이 아니라, 들어가서 사는 땅이다. 이제 우리는 부활의 삶의 구체적이고 복잡한 내용들 안으로 들어가서 산다. 우리의 모든 신체적 감각을 가지고 적극적으로 참여한다.

예수님의 부활이 규정하는 부활의 삶은 우리에게 익숙한 삶과는 완전히 다르다. 마치 죽음과 생명이 다른 것처럼. 부활의 길가에서 감탄사를 연발하고 있을 때는 관람객이었고, 그래서 눈앞에 펼쳐진 시각적 웅장함의 다양한 면모를 고르고 선택해서 그것에 대해서 이야기할 수 있었다. 원하면 언제든지 떠날 수도 있었다. 지루해지면 여행 책자를 뒤적이며 그 자리를 떠나 다음에 나오는 경치를 기대할 수 있었다. 바울은 그러한 삶을 "공중의 권세 잡은 자를 따랐다"(엡 2:2)고 표현한다. 그러나 이제 모든 것과 모든 사람이 다시 태어나거나 다시 태어날 가능성을 가진다. "모든 피조물이⋯해산의 고통을 겪고 있다"(롬 8:22, 새번역).

그 어떤 것도, 그 누구도, 우리가 기분에 따라서 무시하거나 처분할 수 있는 단순한 대상이 아니다. 이곳은 **부활**의 나라다. 부활은 우리가 이미 익숙해 있는 모든 것에 덧붙이는 무엇이 아니다. "허물과 죄로 죽었던"(엡 2:1) 것을 **살려내는** 것이 부활이다. 우리가 죽었을 때의 습관과 전제들을 가지고 이 부활의 나라에 들어오는 것은 이해할 만한 일이다. 어쨌거나 오랫동안 그렇게 살았으니 말이다(그것을 사는 것이라고 부를 수 있다면). 그렇기 때문에 이 나라에 팽배해 있는 부활의 조건을 학습하려면, 부활의 선구자이시며 동료이신 "그리스도의 장성한 분량"(4:13)까지 살아내려면, 인내하고 오래 참아야 한다. 바울은 '은혜'라는 말로 수업을 시작한다. 그가 많이 사용하는 단어다.

## :: 습득된 수동성

부활의 땅에서 자라는 일, 그리스도 안에서 자라는 일의 상당 부분은 일종의 습득된 수동성을 실천하는 것이다. '수동성'이라는 말은 미국에서 별로 좋은 느낌을 주지 못한다. '무미건조한, 우유부단한, 쓸모없는, 게으른, 근성 부족, 텔레비전 붙박이, 아무 짝에도 쓸모없는, 기력 없는, 위축된' 등의 느낌을 주는 단어다. 우리는 패기와 활기, 추진력, 단호한 전략을 흠모하고 모방하라고 배웠다.

열의와 야망, 한결같은 목적, 결승선을 향한 흔들림 없는 경주, 방심하지 않는 집중력은 돈을 벌고 학위를 따고 전쟁에서 이기고 에베레스트 산을 오르고 홈런을 치는 일에는 매우 쓸모가 있다. 그것은 논란의 여지가 없다. 그러나 우리 문화가 매우 칭송하는 그러한 목표들은, 성숙한 삶을 사는 것이나 '그의 영광을 찬송하며' 사는 것과는 별 상관이 없다.

경쟁적인 야망을 성취하게 해주는 훈련들은 양심이나 사랑, 연민, 겸손, 자비나 거룩함 없이도 행할 수 있고, 실제로 그런 경우가 많다. 성숙해지는 것과 별개로 행할 수 있다는 말이다. 연예계의 미성숙한 유명 인사들을 우리는 곳곳에서 볼 수 있다. 미성숙한 백만장자들은 가정을 쉽게 버린다. 노벨상을 챙기는 미성숙한 학자와 과학자들은 신을 부인하며 소원해진 상태로 그럭저럭 산다. 미성숙한 스타 운동선수들은 유아적인 태도로 코치와 팬들을 자주 당황하게 만든다.

이 사람들이 바로 야망이 부채질하는 삶, 정상을 차지하고 자기 이름을 알리고 경쟁에서 이기는 삶의 기준이 되는 사람들이다. 이들이 바로, 뛰어난 인간이 된다는 것의 의미를 본보기로 제시해 주는 사람들이다. 그렇게 살고 싶은 사람이, **정말로** 그렇게 살고 싶은 사람이 있는가? 그것이 사는 것인가? 인류의 전체 역사 속에서 그것이 **정말로 살아 있는** 삶인 적이 있었던가?

나는 그렇지 않다고 생각한다. 그리고 다른 사람들도 제대로 생각해 보기만 한다면 나와 같을 거라고 생각한다. 그러한 삶에 동반되는 우울함, 공허함, 천박함, 지루함, 황폐함은 개인에게뿐만 아니라 가족과 공동체에도 파괴적인 영향을 미친다. 그리고 그러한 인생들이 우리 문화로 서서히 침투해 들어오면(그 누구도 외딴 섬에서 살지는 않기에) 우리 모두가 피폐해진다.

이 사람들을 지켜보면(우리가 날마다 보는 신문이나 책, 대중매체에 계속 등장하기 때문에 지켜보지 않을 수 없다) 바울이 성숙한 인간 삶의 교본으로 삼는 예수님의 부활의 삶과 이들의 삶이 얼마나 근본적으로 다른지를 우리는 깨닫게 된다. 서로 외양이 다르다기보다는 그 뿌리가, **근본**이 다르다.

사실 이것은 역사적으로 꽤 오래된 문제다. 그런데 슬프게도 현대인들은 스스로 옛 선조들과 다르다고, 그들보다 더 낫다고, 더 진보되었다고 생각한다. 생활 수준도 높고, 의료 기술도 크게 개선되었고, 문맹율도 낮고, 우리가 누구이며 어떻게 행동하는지를 심오하게 통찰하는 심리학적 도구도 있고(IQ 테스트, MBTI 성격 유형,

에니어그램 등), 알고 싶은 것이 있으면 언제든지 곧바로 알게 해주고, (달을 포함하여) 어디로든 데려다 주는 과학기술이 있다. 우리가 선조들보다 훨씬 진보했음이, 완전히 개발된 인간의 모습에 훨씬 근접했음이 자명하지 않은가? 뿐만 아니라 많은 사람들이 (그것에 대해서 실제로 진지하게 생각하느냐의 여부와 상관없이) 문화적으로 풍성한 유대 기독교 유산을 가지고 있기 때문에 자신이 '그리스도인'이라고 생각한다. 기독교 국가. 기독교 문화. 기독교인.

미국 문화와 기독교 문화를 혼합하는 것이 아주 흔한 일이 되어 버렸다. 각 문화에서 가장 좋다고 생각하는 것을 택해서 잡종을 만들어 놓은 것이다. 미국식 그리스도인, 기독교식 미국. 현대 세계에서 최고인 미국과 성경 세계에서 최고인 그리스도인의 혼합. 한마디로, 잡종 그리스도인.

하지만 현대의 최고의 결과물과 고대의 그것에 질적 차이가 있다고 생각할 이유는 없다. 아시리아, 바빌로니아, 이집트는 고도로 발달된 기술과 수학을 가지고 있었고, 그것으로 피라미드와 복잡한 관개 시설을 포함해서 놀라운 건축 업적을 이루었다. 페르시아와 그리스와 로마에는 조각을 하고 책을 쓴 예술가와 철학자들이 있었다. 그 작품들은 오늘날까지도 인간이 무엇을 만들고 생각할 수 있는지를 보여 주는 최고의 작품들이다.

하나님의 백성이었던 우리의 히브리 선조들은 이 위대한 업적을 이룬 고대인들의 이웃에 살았다. 그러나 그들의 저술과 기술을 얼마나 받아들였고 혜택을 입었든, 그들은 영혼의 고결함을 지키려고 맹렬히 노력했고, 하나님의 형상이라는 자신들의 정체성을 방심하지 않고 지켰다. 그들은 그 나라와 문화의 지도자들을 존경하지 않았다. 그들은 그 문명의 부와 권력을 생산한 성공적인 삶의 방식을 받아들이지 않았다.

아브라함과 모세, 엘리야와 예레미야, 다니엘과 에스더의 이야기는 전부 극도로 반(反)문화적이다. 우리의 선구자가 되는 그리스도인 선조들은 고도로 문명화되고 뛰어난 성취를 이룬 그리스-로마의 후예들 곁에 살면서, 그들에게 허락된 선에서 경제 활동을 하고 그들이 접할 수 있는 학문을 배웠다. 그러나 동시에 그들은 정부의 지도자들이 신처럼 행세하고 성적으로 방탕하게 사는 모습을 단호하게 거절하고, 소위 최고의 가문들이 가지고 있던 예술품과 천박한 우상숭배도 단호하게 거절했다.

마태, 마가, 누가, 요한은 그들이 믿는 하나님에 대해 결정적인 책을 썼는데, **십자가에 달리신** 하나님을 제시하는 책이었다. 그들은 그 책의 내용대로 **성숙한** 삶을 온전하게 잘 사는 법을 배웠다. 예수님 당시에 십자가는 "유대인에게는 거리끼는 것이요 이방인에게는 미련한 것"(고전 1:23)이었다. 권력과 자기 만족을 숭배하는 문화, 인간의 성취를 신성화하는 북미 문화에서 십자가는 여전히 동화되기 어려운, 거리끼는 것이고 미련한 것이다.

그때나 지금이나 그리스도인들은 이 지구상에서 유일하게, **십자가에 달리신** 구세주를 예배하는 사람들이다. 어느 문화권에서나 그런 구세주는 거절당하고 수치당하고 실패한 구세주다.

그러나 하나님의 백성이라는 정체성을 가졌던 히브리인들과는 달리, 그리고 십자가에 달리신 구세주를 하나님의 계시로 받아들이고 예배한 우리의 선구자 그리스도인 선조들과는 달리, 우리 문화의 대중적 종교 관행은 미국과 기독교를 교배해서 잡종을 낳는 것이다. 식물학이나 축산학에서는 접목이나 이종 교배를 통해서 두 개의 종에서 최상의 것만을 뽑아 내려고 한다. 교배종 옥수수나 교배종 양이 그 예다. 하지만 자신이 하는 일을 잘 모른다면, 아무리 의도가 좋다 하더라도 교배 전보다도 더 못한 것을 얻을 수 있다. 말하자면 잡종이 나오는 것이다. 혼합이라는 단어의 어원인 라틴어 '히브리다'(hybrida)를 문자적으로 번역하면 말 그대로 잡종이라는 뜻이다. 집 암퇘지와 야생 수퇘지 사이에서 나온 새끼 잡종 말이다. 야생 황소 같은 미국의 야망과, 십자가가 없는 길들여진 기독교가 교배하면 그 결과는 잡종 영성이다. 하나님의 형상과 십자가에 달리신 구세주의 형상을 다 잃어버린 '그리스도인'이 나오는 것이다. 인간의 특징적 요소가 사라지고, 예수님의 특징적 요소가 사라진다. 그러면 혹시 적그리스도인가?

지금까지 살펴본 문화적 배경은, '습득된 수동성'을 진지하게 받아들이기가 왜 그토록 어려운지, 그리고 하나님의 은혜가 특징인 세계에 적응하기 위해 '습득된 수동성'이 왜 반드시 필요한지를 보여 준다. 다른 선택은 없다. 은혜 아니면 아무것도 아니다. '제2안'은 없다.

은혜는 예수님을 믿고 따르는 우리가 숨 쉬는 공기이자 거주하는 대기다. 은혜가 무엇인지 모른다고 해서 사전을 찾아봐서는 안 된다. 은혜는 어디에서나 경험할 수 있지만, 어디에서도 설명될 수 없기 때문이다. 모세와 이사야, 예수님과 바울에게서 하나님의 은혜에 깊이 빠지고 그것에 길들여지고 그 은혜를 깊이 체험하는 삶의 이야기를 들어야 한다.

은혜는 견고한 실체가 없고 보이지 않는 실재로서 우리의 모든 존재와 생각과 말과 행동에 스며들어 있다. 그러나 우리는 그것에 익숙하지 않다. 우리는 보이지 않는 것을 따라서 사는 것에 익숙하지 않다.

은혜가 무엇인가에 대해서 나는 미국 시인인 윌리엄 스태포드(William Stafford)로부터 매우 도움이 되는 생각을 얻었다. 창조적 글쓰기에 대해서, 특히 시 쓰기에 대해서 그가 쓴 책을 읽을 때였는데, 나는 예수님을 따르는 사람들이 은혜라고 부르는 것과 아주 흡사한 내용을 발견하게 되었다. 그는 수영을 가지고 글쓰기를 설명하고 있었다. 나는 그 글을 읽으면서 수영하는 사람과 물의 관계를 그리스도인의 은혜 체험으로 보아도 되겠다 싶어 말을 조금씩 바꾸어 보았다. (아래의 인용문에서 괄호 안에 있는 단어들이다.)

스태포드는 이렇게 썼다.

물[은혜]을 보고 거기에 손을 담가 본 합리적인 사람이라면 누구나 그 물이 사람을 지탱해 주지 못함을 안다.…그러나 수영하는 사람[예수님을 따르는 사람]은 그 물[은혜]에 들어가 긴장을 풀면 기적처럼 뜬다는 것을 안다. 그리고 작가들[예수님을 따르는 사람들]은 자신에게 가장 가까이 있는 재료들을(그 주제들의 무게나 합리적 신뢰성을 미리 판단하지 않으면서) 팔로 조금씩 헤치면서 나아가다 보면 창조적인 진보를 이룬다는 것[그리스도 안에서 자란다는 것, 즉 성숙해진다는 것]을 안다. 작가들은 글을 쓰는 사람들이다. 수영하는 사람들[신자들]은…물 안에서 긴장을 푼 채 머리를 숙이고 여유롭게 확신을 가지고 팔을 뻗는 사람들이다.…수영하는 사람[신자]은 물속에 감춰진 손잡이를 잡는 것이 아니라 그 유연한 매개물을 그냥 쓸기만 하면 자신이 앞으로 쑥쑥 나가는 것을 안다. 그와 마찬가지로, 작가[예수님을 따르른 사람]는 주변에 늘 있는 것에 주의를 집중시켜서, 물에 들어오지 못하고 강둑에 서서 그의 성취를 가늠해 보려고 하는 믿음 없는 이들에게는 너무 얄팍하고 흔해 보이는 매개[은혜]에 의해 앞으로 나아간다.[1]

은혜는 전례 없는 하나님의 행위에서 비롯된다. 예수님의 자비롭고 희생적인, 자기를 내어주는 행위 때문에 우리는 부활의 성숙에 참여할 수 있다. 우리가 하는 일이 아니라, 참여하는 일이다. 그러나 의지적인 수동성 없이는 참여할 수 없다. 우리보다 앞서 일어난 것, 즉 우리와 별개로 이루어진 그리스도 안에 계신 하나님의 현존과 행위에 들어가고 그것에 우리를 의탁하는 의지적인 수동성이 있어야 한다. 그러한 수동성은 우리 안에서 자연스럽게 나오는 것이 아니다. 습득해야만 한다.

그렇다면 선한 일은 어떻게 되는가? 믿음과 행위에 대해서 왜 그토록 끝도 없이 그리고 종종 독살스럽게까지 논쟁을 하는가? 우리의 행위를 은혜라는 깊고 넓은 바다에 담그는 바울의 말이 그 모든 지루한 잡담에 종지부를 찍지 않는단 말인가? 그리스도에 대한 믿음은 자아라고 하는 물가를 떠나는 행위다. 그 물가에 서 있는 한 우리는 자신이 어디에 서 있는지를 안다고 생각하고, 열심히 노력하기만 하면 자신이 통제할 수 있을 것이라고 생각한다. 그러나 그리스도에 대한 믿음은 은혜로 풍덩 뛰어드는 것이다. 은혜, "너희에게서 난 것이 아니요 하나님의 선물이라."

그러나 그 육지, 자기 발로 서 있는 그 자아는 포기하기가 힘들다. 우리는 그 땅에서 자랐고, 그 땅에서 세상이 돌아가는 방식을 배웠고, 그 땅에서 제법 잘 해냈다. 지도와 안내 책자가 있고, 어느 식당이 음식을 잘하는지, 어디에 가면 물건을 싸게 살 수 있는지 잘 안다. 우리의 모든 습관이 그 땅을 기반으로 형성되었다.

목사로 50년을 살면서 내가 지금까지도 가장 어려워하는 임무는 내가 섬기는 사람들이 영혼을 변화시키는 은혜를 감지하게 돕는 것이다. 내 힘과 지혜로 안달하며 사는 대신에, 하나님의 능동적인 현존의 세계에서 노력하지 않고 사는 법을 포괄적이고 근본적으로 가르치는 일. (성경의 선조들이 살았던 앗시리아나 바빌로니아나 이집트나 페르시아나 그리스나 로마의 문화와 별로 다르지 않은) 미국의 지배적인 문화는, 어느 면으로 보나 완고하게 은혜를 거부한다.

어느 부부가 나와 이야기를 하고 싶다고 해서 만나기로 약속을 했다. 우리는 몇 년 동안 같은 동네에서 살았지만 서로 만난 적은 없었다. 그 부부의 친구가 우리 교회의 교인이었는데 그가 나를 추천해 주었다고 했다. 나는 내 소개를 했다. "피터슨 목사입니다."

남자가 말했다. "저는 에벤이고, 제 아내 실비아입니다."

"반갑습니다, 에반, 실비아."

"아니요, 에반이 아니라 에벤입니다."

"아, 에벤에셀에서처럼 말입니까?"

"어떻게 아십니까?"

"성경에서 읽었습니다. 가끔씩 찬송가에도 나오고요. 에벤, 돌. 에벤에셀, 힘의 돌. 그리고 실비아는 숲이라는 뜻이지요. 좋네요 결혼한 쌍에게 어울리는 이름입니다. 에벤과 실비아, 돌과 숲."

"사실 저희 결혼 생활에 대해서 이야기하고 싶어서 왔습니다. 문제가 좀 있습니다."

우리는 이야기를 나누었다. 그들은 쉰 살쯤 되었고 30년을 부부로 살았다. 에벤은 무늬만 유대인이었고, 실비아는 무늬만 남침례

교인이었다. 두 사람 다 이름뿐인 신자였기 때문에 대조되는 종교적 배경이 문제가 된 적은 한 번도 없었다. 두 사람 모두 각각의 신앙 배경에 따라 교육을 받았지만, 이미 오래 전부터 자신들이 배운 내용에 별로 신경을 쓰지 않고 살았다. 에벤은 사업가 기질이 있었다. 상상력이 풍부했고, 부지런했다. 몇 년 전에 그는 안정적인 정부 기관의 사무직을 그만두고 대여업을 시작하는 모험을 감행했다. 사업은 번창했다. 구덩이를 파는 굴착기에서부터 결혼 피로연에서 쓰는 대형 커피 보온병에 이르기까지, 그는 온갖 것들을 대여해 주었다. 나도 한번은 우리 집 채소밭을 경작하는 데 쓰려고 그 가게에서 밭을 가는 기계를 빌린 적이 있었다. 실비아는 남편과 함께 사업을 했는데, 장부 정리를 하고 손님들을 상대하는 일을 도왔다. 그 가게에 들어서자마자 친근감 있게 다가왔던 그녀가 기억났다.

우리는 이야기를 나누었다. 그들은 그 일을 좋아했고 손발이 잘 맞았다. 돈은 넉넉하게 벌었고 그래서 안락하게 살았다. 세 자녀를 두었는데, 한 명은 좀 멀리 떨어진 주에서 살았고, 다른 두 명은 대학에 다니느라 집을 떠나 있었다. 만족스런 인생이었다. 그런데 결혼하고 나서 처음으로 두 사람 사이가 전처럼 좋지 않았다. 무엇이 변했는지, 무엇이 달라졌는지 그들은 알지 못했다. 모든 것이 똑같아 보였는데, 아무것도 똑같지 않았다.

우리는 이야기를 나누었다. 거의 매주 우리는 함께 한 시간 정도를 보냈다. 나는 그 부부가 좋았다. 에벤은 말을 할 때 언제나 방 안을 왔다 갔다 했다. 그는 입만큼이나 다리도 사용하면서 말을 했다.

실비아도 가만히 있지 않고 계속 담배를 피웠다. 대화를 하면서 우리 세 사람 모두가 얻은 깨달음은, 두 사람이 함께 일하는 동안은 아무런 문제가 없는데, 가게 문을 닫고 집으로 돌아오는 순간 모든 것이 엉망이 된다는 사실이었다. 일요일은 지옥이었다. 함께 사는 그들의 인생과 관계는 대체로 일이 중심이었다. 할 일이 없으면 그들은 무엇을 해야 할지를 몰랐다. 아이들을 키우면서 새로 시작한 사업을 궤도에 올려 놓느라 온 시간과 힘을 쏟아부었고, 이제 그것을 다 이루고 나자 전에는 한 번도 가져 보지 못한 여유 시간이 생겼다. 그러나 여가에는 아무런 흥분제가 없다.

에벤은 일을 벌이고 노력해서 의미 있는 흔적을 남기는 유대인의 노동 세계에서 자랐다. 그의 도구와 기계에 대한 상당한 노하우와 일에 대한 열정은 계속해서 손님을 끌었다. 실비아는 잘못을 바로잡고 좋은 인상을 남기는 침례교인의 도덕 세계에서 자랐다. 앨라배마 특유의 따뜻한 환대와 훈련된 미소 그리고 잘 유지된 몸매는 가게에서 상당한 매상을 올렸다. 그러나 일터 밖에만 나서면 에벤의 노하우가 팔릴 시장이 없었고 실비아의 업무 수행력을 인정해 줄 사람이 없었다.

우리는 이야기를 나누었다. "돈이 되는 일을 하지 않을 때는 무슨 일을 합니까? 수입과 직결되는 말을 하지 않아도 될 때는 무슨 말을 합니까?" 우리의 대화는 생계를 위해서 일하지 않아도 될 때 관계는 어떻게 변하는지에 대한 탐구로 발전했다. 보이지 않는 깊이에서 통찰이 올라오기 시작했다.

우리는 이야기를 나누었다. 어느 날 대화를 하는 도중에 에벤이 갑자기 걸음을 멈추고는 말했다. "은혜! 우리가 지금 얘기하고 있는 것이 바로 **은혜**인가요? 그 말이 무슨 뜻인지 늘 궁금했는데. 이게 바로 **그것**인가요?" 실비아는 또 한 개비의 담배에 불을 붙였다.

당시에는 몰랐지만 그 '유레카' 이후로, 놀라서 감탄처럼 내뱉은 **은혜** 이후로, 우리의 대화는 서서히 끝을 향해 가고 있었다. 그 단어는 내가 아니라 에벤이 먼저 뱉은 말이었다. 그러자 40여 년 동안 잠복해 있던 에벤의 유대교 유산 이면에서 무엇인가가 타오른 것이다. 그는 무엇인가를 깨달은 듯했다. 나는 아브라함을 우리의 대화에 끌어들였다. 에벤은 예수님의 이름을 꺼냈다. 실비아는 갈수록 지루해했다. 두 사람 사이의 간극은 더 커졌다.

그리고 그것으로 끝이었다. 두 사람은 예전처럼 지냈다. 내가 도구를 빌리러 갈 때면 가끔씩 두 사람을 가게에서 볼 수 있었다. 우리는 친근하게 몇 마디의 말을 주고받으면서 일을 처리했다. 그러나 더 이상의 대화는 없었다. 에벤과 실비아는 사실상 결혼 생활을 단념하고 일터로 돌아간 것이다.

## :: 선한 일

그러나 일과 일터는 은혜와 대립되지 않는다. 사실 은혜는 일과 일터에 너무도 완벽하게 맞는다. 바울은 은혜를 이야기하는 맥락에 '선한 일'이라는 용어를 배치함으로써 우리가 그 관계를 제대로 이해할 수 있게 해준다. 우리는 은혜로 구원받았을 뿐만 아니라 "그리스도 예수 안에서 선한 일을 위하여 지으심을 받은 자니 이 일은 하나님이 전에 예비하사 우리로 그 가운데서 행하게 하려 하심이라"(엡 2:10).

근본적으로 우리가 일을 하는 것이라기보다는 우리 자체가 하나님이 하시는 일이다. "우리는 그가 만드신 바라"라는 구절은 "우리는 하나님의 작품입니다"(새번역)로도 번역된다.

은혜는 일을 대체하지 않는다. 부활 이전이든 이후든 일은 언제나 곳곳에 있다. 부활의 그리스도인이라고 해서 근무 일수가 줄어드는 특혜를 받지는 않는다. 일이 영적이지 못한 것으로 폄하되지도 않는다. 그리스도 안에서의 성숙한 삶이 출근부를 찍는 생활, 밭에서 힘들게 추수하는 생활, 은퇴할 때까지 지루한 직장에서 시간을 보내는 생활, 취학 전의 세 아이를 키우느라 제정신이 아닌 생활을 면제해 주는 것은 아니다. 일은 때로 너무 즐겁다. 그러나 그만큼 진을 빼고, 사기를 꺾고, 지치게 한다. 나쁜 일보다 더 나쁜 것은, 아예 일이 없는 것, 즉 실업밖에 없다.

그렇다면, 우리가 '함께 일으켜지고' 나서도 다음날 같은 직장으로 돌아가고 같은 책임과 같은 노동 환경으로 돌아가야 한다면, 바울이 '일'을 '은혜'의 동반어로 나란히 놓았다고 해서 달라지는 것은 무엇인가?

달라지는 것은 이것이다. 우리는 더 이상 기업이나 정부, 학교 이사회, 병원 혹은 대형 슈퍼마켓을 위해서 일하지 않는다는 것이다. 우리는 하나님의 작품으로서 하나님의 일을 한다. "우리는 그가 만드신 바라. 그리스도 예수 안에서 선한 일을 위하여 지으심을 받은 자니, 이 일은 하나님이 전에 예비하사 우리로 그 가운데서 행하게 하려 하심이라."

일은 무엇보다도 우리가 아니라 하나님이 하시는 것이다. 창세기 1-2장은 우리에게 자신을 계시해 주시는 하나님의 이야기로 들어가는 문이다. 중요한 것은 그것이 일하시는 하나님에 대한 이야기라는 사실이다. 하나님은 우리와 같은 환경에서 일을 하신다. 하나님에 대해서 우리가 가장 먼저 배우게 되는 사실은 하나님이 일하신다는 사실이다. 하나님은 이 세상과 그 안에 있는 모든 것을 만드는 일을 하시고(창 1장), 그 일로 우리를 초대해서서 하나님이 하신 일과 동급의 일을 하라고 요청하신다(창 2장).

기독교 공동체는 창세기 1-2장을 읽고 묵상하고 기도해 온 오랜 전통을 가지고 있다. 일하시는 하나님을 보면서 일을 이해하고 경험하기 위해서다. 우리의 모든 일 이전에 하나님의 일이 있었다. 우리의 모든 일이 하나님의 일터에서 이루어진다. 우리의 모든 일은 하나님의 일에 동참하는 것이어야 한다. 기도하면서 하나님의 첫 번째 '노동 주간'을 생각해 보면 그 일의 성격을 조금 이해할 수 있다.

하나님이 빛을 만드신다. 대단한 선물이다. 하나님의 일. 하나님의 선물. 이제는 무슨 일이 일어나는지, 우리가 어디로 가고 있는지 볼 수 있다. "의인을 위하여 빛을 뿌리고"(시 97:11). 모든 등, 모든 초, 모든 손전등, 모든 샹들리에는 우리 주변에 있는 모든 것을 비추어 준다.

하나님이 하늘을 만드신다. 순전한 선물이다. 하나님의 일. 하나님의 선물. 우리 머리 위에 있는 이 거대함. 공간과 여유로움, 이 거대한 초월. 우리가 감당할 수 있는 정도를 크게 능가하는 것. 우리가 통제할 수 있는 정도를 크게 넘어서는 것. 모든 가시적인 것이 비가시적인 것 속으로 뻗어 나간다.

하나님이 땅과 바다, 풀과 나무를 만드신다. 순전한 선물이다. 하나님의 일. 하나님의 선물. 떡갈나무 숲과 보리밭, 사과나무와 장미 정원. 편안하게 거할 수 있는 장소. 우리가 필요한 것을 갖춘 집. 아름다운 집.

하나님이 해와 달과 별을 만드셔서 계절과 날과 연수를 표시하신다. 순전한 선물이다. 하나님의 일. 하나님의 선물. 주변을 둘러보며 경치를, 일출과 일몰을 바라보라. 버드나무 사이로 부는 바람 소리와 지붕에 떨어지는 빗소리를 들어 보라. 잠을 자고 꿈을 꾸고 새벽을 깨워(시 108:2) 보라. 받은 축복을 세어 보고, 소망하며 기도해 보라.

하나님이 물고기와 새를 만드신다. 바다와 하늘이 생명으로 빛난다. 순전한 선물이다. 하나님의 일. 하나님의 선물. 무지개송어와 아메리카뿔호반새. 모든 생명의 눈부심과 우아함.

하나님이 가축과 야생동물을 만드신다. 순전한 선물이다. 하나님의 일. 하나님의 선물. 송아지와 유라시아순록, 개미와 도마뱀, 회색곰과 꿀벌. 움직이는 생명. 여러 형태와 색채를 지닌 생명. 춤추는 생명.

하나님이 남자와 여자를 만드신다. 순전한 선물이다. 하나님의 일. 하나님의 선물. 어디를 보나 어디를 가나, 남자와 여자가 있다. 길마다 도로마다 남자와 여자가 있다. 모두가 독특하다. 그러나 이 여섯 번째 노동의 날에는 무언가 다른 것이 있다. 남자와 여자는 각각 하나님의 솜씨가 발휘된 대상일 뿐만 아니라 직접 하나님의 일에 동참할 수 있다. 하나님의 일터에서 일하면서 하나님의 일을, 하나님의 선물 만들기를 이어 간다.

그러고서 마무리가 되었다. 완성되었다. "마치셨다." 일곱째 날, 하나님이 지난 노동 주간을 되돌아보시는 날, "그가 하시던 모든 일"을 찬찬히 살펴보셨다. '그가 하시던 일'이 세 번 반복된다(창 2:2-3). 휴식의 날이다. 모든 선한 일을 조용히 숙고해 보는 날이다. 선한 일을 신성하게 하고 축복하는 날이다.

이 노동 주간에 하나님은 일곱 번 멈추시고 자신의 일을 돌아보시면서 그것이 좋다고 선언하셨다. 마지막 '좋다'는 '심히 좋다'로 강화되었다. 참으로 선한 일이다.

노동의 주간. 선물의 주간. 모든 일은 근본적으로 선물에 형태를 부여해 준다. 다르게 표현하면, 선물이 담길 그릇을 제공하는 것이 일의 본질이다. 일을 선하다고 하는 이유는 그것이 선물을 전달하는 수단이기 때문이다.

선물이라는 말은 그것이 무엇인지를 말해 주는 것이 아니라 그것이 어떻게 우리에게 주어졌는지를 말해 주는 것이다. 그러한 '선물'은 형태나 색깔이나 질감이 없다. '선물'은 그것이 우리에게 자유롭게 주어졌다는 것만을 말해 줄 뿐이다. 필요나 요구에 의해서 주어진 것이 아니다. 그것은 공짜다. 아무런 조건 없이 자비롭게 주어진 것이다.

창조가 이루어진 노동 주간을 기도하면서 주의 깊게 살펴보면 우리가 순전한 선물의 세계에 산다는 사실을 깨닫게 된다. 이 세계에서는 우리 자신이 순전한 선물이며, 우리가 하는 모든 일은 기본적으로 우리가 **하나님**의 선물이라는 사실을 표현하고 그것에 형태를 부여하는 것이다. 그리고 우리는 선물을 일의 형태로 받는다.

성경에서 이 세계 자체가 하나님의 선물이라는 것을 일컫는 데 쓰이는 가장 흔한 용어가 바로, '은혜'다. 그리고 창세기는 하나님의 7일 동안의 창조에서 '있으라'(12번), '만드셨다'(3번), '창조하셨다'(5번), '일하셨다'(3번)라는 표현을 반복함으로써, 보이지 않는 은혜에 물질적인 형태를 제공해 주는 것이 일의 본질이라는 사실을 극적으로 강조하고 있다.

## :: 영광을 돌리는 형태

성숙한 그리스도인의 삶에서는 은혜와 일이 조화를 이룬다. 그리스도인의 삶에서 그 어느 것도 일(선한 일)과 별개로 성숙하는 것은 없다. 태초에 계셨던 보이지 않는 말씀(요 1:1)이 예수님 안에서 '육신'이 되셨다. '은혜가 충만한' 인간이신 예수님 안에서 우리는 일하시는 하나님을 본다("아버지께서 내게 주사 이루게 하시는 역사", 요 5:36). 예수님은 아무도 보지 못한 하나님을(요 1:18) 자신이 그들 앞에서 행하는 일들을 통해서 볼 수 있다고 주장하신다. "내가…행하는 일들이 나를 증거하는 것"(요 10:25)이라고 예수님은 말씀하셨다.

예수님의 생애에서 참으로 역설적인 사실 중 하나는, 사람들은 예수님이 하시는 바로 그 일(언덕에서 배고픈 사람들을 먹이신 일, 그들 동네에 오신 일, 소외된 사람들에게 손을 내미신 일, 누군가의 '장모'와 어떤 열두 살짜리 아이를 각각 그들이 사는 집에서 고치신 일, 사람들이 안식일마다 예배를 드리던 회당에서 그들이 익히 아는 성경을 읽으신 일) 때문에 예수님이 하나님의 성육신이라는 사실을 불신하고 전면적으로 거절했다는 것이다. 예수님 당시의 사람들은 보이는 하나님보다 보이지 않는 하나님을 믿기가 훨씬 더 쉬웠다.

예수님의 일은 보이지 않는 하나님을 보여 준다. 네 번째 복음서인 요한복음은 간단명료하게 말하고 있다. 우리가 예수님에게서 하나님의 영광을 보았다. 영광은 보이지 않는 하나님이 일하시는 예수님 안에서 드러나는 것이다. 그리고 바울이 에베소서에서 말하는 요점에 의하면, 우리 또한 "그리스도 예수 안에서 선한 일을 위하여 지으심을 받은 자니, 이 일은 하나님이 전에 예비하사 우리로 그 가운데서 행하게 하려 하심이라"(엡 2:10). 우리의 일은 영광의 한 형태인 것이다.

"하나님이 전에 예비하사 우리로 그 가운데서 행하게 하려 하신" 것을 살아내려면 창세기에 나오는 하나님의 노동 주간에 완전히 동화되는 것이 중요하다. 창세기의 그 첫 주간은 하나님이 보이지 않는 삼위일체의 모든 것을 우리의 오감이 느낄 수 있게 들려주신 이야기다. 하나님의 은혜는, 즉 하나님의 존재와 행위의 모든 것이 기본적으로 선물이라고 하는 사실은, 오직 일이라는 형태로만 우리에게 나타난다. 하나님의 역사(빛과 하늘, 땅과 바다, 나무와 식물, 때와 계절, 물고기와 새, 송아지와 캥거루, 남자와 여자)는 우리가 은혜를 보고, 듣고, 만지고, 맛보고, 냄새 맡는 형태들이다. 우리 자신도 그 일의 일부인 창조의 일은, 우리가 은혜의 세계로 들어가고 거기에 동참하는 형태다.

보이는 창조는 우리가 은혜를 경험하는 형태이자 배경이다. 보이지 않는 은혜는 창조의 형태에 스며들어가 그 안을 채워 준다. 창세기에 나오는 창조는 선물이고, 그 선물은 창조의 형태를 통해서 보이고 들리게 된다. 창조는 모두 선물이다. 우리는 일이라는 형태를 통해서 그 선물을 받고 그 선물에 동참한다. 구원은 모두 선물이다.

그리고 구원도 일의 세계에서 형태를 가진다.

창세기를 묵상 가운데 이해하고 나면, 우리도 하나님이 심히 좋다고 선언하신 창세기의 연속선에 서게 된다. 창세기의 리듬과 이미지에 따라서 복종과 순종을 익히면, '하나님이 전에 예비하사 우리로 그 가운데서 행하게 하려 하신 선한 일'을 하며 성숙해진다. 이 창세기의 리듬과 이미지는 은혜와 행위가 서로 대립함으로써 생기는 세속주의 및 경건주의의 왜곡으로부터 우리를 구해 준다. 선한 일과 은혜의 관계는 양동이와 물의 관계와 같다. 우물에서 길은 물은 양동이에 담아 저녁 식탁으로 가져간다. 하나님의 은혜는 내용물이다. (예수님이 하신 대로 따라하는) 우리의 일은 그것을 담는 그릇이다.

우리는 천사가 아니다. 우리가 살고 있는 이 세상은 하나님의 작품이다. 우리가 경험하는 모든 것은, 하나님의 하늘 아래에서 그리고 하나님의 땅과 바다 위에서, 해와 달과 별들이 표시해 주는 하나님의 때에, 돌고래와 독수리와 사자와 새끼 양 등 하나님의 야생동물들과 함께, 그리고 부모와 조부모, 자녀와 손자손녀, 형제와 자매, 이웃과 친척, 친구 등의 모습으로 우리에게 오는 하나님의 형상들과 함께, 그리고 예수님과 함께 경험하는 것이다. 부활을 사는 우리가 육체와 형태, 손가락과 발, 눈과 귀와 혀와 별개로 경험하거나 동참하는 것은 하나도 없다. 그리고 부활을 살 때, 일을 할 새료와 별개로 일어나는 일은 하나도 없다. 우리는 흙과 진흙으로 물병과 잔을 만들고, 돌과 나무로 집과 교회를 짓고, 동사와 명사로 지혜와 지식을 전달하고, 면과 양모로 옷과 담요를 짜고, 난자와 정자로 생명을 잉태한다. 이 모든 것이 선한 일이다. 일은 은혜를 구현하는 총체적 형태다. 모든 기독교 영성은 철저하게 육화된다. 예수님 안에서 육화되는 것은 말할 것도 없고, 우리 안에서도 육화된다.

'선한 일'이 왜곡되는 경우가 참으로 많다. 조금 전에 나는 그러한 왜곡을 '세속주의'와 '경건주의'라고 표현했다. 그러한 왜곡은, 우리가 창세기의 맥락에서 일을 주의 깊게 묵상하고 진지하게 받아들이지 않을 때(세속주의), 그리고 예수님의 맥락에서 일을 자세히 관찰하고 듣지 않을 때(경건주의) 일어난다.

세속주의자는 일을 낭만화한다. 경건주의자는 일을 영성화한다. 두 가지 모두 하나님이 창세기에서 하신 일과 하나님이 예수님 안에서 하신 일을 왜곡한다. 두 가지 모두 그리스도의 장성한 분량이 충만한 데까지 자라는 것에 대한 바울의 가르침을 무시한다. 즉, 부활을 사는 우리 삶은 자기 자신을 어떻게 실현해 가느냐가 아니라 하나님이 우리를 어떻게 만들어 가시느냐에 달려 있다는 사실을 무시한다.

중요한 사람이 되기 위해서, 유명해지기 위해서, 돈을 많이 벌기 위해서, '기여하기' 위해서 일한다고 생각할 때 일은 낭만화된다. 낭만화된 일은 또한 미화되는 경향이 있다. 낭만화된 일은 지나치게 대가에 의존한다. 월급이든, 스톡옵션이든, 인정과 명성이든, 만족과 '잠재력의 발현'이든 말이다.

그러나 창세기의 노동 주간을 보면 미화된 것이 하나도 없다. 그날 있었던 일이 아무런 장식 없이 있는 그대로 전달된다. 유일한 논평은 '좋다'는 단어 하나다. 일이란 그런 것이다. 일하시는 하나님이 그 일에서 거의 보이지 않는다. "본래 하나님을 본 사람이 없으되"(요 1:18). 보이는 것은 일 자체다. 일은 보이지 않는 것을 받는 그릇이다.

하나님이 창세기에서 일하신 방식이나 맥락과 별개로 인식되고 행해질 때, 자신의 중요성과 영향력을 확장하는 방편이 될 때 일은 낭만화된다. 우리가 일을 하기도 전에 이미 우리 자신이 하나님의 일이라는 사실을 무시할 때도 일은 낭만화된다. 일이, 하나님과 대면하지 않으면서 신처럼 되려고 하는 수단이 되기 때문이다.

낭만화 중에서 가장 두드러진 왜곡은 안식일을 생략하는 것이다. 일곱째 날도 없고, 쉬는 날도 없다. 끝없이 할 일이 있다. 낭만화된 일에는 흥분제가 다량 들어가 있다. 대단한 일을 해낼 때, 어려운 과제를 해결할 때의 만족감, 그리고 알아봐 주고 인정받을 때의 만족감은 크다. 그리고 쉽게 중독된다. 낭만화된 일은 자기를 우상화한다.

힌편 경건주의의 왜곡은 예수님이 일하신 방법을 제대로 관찰하지 않을 때 일어난다. 경건주의자는 일을 '영성화'한다. 일이 기도, 예배, 증언과 같은 종교적인 행위로 탈세속화된다. 혹은 목사, 설교자, 선교사, 복음 전도자와 같은 직업으로 전문화된다. 일의 영성화는 이 세상의 대부분의 일, 캐슬린 노리스(Kathleen Norris)가 '일상의 신비'²라고 부른 일을 탈영성화한다. 그런 일상의 일(빨래하고, 식사를 준비하고, 아이를 키우고, 타이프를 치고, 카풀을 하는 일)을 우리는 종종 '여자들의 일'이라며 무시한다. 그리고 고용 노동, 조립 라인 노동, 단순 노동과 같은 비숙련 노동을 전반적으로 무시한다. '선한 일'을 실천했다고 칭찬받는 유일한 일은, 종종 '주의 일' 혹은 '기독교적인 일'로 간주되는 교회 일밖에 없다.

   그러나 이와 같은 경건주의적 왜곡은 일하시는 예수님을 무시했기 때문에 일어나는 현상이다. 예수님이 거하셨던 이 세상에 우리의 일을 단단히 고정하기 위해서 예수님이 사용하신 대부분의 은유는 평범하고 일상적인 것들에서 가져온 은유였다. 씨앗과 꽃, 빵과 소금, 농부와 건축가, 참새와 전갈, 과부와 아이들. 예수님이 대부분의 시간을 함께 보낸 사람들은 버림받은 사람들이거나 하층민이었다. 세리, 어부, 창녀, 문둥병자. 제자로 부르신 사도들 중에서 종교 직책을 수행할 만한 자격을 갖춘 사람은 하나도 없었다. 예수님은 금식, 공공장소에서 기도하기, 관습적인 안식일 지키기와 같은 일반적인 종교 행위들을 공공연하게 회피하셨고, 그것 때문에 크게 비판받으셨다. 아주 소수의 예외를 제외하고 예수님이 하신 일은 전부 세속적인 환경에서 이루어졌다.

창세기와 예수님은 은혜와 선한 일이 우리 안에서 조화를 이루게 해주고, 바울은 우리도 실제로 그렇게 살 수 있다고 확신있게 말한다. 내가 아는 한, 일의 낭만화와 영성화에서 벗어나는 최상의 길은 창세기와 예수님을 늘 붙잡고 사는 것이다. 창세기, 그리고 예수님과 함께하면 은혜와 선한 일을 잘 통합할 수 있다. 어려울 수는 있어도 결코 낯선 일은 아니다. 우리가 그것을 위해 창조되었기 때문이다. 우리는 창세기의 기원과 예수님의 실천을 서서히 그러나 확실하게 습득할 것이다. 우리는 그리스도의 장성한 분량이 충만한 데까지 자라면서 어떠한 직업을 가지든 어떠한 과제를 받든 그것이 은혜를 담는 그릇이 될 수 있다는 사실을, 부활을 사는 우리가 하나님의 은혜를 표현하는 형태가 될 수 있다는 사실을 발견할 것이다.

## 제3부
# 교회의 창조

어째서 교회 다니는 사람들은 마치 절대자를 구경하러 패키지 여행을 온 사람들처럼 아무 생각 없이 신이 난 것처럼 보일까?…대체로 카타콤의 그리스도인들 믿고는 주변 상황을 충분히 지각하고 있는 그리스도인들은 거의 없는 듯하다. 우리가 태평스럽게 기도하고 있는 대상이 과연 어떤 능력을 지니신 분인지 희미하게라도 알고 있는 사람이 있을까? 아니면 그들도 자신이 어떤 기도를 하고 있는지 전혀 모르는 건 아닐까?…우리는 모두 헬멧을 써야 한다. 안내를 맡은 사람은 구명조끼와 비상용 신호탄을 나눠 주어야 한다. 우리는 예배당 의자에서 안전벨트를 단단히 매야 한다. 주무시던 하나님이 언젠가 잠에서 깨어 분노하시고, 우리를 절대로 돌아오지 못할 곳으로 끌고 가실지도 모르기 때문이다.

애니 딜러드, 「돌에게 말하는 법 가르치기」

# 6. 평화와 무너진 담

에베소서 2:11-22

이제는 전에 멀리 있던 너희가 그리스도 예수 안에서 그리스도의 피로 가까워졌느니라.
그는 우리의 화평이신지라.
둘로 하나를 만드사 원수 된 것 곧 중간에 막힌 담을 자기 육체로 허시고.
에베소서 2:13-14

나는 오직 예수를 통해서만 하나님을 안다.
기독교의 독특한 위대함은, 마치 상처 입은 절대자처럼 애처로운 하나님을 믿는 믿음에 있다.
구유에 누인 어린아이가 되신 하나님. 그 어떤 사람도 이런 하나님을 만들어 낼 수는 없다.
계시를 통해 알 수밖에 없는 것이다.
진 설리번, 「아침 해」

그리스도 안에서의 성숙에 관해 이야기하던 바울은 별안간 우리가 살고 있는 세상에서 무슨 일이 벌어지고 있는가를 눈부시게 묘사한다(엡 1:3-14). 바로 이어서 이런 세상을 사는 우리가 스스로를 어떻게 이해해야 하는가를 놀라운 방식으로 재정의한다(1:15-23).

지금 벌어지고 있는 일이란, 바로 하나님이 장엄하고도 영광스러운 방식으로 계속해서 일하고 계신다는 것이다.

그리고 우리가 이해해야 하는 것은, 우리 삶의 모든 부분이 이러한 하나님의 활동에 영향을 받고 있다는 사실이다.

우리는 대부분 천문학과 지리, 역사를 통해 이 세상을 이해하도록 철저하게 교육을 받았다. 우리는 지구가 태양 주위를 공전한다고 배운다. 실제로는 그렇지 않아 보이기 때문에 익숙해지는 데 시간이 좀 필요하다. 우리는 평평한 땅이 아니라 둥근 지구 위에서 살고 있다고 배운다. 선생님이 가르쳐 주지 않았다면 결코 상상도 할 수 없었을 것이다. 주변에서 우리 눈으로 직접 보는 것보다 훨씬 더 많은 일들이 벌어지고 있다고 배운다. 콜럼버스가 아메리카를 발견했고, 헬레네의 미모 때문에 트로이 전쟁이 일어났다. 에즈라 파운드가 닭장 하나 못 만드는 남자라고 말했던 나폴레옹은 큰 전쟁을 일으켜 수많은 사람들을 죽인 것으로 유명해졌다. 레이첼 카슨(미국의 생물학자로 환경보호 운동의 선구자로 알려짐—역주)은 미국인들이 서로를, 그리고 주위의 나무와 공기, 물과 새들을 다치게 하고 있음을 일깨워 주었고 이에 관해 무언가 조치를 취하도록 촉구했다.

그러나 하나님에 관해서는 별로 이야기하지 않는다. 초등학교를 졸업할 무렵에 우리는 하나님에 관해 아는 것보다 달 모양의 변화, 개구리의 변태 과정, 루이스와 클라크의 탐험(두 사람은 19세기 초에 미국 최초로 태평양 연안까지 내륙을 횡단하고 돌아온 원정대를 이끌었다—역주)에 관해 더 많이 알게 된다. 이것은 엄청난 아이러니다. 왜냐하면 하나님이 이 세상에서 벌어지고 있는 일 대부분의 원인이 되시기 때문이다. 자라기 원한다면 주변에서 무슨 일이 일어나고 있는지 알아야 한다. 하나님이 이 세상에서 계속해서 일하고 계심을 알아야 한다. 존재하는 모든 것과 일어나는 모든 일 가운데, 그 이전과 이후에 하나님이 계시고 일하심을 알아야 한다. 바울은 우리에게 우리를 비롯해 이 세상에서 일어나는 모든 것의 목적은 그분의 영광을 찬송하는 데 있다고 말한다(엡 1:14).

우리는 자신에 관해 많은 것을 알고 있다. 우리는 모국어를 배우고, 건강하게 살아가기 위해 꼭 필요한 것을 배운다. 부모들이 계속해서 알려 준 덕분에 이를 닦고 손을 씻어야 함을 알고 있다. 신발끈 묶는 법을 알고 있다. 부모나 친구들과 문제가 생기지 않으려면 어떻게 행동해야 하는지 알고 있다. 그 밖에도 학교 생활을 하는 법, 직업을 얻는 법, 결혼하고 가정을 이루는 법 등 살아가기 위해 필요한 것들을 배우게 된다. 우리는 적성과 감정에 관해서도 배운다. 사랑에 빠지기도 하고 사랑하는 이와 헤어지기도 한다.

하지만 매일 일어나는 이런 모든 일 가운데 하나님이 어떤 자리를 차지하시는지에 관해서는 모호할 뿐이다. 자녀로서 부모가 있다는 것(혹은 없다는 것)이 무엇을 의미하는지에 관해서는 상당히 자세히 알고 있다. 선생님들이 우리를 어떻게 생각하는지, 그들이 우리의 삶에서 어떤 위치를 차지하는지 알고 있다. 좋은 친구가 있다는 게 어떤 느낌인지, 따돌림을 당하는 게 어떤 기분인지 알고 있다. 빨리 달리거나 자전거를 타거나 롤러코스터를 탈 때의 그 짜릿한 기분을 알고 있다. 그러나 하나님도 이렇게 우리의 자기 이해에 직접 영향을 미치는 방식으로 우리 곁에 계시는지는 별로 확신하지 못하는 것 같다.

만약 하나님이 우리를 어떻게 생각하시며 우리가 그분과 어떤 관계가 있는지를 알지 못한다면, 우리는 그리스도인의 성숙의 의미를 대부분 놓치고 있는 것이나 다름없다. 우리는 하나님이 그저 '일반적인 신'이 아니라는 것, 우리의 인격이나 자기 이해와 동떨어져 우주 안에서 어떤 거대한 일만 하시는 분이 아니라는 것을 알아야 한다. 하나님은 멀리 계시지 않는다. 하나님은 우리 곁에 계시며 우리 안에서 일하신다. 하나님이 우리를 생각하고 대하는 방식은 우리가 스스로를 이해하는 여타 방식과 비슷한 또 하나의 방식이 아니다. 사실 그것은 전혀 다르다. 그것은 정말 놀라운 것이다. 그것은 철저히 다른 방식으로 우리가 누구인지를 재정의한다. 바울은 놀랍게도, 우리가 '성도'라고 말한다.

바울의 이야기는, 지금껏 우리가 세상에 관해 배우고 자신을 이해해 온 모든 방식에서 포괄적으로 새로운 방향 설정을 하게 만든다. 부모나 선생님, 친구들에게 배운 모든 것을 배제해야 한다는 말이 아니라, 오히려 그 모든 지식을 훨씬 더 큰 실재 안에 자리잡게 한다는 말이다. 세상을 보는 이와 같은 새로운 방식, 우리 자신을 이해하는 새로운 방식은 모든 것을 바꾸어 놓는다.

바울은 이러한 새 방향 설정에 관한 이야기를 마무리하며 이렇게 말한다. "또 만물을 그[예수]의 발 아래에 복종하게 하시고 그를 만물 위에 교회의 머리로 삼으셨느니라. 교회는 그의 몸이니 만물 안에서 만물을 충만하게 하시는 이의 충만함이니라"(엡 1:22-23).

교회. 우리가 그리스도 안에서 자라나는 환경을 조성하시는 하나님의 장엄한 활동의 최종 단계. 에베소서에 관한 우리 시대의 탁월한 주석가 중 한 사람은 그것을 이렇게 표현했다. "이제 이 서신서의 가장 어려운 부분이 시작된다."[1]

## :: 개인주의라는 가시밭

바울은 분명 우리의 부모와 선생님, 친구들이 세상과 우리 자신에 관해 들려주는 것으로부터 하나님이 계시하신 것으로 넘어가기가 어려움을 알았을 것이다. 그래서 그는 서두르지 않고 우리에 관해 더 이야기한다. 그는 본론으로 마구 뛰어들지 않는다. 지금까지 이야기한 모든 것을 포괄하는 주제인 '교회'에 관해 이야기하기 전에, 바울은 우리가 먼저 거친 땅을 통과하도록 도와줌으로써 준비 작업을 한다. 그는 우리가 개인주의라는 골치 아픈 가시밭을 통과하도록 안내한다.

성장을 고립된 자아가 추진하는 일이라고 여기는 개인주의는 성장을 가로막고 성숙을 방해한다. 개인주의는 허세로 가득 찬 사아중심주의다. 개인주의자는 하나님과 직접 대면하지 않고도 하나님을 섬길 수 있다고 확신하는 사람이다. 이웃들의 이름을 알지도 못한 채 그들을 사랑할 수 있다고 확신하는 사람이다. 성공하기 위해서는 다른 사람들은 뒤처지도록 내버려둘 수밖에 없다고 생각하는 사람이다. 하나님이나 사람이나 세상을 아는 능력을 얻은 후에 그런 지식을 사용해 그들을 자기 마음대로 해 보려는 사람이다.

물론 우리는 본질적으로 우리의 의도에 대해, 우리의 자유 의지를 사용하는 것에 대해 스스로 책임을 져야 하는 개인들이다. 교회라는 공동체 안으로 들어갈 때 하나님은 우리의 개별적인 인격을 빼앗아 가지 않으신다. 오히려 교회는 우리가 하나님의 돌보심과 권위에 순종하는 태도를 기르는 곳이다.

타락한 형태의 복음주의로 물든 미국은 세계에서 가장 개인주의적인 나라라고 할 수 있다. 그래서 그리스도 안에서의 성장을 너무나도 심각하게 저해하는 개인주의라는 엉겅퀴와 자갈밭, 구덩이를 통과하는 와중에 그리도 많은 미국의 그리스도인들이 상처를 입고 심지어는 생명까지 잃게 되는 것이다.

개인주의가 우리 삶에서 마음껏 활개를 치는 한 우리는 교회를 끌어안을 수 없을 것이다. 개인주의는 우리가 그리스도의 장성한 분량이 충만한 데까지 자라는 데 심각한 걸림돌이 된다. 개인주의를 제어하지 못한다면 평생 미숙함에서 벗어나지 못하는 치명적인 결과를 맞을 수도 있다.

바울은 이 점을 이해했고, **우리**도 이것을 이해하기 원했다. 그래서 그는 교회라는 하나님의 선물에 관해 이야기하기 전에 어떻게 (이전 장의 주제였던) 은혜와 선한 일이 결합되는지를 보여 줌으로써 우리가 개인주의라는 교묘한 속임수를 간파하도록 돕는다. 만약 은혜와 선한 일이 분리된다면, 각각은 그 자체로서 개인주의를 키우는 온상이 된다. 이를테면, 물질적인 형체가 없는 **영적인** 삶(혹은 지적인 삶, 경건한 삶)을 살거나, 인격적인 관계가 없이 (하나님을 위해 일하며, 인류를 돕고, 선한 대의를 주창하는) **실용주의적인** 삶을 살게 된다. 즉 수고스럽게 사람들과 관계를 맺지 않은 채 하나님과의 관계(은혜)에만 매달리거나, 수고스럽게 하나님과 관계를 맺지 않은 채 사람들과의 관계(선한 일)에만 매달리게 된다.

영혼을 쇠약하게 만드는 개인주의의 영향력을 극복하기가 왜 그렇게 어려울까? 사실 우리에게 삶의 모든 것에서의 모범을 보여 주신 예수님께는 은혜와 일 사이에 불일치가 없다. 전혀 없다. 그분은 온전한 하나님이시며 온전한 사람이셨다. 그분의 존재(은혜)와 행하심(선한 일)은 완벽히 하나였다. 그리고 우리는 바로 이 예수님 안에서 자라나고 있다. 우리 자신이 아니라 예수님께 초점을 맞춘다는 것의 의미를 이해하기는 별로 어렵지 않을 것이다. 어려운 점은 거기에 익숙해지는 것이다. 우리는 너무나도 우리 자신으로 가득 차 있다. "만물 안에서 만물을 충만하게 하시는" 분은 그리스도시다. 나나 당신, 혹은 우리가 아니다. 여기에 익숙해지라.

:: "심각한 땅 위의 심각한 집"

바울은 개인주의라는 가시밭을 치운 다음 우리가 하나님의 성숙한 사람으로 자라나는 조건들 중 마지막 항목, 즉 교회에 관해 이야기한다. "교회는 그의 몸이니, 만물 안에서 만물을 충만하게 하시는 이의 충만함이니라"(엡 1:23). 그런데 교회는 그저 마지막 항목에 불과한 것이 아니다. 교회는 하나님이 행하시는 모든 것, 그리스도의 본질 전체, 그리스도 안에 있는 우리의 본질 전체를 압축하고 있다. 교회는 그리스도 안에서 성숙한 삶을 사는 것과 관련된 모든 것을 포함한다.

이것은 중요하다. 우리는 교회를 하나의 개별적 실체로 이해하거나 경험할 수 없다. 그리고 우리는 성숙에 관한 강의를 듣거나 책을 읽음으로써 성숙해지지 않는다. 성숙은 우리가 주의를 기울이고 반응하게 되는 모든 것, 그리스도의 본질에 속한 모든 것이다. 성숙에 이르게 했던 모든 것을 따로 떼어 놓고 거기서부터 다음 단계로 나아가는 식으로는 성숙에 이를 수는 없다. 성숙에 이르기 위해서는 먼저, 교회는 우리 눈으로 볼 수 있는 것보다 훨씬 더 크다는 것을 깨달아야 한다.

우리 대부분의 눈에 보이는 것은 동네의 교회 건물이다. 언제나 그런 것은 아니지만 대개는 교회처럼 보인다. 그리고 대개 "교회"라고 쓴 간판이 있기 때문에 그것을 교회로 인식하기가 어렵지는 않다.

우리들 중에 일부는 어렸을 때 부모의 손에 이끌려 교회에 왔다. 다른 이들은 더 커서 교회 문 안으로 들어오게 된다. 때로는 호기심에서, 때로는 친구의 초대를 받고 교회로 온다. 우리는 주일마다 교회에 간다. 그곳에서 사람들의 이름을 알게 되고, 그중 몇 사람과는 친구가 된다. 목사나 사제의 인도로 함께 하나님을 예배한다. 찬송가를 부르며 설교를 듣는다. 우리는 성찬을 나누고 세례를 받는다.

다른 이들에게는 교회란 결혼식이나 장례식 때만 들어가게 되는 건물일 뿐이다. 거기에 가는 유일한 이유는, 결혼하는 사람을 사랑하거나 죽은 사람을 존경하기 때문이다.

하지만 교회 건물 안에서 일어나는 일은, 내부자와 외부자 모두에게 평범한 사람들이 하는 상당히 평범한 일일 뿐이다. 적어도 그런 것처럼 보인다. 훈련도 필요 없고, 습득한 기술도 없어 보인다. 사람들은 그저 기도하고 노래하고 듣는다. 인사를 나누고, 축복을 받고, 빵과 포도주를 통해 예수님을 받고, 결혼을 축하하고, 죽은 이에 대해 존경의 마음을 표현한다. 주일마다 전 세계에서 수백만 명의 남자와 여자, 어린이들이 이런 일을 행하고, 특별한 경우에는 그들의 친구들이 참여하기도 한다. 우리는 2천 년 동안 그렇게 해 왔다.

무언가 신나는 일을 기대하거나 심심하고 지루한 삶 속에서 기분 전환을 바라고 이 건물에 들어가는 사람들은 결국 다시는 교회를 찾지 않을 것이다. 기적이나 환상을 기대한 사람은 틀림없이 실망한 채 교회를 떠날 것이다. 교회에서 보는 것들 중에 평범한 것이 아닌 것은 없다. 눈에 보이는 것이 전부다. 그리고 눈에 보이는 것은 괴로울 정도로 평범하다.

20세기 중엽 유럽에서는, 그리고 얼마 지나지 않아 북미에서도 교인 수가 서서히 줄다 이후 급격히 줄어들었다. 신문은 하나님의 부고 기사(신은 죽었다!)를 보도했고, 책에서는 이를 더 자세히 설명했다. 전망이 있어 보이기는 했지만, 절망적일 정도로 모호한 유행이었던 '영성'[2]이 부상하는 듯했다. 한편 전통적으로 사람들이 모여 함께 하나님을 예배하는 곳이었던 교회는 쇠락하고 있었다.

이 모든 일이 벌어지는 동안, 영국의 시인 필립 라킨(Philip Larkin)은 "교회에 가다"(Church Going)[3]라는 제목의 시를 썼다. 이 시는 사람들이 아무도 오지 않게 된 교회에 관해 이야기한다. 적어도 교회가 세워진 가장 일차적인 목적대로 하나님을 예배하러 온 사람이 아무도 없는 교회 말이다.

내가 이 시를 읽은 것은 교회를 개척하고 개발하는 임무를 맡은 1960년대 초였다. 볼티모어 북동부의 인구가 늘고 있던 지역에서 집집마다 방문하여 자기 소개를 하고 내가 무슨 일을 하고 있는지 설명했다. 그러는 동안 나는 교회를 다니는 사람들이 점점 더 줄어들고 있음을 직접 확인할 수 있었다. 내가 만난 많은 사람들은 더 이상 교회를 다니지 않는다면서 그 대신 "영성에 몰두하고" 있다고 말했다. 나는 마치 자전거가 일차적인 교통수단이었던 시절을 지나 일순간 자동차가 자전거를 대체해 버린 나라에서 자전거를 팔고 수리하는 사람이 된 듯한 기분이었다. 자전거는 이제 구식이다. 대세는 훨씬 빠르고 편한 자동차다. 페달을 밟을 필요도 없다!

교회에 가는 것이 자전거 페달 밟기라면, 영성은 자동차 운전하기였다.

점점 더 많은 사람들이 교회 가기를 포기하고 영성에 열중하는 시대에 또 다른 교회를 조직하고 세우는 일에 과연 희망이 있을까? 내가 모르는 사이에 패러다임이 바뀌어, 교회는 옛 유물로 폐기 처분될 운명이었던 것일까?

이런 상황에서 나는 라킨의 시를 처음 읽었다. 나는 이 시에 흥미를 느꼈고, 머지않아 관심을 집중했다. 수없이 읽은 후에야 나는 다시 교회의 일을 맡을 준비가 되었다.

이 시의 화자는 자전거를 타는 남자다. 그는 주중에 한 시골 교회에 들러 예배당 안으로 들어간다. 그는 "어색한 경외감에" 모자를 벗었다. 교회는 그에게 익숙한 곳이 아니었다. 그러나 그는 무언가에 이끌렸다. "주일이 지나 이제는 헝클어진 꽃꽂이"를 비롯해 주변을 둘러본다. 강단을 향해 앞으로 가다가 세례반에 손을 담가 보기도 하고 강대상 뒤에 서서 짐짓 진지한 체하며 성서를 몇 줄 읽어 보기도 한다. 문 옆에 있는 방명록에 서명하고 나가는 길에 "6펜스"를 헌금한다.

그는 자신이 왜 그랬는지 궁금해한다. "그곳은 일부러 들를 만한 곳은 아니었다." 하지만 그는 그곳을 들렀다. 자전거 타러 나와서 그는 종종 빈 교회에 들러 예배당으로 들어간다. 뭐가 좋아서 그랬을까? 그는 곰곰이 생각해 본다. 분명 조만간 교회에 아무도 예배하러 오지 않을 텐데, 그때는 교회에 무슨 일이 생길까? 어쩌면 몇몇 큰 성당들은 역사적인 건축물로 계속 유지될 것이다. 하지만 나머지 예배당들은 세월이 지나면서 서서히 무너지고 말 것이다. 믿음이 해체되는 것을 피할 수 없을 것이고, 그런 다음에는 미신(유령 이야기들, 암을 치료하는 데 효험이 있다는 약초, 폐허 사이로 바람이 속삭여 준 신탁) 역시도 사라지게 될 것이다. 믿음과 미신이 모두 사라진 후에는 무엇이 남게 될까? 묘비의 탁본과 희미한 거룩함의 향기만이 남을 것이다. 혹은 자신처럼 자전거를 타고 가던 사람이 "무료함에 지쳐 어떤 곳인지 알지도 못한 채" 우연히 들러 쉬어 가는 곳이 될지도 모른다. 어쩌면 그는 예배가 유행이 지난 일이 되어 버린 시대에 교회가 무슨 소용이 있을까 궁금해하게 될지도 모른다.

냉소적인 회의주의에도 불구하고 그의 성찰은 깊어진다. 그는 예배당이 "심각한 땅 위의 심각한 집"임을 인정하면서, 그곳에서 "자신의 배고픔이 생각보다 심각함을 깨닫는 누군가"가 항상 있을 것이라고 말한다. 그리고 그 배고픔은 "결코 유행이 지날 수가 없는" 것이다.

교회를 찾는 사람이 없어도 교회는 여전히 교회일까? 라킨의 말이 옳다면, 이 물음에 대한 답은 '그렇다'이다. 그리고 나는 지금도 그가 옳다고 생각한다. 교회는 "결코 유행이 지난" 곳이 될 수 없다. 나는 비로소 교회를 세우는 임무를 다시 맡을 준비가 되었다.

교회에서는 눈에 보이는 것보다 훨씬 더 많은 일들이 벌어지고 있다. 바울은 우리에게 그것이 무엇인지 이야기한다. 라킨의 시에 등장하는 자전거를 타던 사람이 "주일이 지나 이제는 헝클어진 꽃꽂이"처럼 텅 빈 교회에서 눈에 보이는 외적인 것으로부터 보이지 않는 것에 대해 생각했듯이, 바울은 교회의 내부자들인 우리에게 교회에는 "자신의 배고픔이 생각보다 심각함을 깨닫는 누군가"가 항상 있기 마련임을 깨달아야 한다고 말한다. 교회에서 벌어지는 일에 관한 바울의 설명을 따라갈 때 놀라운 점은, 교회란 일차적으로 그리스도 안에서 성령을 통하여 행하시는 하나님의 활동이라는 사실이다. 교회 안에서 어떤 일이 일어나고 있는지를 설명할 때 사용된 아홉 개의 능동사의 주어는 하나님과 예수님이다. 예수님은 우리의 평화다(엡 2:14). 그분이 우리를 하나로 만드신다(14절). 그분이 원수 된 것, 곧 막힌 담을 허무셨다(14절). 그분이 율법을 폐하셨다(15절). 그분이 한 새 사람을 지으셨다(15절). 그분이 평화를 이루셨다(15절). 그분이 화목하게 하셨다(16절). 그분이 원수 된 것을 십자가로 소멸하셨다(16절). 그분이 평화를 선포하셨다(17절).

우리가 이런 활동 안에 포함되는 한, 이 활동은 우리가 행하는 어떤 것이 아니라 우리에게 행해진 어떤 것이다. 바울은 우리가 어떻게 이러한 활동 안에 포함되는지를 설명하면서 다섯 개의 피동사를 사용한다. 우리는 하나님께 가까워졌다(13절). 성령이 우리가 아버지께 나아갈 수 있게 해주셨다(18절). 우리는 사도들과 예언자들의 터 위에 세워졌다(20절). 우리는 서로 연결되었다(21절). 우리는 함께 지어져 간다(22절). 이렇게 우리는 하나님의 활동을 통해 새로운 정체성을 획득하게 되었다. 우리는 교회의 시민이자 구성원으로 인정받는다. 우리가 이러한 활동 안으로 이끌릴 때, 우리를 그 안으로 이끄시는 분은 바로 하나님이시다. 우리는 우리가 행한 바가 아니라 우리에게 행해진 바를 통해 정체성을 획득한다.

바로 이 때문에 우리가 보는 교회는 우리가 보지 못하는 교회 즉 "심각한 땅 위의 심각한 집", "자신의 배고픔이 심각함을" 깨달은 누군가가 놀라워하는 곳이 된다.

## :: 존재론적 교회

그러나 교회를 이렇게 이해하기란 쉽지 않다. 어쩌면 미국에서는 특히나 더 어려울지도 모른다. 미국인들은 교회가 어떻게 변해야 하는지, 효율적인 교회가 되려면 어떻게 해야 하는지에 관해 끊임없이 이야기하고 글을 쓴다. 교회의 실패를 바라보며 그 원인을 분석하고 개혁을 위한 전략을 처방한다. 교회는 거의 전적으로 기능(우리가 볼 수 있는 모든 것)의 관점에서만 이해된다. 볼 수 없다면 교회는 존재하지 않는다. 교회는 그리스도께서 명령하신 모든 것을 성취하기 위해 주어진 도구이며, 사람들에게 동기를 부여하여 그리스도의 사역을 지속하게 하는 무대다.

우리는 이처럼 교회를 인간의 기대에 의해 가늠되는 인간의 행위로 간주하는 사고방식을 무비판적으로 따른다. 삼위일체의 모든 활동 안에서 이미 일하시는 하나님의 거대한 실재는 코트 바깥 벤치에 앉혀 둔 채, 작전 시간을 불러 우리끼리 머리를 맞대고 안타깝게도 보이지 않게 된 하나님을 어떻게 보충할지 작전을 짜내려 한다. 우리는 사람들이 볼 수 있는 성공과 타당성, 효율성을 달성하기 위해 여러 가지 실험을 다 해 보지만 결과는 언제나 피상적인 것이다. 통계가 점수를 유지하기 위한 기본적인 수단이 된다. 프로그램으로 게임의 전략을 짠다. 이런 식으로 교회의 일을 하려는 태도가 미국 교회에 가늠할 수 없는 피해를 입혀 왔고 계속해서 피해를 입히고 있다.

이런 식의 교회관은 지극히 미국적이며 지극히 잘못된 것이다. 예수님을 기능적으로 이해할 수 없듯이 교회를 기능적으로 이해할 수 없다. 우리는 계시에 순종하여, 교회를 이 세상에 육신의 모습으로 자신을 보여 주신 그리스도께서 주신 선물로 받아들여야 한다. 바울은 우리에게 그리스도께서 한 몸의 머리이시며 이 몸은 교회라고 말한다. 머리와 몸은 하나다.

'존재론'은 기능주의가 빚은 이 혼란상을 극복하게 해주는 단어다. 존재론은 존재와 관련이 있다. 따라서 교회를 존재론적으로 이해한다는 것은 교회가 행하는 바가 아니라 교회의 본질을 통해 이해한다는 것이다. 그리고 교회의 본질은 교회가 하는 그 어떤 행위보다, 혹은 우리가 통제하거나 조작할 수 있는 그 어떤 행위보다 훨씬 넓고 깊고 높다. 싱가포르의 신학자 사이먼 찬(Simon Chan)은 우리가 고집스럽게도 교회를 도구적, 실용주의적으로 오해한다고 지적하면서, "교회를 이해하는 문제에서 사회학이 주도권을 잡고 말았다"고 말한다.[4] 우리가 다루어야 하는 것은 교회의 **존재함**이다. 교회는 하나님을 위해 무언가를 하기 위해 우리가 어설프게 만들어 낸 어떤 것이 아니다. 그것은 우리와 더불어 우리를 위하여 포괄적으로 일하시며 "만물 안에서 만물을 충만하게 하시는 이의 충만함"이다(엡 1:23).

'그리스도 안에서의 성숙'을 다루는 서신서인 에베소서에서 바울은 '교회'라는 용어를 소개하고(엡 1:22-23), 개인주의라는 속임수를 간파하도록 안내한 후에야 본래의 주제에 관해 본격적으로 이야기하기 시작한다. 먼저 그는 우리가 교회에 관련된 모든 것을 올바르게 받아들일 수 있도록 기도의 상상력을 일깨운다.

바울은 에베소 교인들에게 무엇이 교회가 아닌지를 상기시킴으로써 그들의 교회관을 회복시키고자 한다. 바울은 교회에 들어오기 이전 그들의 삶이 어떠했는지 기억하라고 말한다(2:11). 그는 기억하라는 명령을 되풀이한다(2:12, 개역개정판에는 나타나지 않지만 저자가 인용하는 NRSV에서는 11절과 12절에 'remember'가 반복된다—역주). 이것은 중요하다. 교회를 이해하고자 한다면, 교회가 아닌 것이 무엇인지를 명심해야 한다. 교회에 오기 전의 삶이 어떠했는지 기억해야 한다. 과거에 당신이 당신의 모습이 아닌 것에 의해 전적으로 규정되었던 것을 기억하는가? 바울은 일곱 가지 부정적인 단어를 동원해 효과적으로 그들의 기억을 돕는다. 그들은 이방인이었고, 할례 받지 않은 무리였고, 그리스도 밖에 있었으며, 이스라엘 나라 밖의 사람이었고, 약속의 언약에 대해서는 외인이었으며, 소망이 없었고, 하나님도 없는 사람들이었다.

바울은 사실상 이렇게 말하고 있었던 셈이다. "교회 문턱을 넘어 들어올 때 그 변화가 어떤 것이었는지 기억하는가? 배제되었다가 받아들여진 경험을 기억하는가? 하나님과 그분의 계시에 대해 외부자였다가 내부자가 된 것이 얼마나 놀라웠는지 기억하는가? 이것을 잘 기억하라. 부정적인 것, 본질이 아닌 것에 의해서는 교회를 이해할 수 없기 때문이다. 그리고 당신 역시도 부정적인 것으로 규정될 수 없다."

교회를 대표했던 유대인 그리스도인들이 최초의 이방인 그리스도인들을 이렇게 부정적으로 규정했을 가능성이 있다는 사실은 크나큰 아이러니다. 그러나 이해할 만하다. 유대인들은 아브라함, 모세, 사무엘, 다윗, 엘리야와 엘리사, 이사야와 예레미야와 같은 이들을 선조로 둔 하나님의 백성으로서 오랜 역사를 자랑했다. 그들은 선택받은 민족이라는 의식을 발전시켜 왔다. 그리고 실제로 그들은 선택받은 민족이었다. 이것은 좋은 일이다. 그러나 동시에 그들은 유대인이 아닌 사람들은 버려진 사람들이라는 뿌리 깊은 편견도 길러 왔다. 이것은 사실이 아니다. 애초에 하나님이 아브라함과 맺으신 언약은 "땅의 모든 족속이 너로 말미암아 복을 얻을 것이라"는 말씀이었다(창 12:3, 바울은 갈 3:8에서 이 말씀을 인용한다). 그로부터 천 년이 지난 후에는, 만방이 "여호와의 산"으로 모여들 것이며(사 2:2-3) 하나님의 집은 "만민이 기도하는 집"(라킨이 말한 "심각한 땅 위의 심각한 집")이라고 외친 이사야의 설교를 통해 언약의 축복 안에 모든 족속이 포함될 것임을 다시 확증해 주셨다.

아브라함과 이사야의 권위를 거스르는 이러한 편견은 좋지 않은 것이었다. 온전한 유대인의 혈통이셨던 예수님이 메시아로 인정받으시고 십자가에서 죽으시고 부활하셔서 구원을 확증하셨을 때, 최초의 그리스도인들이었던 유대인들은 이방인을 믿음의 가족으로 받아들이기가 힘들었다.

흠잡을 데 없는 유대인으로서 '이방인의 사도'를 자처했던 바울은, 교회가 어떠한 분열도 허용해서는 안 되며, 절대로 생색내는 태도를 취해서도 안 되고, 어떤 이유에서든 그 누구도 거부해서는 안 된다고 줄기차게 주장했다. 그는 결코 예외를 허용하지 않는다. "너희는 유대인이나 헬라인이나 종이나 자유인이나 남자나 여자나 다 그리스도 예수 안에서 하나이니라. 너희가 그리스도의 것이면 곧 아브라함의 자손이요, 약속대로 유업을 이을 자니라"(갈 3:28-

29). 이 말은 창세기 12:3에 나타난 축복의 약속을 인용한 것이다.

교회의 전제 조건은 창조의 전제 조건과 다르지 않다. "땅이 혼돈하고 공허하며 흑암이 깊음 위에 있고 하나님의 영은 수면 위에 운행하시니라"(창 1:2). 하나님은 그 혼돈과 공허, 그 어두움 위로 말씀하셨고, 무형의 혼돈에서 형태가 있는 것들을 내셨다.

태초에 하나님과 함께 계셨으며 만물이 그로 말미암아 지은 바 된 아버지의 독생자이신 예수 그리스도(요 1:1-14)께서도 타락 이후의 폐허(해체, 분리, 비인격화, 파편화된 인류라는 혼돈, 공허한 영혼, 갈라진 가족) 위로 말씀하셨고, 새벽의 자궁에서(시 110:3) 교회가 태어나게 하셨다.

예수 그리스도께서 말씀으로 존재하게 하신 교회는, 태초에 하나님과 함께 계시던 그 말씀이 말씀으로 존재하게 하신 창조 세계를 배경으로 형성되었다.

이것이 존재론적인 교회다. 이 교회의 특징은 바로 **있음**이다. 이 있음이 우리가 행하거나 행하지 않는 모든 것보다 앞선다. 우리가 교회를 만드는 것이 아니다. 교회는 **있다**. 우리는 우리에게 주어진 것 안으로 들어가 거기에 참여한다. 물론 우리가 하는 것, 순종과 불순종, 우리의 성실과 불성실, 해야 하는 것과 하지 말아야 하는 것도 중요한 일부다. 그러나 내가 말하고 싶은 것은, 교회에 관해서는 우리보다 훨씬 큰 것이 존재한다는 사실이다. 바로 성부, 성자,

성령이 계신다. 사실상 교회의 존재 대부분은 보이지 않는다. 만약 교회 안에서 행하는 역할에 의해 교회를 가늠하고 규정하려고 고집한다면, 마땅히 어떠해야 한다고 생각하는 바에 따라 교회를 평가하고 판단하려고 고집한다면, 우리는 교회의 복잡성과 영광을 놓치고 있는 셈이다.

50년 전에 나는 얼마 후 나의 아내가 될 한 여인과 사랑에 빠졌다. 나는 볼티모어에 있는 존스홉킨스 대학교의 대학원에 다니고 있었고 그녀는 토슨 주립대학교에서 졸업을 앞두고 있었다. 우리는 공부하기에 바빠 함께할 시간이 별로 없었다. 동물원을 산책하거나 한적한 도시 길가에서 펼쳐지는 마술사나 음악가들의 공연을 즐길 여유도 없었고, 극장이나 음악회에 갈 돈도 없었다. 그때 대학교에서는 대학원생들에게 모든 운동 경기에 무료 입장권을 주었는데 우리는 좋아하든 그렇지 않든 경기가 있을 때마다 경기장을 찾았다. 그곳은 우리가 무료로 함께 있을 수 있는 공간일 뿐 아니라, 다른 모두가 경기를 보는 데 열중하기 때문에 방해받지 않고 서로를 알아 갈 수 있는 사적인 공간이었다. 서로를 알아 가는 것이야말로 우리가 그곳에 가는 가장 중요한 이유였다.

봄이 오자 라크로스 경기가 열렸다. 두 사람 모두 한 번도 본 적이 없는 경기였다. 첫 경기 때는 어떤 경기인지 알고 싶은 호기심에 관심 있게 지켜보았다. 하지만 도무지 알 수가 없었다. 경험이 없는 우리의 눈에는 마치 조직적인 패싸움처럼 보였다. 선수들은 정당화된 폭력의 소용돌이에 사로잡힌 듯했다. 이내 우리는 경기를 포기하고 처음 그곳에 간 목적으로 되돌아갔다. 토요일 오후마다 우리는 라크로스 구장의 관중석을 찾았다. 결국 규칙을 이해하지 못한 경기에 관해서는 잊어버린 채 우리는 서로를 알아 갔다.

이 기간 동안 나는 오래 전 운동하다 다친 무릎을 치료하기 위해 병원을 다녀야 했다. 퇴원한 후 며칠이 지나 나는 수술 부위에 포도상구균 감염이 있다는 진단을 받았다. 나는 학교 안의 대학 진료소에 입원했다. 이 진료소는 가로 세로가 각각 9미터 정도 되는 방에 벽 쪽으로 침대가 놓여 있었다. 나 말고도 세 명의 학생이 더 있었는데, 모두 경기 중에 부상을 당한 라크로스 선수들이었다. 한 사람은 발목이 부러졌고, 한 사람은 쇄골이, 다른 한 사람은 갈비뼈가 부러졌다. 그들은 라크로스 채와 공을 가지고 있었으며, 몸이 회복되는 동안 채를 이용해 서로에게 공을 던지기도 하고 벽이나 바닥에 공을 튀기기도 하며 시간을 보냈다.

그들이 채를 다루는 솜씨는 인상적이었다. 공이 믿기지 않을 정도로 빠르게 그 방 이곳저곳으로 튀었지만 그들은 매우 정확하게 공을 다뤘다. 이따금 공이 내 머리를 스칠 정도로 가까이 날아올 때는 공에 맞아 죽을까 봐 두려울 정도였다. 그러나 그럴 필요가 없었다. 그들은 공을 어떻게 다루는지를 알고 있었고, 실제로 공을 잘 다뤘다. 거기서 지낸 일주일 동안 나는 라크로스에 대해 집중적으로 배울 수 있었다. 그들은 인내심을 가지고 나에게 라크로스 경기

방식을 가르쳐 주었다. 처음에 내가 혼돈과 패싸움이라고 생각했던 것이 사실은 놀라울 정도로 복잡하고 정교한 경기이자 우아하고 아름다운 운동임을 깨닫게 되었다.

나는 그 이후 50년 동안 목회자로서 교회에서 교인들과 더불어 지냈다. 그들 중에서 많은 사람들은 교회에서 무슨 일이 일어나는지 전혀 모르고 있는 듯하다. 그들이 보는 것은 혼돈이다. 적대감, 상처, 깨어짐, 다툼, 천박함, 거만함, 종교 전쟁. 많은 사람들은 비슷한 생각을 지닌 다른 몇몇 사람들과 함께 관중석 한 켠에 자리를 잡고서 자신들이 찾아낸 일을 하며 나름대로 시간을 보낸다. 그들은 혼란스럽고 무질서하다고 생각하는 것을 무시하면서 교회 생활을 계속해 간다. 그들은 경기장(교회에서, 교단에서)에서 벌어지고 있는 일에 관심을 두지 않는다. 그들은 함께 기도하고, 공부하고, 교제한다. 관중석에서의 삶도 그렇게 나쁘지만은 않다.

경기장에서 벌어지는 일이 혼란뿐이라고 생각하며 더 이상 참지 못하고 '무언가를 해야겠다'고 마음 먹는 이들도 있다. 이들은 경기가 경기처럼 보이기를, 교회가 교회처럼 보이기를 원한다. 즉 아무도 다치지 않고 모든 것이 질서 있게 제자리를 지켜야 된다고 생각한다. 그들은 교회를 자신들이 책임지고 통제해야 할 무언가로 이해한다. 그리고 많은 사람들은 그냥 교회 바깥으로 걸어 나가 이미 익숙한 경기를 찾아보거나, 집으로 가 텔레비전을 켜고 하나님이나 사람들과 인격적으로 관계를 맺을 필요가 없는 종교 브랜드를 골라 욕구를 충족시킨다.

자신에게 편안한 공간을 마련하는 것이든, 고칠 것을 찾아내는 것이든, 개인적인 기질과 상황에 맞는 무언가를 추구하는 것이든, 당혹스러운 교회의 혼란상에 대한 이 세 가지 반응 중 어느 것도 가치가 없지는 않다. 그러나 이 모두는 교회를 기능과 개인적인 취향의 문제로 축소함으로써 교회의 풍성함과 복잡함, 그 안에서 일어나는 모든 일 가운데 내재한 생명력을 놓치고 있다.

바울은 우리가 살아 있는 그리스도로서의 교회, 그 모습 그대로의 교회를 먼저 이해하고 그런 교회에 참여하기를 바란다. 그는 우리가 무엇보다 먼저 존재론의 관점에서, 기능이 아니라 존재의 차원에서 교회를 이해하기를 바란다. 물론 기능도 있다. 그러나 만약 교회가 그리스도의 몸임을 깨닫지 못한다면, 우리는 언제나 우리가 보는 것에 만족하지 못하거나 화를 내거나 절망하거나 환멸을 느끼게 될 것이다. 교회의 우아함과 정교함을 결코 보지 못할 것이다. 우리는 '그의 영광의 찬송'을 완전히 놓치게 될 것이다. 우리는 교회에서 어떤 일이 벌어지는지 분별할 수 없을 것이다. 교회를 존재론적으로 이해하지 않는다면 교회에서 눈으로 볼 수 있는 것은 대부분 그저 이해할 수 없는 것일 뿐이다.

## :: "그는 우리의 화평이신지라"

평화는 우리가 교회를 존재론적으로 이해할 수 있도록 돕기 위해 바울이 선택한 말이다. 그는 먼저 예수님이 "우리의 화평"이 되신다고 말한다(엡 2:14). 계속해서 그는 예수님이 화평을 이루게 하시며 평화를 전하신다고 설명한다(15, 17절). 이렇게 세 번에 걸쳐 평화를 이야기하면서 바울은 우리가 예수님 안에서 하나님께 가까워졌으며(13절), 예수님이 "둘[유대인과 비유대인]로 하나를 만드사"(14절), "원수 된 것 곧 중간에 막힌 담을 자기 육체로 [허셨고]"(14절), "율법을 폐하셨으니, 이는 이 둘로 자기 안에서 한 새 사람을 지어 화평하게 하시고"(15절), "이 둘을 한 몸으로 하나님과 화목하게 하려 하셨다"(16절)고 설명한다. 예수님이 행하신 이 다섯 가지 구별되는 행위를 합하면 그것이 곧 평화가 된다. 이 다섯 행위는 각각이 우리가 평화를 이해하고자 할 때 그 세부적인 구성 요소를 이룬다. 예수님이 우리를 하나님께로 이끄신다. 예수님이 우리를 하나가 되게 하신다. 예수님이 원수 된 것을 허무신다. 예수님이 우리를 하나 된 새 사람으로 다시 창조하신다. 예수님이 우리 모두를 하나님과 화해시키신다. 평화는 복합적이며 다층적이다. 평화를 이루는 많은 행위들이 있고 예수님이 곧 평화를 이루는 행위이시다.

이제 어려운 문제를 다룰 차례다. 만약 바울이 옳다면 그리스도께서 그 머리가 되시는 교회는 어째서 세상에서 평화의 공간, 평화를 이루는 가장 특별한 공간이 되지 못하는가?

'우리의 화평'이신 예수님과 전쟁터처럼 보이는 경우가 더 많은 교회 사이의 이러한 불일치는 세 가지로 설명해 볼 수 있다. 이 세 가지는 모두 예수님이 우리의 평화가 되시는 방식과 관계가 있다.

첫째로, 예수님은 인격체이시다. 이것은 곧 평화가 인격적이라는 뜻이다. 인격적이지 않다면 평화는 아무것도 아니다. 다른 방식은 없다. 비인격적인 방법으로는 평화를 이룰 수 없다. 평화는 전략이나 프로그램, 정치적 행동, 교육 과정이 아니다. 예수님은 언제나 관계적이시며, 절대로 무형의 사상이나 관료화된 제도가 아니시다. 법령으로는 평화를 이룰 수 없다. 평화를 이루기 위해서는 평화의 방식에 참여해야 한다. 곧 우리의 평화이신 예수님께 참여해야 한다.

둘째로, 예수님은 우리를 인격체로 존중하신다. 그분은 우리에게 자신의 방식을 강요하지 않으신다. 평화를 강요하고 억지로 시키지 않으신다. 예수님은 우리를 존귀하게 대하신다. 그분의 평화는 모든 사람이 서로 다치게 하거나 죽이거나 경멸하지 않고 사이좋게 지내야 한다는 법령이 아니다. 그것은 전쟁이나 기아, 불안이 없어서 평화롭게 살 수 있는 상태를 뜻하지 않는다. 그것은 모기나 반항적인 십대, 싸우기 좋아하는 이웃을 없앤다고 해서, 혹은 이단자를 화형에 처한다고 해서 이룰 수 있는 평화가 아니다.

우리 모두가 평화에 참여하는 사람들이다. 예수님은 우리의 모든 것을 연결된 삶, 친밀한 삶, 사랑의 삶으로 이끄시기 위해 일하신다. 많은 일이 일어나고 있으며, 많은 것이 이 일과 관련되어 있다. 원하든 원치 않든 우리 모두가 이 일과 관련을 맺고 있다. 이 일은 오랜 시간이 걸린다. 예수님은 우리를 강압적으로 다루시거나 우리의 입을 막아 우리가 평화를 방해하지 못하도록 하는 분이 아니기 때문이다. 평화는 언제나 진행 중이며, 결코 끝나지 않는 과정이다.

셋째로, 예수님이 우리의 평화가 되시는 방식은 희생의 행위를 통해서다. 바로 이것이 핵심이다. 예수님의 희생은 예수님을 예수님 되게 한다. 그것이 평화를 평화 되게 한다. 교회를 교회 되게 한다. 바울은 이를 두 가지로 설명한다. "그리스도의 피로"(엡 2:13), 그리고 "십자가로"(2:16).

교회는 평화를 이루는 이 세 가지 요소를 하나로 묶어 내는 장소로서, 그중 어느 것도 제거하여 단순화하기를 거부한다. 교회는 하나님이 하나의 사상이나 힘으로 비인격화될 수 없는 공간이다. 그 증거는 무엇인가? '육신이 되신 말씀'이신 예수님이 곧 그 증거다.

교회는 사람들이 내부자와 외부자, 혹은 내부 집단과 외부 집단, 친구와 적 같은 추상적인 개념으로 비인격화될 수 없는 공간이다. 그 증거는 무엇인가? 우리의 예배다. 인격적인 방식으로 우리에게 삼위일체의 이름이 주어지는 거룩한 세례와, 평화가 신비한 방식으로 희생과 동일시되는 거룩한 성찬이 있는 예배. 우리에게 주시는 예수님의 찢기신 몸과 흘리신 피를 통해 하나님은 우리가 우리의 평화이신 예수님의 삶과 죽음, 부활에 집중하고 이 모든 것을 이해하며 거기에 참여하게 하신다.

나는 교회가 특별히 두드러지는 평화의 공간이 되지 못한다는 점에 관해 변명할 필요가 없다고 생각한다. 평화는 계속적이며, 복잡하고, 부단한 노력을 요한다. 만약 평화를 진지하게 생각한다면, 평화를 이루는 데 지름길 같은 것은 없다는 것을 곧 알게 된다. 우리는 교회로서 우리에게 주어진 조건을 받아들인다. 그 조건이란, 우리에게 평화를 강요하지 않으시는 예수님과 우리가 평화를 강요하지 않는 옆집에 사는 이웃과 전 세계에 사는 이웃들, 폭력 없이 평화를 이루는 유일한 길(예수님의 길)인 희생이다.

가장 심층적인 차원에서 존재로서의 교회 혹은 존재론적인 교회 안에는 성숙함의 모든 단계에 이른 수많은 사람들이 있다. 큰 소리로 우는 아기와 기어다니는 유아들에서 미숙하고 충동적인 청소년들, 아이들에 시달려 피곤한 부모들, 때로는 그 모든 과정을 다 거친 거룩한 성도들까지. 우리의 평화이신 예수님과 더불어 평화를 이해하고 실천하는 우리 모두는 아직 더 많이 성숙해져야 한다. 우리가 성숙해질 무렵에는, 다시 한 번 그 모든 과정을 거쳐야 할 새로운 세대가 나타났음을 깨닫게 될 것이다. 인류는 단번에 모두 다 성숙해지지 않는다. 그러므로 평화는 언제나 이루어지는 중이며, 동시에 언제나 위험에 처해 있기도 하다. 교회는 예수님이 '우리의 화평'이심을 선포하는 공간이다.

교회는, 우리 가운데 계시며 일하시는 그리스도께서 곧 평화라는 것을 폭넓게 이해하는 곳이다. 그러나 우리 중에서 평화의 기술을 익힌 후 교회 안으로 들어오도록 허락받은 사람은 아무도 없다. 우리 모두는 앞으로 훨씬 더 많이 자라야 할 사람들이다. 하나님을 인격적으로 예배하는 법을 배워야 하며, 서로를 인격적으로, 경쟁자나 이방인이 아니라 가족으로 받아들이고 끌어안는 법을 배워야 하고, 십자가의 길을 따라 예수님을 받아들이고 희생적으로 그분을 따르는 법을 배워야 한다. 평화라는 말을 많이 사용하면서도 여전히 걸음마를 배우는 아이처럼 그 누구도 아직은 평화에 익숙하지 못한 상황에서, 교회 안에서든 바깥에서든 무릎이 까지고 발목이 삔 채 서툴고 어설프게 평화를 지키기 위해 노력하는 모습을 볼 수밖에 없다. 하지만 우리는 동시에 예수님이 우리의 평화가 되신다는 사실이 교회의 근원과 중심임을 알기에 결코 멈추지 않는다.

또한 우리는 우리를 비판하는 이들을 두려워하지 않는다. 그들은 우리가 실패하는 모습을 보며 경악하지만 존재론적인 교회에 관해서는 아무것도 모르고 있기 때문이다.

## :: 환대하는 교회

예수님이 평화를 이루고 평화를 전하시는 다섯 가지 행위의 핵심 사항은 이 서신서의 거의 끝부분에 나타난 선포에서 확인할 수 있다. "평안의 복음"(엡 6:15)은 "원수 된 것 곧 중간에 막힌 담"

(2:14)을 허무신 예수님 그분 자체다.

예수님은 내부자와 외부자를 나누며 길을 잃고 집이 없는 사람들, 이방인과 낯선 이들을 분리하는 벽을 무너뜨리신다. 그분은 그 자리에 평화의 공간을 세우신다. 무너진 담의 파편들을 치우자마자, 한때는 소외되었고 원수였던 사람들을 환대의 공간으로 맞아들이는 새로운 집이 지어진다.

세 가지 은유가 하나님으로부터 비롯되고 하나님이 거하시는 이러한 새로운 실체를 설명한다. 즉 "하나님의 권속"(2:19), "주 안에서 성전"(2:21), "하나님이 거하실 처소"(2:22). 모두가 교회에 대한 은유다.

은유가 유용한 까닭은, 보거나 만질 수 있는 것이지만 동시에 우리를 보거나 만질 수 없는 어떤 것에 참여하게 해주기 때문이다. 우리는 집이나 헛간, 가게를 볼 수 있다. 혹은 이 경우에는 가정(권속)이나 성전, 처소를 볼 수 있다. 우리는 하나님(성부, 성자, 성령)을 볼 수 없다. 그러나 우리가 보는 건물과 보지 못하는 하나님이 은유를 통해 연결될 때 그 둘이 동일시되며 같은 공간을 점유하게 된다.

어떤 점에서 교회는 보이는 것이다. 그것은 건물이다. 땅 위의 장소다. 그것은 일정한 공간을 차지한다. 우리는 문을 통해 교회로 걸어 들어가 그 벽 안에서, 그 지붕 아래에서 다른 이들과 이야기하고 공부하고 기도할 수 있다. 그런데 교회 건물을 벽돌과 시멘트에 불과한 것으로 취급하는 경우가 드물지 않다. "말씀이 육신이 되어 우리 가운데 거하시매"라는 말씀을 의미 있게 대하는 세계에서 이렇게 말하는 것은 매우 영적이지 않은 태도다. 이것은 마치 "그녀는 예쁜 얼굴에 불과하다"라고 말하거나 "그는 무시해도 상관없는 사람에 불과하다"라고 말하거나 "예수님은 피와 뼈에 불과하다"라고 말하는 것과 같다. 그 어떤 것도 무언가에 '불과'한 것은 없다.

교회는 보이지 않는 어떤 것이기도 하다. 우리는 예수님의 승천을 볼 수 없다. 우리는 '비둘기처럼 내려오시는' 성령을 볼 수 없다. 우리는 죄가 씻겨 없어지는 것을 볼 수 없다. 우리는 영혼이 거듭나는 것을 볼 수 없고, 생명의 강을 볼 수 없다. 사람들이 호기심에 교회로 들어와 주위를 둘러보고 나간 후 친구들에게 "거기서 특별한 것은 아무것도 보지 못했어"라고 말하는 경우가 적지 않다. 이렇게 말하는 것 역시 매우 영적이지 않은 태도다. 우리가 숨쉬는 공기나 중요한 약속처럼 삶에 꼭 필요하고 중요한 것 대부분은 보이지 않기 때문이다.

바울이 사용한 교회에 대한 세 가지 은유는 **장소**로서의 교회가 지닌 다양한 양상을 보여 준다. 교회는 하나의 사상이 아니라, 우리의 평화이신 예수님께 참여하는 사람으로서 환영받는 땅 위에 세워진 환대의 장소다. 하나님이 그분의 가족을 한데 모으시는 장소라는 뜻에서 '하나님의 권속'이며, 우리를 구별시켜 하나님을 예배하게 하시는 장소 즉 주 안에 있는 '성전'이며, 하나님이 우리의 언어와 환경 속에서, 말씀과 성례전 안에서 자신을 우리에게 계시하시는 장소 곧 '하나님이 거하실 처소'다.

우리를 교회를 짓는 데 사용되는 건축 자재로 묘사하는 대목에서는 공간적이며 직접적이고 참여적인 교회의 특성이 더욱 확장된다. 남자와 여자, 아이들은 판자와 벽돌처럼 건물을 짓는 재료가 되고, 사도와 예언자들은 주춧돌이다. 예수님은 모퉁잇돌이시다. 그리고 우리 역시 서까래와 들보, 마루와 천장, 문과 창문틀처럼 건물을 이루는 요소가 된다.

교회를 생각할 때 우리는 하나님보다 더 영적인 척해서는 안 된다. 교회는 장소이며 건물이고, 사람들인 동시에 관계다. 교회는 성부, 성자, 성령이다. 그리고 그와 동시에, 하나이며 거룩하고 보편적이며 사도적이다.

# 7. 교회와 하나님의 각종 지혜

에베소서 3:1-13

> 이는 이방인들이 복음으로 말미암아 그리스도 예수 안에서 함께 상속자가 되고,
> 함께 지체가 되고, 함께 약속에 참여하는 자가 됨이라.…이는 이제 교회로 말미암아
> 하늘에 있는 통치자들과 권세들에게 하나님의 각종 지혜를 알게 하려 하심이니.
> 에베소서 3:6, 10

> 명심하라. 이 세상에서 당신은 어떤 것도 빨리 혹은 쉽게 알 수 없다.
> 모든 것은 신비이며, 달빛 속에 숨겨진 자기만의 비밀스러운 향기와
> 혼자만의 노래가 있다.
> 메리 올리버, "달빛"

이제 바울은 우리가 내부자로서 교회를 이해하고 참여하도록 최대의 노력을 기울인다. 우리가 깨닫기 원하는 가장 중요한 사실은, 지금 일어나는 모든 일(구속이든 심판이든 책망이든 축복이든)에 그리스도께서 관여하신다는 것이다. 바울은 에베소서 1:22-23에서 '교회'라는 말을 처음으로 사용한다. 그는 우리에게 그리스도와 교회가 머리와 몸으로서 유기적으로 결합되어 있음을 이해해야 한다고 말한다. 예수 그리스도는 교회의 머리이시며, 교회는 그리스도의 몸이다. 몸 없이 머리만 있을 수 없고, 머리 없이 몸만 있을 수도

없다. 이 머리와 몸의 은유를 진지하게 받아들이는 것은 매우 중요하다. 머리와 몸, 예수님과 교회를 잘라 내어 따로 연구하고 논의하며 그리스도와 교회 모두를 오해하게 되는 경우가 허다하기 때문이다.

에베소서는 머리말에서부터 하나님이 중심이 되시며 그분이 만물 안에 임재하심을 강조해 왔다. 우리 문화에서는 그리스도인의 삶이 부차적인 것으로, 이를테면 기본적인 생존 욕구가 충족된 후에 그래도 아직 무언가 부족하다고 생각할 때 찾게 되는 어떤 것으로 여겨지는 경우가 많다. 우리는 그와 같은 필요 때문에 그리스도인이 되는 것이다. 물론 그것도 나쁘지 않다. 그러나 우리 삶에는 기원전(B.C.), 즉 '그리스도 이전'이란 없다. 스스로 그리스도인이라고 고백하지 않는 모든 사람들에게도 기원전이란 것은 없다. 그리스도께서는 **언제나**, 우리 **모두**를 위하여 임재해 계신다. 그저 우리가 하나님이 계시고 일하심을 몰랐다고 해서, 그것이 이전에는 하나님이 계시지 않았음을 의미하지는 않는다. 어리석게도 그리스도인의 삶이 우리에게서 시작된다고 생각해서는 안 된다. 이런 식으로 생각하는 한 우리는 우리의 경험과 상황에 근거해 모든 사물과 사람을 판단할 수밖에 없게 된다. 청소년들이 이런 식으로 생각하는 것은 이해할 만하다. 그러나 우리는 성숙하라는 부르심을 받았다.

바울은 기원전이 있다는 사고방식에 단호히 반대한다. 그는 우리가 "창세 전"(엡 1:4)에 관한 이야기 속에 흠뻑 빠져들게 한다.

세상은 참으로 광대하며, 하나님은 그 안에서 포괄적으로 일하고 계신다. 그뿐 아니라 하나님이 행하셨고 지금 행하시고 앞으로 행하실 모든 일은 우리의 삶 전체와도 관련이 있다(1:3-2:10). 그리스도 안에서 자란다는 것은 하나님의 광대하심에 마음과 영혼으로 반응할 수 있는 수준까지 자라는 것을 의미한다.

에베소서는 교회를 어떻게 바라보아야 하는가에 관한 논의를 통해 그리스도인의 삶에 대한 이해를 계속해서 확장하고 심화한다(2:11 이하). 그리스도의 몸인 교회는 그리스도가 오시기 이전의 오랜 역사를 가지고 있다. 아브라함에서 시작된 하나님 백성의 역사는 오순절에 이르러 교회의 형성으로 이어진다. 교회는 이스라엘과의 연속성 속에서 "하나님의 이스라엘"(갈 6:16)이 되었다. 많은 예언자들의 말처럼(호 1-3장; 렘 3:1-5; 사 54:4-7) 이스라엘이 하나님의 신부였듯이, 교회는 그리스도의 신부다(엡 5:22-33; 계 21:2, 9-11). 그리스도인이 됨으로써 우리는 하나님의 백성인 참감람나무에 접붙여진다(롬 11:17-24). 우리는 거룩한 역사에 참여하는 사람들이 되며, 예수님과 그분의 부활, "창세 전"(엡 1:4)부터 계시는 성자의 성육신 안에서 새로운 정체성을 얻게 된다.

'그리스도인'의 삶을 부차적으로 덧붙여진 것으로, 충분하지 않은 것을 더 낫게 하거나 온전하게 만드는 것으로 잘못 생각하는 것과 마찬가지로, 우리 문화에서는 '교회'를 '그리스도인'에게 덧붙여진 어떤 것으로 잘못 생각하는 경향이 있다. 교회는 우리가 신실하고 더 나은 그리스도인이 되는 것을 도와주는 부가 장치나 프로그램이 아니다. 교회가 우리를 위해 무엇을 해주는가, 혹은 (더 나쁘게는) 우리가 교회를 위해 무엇을 할 수 있는가 하는 관점에서 교회를 생각하는 것은 잘못이다. 이런 식으로 교회를 평가하면 우리는 이스라엘이라는 복잡하고도 풍성한 역사로부터 단절되고 만다.

바울은 결코 그렇게 생각하지 않았다. 교회에 관한 이야기를 시작하면서(엡 2:11-14), 바울은 그리스도의 이름을 네 번, 그분을 지칭하는 대명사를 여덟 번 사용한다. 이를 통해 그는 교회가 어떻게 생겨나는지, 우리가 어떻게 교회에 속하게 되는지를 보여 주는 토대를 마련한다. 흥미롭게도, 그가 사용하는 동사 중에는 창세기에 사용된 그 위대한 단어 '창조하다'라는 단어가 있다. "태초에 하나님이 천지를 창조하시니라[create]." 바울은 그리스도께서 교회를 창조하신다고 말하면서 이 단어를 사용한다. "자기 안에서 한 새 사람을 지어[create]." 창조가 하나님의 언약 안에서 사는 삶의 맥락을 제공하듯이, 교회는 예수님의 부활을 사는 삶의 맥락을 제공한다.

그런데 교회에 관한 우리의 생각과 경험을 재정립하는 데 열의를 보인 바울의 이야기에서 문득 속도의 변화가 느껴진다(엡 3:1-13). 지금까지 그의 글의 특징이었던 강렬함이 줄기 시작한다. 긴장이 약간 풀어지는 것 같다. 말투 역시 교리적이기보다는 이야기 형식이 된다. 1-2장에서 그렇게도 두드러졌던 은유가 잦아든 대신 개인적인 증언이 나타나기 시작한다.

:: "모든 성도 중에 지극히
작은 자보다 더 작은 나에게"

바울은 언제나 자신에 관해서는 매우 말을 아낀다. 그는 자신보다 훨씬 더 큰 주제에 관해서 이야기한다. 그는 그리스도인의 삶, 하나님의 창조 사역과 구원 사역이라는 깊고 넓은 실재로부터 우리를 죽음에서 생명으로 이끄시는 예수님의 부활, 우리 모두가 "하나님이 거하실 처소"(엡 2:22)로 세워지는 교회에 이르기까지 광활한 영역을 다룬다. 그는 행여 우리가 복음의 메시지와 예수님의 임재에 주의를 집중하지 못할까 봐 좀처럼 자신의 이야기를 하지 않았다.

하지만 아주 가끔은 한 단어, 한 구절로 그 문을 살짝 열어 보이기도 한다. 우리는 바울이 일하고 편지를 쓰고 기도하는 사람이라는 것을 엿볼 수 있다. 이 편지의 이면에는 살아 있는 사람이 있다. 죄수였으며(3:1) 일꾼이었던(3:7) 사람. "계시로 내게 비밀을 알게 하신 것"(3:3)에 관해 언급하며 자신의 이야기를 암시하기도 한다. 그중 "모든 성도 중에 지극히 작은 자보다 더 작은 나"(3:8)라며 자신을 낮추는 말이 주목을 끈다. 여기서 바울은 이미 최상급인 "지극히 작은"이라는 형용사를 다시 비교급으로 만들며 그 의미를 두 배로 강조한다. 디모데전서 1:15에서 그는 자신이 죄인 중의 "괴수"라고 말하기도 했다. 성도의 명부에 가장 마지막으로 나오는 이름. 죄인의 명부에 맨 처음으로 나오는 이름.

1인칭 대명사인 '나'가 나타나기 시작해 이 단락에서만 열한 번 쓰인다. 그의 이야기가 보이기 시작한다. 바울은 가능한 한 두드러지지 않게 하면서도 이야기 속에 자신이 나타나게 한다.

성숙한 영성의 언어는 추상적인 명제적 '진리'로 비인격화될 수 없다는 사실을 잠시 떠올려 보자. 이 사람은 자신이 말하는 모든 것을 살아내고 있다. 이 부활의 삶은 결코 육신을 떠난 추상적인 실체가 아니며, 절대로 분석하고 논증하고 변론할 수 있는 객관적 진리가 아니다.

성숙한 부활의 삶은 철저히 인격적이다. 그것은 우리에 관한 삶이다. 그러나 대개는 우리에 관한 것이 **아닌** 삶이기도 하다. 그것은 하나님에 관한 삶이다. 바울은 이 삶을 인격적인 삶으로, 그러나 신중하게 자제하며 이야기한다. 고백적인 독백으로는 기독교 영성으로 나아갈 수 없다. 자기 중심적인 말을 많이 쏟아 낼 때 그 증언의 진정성은 약해질 뿐이다. 바울은 분명히 자신의 이야기를 하고 있다. 그러나 교만하지 않게 삼가는 태도로 이야기한다. 그는 자신이 이야기를 압도하려 하지 않는다.

한 가지 더 눈여겨볼 점이 있다. 이 예상치 못했던 이완된 어조는 하나님의 일하심에만 강렬하고 일관되게 초점을 맞춰 온 이제까지의 서술 방식과 대조를 이룬다. 우리는 먼저 '하나님'과 '그리스도'와 '성령'을 생각하는 데 상상력을 고정시킨 후, 숨을 돌리며

'나'를 생각해 볼 여유를 갖게 된다. 우리는 멈춰서 한 걸음 뒤로 물러나 어디까지 왔는지 확인해 볼 시간이 필요하다.

그리스도인의 삶에는 목표가 있다. 바울은 이전에 한 서신서에서 이 목표를 이렇게 이야기했다. "푯대를 향하여 그리스도 예수 안에서 하나님이 위에서 부르신 부름의 상을 위하여 달려가노라. 그러므로 누구든지 우리 온전히 이룬 자들은 이렇게 생각할지니"(빌 3:14-15). 그리스도 안에서 성숙하는 삶은 빈둥거리며 시간을 허비하는 삶이 아니다. 유행을 쫓아다니지도 않는다. 그렇다고 해서 배우자나 자녀, 이웃이 "위에서 부르신 부름"을 향해 달려가는 데 방해가 된다고 생각하여 그들을 저버리고 무시한 채 목표에만 초점을 맞춘다면, 그 사람은 이 **목표**가 성숙한 삶에서 어떤 역할을 하는지 전혀 이해하지 못한 것이다.

그리스도인의 삶은 위원회에서 작성한 비전 선언문에 따라 한 길로 곧장 달려가는 삶이 아니다. 많은 시간 동안 삶은 구불구불하게 흘러간다. 방해받지 않고 주의를 집중하여 목표에 도달하겠다고 결심한다고 해서 영적이지 않은 방해물들, 예상치 못했던 사람들, 불쾌한 사건들을 한 쪽에 치워둘 수는 없는 노릇이다. 리더십에 집착하며 경영 관리 기법에 따라 프로그램화된 '목표 설정' 방식은, 교회 안에 깊숙이 침투해 있는 나쁜 영성이다. 그것은 너무나도 많은 것을 제외시켜 버린다. 너무나도 많은 사람들을 부시해 버린다.

성숙은 서둘러서 이루거나 프로그램화하거나 임시방편으로 만들어 낼 수 없는 것이다. 그리스도 안에서 더 빨리 자라게 해주는 성장 호르몬 같은 것은 없다. 성급하게 지름길로 가려고 할 때 결국 우리는 미숙함이라는 막다른 골목에 이르게 될 뿐이다.

:: 메섹과 게달의 장막

교회를 이해하기 위해서 "우리의 화평"(엡 2:14)이신 그리스도를 전면적으로 내세우는 바울의 논의를 따라가며 주목해야 할 사항이 하나 있다. 바로 이 세상과 바울이 이야기하는 그의 삶 속에는 지독히도 두드러지게 평화가 없다는 사실이다. 그리스도 안에서의 성숙한 삶에 관해 설명하면서 평화를 중요하게 다루고 있는 에베소서는 사실 바울이 감옥 안에서 쓴(혹은 구술한) 편지다. 바울이 무너진 담이라는 은유를 사용하여 모두를 반기는 교회, 모두에게 열려 있는 교회, 모두를 환대하는 교회에 대해 이야기할 때, 사실 그는 로마의 감옥에 갇혀 벽에 둘러싸여 있었다. "그리스도 예수의 일로 너희 이방인을 위하여 갇힌 자 된 나 바울이 말하거니와"(3:1). 그뿐만 아니라 신약 성경에 언급된 1세기 교회들 대부분이 상당한 갈등을 겪고 있었다. 그리고 그로부터 2천 년이 지난 지금까지 예수님의 이름으로 수없이 갈등이 빚어져 왔고 심지어는 살인까지 행해졌다. 도대체 이 무너진 담에 무슨 일이 일어난 것일까?

    나는 내가 설교를 준비하는 책상 위에 몇 년째 사진 하나를 올려 두고 있다. 이 사진은 마치 기계로 찍어낸 듯 똑같이 담장이 쳐지고 뒤뜰에는 똑같은 수영장이 있는 교외의 주택 단지를 항공 촬영한 것이다.

나는 이 사진에 "메섹과 게달의 장막"이라고 제목을 붙였다.

이 사진을 만나게 된 것은 볼티모어 북동부 교외에서 교회를 개척할 때였다. 나로서는 교외 지역이 처음이었다. 내가 자란 작은 마을에서는, 담장이 없어 개들이 마음껏 돌아다녔으며, 서로 자유롭게 이웃집 마당을 가로질러 지름길로 다녔다. 그리고 읍에서 운영하는 수영장은 마을 사람이면 누구나 자유롭게 이용할 수 있었다.

수영장은 하나였으며, 담장은 없었다.

이 교외 지역에서 사역을 시작했을 때, 나는 이웃들이 서로 낯설게 지낸다는 것을 금세 알게 되었다. 순진했던 나는 모두가 나를 반겨 주고, 교회에 와서 친구도 사귀고 형제와 자매, 사촌과 숙모, 숙부를 대신할 사람들을 찾고 새로운 가족과 이웃을 만들라고 제안하면 흔쾌히 응할 것이라고 생각했다.

나는 가능한 한 단순하고 솔직하게 두 가지에 집중하려고 했다. 사람들을 모아 하나님께 예배하는 교회를 만들고, 그들을 공동체의 삶으로 이끌고 싶었다. 나는 이들을 예배로 부르기는 어렵지만 공동체 의식을 만들어 가기는 쉬우리라고 예상했다.

나는 이들이 철저히 세속화되었으며 경외심도 거의 없고 하나님의 신비를 경험해 본 적도 없을 것이라고 생각했다. 삶을 해결하거나 극복해야 할 문제의 연속으로 바라보는 데 익숙하며 주위의 세상을 혼자 힘으로 획득할 수 있는 상품이라고 생각하고, 하나님의 도움이 필요함을 별로 느끼지 못하는 사람들이라고 말이다. 반면에 그들은 지금까지 함께 지낸 가족과 떨어져 이방인으로 살아가고 있었다. 뿌리를 잃어버린 외로운 사람들, 친구가 없는 이들. 나는 그들을 서로 소개해 주고, 서로를 알아가고 자신의 가정이나 맡은 일보다 더 큰 무언가의 일부가 될 수 있는 안전한 곳을 제공하겠다고 마음먹었다. 그들은 어쩌면 하나님께는 관심이 없을지 모르지만, 분명 이웃에게는 관심이 있을 터였다. 적어도 나는 그렇게 생각했다. 하지만 결국 내 생각이 틀렸음을 알게 되었다.

오래지 않아 나는 사람들을 모아 주일 아침마다 하나님께 예배하도록 만들 수 있었다. 물론 완전히 편안해하지는 않았다. 그들은 그동안 별로 주의를 기울이지 않았던 하나님에 관해 많은 것을 새롭게 생각해 보아야 했다. 쇼핑몰에서 결코 살 수 없는 것에 관해 이야기하기 위해 언어를 확장할 필요가 있었다. 하지만 어쨌든 그들은 교회에 나와 하나님을 예배했다.

그러나 서로에게 관심을 기울이게 하는 것은 전혀 다른 문제였다. 그들은 이웃을 원치 않았다. 그들은 자기 충족적이며 독립적이기를 원했다. 그 지역에서 산 지 6주가 지났을 무렵, 최근 조직된 지역 협의회에서 회의를 열어 우리가 어떤 종류의 공동체를 원하는지, 그런 공동체를 이루기 위해서 무엇을 할 수 있는지를 논의했다. 어떤 회의인지 알지 못한 채 나도 그 회의에 참석했다(앞서 말한 대로, 나는 서부의 작은 마을에서 자랐다. 거기에는 협의회 같은 것이 없었다. 우리는 그저 공동체였다).

이 회의에 참석하고 나는 깜짝 놀랐다. 그 회의는 내가 참석한 모임 중에서 가장 갈등이 첨예한 회의였다. 30분이 지난 후에 나는 '이 사람들이 서로를 좋아하지 않는다'는 것을 알게 되었다. 그들은 서로를 알지 못했지만, 알지 못하면서도 서로를 좋아하지 않았다. 누군가 말을 하면, 곧이어 다른 사람이 이의를 제기하거나 논박했다. 많은 이야기가 오갔으며, 대부분은 무례했다. 듣는 사람은 거의 없었다. 나는 거기에 앉아서 회의를 지켜보며 내가 맡은 일이 얼마나 어려운 것인지를 깨달았다.

성경 한 구절이 머릿속에 떠오른 것은 바로 그때였다. "메섹에 머물며 게달의 장막 중에 머무는 것이 내게 화로다." 시편 120편에 있는 구절이다. 메섹과 게달은 거칠기로 유명한 야만인 부족이었다. 그들은 성경 속 히브리인들의 이웃이었다. 시편 120편의 화자는 예루살렘으로 하나님을 예배하러 가는 사람들과 더불어 기도하고 있다. "거짓된 입술과 속이는 혀"를 가진 이들의 적대감을 온몸으로 느끼고 있었다. 그는 평화의 길, 하나님의 평화를 따르겠다고 다짐했지만, 주위에서는 모두 그를 대적했다. "나는 화평을 원할지라도 내가 말할 때에 그들은 싸우려 하는도다."

그날 밤 지역 협의회에서 나는 꼭 그런 기분이었다. 나는 사람들을 모아 하나님을 예배할 교회를 세우기 위해 그 지역에 왔다. '우리의 화평'이신 그리스도가 머리 되시는 교회를 시작해 보겠다고 미국의 부유한 교외 지역에 온 것이다. 하지만 나는 사역을 시작하자마자 내 주위에는 운 좋게 이 지역에 들어올 수 있었던 메섹과 게달의 자손들, 무례하고 전투적인 어휘를 주로 사용하는 사람들뿐이라는 사실을 깨달았다.

그 일은 모든 것을 냉정하게 생각해 볼 기회가 되었다. 한마디로 나는 극단적으로 대립하는 사람들을 모아 적의의 담이 무너지고 그 자리에 교회가 세워지는 공간으로 그들을 이끌어야 하는 어렵고도 복잡한 일을 맡게 된 것이다. 그 지역 협의회에 참석한 이들 중 많은 사람들이 훗날 우리 교회 교인이 되었다. 그들 중 일부는, 하나님이 거하시는 처소가 될 수 있도록 예수님이 맞추고 결합하시는 (말 그대로 "서로 연결하여", 2:21) 건축 재료가 되기까지 오랜 시간이 걸렸다. 그 회의에서 가장 심하게 독설을 퍼부었던 루번이라는 남자는 결코 그리스도께 순복하지 않았다. 27년 후에 나는 그가 처음 만난 그날 밤처럼 화나고 언짢은 모습으로 주일마다 앉아 있던 그 교회에서 그의 장례식을 집전했다.

몇천 년 동안 세계 전역에 걸쳐 전쟁과 전쟁의 소문이 있었으며, 상황은 전혀 나아지지 않았음을 나는 알고 있었다. 그러나 어떤 이유에선지 나는 '평화로운 교외'에서는 그렇지 않을 것이라고 생각했던 것이다. '하나님의 권속'이자 '성전'이며 '하나님이 거하실 처소'를 이루고 정기적으로 모여 '우리의 화평'이신 예수님을 예배하는 교회에서는 그렇지 않으리라고 기대했던 것이다.

그러나 나는 점점 깨닫게 되었다. 그리스도 안에서 자라는 데는 많은 성장통이 따른다는 것을 말이다. 우리는 '존재론적 교회'라는 실재 안에서 예배하고 공동체를 이루어야 함을, 성숙에 이르기 위해서는 오랫동안 서두르지 않고 기도하며 하나님과 그리고 서로와 화해하는 삶을 살아야 함을 깨달았다. 그리고 그 과정에서 우리는 각자가 건물 전체의 한 부분임을 깨닫게 되며(2:21), 더디게 자라거나 가망이 없어 보이는 사람들을 뒤에 내버려둔 채 성급하게 '혼자서 해 나가려' 해서는 안 된다는 것을 알게 된다. 심지어 루번 같은 사람조차도 뒤처지게 내버려두어서는 안 된다.

교회는 비록 그 자체로 영광스러우며 하나님의 권속으로 세워졌고 주 안에서 거룩한 성전으로 자라가지만, 적대적인 나라 안에서, 서로를 이방인으로 대하는 사람들 사이에서 생겨났다. 그중에는 자신이 남보다 더 낫다고 생각하며 하나님이 하시는 일을 자신이 도와야 한다고 생각하는 사람들도 있고, 하나님과 관계된 일을 하기에는 자신이 부적합하며 준비도 되지 않았다고 생각하는 이들도 있다. 내가 게달을 만나기 오래 전에, 이사야는 고집스럽게 하나님께 맞서 온 역사를 지닌 게달이 그분의 집으로 모여드는 것을 보았다. "게달의 양 무리는 다 네게로 모일 것이요"(사 60:7).

오랫동안 내가 책상 위에 메섹과 게달의 장막 사진을 두는 까닭은 바로 이 때문이다.

## :: 내경

교회는 외부에서 객관적으로 묘사하거나 규정할 수 없다. 그저 안으로 들어갈 수 있을 뿐이다. 교회는 그리스도 안에서 자라도록 그리스도께서 창조하신 공간이다. 교회는 이름과 연대, 장소가 적힌 이름표가 붙어 있는 전시물을 둘러보며 역사 속에서 일어난 일들을 배우는 박물관이 아니다. 예수님이 역사 속에서 일어난 사건이듯, 교회 역시 역사 속에서 일어난 사건이다. 그러나 여기에는 역사 이상의 무언가가 있다. 그리스도의 삶, 성령의 역사, 하나님의 계획이 있다.

물론 교회에 관해 많은 것을 규정하고 묘사할 수 있다. 신조와 지도자, 갈등과 박해, 건축물과 정치. 그러나 이런 조각을 다 더한다고 해서 교회가 되는 것은 아니다.

"이는 이제 교회로 말미암아 하늘에 있는 통치자들과 권세들에게 하나님의 각종 지혜를 알게 하려 하심이니"(엡 3:10)라는 말씀은 이러한 교회의 복합적인 핵심을 포착해 내고 있다. '각종'이라는 말은 마치 태피스트리의 정교한 문양처럼 그 안에 하나의 그림을 담고 있다.[1] 그리고 지혜라는 말은 살아 있는 지식, 혹은 살아 있는 하나님의 계시라는 의미를 담고 있다. 지혜는 교회의 삶 속에 구현된 행동하는 지식이다. 지혜는 부활을 사는 것이다.

교회는 이 지혜가 나타나는 곳, 하나님의 지식과 계시가 구체화되는 곳, 부활을 사는 곳이다. 교회는 예배를 통해 지식이 지혜로 변하고, 우리가 아는 바가 우리의 인격으로 바뀌는 곳이다.

19세기에 웨일즈와 아일랜드에서 활동했던 예수회 사제이자 시인인 제러드 맨리 홉킨스는 교회에 계시된 '각종 지혜'를 이해하는 데 유용한 '내경'(inscape)이라는 용어를 만들어 냈다. 내경은 풍경(landscape)이라는 말과의 유사점과 차이점에 기초해서 만들어진 말이다. 풍경은 지평선을 배경으로 우리 앞에 펼쳐진 광경을 가리킨다. 작은 숲, 잔디밭, 구불구불 흐르는 강, 빙하로 깎인 산맥처럼 비교적 안정되어 있어서 묘사하거나 그리거나 가꿀 수 있다. 반대로 내경은, 살아 있는 유기체를 볼 때 그것이 감각을 거쳐 정신에까지 이르러 새롭고 신기한 느낌을 불러일으킬 때의 그 직관적인 감각을 말한다. 내경은 비율이나 빛이 만든 그림자, 색조, 모양, 관계, 소리처럼 독특한 그 무엇, 우리가 보거나 들은 것을 하나로 묶어 주고 그것에 차이를 부여해 주는 것이다.

홉킨스의 시를 편집한 W. H. 가드너(Gardner)는, "이 시인의 특징은, 사물의 본질적 특성에 내재된 통일된 형태[내경]를 감지하는 타고난 감각이다."[2] 화가는 물감과 캔버스를 이용해 인간의 얼굴이나 과일을 담은 그릇에서 우리들 스스로는 결코 발견하지 못했을 무언가를 눈에 보이게 만든다. 조각가는 화강암과 찰흙과 정동을 깎고 빚어 우리로 하여금 모양과 형태와 질감이 우리의 의식에 어떤 영향을 미치는지에 관심을 돌리게 한다. 시인은 은유와 직유,

7. 교회와 하나님의 각종 지혜

모음과 자음을 배열하여 우리가 단순한 정보를 얻는 데 몰두할 때는 놓쳐 버릴 수밖에 없는 단어의 의미에 주의를 기울이게 한다. 음악가들은 다양한 소리(노래하는 목소리, 관악기 안으로 숨을 불어 넣을 때 나는 소리, 팽팽한 활로 현을 켤 때 나는 소리)를 섞고 거기에 리듬을 부여하여 우리가 말로는 할 수 없는 것에 참여하고 반응하게 해준다. 예술가들은, 우리가 날마다 마주치지만 많은 경우 그저 놓쳐 버리고 마는 것들이 얼마나 복잡하고 아름다운지를 깨닫게 해주며 거기에 참여하게 해준다. 그들은 바로 우리 눈앞에 있는 것, 손을 뻗으면 닿을 수 있는 것에 주의를 돌리게 해주며, 소음으로 무뎌진 귀가 한 번도 들어 보지 못했던 소리와 소리의 조합을 들을 수 있도록 도와준다.

이렇게 내경을 경험할 때 놀라게 되는 경우가 많다. "이런 것은 한 번도 보지 못했어." "이런 소리는 처음이야." 그러나 예술가가 주의를 환기시키는 것 중에 전에 들어 보지 못하거나 만져 보지 못한 것은 아무것도 없다. 모두 우리 앞에 있었던 것이다. 매일 아침 출근길에 지나쳐 가는 나무 속에, 속속들이 알고 있다고 생각했던 그 사람의 얼굴 속에, 버드나무에 속삭이는 바람 소리 안에, 바닷가에 철썩철썩 밀려오는 파도 소리 안에 있었던 것이다.

예술가는 우리가 언제나 보아 왔지만 한 번도 보지 못했던 것을 보고, 날마다 듣지만 들리지 않았던 것을 듣고, 수백 번을 만졌지만 한 번도 느끼지 못했던 것을 느끼도록 도와준다. 우리가 이야기를 살고 있으며, 우리의 삶은 그저 일기에 끄적이는 단편적인 사건이나 별 연관성 없는 시시한 소문 정도가 아님을 깨닫게 해준다.

왜 예술가가 그토록 필요할까? 그리고 어떻게 그들은 이런 일을 할 수 있을까? 흔히 사람들은 예술가는 시시하거나 추하거나 진부한 것과 대비하여 아름다움을 깨닫도록 해준다고 답한다. 그러나 이것은 분명 만족스럽지 못한 대답이다. 예술가가 환기시키는 것들, 우리가 감사하는 마음으로 음미하는 것들 대부분은 아름다움이라기보다는 현실, 실제 그대로의 모습이다. 루오가 십자가에 달린 예수님의 그림에서 묘사한 혹독한 고통이든, 윌리엄 칼로스 윌리엄스(William Carlos Williams)의 시에 나오는 빨간 손수레의 철저한 평범함이든 그 어느 것도 '예쁘지는' 않다.

제러드 맨리 홉킨스는 한 번도 자신이 만든 이 말에 대해 정의를 내린 적이 없다. 그러나 일기나 글을 쓸 때 이 단어를 무척 자주 사용했기 때문에, 우리는 그가 그 단어를 통해 의도하는 바를 충분히 감지할 수 있다. 어느 날 그는 헛간으로 들어가다가 목재들 위에 빛과 그림자가 어우러진 모습에 깜짝 놀랐다. 그는 "내경의 아름다움이 단순한 사람들에게 알려지지 않은 채 사장되는 것은 너무나도 슬픈 일이지만, 사실 그런 아름다움은 손에 닿을 정도로 가까이 있어 볼 수 있는 눈만 있다면 어디에서나 그 아름다움을 발견할 수 있을 것이라고 생각했다." 또 한번은 창밖을 바라보다가 우연히 만들어진 흙더미와 무너진 눈더미 속에서 내경을 발견했다. 후에 그는 "세상은 온통 내경으로 가득 차 있어서 순전히 우연처럼 보이는 것 속에서도 질서와 목적을 발견할 수 있다"고 말했다.[3]

홉킨스의 시를 읽고 암송하면 내경에 흠뻑 젖어들게 된다. 우리가 보고 듣고 맛보는 모든 것에 일관성과 통일성을 부여하는 보이지 않고 들리지 않는 것, 즉 그 피상적인 외형이 아니라 그 개별성의 내적인 핵심을 느끼는 철저하고도 유쾌한 훈련을 하게 된다.

홉킨스를 탁월하게 해석한 노먼 맥켄지(Norman H. MacKenzie)는 이렇게 말했다. "내경은 창조주가 특정한 바위나 나무나 동물에게 부여한 (거의 하나의 인격이라고 할 수 있는) 독특한 성격이다. 각각은 그것이 지닌 내경을 통해, 전부를 포괄하는 하나님의 완벽하심의 한 부분을 반영하고 있다."[4] 나는 맥켄지가 말한 '특정한 바위나 나무나 동물' 뒤에 '교회'를 덧붙이고 싶다. 나는 교회라는 실재에 구조를 부여하는 '하나님의 각종 지혜'가 곧 교회의 내경이라고 생각한다.

많은 사람들은 교회를 볼 때 외적인 것만을 볼 뿐 무엇이 교회를 하나로 묶어 주는지는 깨닫지 못한다. 그 무늬나 비율을 보지 못하고, 그 속에 흐르는 내적인 힘을 감지하지 못하며, 그 안에 존재하는 실재와 조화되는 느낌도, '각종 지혜'에 적절히 반응하는 상상력도 없다. 교회는 건물이다. 많은 경우 그리 특별할 것이 없다. 교회는 사람들의 모임이다. 많은 경우 그리 특별할 것이 없다. 교회는 역사를 가지고 있으며, 그것은 많은 부분 당황스러운 역사다.

내경은, 교회에는 우리가 보고 듣고 읽을 수 있는 것보다 훨씬 더 많은 것이 있음을 보여 준다. 또한 교회 안에서 하고 보고 듣고 읽는 모든 것이 **교회**임을 말해 준다. 오감을 통해 우리에게 전해지는 것과 별개로 존재하는 보이지 않는 교회 같은 것은 없다. 난데없이 '신비한 교회'를 만들어 내어, 하나님의 '각종 지혜'인 교회를 다룰 때 겪을 수밖에 없는 당황스러움이나 곤란함을 피해 보려고 하는 이들은 결국 막다른 골목에 이를 뿐이다. 마르쿠스 바르트는 이런 행동을 "신성모독적인 허튼 소리"라고 불렀다.[9]

사실 교회를 피상적으로만 바라보면 서로 연관도 없는 임의의 사물과 사상, 사람들을 만나게 될 뿐이다. 그러나 우리의 영적 감수성을 불쾌하게 하는 모든 것을 무시한다면, 오염된 것을 제하고 우리 자신만의 이상적인 교회를 만들려고 한다면, 그것은 하나님이 우리에게 주신 교회를 거부하는 행동일 뿐이다. 우리는 모든 것을 관계 속에서 균형 있게 바라볼 수 있어야 한다. 빛과 그림자를 함께 보며, 모든 색과 색조가 어떻게 어우러지는지를 보고, 모든 남자와 여자, 어린아이들이 그리스도가 머리 되시는 교회라는 몸의 근육과 힘줄을 이룬다는 것을 깨달아야 한다.

20세기의 위대한 기독교 시인인 체스와프 미워시(Czeslaw Milosz) 역시 홉킨스가 내경이라는 말에 담아낸 의미를 다른 방식으로 표현했다. 그는 폴란드에서 자란 경험과 소비에트 공산주의와 나치의 파시즘, 프랑스의 세속주의 등 여러 갈등하는 세력과 이데올로기의 틈바구니에서 그리스도인으로서의 정체성을 지켜 온 자신의 삶에 관해 이야기하면서 이렇게 말했다. "사람은 이론으로 설명할 수 있는 일련의 지식이 아니라 수영이나 달리기와 같은 기술을 습득해야 한다. 현실[바울이 말하는 '각종 지혜']은…살아서 계속 변하는 유기적인 조직이다. 그것은 상호 의존하는 수많은 조직으로 짜여 있으며 가장 작은 한 부분도 무한하게 발전해 나간다. 그리고 사람은 그 구조를 움직이게 해주는 관절에 의식적인 행위라는 지렛대를 끼워 넣을 수 있다."[6]

이것이 앞서 내가 '존재론'과 '존재론적 교회'라는 말을 사용할 때 말하고자 했던 바다. 우리가 눈과 귀, 감정과 기억을 통해 이 모든 것이 어떻게 어우러지는지를 볼 수 있을 때, 그것이 곧 **내경**이다. 내경에 대한 감각을 발전시키지 못하면 우리는 덧없는 자극과 열광에 사로잡힌 채 살 수밖에 없다. 예배를 드리는 중에도 들려오게 마련인 뜬소문, 3주간 단기선교를 가서 허리케인 희생자들을 위해 집을 지어 주고 어떻게 "내 삶이 변화되었는지"를 이야기하는 순진한 16세 소년의 과장된 감정, 설교 시간에 뜬금없이 끼어드는 종교재판과 십자군 전쟁에 대한 기억, 쇼핑몰에서 말 안 듣는 꼬마 아이에게 손찌검을 하는 그리스도인을 만나는 짜증스러운 경험, 부활절의 할렐루야, 교회 내에서 유명한 교인이 연루된 최신의 성추문이나 금융 스캔들…. 하지만 이 모든 것들 역시 '각종 지혜' 안에 있다.

    니사의 그레고리우스는 아가서에 대한 설교에서 '각종 지혜'를 자세히 설명한다. 그는 교회를 이루는 역설적인 병치를 열거했다. 죽음에 의해 창조된 생명, 치욕으로 성취한 영광, 저주로 이룬 축복, 약함으로 얻은 능력 등.[7] 이것이 바로 하나님이 우리에게 주신 교회다. 이것이 **진짜** 교회다. 하나님이 우리에게 주신 것을 받을 것인가? 아니면 우리의 교회를 따로 만들 것인가? "귀 있는 자는 들을 지어다."

:: 그림자

주디스는 예술가다. 그녀가 주로 사용하는 재료는 직물이다. 대부분의 경우 그녀는 가공하지 않은 면실이나 털실로 작업을 시작한다. 그녀는 실을 빗질하고 잣고 염색한 다음 천을 짠다. 그녀가 짜는 작품은 대개 새알이 들어 있는 둥지, 다윗의 아내 아비가일의 초상, 까마귀 세 마리 등 규모가 작은 것들이며, 종종 액자에 넣어 친구들에게 선물로 준다. 그리고 박물관에 있는 태피스트리를 보수하며 생계를 잇고 있다.

주디스에게는 알코올 중독자인 남편과 약물 중독인 아들이 하나 있다. 그녀는 가족들과 함께 수년간 중독 치료 프로그램에 참여해 치료를 받아 오고 있다. 어느 주일, 당시 40세쯤 되었던 그녀가 내가 목회하던 교회에 왔다. 중독 치료 프로그램에서 알게 된 진구 몇몇의 초대를 받고 교회에 온 것이다. "넌 교회에 가야 해. 교회에서 만나자." 그녀는 한 번도 교회에 가 본 적이 없었다. 교회에 관해서는 아무것도 몰랐다. 그녀는 도덕적으로 올바른 가정에서 자랐지만 제도적인, 혹은 공식적인 종교는 한 번도 접해 보지 못했다. 그녀의 가정에서 하나님이라는 말은 사실상 사용되지 않는 어휘였다. 그녀는 시와 정치학, 심리학에 관해서 많은 책을 읽었고, 예술과 예술가에 관해서도 잘 알고 있었다. 그러나 성경은 한 번도 읽어 보지 않았다. 혹시 성경 이야기를 들어 봤더라도 주의를 기울이지 않았다. 자신이 기억하는 한 교회 안에 들어가 본 적도 없었다.

하지만 교회에 들어왔을 때 무언가가 그녀의 주의를 잡아끌었고, 그녀는 계속 교회에 나왔다. 몇 달이 지나 그녀는 그리스도인이 되었고 나는 그녀의 목사가 되었다. 나는 그녀를 바라보고 그녀의 이야기를 듣는 것이 좋았다. 그녀에게는 모든 것이 새로웠다. 성경도, 예배도, 기도도, 세례도, 성찬도, 그리고 교회도! 내가 평생에 걸쳐 받아들여 온 모든 것을 그녀가 신나게 받아들이는 것을 듣고 보면서 나는 새로운 힘을 얻는 듯했다. 그녀가 하는 질문은 다 감탄이었다. "내가 평생 어디에 있었던 것일까요! 이건 정말 놀라운 이야기예요. 왜 아무도 나에게 이런 얘기를 안 해줬을까요! 내 주위에서 이런 일이 일어나고 있는데도 나는 왜 몰랐을까요!" 우리는 즐거운 대화를 나누었고, 좋은 친구가 되었다.

하지만 그녀가 주로 어울리는 사람들은 예술가들이었다. 대부분이 화가나 시인, 조각가였고, 중독 치료 프로그램에서 만난 친구도 몇 사람 있었다.

4년 정도 지나서 나는 새로운 일을 맡게 되어 대륙 건너편으로 이사하게 되었다. 우리는 말로 대화하지 못하는 대신 편지를 주고받았다. 아래에 인용한 편지에서, 새롭게 교인이 된 그녀가 교회의 내경과 교회의 각종 지혜를 어떻게 생각하는지 알 수 있다.

"친애하는 목사님께. 예술가 친구들을 만나면 내 삶에 대해 지나치게 방어적인 태도를 취하는 기분입니다. 교회 다니는 것에 관해서 말입니다. 친구들은 내가 뭘 하는지 전혀 이해하지 못하고 당황스러워합니다. 그래서 나는 두드러지게 나타내지 않으려고 노력합니다. 하지만 교회 생활이 점점 더 중요해질수록(이제는 제가 살아가는 데 필수적인 것이 되었습니다) 친구들에게 그것을 감추기가 더 어려워집니다. 그것이 무시당하거나 하찮게 여기지는 게 싫어서 계속 방어적인 자세를 취하게 됩니다. 그리고 갈수록, 그저 조용히 있기가 점점 더 어려워집니다. 그것이 하찮게 여겨지는 것이 참을 수가 없거든요.

엊그제는 훌륭한 예술가인 한 친구가 깜짝 놀라 말했습니다. '너 교회 다닌다는 얘기 들었어. 그게 정말이야?' 또 다른 친구는 제가 3주간 아이티로 단기선교를 갈 예정이라는 것을 알고는 믿기지 않는 표정이었습니다. '주디스, 네가 교회 사람들이랑 아이티에 간다구? 너 어떻게 된 거야?' 나는 내 행동을 방어할 만큼 강하지 않다고 생각했습니다. 만약 내가 흑마술이나 공중 부양 같은 특이한 행위를 하는 별난 이교에 빠졌다면 친구들은 기꺼이 나를 받아들이려고 했을 겁니다. 하지만 교회 다니는 것은 끔찍할 정도로 열등한 것으로 취급됩니다.

7. 교회와 하나님의 각종 지혜 223

하지만 열등한 것으로 취급될 만큼 평범한 것이어도 교회는 내게 무척 소중합니다. 평범함이라는 베일을 벗겨 내면 그 뒤에 가장 특별한 삶을 발견하게 되니까요. 남편이나 친한 친구들에게 그것이 뭔지를 설명하기는 어렵습니다. 마치 그들 앞에 발가벗고 있어야 하는 것 같습니다. 어쩌면 내가 기꺼이 그렇게 한다면 그들은 감히 나를 경멸하지 못할 겁니다. 그저 불쌍하게 생각하고 언제나 그렇듯이 그저 넥타이를 더 조여 매겠죠.

나는 미숙하고 쓸쓸하고 약해진 느낌입니다. 바보가 된 기분입니다. 이 세속적인 세상에서 바보가 되는 것도 그리 나쁘지 않다는 생각입니다. 그들이 나를 바라보는 방식으로는 그들에게 나의 새 생명을 보여 줄 수 없으니까요. 삶에서 뭐가 나아졌는지 정확히 말할 수는 없습니다. 수많은 슬픔과 어려움이 한때는 나아진 듯하다가도 결국 다시 터져 나오니까요. 하지만 6월부터는 더 이상 약을 먹지 않고 있습니다. 그리고 그렇게 할 수 있는 것에 감사하고 있습니다.

친구들에게 나 자신을 설명하려고 할 때면 물질적인 것과 비물질적인 것 사이에서 행글라이더를 타는 기분입니다. 저 아래 그림자를 가리키며 그들은 '봐, 그림자일 뿐이야'라고 말합니다. 어쩌면 그림자가 주는 기쁨을 맛보려면 바보가 되어야만 하나 봅니다. 알려지지 않은, 아무런 값을 치르지 않아도 거저 주어지는 이 그림자가 저에게는 너무도 소중합니다."

주디스의 말이 옳다. 그녀는 교회에 관한 낭만적인 환영을 그리지 않는다. 그녀는 친구들이 만족할 수 있는 방식으로 교회를 변호하거나 설명할 수 없음을 알고 있다. 그녀가 무엇을 하는지 아무도 이해하지 못한다. 그녀는 변명하는 기분이 든다. 하지만 그녀는 자신에게 주어진 것을 끌어안는다. 한없이 약해 보이는 행글라이더와도 같은 교회가 아무런 값을 치르지 않아도 거저 주어지는 이 신비 안에 그녀를 매달고 있다. 그녀는 여기 있다. 여기 있지 **않을** 수 없다. 그녀는 교회의 예술가다. "나를 보지 마. 저 아래 그림자를 봐. 그림자를 보라구. 하나님이 하시는 일을 볼 수 있을 거야."

주디스는 초신자이고 복잡한 교회 일이나 논쟁 같은 것은 배우지 못했지만, 교회가 무엇인지는 알고 있다. 보이지만 화려하지 않은 교회, 그녀의 말대로 "알려지지 않은, 아무런 값을 치르지 않아도 거저 주어지는" 신비 안에 그녀를 매달고 있는 교회. 그녀는 교회에 관해서는 아는 것이 거의 없지만, 교회가 무엇인지는 알고 있다. 그녀는 내경과 각종 지혜에 관해 알고 있는 예술가다. 예술가의 직관으로 그녀는 행글라이더의 인대와 힘줄과 직물이 높이 뜨도록 해주는 힘(성령)을 감지했다. 그녀는 이 행글라이더에 줄로 매달려 있다. 그토록 약해 보이지만 이 땅에 그림자를 만들어 내는 교회에 매달려 있다.

교회가 그리스도의 몸이라는 것은 분명히 드러나지 않는다. 그러나 예수님이 세상의 구원자라는 사실도 분명히 드러나지 않기는 마찬가지다. 그러나 내경과 각종 지혜, 그림자의 관점은 평범함 이면에 있는 특별함을 간파하도록 돕는다. 그러나 세속적인 가치관으로 교회를 우리 생각대로 바꾸려고 하는 한, 하나님과 전혀 상관없이 우리 문화에서 효과적인 방식으로 교회를 바꾸려고 하는 한, 우리는 눈앞에 있는 교회를 결코 알아보지 못할 것이다. 교회가 세상과 경쟁한다고 생각하는 한, 세상을 능가하는 방법이라고 생각하는 한, 우리는 결코 교회의 참 모습을 이해하지 못할 것이다.

이 점에 관해 세상과 교회는 날카로운 대조를 이룬다. 미국 문화는 유명인사, 소비주의, 폭력을 통해 우리를 미숙한 상태에 영원히 가둬 두려고 최선을 다한다. 하지만 교회는 조용히, 거짓 선전 없이 우리가 그리스도의 장성한 분량에 이르기까지 성숙하게 해주는 환경 속에 깊이 잠기게 해준다.

# 8. 기도와 하나님의 모든 충만

에베소서 3:14-21

> 능히 모든 성도와 함께 지식에 넘치는 그리스도의 사랑을 알고
> 그 너비와 길이와 높이와 깊이가 어떠함을 깨달아 하나님의 모든 충만하신 것으로
> 너희에게 충만하게 하시기를 구하노라.
> 에베소서 3:18-19

> 우리가 다시 배워야 할 핵심적인 진리는 그리스도인의 기도가 세차와 비슷하다는 것이다.
> 우리는 운 좋게 새 차를 갖게 되었을 때, 열심을 다해 차를 씻고 닦는다.
> 이 때 세차는 참으로 경건한 일이다. 그러나 시간이 흘러 새 차를 샀을 때의 기분이 사라지면
> 세차는 귀찮고 지루한 일이 된다. 그래도 우리는 여전히 세차를 능률적으로 할 수 있다.
> 여기서 핵심은 그 둘의 결과에는 아무런 차이도 없다는 것이다.
> 마틴 손튼, 「능숙한 그리스도인」

기도는 교회가 요람에서부터 사용하는 언어다. 기도는 우리의 모국어다. 그러므로 바울 서신서 중에서 '가장 교회를 강조하는' 에베소서가 기도의 언어로 쓰인 것은 당연하고도 적절하다. 바울은 길고 폭발적인(!) 기도로 편지를 연다. "찬송하리로다. 하나님 곧 우리 주 예수 그리스도의 아버지께서…"(엡 1:3-14). 그리고 다시 이렇게 기도한다. "우리 주 예수 그리스도의 하나님, 영광의 아버지께서 지혜와 계시의 영을 너희에게 주사…"(1:17-23).

편지의 중반부에서 화제를 전환하면서, 바울은 한 번 더 무릎을

꿇고 성부께 기도한다(3:14-21). 뒤로 몇 쪽을 넘겨 보면, 바울이 독자들에게(우리에게!) 자신이 기도하고 편지로 쓴 모든 것을 기도하며 지켜 행하라고 권면하는 것으로 편지를 마무리하는 것을 볼 수 있다. "…항상 성령 안에서 기도하고…또 나를 위하여 구할 것은…나로 입을 열어 복음의 비밀을 담대히 알리게 하옵소서 할 것이니…"(6:18-20).

바울은 기도한다. 기도가 분명히 드러나지 않을 때에도 그가 쓰는 말은 기도의 언어다. 바울은 기도의 삶을 살았다. 그는 자신이 기도하고 있음을 알지 못할 때조차 기도했다. 그는 축복의 기도로 편지를 시작했고, 그런 다음에도 자신의 편지를 받는 이들을 위해 계속해서 기도하며 편지를 써 나갔다. 이제 이 편지의 가운데 부분에 이르러, 기도가 계속해서 이 편지의 중심이 될 수 있도록 전략적으로 배치된 기도를 만나게 된다. 편지의 마지막 부분에서 바울은 교회를 향해 계속해서 기도하라고 권면한다. 교회에 대해 토론하거나 기도에 관해 이야기하지 말고 기도하라고 가르친다.

교회는 기도로 시작되고, 기도를 중심으로 유지되고, 기도로 마무리된다.

## :: "교회 안에서와 그리스도 예수 안에서 영광이"

이 중반부의 기도는 "교회 안에서와 그리스도 예수 안에서 영광이"(엡 3:21)라는 마지막 구절로 귀결되는 하나의 문장이다. 이 구절이 이 서신서 전체를 간결하게 압축해 준다. 영광이라는 주제(1:6, 12, 14)가 그리스도와 교회를 통해 표현되는 것이다.

그리스도와 교회, 교회와 그리스도 교회에 관해 이야기할 때 우리는 그리스도를 이야기한다. 그리스도에 관해 이야기할 때 교회를 이야기한다. 이것 없이 저것만 이야기할 수 없다. 교회 없이는 그리스도도 없고, 그리스도 없이는 교회도 없다.

예수 그리스도의 독특성은 그분이 참 사람인 동시에 참 하나님이시라는 점이다. 사람이기만 한 분이 아니다. 또한 하나님이기만 한 분이 아니다. 동시에 둘 다이신 분이다. 상반되는 것처럼 보이는 이 두 가지를 동시에 취하는 것, 그것은 예수님을 따르는 이들이 해야 할 가장 어려운 일이다.

교회의 독특성, 그것이 인간적인 동시에 신적이라는 점이다. 인간적이기만 한 것이 아니고 신적이기만 한 것이 아니다. 동시에 둘 다이다. 교회가 신적인 것은 그리스도의 신성으로부터 파생되었기 때문이다. 상반되는 것처럼 보이는 이 두 가지를 동시에 취하는 것은, 교회의 지체들이 해야 할 가장 어려운 일 중 하나다.

예수 그리스도를 사람으로 이해하기는 어렵지 않다. 우리는 사람이 되는 것이 어떤 것인지 알고 있다. 우리가 사람이기 때문에. 그런데 사람으로 살기는 어렵다. 많은 시행착오를 겪는 우리는, 도와주는 사람이 있다면 기꺼이 그 도움을 받으려고 할 것이다. 특히 예수님의 도움은 한 번 받아 볼 만한 것 같다. 그분은 인류 역사상 가장 위대하고 훌륭한 분이라는 평판을 얻고 있다. 지혜와 긍휼, 원수에 대한 사랑, 자발적으로 겪은 고통, 하나님이 누구시며 어떻게 일하시는지에 관한 가르침, 우리가 누구이며 어떻게 해야 선한 삶을 살 수 있는지에 관한 가르침, 가난한 이들을 돌보고 버려진 이들을 받아들이시는 모습, 촌철살인의 경구와 상상력을 자극하는 이야기들. 이 모든 이유 때문에 예수님을 알아보고 그분을 존경하기는 어렵지 않다. 이 점에 관해서는 반대하는 이들이 별로 없다.

물론, 이 모든 것을 알고 있지만 예수님을 따르지 않는 사람도 많다. 그분이 나쁜 사람이라고 생각해서가 아니다. 그저 예수님을 따르면 이 세상에서 가고 싶은 곳으로 갈 수 없고, 성공이나 부를 얻지 못하고, 야망이나 욕심을 충족시킬 수 없으며, 말 잘 듣는 자녀와 안락한 노후가 보장되지 않는다고 생각할 뿐이다.

예수 그리스도를 하나님으로 이해하는 것 역시 어렵지 않다. 인류 역사 전체에 걸쳐, 우리가 아는 모든 시간과 장소에서 사람들은 신 혹은 신들을 믿고 예배해 왔다. 삶이란 그저 태어나서 직업을 얻고 결혼하고 자녀를 낳고 골프와 낚시를 하고 사다리를 올라 '출세'하는 문제가 아니다. 진리를 알아야 하고, 사랑을 경험해야 하며, 천국과 지옥에 관해 생각해 보아야 하고, 영혼을 살찌워야 하며, 아름다움을 느낄 수 있어야 하고, 아직 드러나지 않은 영원한 신비도 깨달아야 한다. "사람은 잡을 수 있는 것 너머로 손을 뻗을 수 있어야 한다. 그렇지 않다면 굳이 왜 하늘이 있겠는가?"라는 로버트 브라우닝(Robert Browning)의 물음은, 초월적인 것, 우리가 통제할 수 없는 것, 삶에 의미를 부여하는 하나님의 신비에 열려 있게 하며 그에 반응할 수 있게 해준다. 예수님이 하나님의 아들이시며, 기적적으로 이 땅에 태어나 이 모든 말씀을 전해 주셨고, 다시 기적적으로 '하나님 우편'으로 돌아가셔서 하늘 보좌에 앉으셨다는 이야기는 꽤 널리 알려져 있다. 아마도 인간인 우리에게는 초자연적인 것을 믿는 성향이 내재해 있는 듯하다. 많은 사람들에게 그리스도는 하나님의 계시, '우리와 함께 계시는 하나님'이 될 가장 중요한 후보다.

물론 예수님을 하나님으로, 하나님의 계시로 믿지 않는 사람들도 많다. 그러나 예수님에 관한 이런 이야기를 몰라서 그런 것은 아니다. 다 큰 성인에게는 믿음이란 것이 필요하지 않다고 생각할 뿐이다. 그들에게 그리스도가 하나님이라는 믿음은 미신이다. 초자연적인 것을 진지하게 받아들이는 것은 아이들이나 하는 순진한 행동이다. 하나님이나 신들에 의미가 있다면, 그것은 그저 우리 자신 즉 '우리 안에 있는 신'에 관해서 이야기하는 또 다른 방법일 뿐이다. 믿어야 할 신이 있다면 그것은 바로 나다. 그러므로 그리스도가 하나님이라고 진지하게 믿는다는 것은, 내가 하나님이 **아니라는** 것을, 내가 신적인 속성을 소유하지 못했음을 뜻하게 된다. 신들은 경쟁을 좋아하지 않으므로, 당신이 그리스도의 신성을 고집한다고 해도 나는 관심이 없다.

그리스도인들은 예수 그리스도께서 참 하나님이시며 참 사람임을, 즉 온전히 인간적인 동시에 온전히 신적인 분이심을 이해하고 따르고 믿기 위해, 오랫동안 열심히 연구하고 생각하고 기도하고 서로 대화해 왔다. 이것은 쉽지 않은 일이었고, 여전히 양쪽에서 신성과 인성의 연합을 공격하는 이들이 있다. 그러나 적어도 교회 안에서는 일치된 의견을 고수하고 있다.

그리스도인들은, 두 가지 요소를 희석하거나 타협하지 않으면서 사람인 동시에 하나님이신 그리스도의 삶을 이해하고 그에 참여하려고 한다. 그리고 그와 동일한 관점에서 교회의 삶을 이해하고 그에 참여하려고 한다. 에베소서는 성경의 그 어떤 책보다 그리스도와 교회라는 짝을 강조한다. 이 짧은 서신서에서 열한 번이나 그리스도와 교회가 단단히 결합되어 나란히 등장한다.[1]

교회의 신성이 축소되거나 경시될 때, '인간성'이 그 빈자리를 채운다. 종교는 우리가 스스로 행하는 일로 전락하여, 하나님을 예배하는 일은 중심에서 밀려나고 숭고함의 아름다움을 즐기는 데 열중하게 된다. 이런 종교는 장엄한 모습을 보여 주는 경우가 많다. 화려한 음악, 눈부신 태피스트리와 제단 장식, 극적인 예전, 고상한 언어, 감정을 한껏 고조시키는 수사학, 숨 막힐 정도로 멋진 건축물, 심혈을 기울인 지적으로 탁월한 (그러나 기도 없는) 신학. 물론 모두가 하나님의 영광을 위한 것이다. 그러나 대개는 형식적일 뿐이다. 성부의 일을 행하시는(치유하고, 구원하고, 복 주시고, 용서

하시는) 예수님은 경건하게 무시한다.

교회의 인성이 축소되거나 경시될 때, 교묘하게 성육신을 부정하는 가짜 '신성'이 그것을 대체하게 되고, 영성은 영원히 구원받아야 할 영혼을 지닌 우리 개개인과 수행해야 할 영적인 책무로 환원되고 만다. 그리스도의 이름을 눈에 띄게 자주 들먹이지만, 누가 주도권을 쥐고 있는지는 매우 분명하다. 바로 **우리**다. 그리스도는 기적이 필요할 때 동원되는 후원자일 뿐이다. 때때로 성경공부나 기도를 통해서 우리의 내적인 경건 생활을 발전시키도록 도와달라고 그리스도께 부탁하기도 한다. 때로는 프로그램이나 캠페인, 선교를 추진하는 것을 도와달라고 그리스도를 부르기도 한다. 인간성을 무시하는 교회에서 인상적인 영성을 발전시키는 경우도 많다. 집중 성경공부, 기도와 금식, 프로그램과 표어, 꿈과 비전, 캠페인과 산을 옮기자는 감동적인 호소. 그러나 이것은 흥미롭게도 인간관계나 포용성, 환대하는 친밀함을 결여한 영성이기도 하다. 사람을 비인격화시키고 추상화시켜, 추구해야 할 대의나 고쳐야 할 문제로 취급해 버린다. 교회는 비인격적인 프로젝트가 되고 만다. 물론 이 모두가 예수님의 이름으로 행해진다. 그러나 예수님의 인성에 관한 것은 별로 찾아볼 수가 없다.

교회가 예수님의 신성(하나님의 용서와 구원, 사랑과 거룩하게 하시는 사역)을 끌어안지 못할 때, 교회는 그리스도의 몸으로서의 그 핵심적인 정체성을 배반하게 된다.

그리고 교회가 예수님의 인성(인격적이며, 구체적이고, 현세적이며, 겸손한)을 끌어안지 못할 때, 교회는 하나님이 거하실 처소라는 그 핵심적 정체성을 배반하게 된다.

그리스도의 몸인 교회는, 그 머리이신 그리스도의 신성이나 인성 중 어느 하나가 부족할 때 더 이상 그리스도의 몸이 아니며 더 이상 교회가 아니다. 우리는 예수님의 정체성으로부터 도출된 교회의 정체성을 강조하는 바울의 대담하고 강력한 주장을 진지하게 받아들여야 한다. 교회가 완벽한 모습을 갖추어야 한다는 것이 아니라, 비록 불완전하게 실현된 것일지라도 성숙함의 증거를 보여 주어야 한다는 말이다. 지금까지 완벽하고 죄가 없는 교회는 한 번도 존재하지 않았고, 앞으로도 그런 교회는 없을 것이다.

바울과 그의 에베소 교회와, 밧모 섬의 요한과 그의 일곱 교회를 비교해 볼 때 교회에 대한 유익한 경고의 메시지를 얻을 수 있을 것이다. "조심하라! 교회는 안전하게 죄가 차단된 추기경들의 비밀 회의장이 아니다." 예수님의 인성과 신성의 유기적인 통일을 유지하기 위해서는 항상 경계해야 한다. 교회의 인성과 신성의 유기적인 통일을 유지하기 위해서도 똑같은 경계가 필요하다.

바울은 요한이 에베소를 비롯한 일곱 교회를 순회하는 목회자가 되기 30여 년 전에 에베소서를 썼다. 이 편지는 에베소 교인들이 그리스도를 이해하는 방식과 똑같이 교회를 이해하도록 해주었다. 한 세대가 지난 후 요한이 맡은 교회들 안에서는 그리스도를 통해서 형성된 이러한 교회의 정체성이 거짓 교사와 사탄, 그리스-로마 세계 곳곳에 퍼져 있던 우상숭배와 폭력, 거짓과 박해라는 악한 현실의 공격을 받고 있었다. 바울은 교회 정체성의 기초를 놓은 이 서신서에서 이런 종류의 일이 교회의 일부라고 말하면서 교회는 악의 세력으로부터 면제되는 특권을 누리는 곳이 아니라고 경고한 바 있었다.

이제 요한의 차례다. 밧모 섬의 요한은 성령이 주시는 분별력으로 자신이 섬기는 일곱 교회의 잘못을 지적하면서(계 2-3장), 어느 때든 어떤 모양이든 교회를 '우리의 형상'대로 만들려고 하는 태도에 대해 무섭게 경고한다. 그는 부활하신 예수 그리스도의 몸을 보았던 환상을 통해 자신의 교회관을 이야기한다(계 1:12-20). 그런 다음 그는 그리스도의 몸을 부주의하고 무관심하게 대하는, 혹은 의도적으로 배반하는 일곱 교회를 호되게 꾸짖는다.

에베소 교회는 "처음 사랑을 버렸다"(계 2:4)는 이유로 책망을 받는 첫 번째 교회다. 마지막으로 언급된 라오디게아 교회는 그 미지근함 때문에 ("네가 이같이 미지근하여 뜨겁지도 아니하고 차지도 아니하니") 예수님께 "내 입에서 너를 토하여 버리리라"라는 꾸중을 듣는다(3:16). 요한은 "사탄"이라는 용어로 (2:9; 2:13) 몇몇 교회를 깜짝 놀라게 하고, 참 하나님이자 참 사람으로 자신을 계시하신 그리스도와 정면으로 배치되는 일들이 그들의 눈앞에 벌어지고 있음을 깨닫게 한다. 그들은 죄와 악에 관해 너무 순진해서 '광명의 천사'로 가장한 사탄의 속임수를 알아차리지 못하는 것일까?

그리스도께서는 그들 사이에서 세력을 얻고 있는 거짓 가르침과 잘못된 습관을 낱낱이 드러내신다. "니골라 당의 교훈"(2:15), "발람의 교훈"(2:14), "자칭 선지자라 하는 여자 이세벨"(2:20), "사탄의 깊은 것"(2:24). 어째서 그들은 예수 그리스도의 입에서 나오는 불타는 양날 검과 같은 가르침과 이 가짜 예언자들의 말 사이의 근원적인 차이점을 구별하지 못하는 것일까? 이 거짓 가르침이 구체적으로 어떤 것인지는 알 수 없다. 그러나 이런 가르침은 세 이름(발람, 이세벨, 사탄)과 연관이 있으며, 이것은 이 교회들이 모세와 엘리야, 예수님과 바울, 그리고 가깝게는 요한 자신으로부터 배워온 바와 다른 거짓말, 왜곡, 배교였음이 분명하다.

'사탄'이나 '니골라 당' '발람' '이세벨'이라는 말이 요한의 교회들 안에서 일어난 극악무도한 죄나 가르침을 지칭하는 것 같지는 않다. 그리스도의 몸인 교회가 안에서부터 노골적으로 도전을 받는 경우는 거의 없다. 교회 안의 거짓말과 죄는 좀더 교묘한 방식으로 일어난다. 그것은 거의 언제나 이미 예수 그리스도 안에 분명히 계시된 진리를 개선하거나 확장하겠다는 약속으로 나타난다.

요한이 이 교회들와 관련하여 사탄과 니골라 당, 발람과 이세벨이라고 지칭한 것에 대해, 바울은 일찍이 "마귀의 간계…이 어둠의 세상 주관자들과 하늘에 있는 악의 영들"(엡 6:11-12)이라고 불렀다. 교회는 적이 언제나 공격과 침입의 기회를 노리는 먹잇감이다. 앞으로도 언제나 그럴 것이다. 바울은 처음부터 에베소 교회에 분명히 경고해 두었다. 거짓으로 예수님이 주신 근원적인 정체성을 해체하려는 악한 사람들과 '이 어둠'의 속임수를 분별해야 할 목회자로서의 책무를 이제는 요한이 맡게 된 것이다.

요한은 교회 가운데 임하시고 살아 계셔서 역사하시는 예수님에 대한 웅장한 환상을 통해 자신의 교인들에게 찾아온 위협에 맞선다. 환상을 통해 각 교회는 스스로가 거대한 교회의 한 부분임을 알게 되며, 예수님이 사탄과 발람과 이세벨의 세상, 마귀의 간계, 어둠과 악한 영을 정복하시며 "이기고 또 이기려고"(계 6:2) 하시는 모습을 바라보며 하나님을 찬양하게 된다.

요한은 이 환상을 탁월하게 묘사하고 있다. 그 이후로 오랫동안 이 환상은, 전 세계의 교회들이 교회의 중심이며 유일하고 대신할 수 없는 예수 그리스도의 위치를 다시 상상해 내고 더욱 분명히 깨닫는 데 매우 중요한 역할을 해 왔다.

## :: "아버지 앞에 무릎을 꿇고 비노니"

"아버지 앞에 무릎을 꿇고 비는"(엡 3:14) 신체적인 행위는 경외의 행위다. 스스로 무방비 상태에 처하는 행위이기도 하다. 무릎을 꿇고 있을 때 나는 도망칠 수 없다. 내 생각을 주장할 수 없다. 순종하는 마음으로 상대의 뜻을 겸손히 받들겠다는 다짐의 표현이다. 이것은 일로부터 물러나는 행위다. 그럴 때 나는 그 일이 나 없이 어떻게 이루어지는지, 내가 자리를 차지하지 않고 내 목소리를 내지 않을 때 그 일이 어떻게 이루어지는지를 볼 수 있다. 무릎을 꿇을 때 나는 더 이상 근육을 굽히지도 못하고, 으스대며 걷거나 움츠리지도 못하며, 그늘에 숨거나 무대 위에서 허세를 부리지도 못하게 된다. 나는 더 작아져서 더 많은 것을 깨달을 수 있게 된다. 비겁하게 피하는 태도나 공격적으로 지배하려는 경향이라는 굴절 렌즈 없이 현실을 직시할 수 있는 자세를 취하게 된다. 나 자신이 세운 목표는 잠시 제쳐 두고 하나님 앞에 가만히 서게 된다.

대중매체와 우리의 부모들, 고용주들, 선생님들, 그리고 무엇보다도 우리의 자아가 우리 자신을 최대한으로 활용하라고 명령하는 이 세상에서, 이런 자세는 인기 있는 자세가 아니다. 그러나 바울은 아버지 앞에 무릎을 꿇고 기도한다.

기도는 인류의 공용어다. 모두가 기도한다. 적어도 모두가 처음에는 기도를 한다. 그렇다면 어째서 이른바 기독교적인 미국에서 기도의 행위가 이렇게도 드물고 혼란에 싸인 것일까? 왜 기도는 너무나 많은 이들에게 당황스러운 사적인 행위가 되거나 정치적 대의가 된 것일까? 나는 이런 질문을 자주 해 본다.

목회자로서 내가 하는 일은 대부분 사람들에게 기도하라고 권면하고 기도하는 법을 가르치는 것과 관련되어 있다. 하지만 이 일이 쉽다고 생각해 본 적은 한 번도 없다. 왜 기도를 가르치기가 그렇게 어려운 것일까? 기도가 사실상 어디에나 존재하고, 모든 사람에게 적어도 흔적으로라도 남아 있다면, 왜 기도를 잘하는 이들이 그렇게 드문 것일까? 목회자로서 내가 평생 섬겨 온 사람들은 누군가 자신들을 위해 기도해 주는 것을 전혀 부담스러워하지 않는다. 사실 나에게 기도해 달라고 부탁하는 경우가 많다. 왜 사람들은 자신들을 위해 기도해 줄 대표자를 따로 뽑아 두려고 하는 것일까? 실제로 기도하기보다 기도에 관한 이야기가 훨씬 더 많을까? 다른 언어보다 기도의 언어에 관해 의심과 의문이 훨씬 더 많이 제기되는 것일까?

이런 물음에 적절히 대답하기 위해서는, 적어도 대답을 시작하기 위해서는, 무릎을 꿇지 않을 때 우리가 어떤 언어를 사용하는지 살펴볼 필요가 있다. 쇼핑을 가거나 학교를 가거나 은행에 가거나 일터에 가거나 컴퓨터를 켤 때 우리가 날마다 사용하는 언어에 주의 깊게 귀를 기울여 보면, 주로 사용되는 말이 비인격적인 언어임을 금세 알아차릴 수 있다.

언어는 다양한 방식으로 사용된다. 언어는 사물을 지칭하거나, 행동을 묘사하거나, 정보를 전달하거나, 구체적인 행위를 명령하거나, 진실을 말하거나, 거짓을 말하거나, 저주하거나, 축복한다. 놀라울 정도로 그리고 무한하게 다양한 용도로 쓰인다. 그러나 우리가 사는 지나치게 기계화되고 소비주의적인 세상에서는, 보통 때 말하고 듣는 단어의 대부분에 관계적이거나 인격적인 깊이가 거의 혹은 전혀 없다. 사물과 행위, 기계와 관념의 세계를 다루는 말들뿐이다.

그러나 언어의 핵심은 무언가를 드러내는 데 있다. 말을 사용해서 나는 나 자신을 드러내고 다른 이와의 관계 안으로 들어갈 수 있다. 나는 다른 누군가에게 내가 누구인지, 내가 무엇을 느끼는지, 내가 어떻게 생각하는지를 이야기할 수 있다. 그리고 다른 사람이 나에게 하는 말을 들음으로써 나는 그 사람과 관계를 맺을 수 있다. 언어의 가장 탁월한 기능은, 인격적인 관계를 시작하고 발전시키는 것이다. 앞서 언급한 다른 모든 기능을 하기도 하지만, 언어는 드러냄(계시)으로써 그 진가를 발휘한다.

어릴 때부터 우리는 모두 이렇게 인격적, 관계적, 계시적 방식으로 언어를 배운다. 우리가 단어를 발음할 수 있기 전부터, 우리가 내는 소리는 친밀한 애정, 기본적인 신뢰, 약속, 편안함을 기르는 데 기여한다. 그러나 너무 금세 우리는 사물을 지칭하고 요구하는 법을 배우게 된다. 그때부터 언어는 우리 앞에 있는 세상과 우리 주위의 사람들 모두를 대상화시킨다. 지칭하고 규정하고 묘사하는 언어를 사용하는 데 점점 능숙해질수록 언어의 인격적이며 관계적인 양상은 약해지는 한편, 조직해야 할 사물과 해야 할 일로 이루어진 세계를 잘 헤쳐나가기 위해서 어떻게 말해야 하는가를 배우게 된다. 안타깝게도, 그러는 동안 우리는 사람들을 '사물로 취급하게' 된다. 우리가 사용하고 듣는 단어는 주로 주어진 역할에 따라 결정된다. 학생, 손님, 직원, 노동자, 경쟁자. 모두가 이름 없는 사람들이다. 우리가 본래 가지고 있던 친밀함과 관련된 언어적 본능은 조금씩 사라져 간다. 머지않아 우리의 언어 대부분은, 워즈워스(Wordsworth)의 탄식처럼 '획득하고 소비하는' 데 사용된다. 언어가 비인격적으로 변할 때 세상은 비인격화된다. 결혼하겠다고 결심할 즈음에는 '사랑해'라고 말하는 법을 잊어버리게 된다. 그래서 우리는 밖에 나가 우리 대신 그렇게 말해 줄 엉터리 시가 적힌 카드를 사 온다.

하지만 문제가 있다. 기도는 인격적인 언어이며, 그렇지 않으면 그것은 아무것도 아니다. 하나님은 인격적이며, 너무나도 인격적이시다. 인격적인 세 위격의 하나님이시다. 모든 관계 중에서 가장 인격적인 관계인 하나님과의 관계에서 비인격적인 언어를 사용한다면, 그 언어는 아무런 기능도 하지 못한다. 그리고 성경 속에서, 그리고 침묵 가운데 인격이신 하나님이 우리의 독특한 인격을 향해 말씀하실 때 정보나 해답을 기대한다면 그런 것은 결코 들을 수 없을 것이다. 기도가 그저 소원 목록이나 불평거리 이상의 무언가가 되기를 바란다면, 먼저 우리가 듣고 말할 때 인격적이며 관계적이고 계시적인 언어를 회복해야만 한다.

시편은 인격적인 기도의 언어를 회복하는 고전적인 교과서다. 그리스도인들은 무엇보다도 시편에 철저히 젖어듦으로써, 수많은 기도의 선조들과 더불어 인격적이며 친밀하고 정직하며 현실적인 기도의 언어를 배우고 익힌다. 기도는 언제나 인격적이지만, 결코 개인적이지 않기 때문이다. 기도할 때 우리는, 우리가 볼 수 있든 그렇지 않든 큰 회중의 일부가 된다. 시편을 기도함으로써 우리는 기도하는 회중의 일부가 되는 것에 익숙해진다. 설령 아무도 없는 방에서 혼자 기도하더라도, 우리는 결코 혼자가 아니다. 우리가 그들을 위해서 기도하고 있음을 모르는 다른 사람들을 위해 우리는 기도한다. 우리는 모르지만 다른 이들이 우리를 위해 기도한다. 이것은 중요하다. 기도는 가장 인격적인 언어이지만, 또한 본질적으로 상호 관계적인 언어이기도 하기 때문이다. 기도는 **교회의** 언어다. 우리가 그리스도와 더 친밀한 관계를 맺게 될수록, 그리스도의 몸과 점점 더 가까워지고 친밀해진다. 기도할 때 우리는 자신 안에 홀로 갇히지 않는다. 시편을 기도할 때 우리는 기도의 학교 안에 머물러 있게 된다. 이 학교에서 우리는 하나님의 말씀과 하나님의 백성이 내는 찬양과 고통의 목소리를 민감하게 귀 기울여 듣는 법과, 우리 자신도 그렇게 기도하는 법을 배우게 된다.

## :: "모든 충만하신 것"

교회를 위한 바울의 기도는 언제나 풍성하다. 그의 기도에는 신중하거나 삼가는 것이 전혀 없다. 에베소 교인들을 위해 기도할 때 그의 중보 기도에는 아낌없이 주는 그의 마음이 묻어난다. "그의 영광의 풍성함을 따라 그의 성령으로 말미암아 너희 속사람을 능력으로 강건하게 하시오며…사랑 가운데서 뿌리가 박히고 터가 굳어져서…지식에 넘치는 그리스도의 사랑을 알고 그 너비와 길이와 높이와 깊이가 어떠함을 깨달아…모든 충만하신 것으로 너희에게 충만하게 하시기를…우리가 구하거나 생각하는 모든 것에 더 넘치도록…." 우리는 넉넉한 집 안에서 기도하고 있다.

에베소의 그리스도인들을 위한 이 중보의 기도는 정말이지 놀라운 기도다. 대개 중보 기도를 하는 이유는 도움이 필요한 누군가가 있기 때문이다. 소중한 사람을 잃은 가족을 위해 중보하거나, 아픈 사람의 치유와 건강을 위해 중보하거나, 정치 지도자들에게 지혜를 달라고 간구하거나, 혼란을 겪고 있는 이들이 방향을 잡을 수 있도록 간구하거나, 중동의 평화를 위해 간구하거나, 세계의 굶주린 사람들, 집 없는 이들을 위해 간구하거나, 인종 차별과 갈등의 종식을 위해 간구하거나, 실직한 이들을 위해 간구한다.

이런 기도는 이해할 만하다. 주일에 어떤 교회에 가든지 주위를 둘러보면 도움이 필요한 사람들이 항상 있다. 수술이 불가능한 상태까지 암이 발전했음을 이제야 알게 된, 혼자 세 자녀를 키우는 어머니, 약물 중독에 빠진 십대 아들을 이제 막 재활원에 보낸 아버지, 35년을 함께 산 남편을 얼마 전에 잃은 할머니, 이 교회에 아직 적응하지 못한 새로 나온 교인. 어느 교회에나 도움이 필요한 사람들, 중보 기도가 필요하고 그런 기도를 받는 사람들이 있다.

바울은 이와 같은 중보 기도에 또 하나의 차원을 더한다. 바로 중보가 흘러넘치는 충만함의 거대한 저장소다. 그의 중보 기도는 하나님의 충만하심에서 넘쳐흐른다. 중보를 떠받치는 것은 인간의 궁핍한 상황이 아니라 하나님의 충만하심이다. 틀림없이 바울은 자신이 편지를 보내고 있는 이 교회가 도움이 필요하다는 것을 모르지 않았다. 결국 그는 목회자가 아닌가? 그러나 그의 기도는 인간의 상황에 대한 연민이나 절망으로부터 시작되지 않는다. 그의 중보 기도는 하나님 즉 성부, 성자, 성령에 의해 형성되며 그분에 의해 힘을 얻는다. 여는 기도에서 여덟 차례 터진 하나님의 행동을 묘사하는 '로켓 동사들'(엡 1:3-14), 그가 기도하며 교인들을 기억할 때 감사의 제목이 되는, 부활로 창조된 '성도'의 정체성(1:15-19), 불안하게 노력하지 않아도 놀라운 은총으로 구원해 주신 측량할 수 없는 풍성하심(2:1-10), 어느 곳에서나 누구든지 '우리의 평화' 되신 그분을 얻게 하려고 그리스도께서 허무신 담(2:11-22), 교회의 '내경'이자 그림자인 '각종 지혜.' 이 모든 것을 통해 우리는 이 세상에서 벌어지고 있는 모든 것, **실제로** 일어나고 있는 모든 것을 볼 수 있는 눈과 들을 수 있는 귀를 얻게 되었다.

허먼 멜빌(Herman Melville)은 친구에게 "나는 잠수하는 사람을 좋아해"라고 말했다. 바울은 잠수한다. 그는 깊은 곳으로 들어가 우리를 떠오르게 하는 조건들을 탐사한다. 그는 수면에서 무슨 일이 일어나고 있는지 모르지도 않고 그것에 대해 무관심하지도 않다. 그러나 그는 중보 기도를 통해 잠수하여 하나님이 어떤 분이신지, 우리 아래에서 언제나 어떻게 행하시는지를 듣고 확인한다. 그런 다음 깊은 곳으로부터 올라와 기도한다. "그의 성령으로 말미암아 너희 속사람을 능력으로 강건하게 하시오며"(3:16). "그리스도께서 너희 마음에 계시게 하시옵고"(3:17). "능히…그리스도의 사랑을 알고"(3:18). "하나님의 모든 충만하신 것으로 너희에게 충만하게 하시기를 구하노라"(3:19). 여기 네 차례의 중보가 있다. 바울은 우리가 우리의 존재와 행위보다 앞선 하나님, 우리 삶의 문제들보다 앞서는 하나님, 그 하나님의 임재 안으로 들어가 그분 안에 참여하기를 기도한다. 우리의 문제는 우리를 규정하지 못한다. 하나님이 우리를 규정하신다. 우리의 문제는 우리 정체성을 규정하는 첫 말도 마지막 말도 될 수 없다. 바로 하나님이 그 처음과 마지막 말이시다.

25년 전에 나의 친구인 프레드와 셰릴은 입양할 아이를 데리러 아이티로 갔다. 바로 애디라는 다섯 살짜리 여자 아이였다. 그녀의 부모는 교통사고로 죽었고 다른 가족은 한 사람도 없었다. 이 어린 고아는 비행기에 탑승하기 위해 걸어가는 좁은 통로 안에서 손을 뻗어 이제 막 만난 양부모에게 자기 손을 맡겼다. 나중에 그들은 이때가 '탄생'의 순간이었다고 말했다. 이렇게 순수하고 두려움 없는 신뢰가 그들의 손을 잡는 신체적인 행위를 통해 표현되었던 그 순간은, 15년과 13년 전 그들의 두 아들이 산도(産道)를 통과해 태어난 때만큼이나 기적처럼 느껴졌다.

그날 저녁 애리조나의 집으로 돌아온 그들은 새로 얻은 딸과 처음으로 저녁 식탁에 앉았다. 식탁 위에는 돼지고기 갈비살 접시와 으깬 감자를 담은 그릇이 놓여 있었다. 십대인 두 아들은 한 차례를 덜어 먹은 후 접시를 다시 채워 먹었다. 곧 돼지고기와 감자가 없어졌다. 애디는 태어나서 지금까지 그렇게 많은 음식이 식탁 위에 놓인 것을 본 적이 없었고 그렇게 많은 음식이 그렇게 빨리 없어지는

8. 기도와 하나님의 모든 충만

것도 본 적이 없었다. 새로 생긴 두 오빠, 새처와 그레이엄이 십대답게 게걸스럽게 먹는 모습을 바라보는 그녀의 눈은 휘둥그레졌다.

프레드와 셰릴은 애디가 갑자기 말이 없어진 것을 알아차렸다. 뭔가 잘못된 것을 깨달았다. 불안한 것일까? 당황한 것일까? 셰릴은 사라진 음식 때문일 것이라고 생각했다. 배를 곯으며 자라난 애디가 식탁의 음식이 사라진 것을 보고 또 음식을 먹으려면 하루나 며칠을 더 기다려야 할 거라고 생각하는 게 아닐까 싶었다. 셰릴의 추측이 맞았다. 그녀는 애디의 손을 잡고 빵이 든 서랍을 열게 하고 여분의 빵 세 덩이가 남아 있음을 보여 주었다. 그리고 냉장고 문을 열고 우유병과 오렌지 주스, 신선한 야채, 잼과 땅콩 버터가 든 병, 계란, 베이컨을 보여 주었다. 식료품을 두는 방으로 데려가 감자와 양파, 호박이 든 상자와 선반 위에 있는 토마토, 복숭아, 절인 오이 통조림을 보여 주었다. 매번 이 집에는 음식이 많다고 애디를 안심시켰다. 새처와 그레이엄이 아무리 많이 먹고 빨리 먹어도, 훨씬 더 많이 남아 있다고 말해 주었다. 음식은 충분했다. 애디가 볼 수 있든 없든 음식은 거기 있었다. 오빠들은 더 이상 식탁 위에서 애디의 경쟁자가 아니다. 애디에게는 새로운 집이 생겼다. 이제 다시는 굶지 않을 것이다.

아내와 나는 25년 전에 이 이야기를 들었다. 그 이후로 나는 바울의 이 기도를 읽고 기도할 때마다, 애디의 손을 잡고 부엌의 음식을 보여 주며 이제부터 살게 된 이 집 안에 있는 "측량할 수 없는…풍성함"(엡 3:8)과 "모든 충만"(3:19)을 확인시켜 준 셰릴이 생각난다.

## :: "속사람"

기도는 하나님께 주의를 기울이는 것이다. 그러나 기도는 우리가 이따금 내적 삶이라고 칭하는 것을 개발하는 행위이기도 하다. 다시 말해서, 기도는 그저 그분과 "그의 영광의 풍성함"(엡 3:16)을 아는 것보다 더 많은 것을 의미한다. 기도는 하나님에 관해 우리가 아는 것을 그분에 대한 우리의 인격적 반응과 결합시킨다. 그래서 바울은 아버지께서 "그의 성령으로 말미암아 너희 속사람을 능력으로 강건하게 하시오며, 믿음으로 말미암아 그리스도께서 너희 마음에 계시게 하시기를" 기도했다(3:16-17).

바울이 사용한 '속사람'이라는 말에 관해, 대부분의 학자들은 이 말이 우리의 내적인 삶, 우리의 마음, 영혼의 생명을 뜻한다고 해석한다. 그러나 마르쿠스 바르트는 원문의 문자적 번역어로서의 '속사람'(inner man)을 고수하면서도 한 걸음 더 나아가, 이 구절이 예수님을 지칭하는 대문자 '속사람'(Inner Man)이기도 하다고 주장한다(그리고 나는 그의 주장이 설득력이 있다고 생각한다). 그는 이 구절을 "그의 성령으로 말미암아 너희가 능력으로 강건해져 속사람(Inner Man)이신 예수를 향해 자라가고, 믿음으로 말미암아 메시아께서 너희 마음에 계시기를"이라고 번역한다. 속사람은 우리 마음속에 거하시는 메시아와 동의어라는 말이다.[2]

이전에 바울은 갈라디아서에서 비슷한 말을 한 적이 있다. "내가 율법으로 말미암아 율법에 대하여 죽었나니, 이는 하나님에 대하여 살려 함이라. 내가 그리스도와 함께 십자가에 못 박혔나니, 그런즉 이제는 내가 사는 것이 아니요, 오직 내 안에 그리스도께서 사시는 것이라"(갈 2:19-20).

속사람을 예수님으로 보는 바르트의 주석이 지닌 장점은, 예수님과 별개로 우리의 내적인 삶을 신성시하는 위험에 대한 보호 장치를 제공해 준다는 점이다. 극단적으로 주관적인 기도는 기도의 본질 자체, 즉 기도의 **관계적** 핵심을 위협한다. 내가 성부 앞에 무릎을 꿇을 때, 그리스도께서 나를 위해(요한복음 17장), 내 안에서 기도하시며 그분의 성령을 통해 나에게 능력을 주신다. 그런데 단순히 '속사람'이라고 번역할 경우에는, 이 말이 마치 색깔 없는 영적 추상물처럼 보이기도 한다. 그래서 내가 마음대로 어떤 색으로든 칠할 수 있는 것처럼 느껴진다. 그러나 대문자 '속사람'은 구체적으로 예수님을 가리킨다. 내가 묵상할 수 있는 말씀 안에, 내가 참여할 수 있는 행동 안에 계시된 하나님을 말한다. 그렇다면 내 기도는 실제의 역사에, 현실에서 일어난 성육신에 뿌리를 내리게 되며, 내 기분이나 공상, 죄책감으로 인한 두려움이나 자기 위주의 생각에 좌우되지 않을 수 있다.

물론 기도는 주관적인 것이다. 기도는 우리의 속사람, 내 마음과 관계가 있다. 그러나 그것 이상이기도 하다. "나"보다는 내 안에 계신 분, 즉 예수님 안에 계시된 하나님과 더 밀접하게 관련된 행위다.

아빌라의 테레사가 이야기한 "영혼의 성(城)"에는 반드시 내가, 나의 모든 것(몸과 영혼, 감정과 생각, 기억과 꿈 부모와 가족, 내 삶의 이야기의 일부가 되는 모든 사람들)이 포함된다. 그러나 이 '성', 즉 기도하는 사람 안에는 훨씬 더 많은 것이 포함된다. 하나님의 모든 것, 성부, 성자, 성령 삼위일체의 모든 활동이 포함된다. 기도할 때 나는 홀로 하나님 앞에 있는 것이 아니다. 속사람(Inner Man)이 계셔서 내 기도의 동반자가 되시며 하나님의 말씀을 들려주신다. 기도는 '나 자신'을 초월하여 나를 하나님을 계시하시는 속사람, 예수님과 친밀하며 참여적인 관계로 들어가게 해준다.

흔히 말하는 것처럼, 기도는 '당신의 참된 자아와 접촉하는' 것이 아니다. 그것은 당신 자신에게 몰두하는 것으로부터 하나님께 집중하고 그분께 민감해지는 것으로 전환하는 행위다. 내가 중심이 되는 삶의 방식을 벗어나 그리스도께서 중심이 되시는 삶의 방식으로 의도적으로 나아가는 행위다. 우리가 약함과 목마름과 절망 속에서 하나님께 손을 뻗는 것도 물론 사실이다. 그러나 더 크고 포괄적인 현실은, 하나님이 이미 우리를 향해 손을 뻗고 계시다는 점이다. 기도는 우리를 향한 하나님의 움직임에서 시작된다.

이것은 에베소서 전체의 가르침과도 일치한다. 모든 것은 하나님에서 비롯되어 그분 안에서 완성된다. 그리스도 안에서의 성장은 '거듭남'의 문제가 아니라, 거듭난 후에 놀라운 선물인 이 생명을 자라게 하고 성숙에 이르게 할 책임을 하나님께 넘겨 드리는 것이다.

우리가 기도하는 전제 조건은 속사람이신 예수님이라고 가르침으로써 바울은 우리가 우리 자신의 '속사람'에 지나치게 몰두하지 않도록 도와준다. 그리스도인들이 기도하는 중에 하나님보다는 그들 자신에 더 관심을 기울이고 때로는 강박에 빠질 정도에 이르는 경우가 적지 않다. 기도에 '관해서' 이야기하고, 여기저기 기도회를 쫓아다니고, 기도에 관한 책을 많이 읽고, 기도의 전문가가 될 때 이런 현상이 나타난다. 기도에 관한 한, 자의식은 좋은 신호, 거룩함의 표지가 아니다. 속사람이신 예수님과 더불어 기도할 때 우리는 편집증적인 자기 도취로 빠져드는 기도로부터 안전할 수 있다.

바울이 경고하는 또 다른 위협은, 기도를 비인격적인 호기심의 표현으로 여기는 태도다. 초자연적인 현상, 표적과 기사, 초능력, 식물이 자라는 데 영향을 미치는 힘, 동시에 두 지점에 존재하는 능력이나 공중부양 능력 등. 이런 것들에 대한 호기심은 명상 기법이나 점성술을 통해 초자연적 영역과 접촉하거나, 춤이나 단식, 마약 등을 통해 비정상적 심리 상태로 들어가는 방법을 추구하는 쪽으로 타락하기가 쉽다. 이런 것은 예수님이나 다른 누구와도 상관이 없으며, 삶에서 "그분의 영광의 찬송"을 실천하는 것과도 전혀 무관하다. 속사람이신 예수님이 우리가 기도하는 자리에 '거하시며' 그분의 성령이 우리에게 능력을 주셔서 '그리스도의 장성한 분량'까지 자라도록 하심을 안다면, 우리는 결코 영적 관음증에 빠지지 않을 것이다.

바울은 삼위일체와 더불어 기도한다. 그리고 우리도 삼위일체와 더불어 기도한다.

교회를 이해하기 위해 우리는 먼저 하나님을 계시하는 어휘와 기도에 흠뻑 젖어 있는 구문에 완전히 몰입해야 한다. 에베소서에는 이런 어휘와 구문이 매우 두드러진다. 이런 어휘와 구문에 몰입하지 않으면 교회를 이해할 수 없다. 외부자들은 교회를 이해할 수 없다. 하나님을 계시하는 어휘와 기도에 젖어 있는 구문이 없기에 그들은 교회를 오해할 수밖에 없다.

교회에 대한 오해는 수없이 많은데, 유독 두 가지 오해가 언제나 교회에 따라다닌다. 하나는, 교회란 우리가 행하는 무언가라고 생각하는 것이다. 흔히 교회는 우리가 짓는 것, 우리가 세우는 것, 측정하고 셀 수 있는 것이라고 생각한다. 교회는 사람과 벽돌, 표어와 프로그램, 예전과 급격한 회심이다. 교회는 선교와 구원 사역에서 우리가 맡은 일이다. 교회의 형태는 비잔틴 제국의 관료적 교회로부터 상가 교회, 향수를 자극할 의도로 숲속에 지은 교회에 이르기까지 다양하다. 국가교회, 기성교단, 교단 조직을 거부하는 독립교회와 '바이블 처치'도 있다. 교회에서 어떤 일이 벌어지는지는 우리에게 달려 있다는 생각이다.

두 번째 오해는, '진정한 교회'는 보이지 않는다는 것이다. 교회는 서로 별 관계가 없는 영혼들이 한데 모인 신비한 집단이다. 교회는 몸이나 건물과는 거의, 어쩌면 전혀 관계가 없다. 몸과 건물은 물론 존재하지만 그것이 교회는 아니다. 교회는 전적으로 영적인 것이라는 생각이다.

이런 오해는 여러 가지 다른 방식으로 표현되지만, 두 가지 다 성경이 교회에 관해 계시하는 바를 본질적으로 부인한다. 교회를 우리가 행하는 무언가라고 생각하는 첫 번째 오해는, 교회를 만들고 지속시키시는 성부, 성자, 성령의 중심적인 활동을 부인한다. 이들이 하나님을 믿지 않거나 기도하지 않거나 섬기지 않는다는 말은 아니다. 이들 중 일부는 대단한 헌신을 보여 주기도 한다. 또 어떤 이들은 종교적 습관이나 도덕적 의무, 성스러운 아름다움에 대한 애착 때문에 그것을 행한다. 그들의 공통점은, 의식하든 못하든 그들 자신을 교회의 기준으로 삼는다는 것이다. 그들이 내린 결정과 느끼는 감정이, 그들이 주장하거나 결정하지 **못하는** 모든 것보다 우선한다. 이런 형태의 교회는 형식을 중시할 수도 있고 자발성을 강조할 수도 있으며, 전통적일 수도 있고 혁신적일 수도 있다. 그러나 그 기저에는 실용주의가 있다. 즉 교회는 곧 우리가 하나님을 위해, 하나님의 이름으로 행하는 모든 것이다. 어떤 때는 실용주의가 종교적인 예복으로 가장하기도 하고, 또 어떤 때는 노골적으로 청바지를 입고 나타나기도 한다.

교회가 구체적인 장소나 사람들과 동일시될 수 없는 신비한 엘리트들로 이루어진다는 두 번째 오해는, 성육신이라는 기독교 신앙 특유의 믿음과 경험을 본질적으로 부인한다. 즉 하나님이 육신이 되셨고, 역시 육신인 우리들 가운데 거하셨다는 사실을 부인한다. 하나님은 살과 피, 나무와 벽돌과 별개로 일하지 않으신다. 기독 교회는 역사적이다. 교회는 시간과 공간 안에 존재한다. 기독교 신앙은 베들레헴에서 태어난 인간의 몸 안에서 탄생했다. 그로부터 30년 후 기독 교회는 예루살렘에서 몸을 지닌 한 무리의 사람들 안에서 탄생했다.

삼위일체와 성육신에 대해 모르거나 무관심한 사람들은 수없이 많으며, 언제나 많았다. 이들은 경영학자나 사회학자에게서 배운 대로 교회를 개조하려고 노력하지만, 그들의 말은 무시하는 편이 낫다. 그들은 자기들이 무슨 말을 하는지 모른다. 차라리 하나님을 계시하는 어휘와 기도에 흠뻑 젖은 구문으로 충만한 에베소서의 말씀으로 돌아가, 교회를 이해할 수 있는 풍부한 이미지들을 살펴보는 편이 더 낫다. 만물 안에서 만물을 충만하게 하시는 이의 충만함(1:23), 새 사람(2:15), 하나님의 권속(2:19), 성전(2:21), 하나님이 거하실 처소(2:22), 그리스도의 몸(4:12), 결혼(5:31-32), 공동체(6:23).

우리는 우리가 무엇에 관해 말하는지 알지 못하지만, 하나님은 교회에 관해서 자신이 무슨 말씀을 하시는지 분명히 알고 계신다.

## 9. 한 분과 만유

에베소서 4:1-16

> 평안의 매는 줄로 성령이 하나 되게 하신 것을 힘써 지키라.
> 몸이 하나요, 성령도 한 분이시니, 이와 같이 너희가 부르심의 한 소망 안에서
> 부르심을 받았느니라.…우리가 다 하나님의 아들을 믿는 것과 아는 일에 하나가 되어
> 온전한 사람을 이루어 그리스도의 장성한 분량이 충만한 데까지 이르리니.
> 에베소서 4:3-4, 13

> 세례를 받은 이들은 성자께서 중재하시고 성령께서 실현하신 성부와의 교통을
> 공유함으로써 하나님과의, 그리고 같은 방식으로 세례받은 이들과의 관계 속으로 들어간다.
> 그리스도 안에 있는 사람들은 교회 안에서
> 하나님과의 관계 속으로, 동시에 공동체 안으로 들어가게 된다.
> 콜린 건튼, 「한 분, 세 분, 많은 사람들」

이제 에베소서의 주제가 전환되는 시점에 왔다. 지금까지 하나님이 어떤 분이시며 어떻게 일하시는지에 관해 열정적으로 논의했던 바울은, 이제부터 우리가 누구이며 어떻게 일하는지를 자세히 살펴보기 시작한다. '그러므로'라는 말이 두 부분을 이어 준다. 그러나 이러한 전환은 갑작스럽지 않다. 하나님의 존재와 인간의 존재는 분리하여 따로 이야기할 수 없기 때문이다. 그러나 우리는 늘 이 둘을 분리하는 경향이 있다. 부활의 삶이란 우리가 '갈라 놓은' 것을 다시 하나로 합치는 삶이다. 예수님의 부활은 우리의 첫 부모들

이 에덴에서 하나님과 거리낌없이 이야기를 나누던 그때 누렸던 원래의 친밀함을 회복시켜 준다. '삶'은 여러 부분으로 나뉠 수 없다. 그리스도인의 삶은 더더욱 나뉠 수 없다. 하나님이 누구시며 우리를 위해 어떻게 일하시는지를 먼저 완전히 이해한 다음, 우리가 누구이며 하나님을 위해 어떻게 일하는지를 깨닫게 되는 식이 아니라는 말이다.

우리가 일관성, 통일된 완전성, "그리스도의 장성한 분량"(엡 4:13)에 이르는 성숙함에 관한 이야기를 기대할 때 바울은 서두르지 않고 하나님이 창조하신 교회에 관해 인내심을 가지고 노련하게 설명해 주었다. 그는 우리에 관해 이야기할 때도 마찬가지로 인내심과 노련함을 보여 준다. 교회는 두 '존재'(하나님의 존재와 인간의 존재) 사이에 대화가 일어나는 시간이자 장소다. 두 '존재'가 같은 시간에 만나는 곳이다.

하나님은, 우리가 쉽게 찾아갈 수 있고 그분 역시 우리를 찾아오셔서 우리 이야기를 듣고 우리에게 말씀하시기에 적합한 이 땅 위의 공간으로서 교회를 창조하셨다. 동시에 교회는 그분이 우리에게 주시는 선물이기도 하다. 우리는 차를 타거나 걸어갈 수 있는 가까운 곳에서 하나님 앞으로 나아가고, 그분의 말씀을 듣고 그분께 말씀드린다. 가족과 친구들과 우리 삶의 일상이 어우러진 모임 안에서, 교회라는 구체적인 공간 안에서, 하나님의 전 존재와 우리 전 존재가 교차한다.

우리는 하나님께 나아가기에 적합한 시간과 장소를 찾아 동네를 떠날 필요가 없다. 하나님을 뵙기 위해 하늘로 올라갈 필요가 없다(롬 10:6). 하나님이 영혼 깊은 곳에서, 역사의 심층과 배후에서 무엇을 행하시는지 알아보기 위해 "무저갱에"(10:7) 내려갈 필요가 없다. 교회는 우리의 모습 그대로 우리를 환영한다. 하나님은 추상적이시거나 멀리 떨어져 계시거나 우리가 다가갈 수 없는 분이 아니시다. (평범하고, 구체적이고, 직접적이며, 인격적인) 교회는, '우리와 함께 계시는 하나님'이자 인간의 조건을 받아들이고 우리의 언어로 말씀하시는 예수님께로 우리를 인도한다. 겁먹지 말라. 여기에 너무 심오해서 보통 사람이 가까이할 수 없는 것은 전혀 없다.

가장 단순하고 명백한 의미에서 교회는 안전한 공간이며, 하나님이 우리와 대화하시며 우리가 하나님의 사람들과 더불어 하나님과 대화할 수 있는 시간이다. 동시에 교회는 그 이상이기도 하다. 하나님은 자신이 뜻하시면 언제 어디서든지 말씀하시고 일하신다. 그러나 분명히 교회는 하나님의 임재를 구할 수 있는 적합한 공간과 시간이다.

교회를 끌어안을 때, 우리는 우리가 알고 경험하는 하나님과, 가정과 직장에서 도덕적, 윤리적, 인격적으로 살아가는 우리 사이에 일어나는 대화에 참여하게 된다. 이 대화에 참여하지 않은 채, 뒷골목과 시장통, 도크쇼에서 주워 모은 하나님에 관한 단편적인 정보나 소문을 가지고 기괴한 종교적 장치, 즉 그들의 생활 방식에 맞추어 어설프게 만들어 낸 자신만의 신앙(혹은 불신앙)을 발전시키는 사람들도 많다. 또 어떤 사람들은 복잡하고 모호한 대화를 견디지 못하고 초월에 관한 프리랜서 전문가가 되어 석양을 촬영하거나 영감이 되는 책과 음악을 수집하며 무아지경의 경험을 추구하기도 한다.

많은 사람들은 이런 활동을 통해 일상의 권태로부터 벗어날 수 있다고 생각한다. 그러나 이런 것들은, 자아의 한계를 잠시 벗어나게 하거나 거기로부터 시선을 딴 곳으로 돌리게 해주는, 서로 연관성이 없는 순간적인 경험을 모아 놓은 일종의 영적 짜깁기일 뿐이다. 이런 식으로 교회에서 일어나는 대화를 피하려는 태도에는 그 나름의 매력이 없지 않다. 그들이 하는 모든 것에는 파괴적으로 보이는 것이 전혀 없다. 이들이 밖에서 동네를 파괴하거나 몰래 범죄를 꾸미는 것처럼 보이지는 않는다. 하지만 이런 태도는 성숙함에 이르는 데, 더 구체적으로 그리스도 안에서 자라가는 데 도움이 되지 않는다.

하나님의 존재와 그분의 행동은 우리가 가진 자원으로 어설프게 만들어 낼 수 있는 것보다 훨씬 크시다. 또한 이 땅에서 우리의 영원한 삶에도 단순히 아름다운 모자이크로 이해할 수 있는 것보다 훨씬 더 큰 무언가가 있다. 삼위일체의 모든 활동 가운데 하나님이 계시다. "주의 이름이 온 땅에 어찌 그리 아름다운지요!"(시 8:1) 또한 "하나님보다 조금 못하게 하시고 영화와 존귀로 관을 씌우신"(8:5) 우리가 있다. 성숙이란 삶을 축소하고 영성을 최소화하기를 거부하는 것을 뜻한다. 교회는 지속적으로 하나님의 전 존재와 대화하고 또한 우리의 전 존재와 대화할 수 있도록, 그리하여 우리가 점점 그분의 영광을 찬송하는 삶을 살고 마침내 (오랜 시간이 걸리겠지만) '그리스도의 장성한 분량'까지 자랄 수 있도록 우리에게 주신 하나님의 선물이다.

이 땅에 있는, 역사 안에 있는 교회에 다닌다고 해서, 자동적으로 삶 속에 드러난 하나님 계시에 온전히 주의를 기울이거나 우리의 존재와 행위 전체가 하나님과 어떤 관계를 맺고 있는지를 이해할 수 있게 되는 것은 아니다. 선물은 그 속성상 받는 사람의 뜻에 따라 받을 수도 있고 거절할 수도 있다. 선물은 강요할 수 없다.

바울은 에베소서의 첫 세 장을 통해 하나님의 선물인 교회의 본질을 깨닫고 끌어안을 수 있도록 우리의 상상력을 훈련시켰다. 이제 그는 우리가 행동에 나서 그 선물을 살아가는 방식에 관해 자세히 설명하기 시작한다(4:17에서 끝까지). 하지만 그 전에 더 해 두어야 할 말이 남아 있다. 그는 우리와 함께 자라가는 다른 모든 이들과 더불어, 그리고 자라남에 관해 적어도 아직은 관심이 없는 많은 사람들과 더불어 그리스도 안에서 성숙해 가는 것이 얼마나 복잡하고 어려운 일인지를 더 이야기한다. 에베소서 4:1-16은 주제를 전환하는 부분으로서, 우리가 갑자기 하나님으로부터 우리에게로 관심을 돌리지 않도록, 그리하여 **교회**를 향한 초점을 잃지 않도록 도와준다. 지속적이며 경건한 대화 안에서 머리**와** 몸, 그리스도**와**

우리 모두에 집중하게 해준다.

## :: "너희가 부르심을 받은 일에 합당하게 행하여"

바울은 지금까지 자신이 이야기한 모든 것을 한 단어로 축약함으로써 우리가 앞으로 논의할 내용에 대비하게 해준다. 그 단어는 '부르심'이다. 우리를 향한 하나님의 말씀은 본질적으로 부르심, 초대, 그분의 임재와 활동 안으로 기쁘게 맞이하시는 것이다. 부르심에 응답할 때, 우리는 부르심의 삶을 살게 된다.[1] 부르심은 우리에게 목적지를 제시하고, 우리가 무엇을 해야 할지를 결정하며, 우리의 태도를 형성하고, 일관된 삶을 만들어 간다. 우리는 우리가 부름받은 세상 속에서 관계 안에서 살아간다. 영어로 소명(vocation)이라는 말은 '부르다'(*vocare*)라는 뜻의 라틴어에서 왔다. 소명, 부르심은 삶의 방식이지, 직업(job)과는 다르다. 직업이란 할당된 일일 뿐이다. 그 일을 마치면 직업도 끝나고 우리는 다시 새로운 일을 찾는다. 반면에 소명은 훨씬 포괄적이다.

예수님이 우리를 부르신다. 그 부르심을 듣고 응답할 때 우리는 부르심의 삶을 산다. 그때부터 그 부르심이 우리 삶의 모습을 결정하고, 우리의 삶에 내용을 부여하고, 우리가 살아가는 방식을 특징짓는다. "그러므로 주 안에서 갇힌 내가 너희를 권하노니, 너희가 부르심을 받은 일에 합당하게 행하여"(엡 4:1).

'부르다'라는 동사는 교회를 뜻하는 헬라어 '에클레시아'(*ekklēsia*)

의 어원이기도 하다. 바울은 에베소서에서 이 말을 아홉 번이나 사용한다.[2] 그리스인들에게 에클레시아는 종교적이거나 제의적인 말이 아니었다. 그저 모임, 사람들의 회합, 특정한 장소에 함께 소집된 사람들을 뜻하는 말이었다. 히브리 성경의 헬라어 번역판에서 이 말은 히브리어 '회중'(qāhāl)의 번역어였지만, 언제나 '하나님의 회중' '하나님 백성의 모임'을 암시하는 말로 쓰였다. 어떤 이들은 이 말을 의자에 앉히고 끈으로 묶은 다음 어원학적 고문을 가해 어떤 영적, 신학적 의미를 뽑아 내려 하기도 했다. 하지만 이 분야에 관한 최고의 학자들은 그런 억지스러운 주석으로는 아무런 유익을 얻을 수 없다고 충고한다.[3] 그렇다. 이 말은 사람들의 모임을 지칭하는 평범한 삶(공적인 회의든, 축제든, 가족의 재회든, 다른 무엇이든)에서 취한 평범한 말이다. 나는 바로 이 점이 중요하다고 생각한다. '교회'라는 말을 우리에게 주어진 조건으로부터 분리시켜 낭만적인 것이나 화려한 것, 혹은 영적인 것으로 만들려는 모든 시도를 단호히 거부할 수 있게 해주기 때문이다.

이 단어의 어원을 통해 얻을 수 있는 유익은 이 모임, 이 회중, 이 하나님의 권속, 이 하나님의 성전, 이 그리스도의 몸이 부르심을 입은 사람들, 이제 부르심을 소유한 사람들의 공동체라는 사실을 명확히 해준다는 데 있다. 하나님의 부르심과 우리의 소명이 교회 안으로 녹아들어 간다. 동사들은 교회의 순환 체계다. 부르심과 소명은 그리스도의 몸을 살아 움직이게 하는 이완과 수축의 심박이다.

## :: 권면의 언어

이제까지 바울의 언어는 그 어조가 선포적(kerygmatic)이었다. '케리그마'(*kērygma*)는 '설교하다, 선포하다, 법령을 공표하다, 긴급한 소식을 알리다'라는 뜻을 가진 헬라어를 음역한 말인데, 보통은 '설교하다'로 번역된다. 그러나 미국인들은 이 말 속에서 우월감이나 경건한 잔소리를 연상하는 경우가 종종 있다("나한테 설교조로 얘기하지 마"). 그래서 나는 하나님과 영광, 그리스도와 은총, 교회와 풍성함, 성령과 기도에 관해 이야기하는 바울의 언어에 깊이 배어 있는 대담하고도 긴급하며 열정적인 활력을 담아내기 위해 '선포적'이라는 말을 사용하고 싶다.

그리고 이제 바울은 이것과 완전히 대조되는 어조로 말하기 시작한다. "그러므로 주 안에서 갇힌 내가 너희를 권하노니…"(엡 4:1). 여기에 사용된 '권하노니'라는 동사는, 이제까지 바울이 줄곧 사용해 왔던 대담하고 활력 있는 선포적인 어투와 달리 좀더 조용한 대화체의 말투가 시작됨을 알려 준다. 이를테면, "나는 여러분 편입니다. 같이 이야기해 봅시다. 하나님이 하시는 모든 일에 우리가 어떻게 참여할 수 있는지 같이 생각해 봅시다"라고 말하는 식이다. 에베소서를 맺으면서, 바울은 같은 동사를 한 번 더 사용한다. 그때는 "너희 마음을 위로하기 위하여"(6:22)라고 번역된다. 이 동사가 주를 이루는 서술 형식을 '권면적'(paracletic)이라고 하기도 한다. '부르다'(*kaleō*)라는 동사를 어원으로 둔 교회(*ekklēsia*)

처럼, 위로나 권면을 뜻하는 단어(*parakaleō*) 역시 '부르다'(*kaleō*)라는 말을 품고 있다. '권면적'이라는 말은, 우리가 그리스도인의 부르심을 분별하고 구체적으로 나타낼 때 사용하는 언어의 형식을 일컫는다.

교회에서는 세 가지 종류의 언어를 흔히 사용한다. 곧 선포적, 교훈적, 권면적 언어인데, 그중 설교(선포적 언어)가 가장 두드러진다. 복음은 선포되어야 한다. 바울은 로마서에서 이런 유명한 말을 했다. "그런즉 그들이 믿지 아니하는 이를 어찌 부르리요? 듣지도 못한 이를 어찌 믿으리요? 전파하는 자[*kērussontos*]가 없이 어찌 들으리요? 보내심을 받지 아니하였으면 어찌 전파하리요[*kēruxōsin*]? 기록된 바[그는 이사야서의 말씀을 인용한다], '아름답도다! 좋은 소식을 전하는 자들의 발이여!' 함과 같으니라"(롬 10:14-15). 설교는 교회를 특징짓는 언어로서 우월한 지위를 누린다. "그렇다. 세상이라는 배는 항해 중이다. 아직 항해가 끝나지 않았다. 강단이 뱃머리와도 같다."[4] 예수 그리스도는 하나님이 주시는 구원의 계시다. "회개하고 복음을 믿으라!" 교회에는 설교의 언어가 가장 중요한 위치를 차지하게 해주는 예배당과 강단이 있다. 설교는 의지를 겨냥한다. 우리에게 결단하여 예수의 길을 따르라고 촉구한다.

그 다음은 가르침(교육적 언어)이다. 우리는 성경을 이해해야 하고, 불신앙의 세상을 진단해야 하며, 많은 질문을 묻고 답해야 한다. 그리스도인의 삶이란, 우리의 삶 전체와 온 세상을 하나님의 계시의 관점에서 다시 이해하는 것이다. 배우고 이해해야 할 많은 것이 있다. 창조와 언약은 우리 실존의 모습을 나타내는 지도다. 우리는 이 세상에서 우리의 길을 찾기 위해 지도를 읽고 나침반을 사용하는 법을 배워야 한다. 교회에는 우리의 사고를 예민하게 해주며 하나님과 우리가 누구인지, 우리가 접붙여진 이 복잡하고 다양한 사람들의 무리(교회)가 무엇인지를 깨닫게 해줄 교실과 교탁이 있다. 이것은 지성을 겨냥한다. 성경에 계시되고 교회에서 경험하는 하나님의 마음과 그분이 일하시는 방식을 가르쳐 주는 언어다.

분별의 언어(권면의 언어)는 다른 언어들처럼 크게 두드러지지 않지만, 그렇다고 해서 결코 중요성이 덜하지 않다. 조용한 목소리로 말하기 때문에 눈치 채지 못하는 경우가 많고, 눈치 챈다 하더라도 다른 언어들만큼 진지하게 받아들이지 않는다. 강단과 예배당은 설교의 권위에 위엄을 부여한다. 교실과 교탁은 가르침의 책무를 공간적으로 규정한다. 그러나 분별은 비공식적으로, 언제 어디서든, 공식적인 책임을 맡은 사람도 없이 행해진다. 양로원 현관 앞 흔들의자에 나란히 앉은 두 사람도, 식당에서 커피를 마시며 대화를 나누는 두 사람도, 세 개의 주 경계선 너머에 있는 딸과 전화로 이야기하는 어머니도 분별의 언어로 이야기할 수 있다. 마음과 영혼의 문제를 다루는 편지를 통해서도, 일주일에 한 번 출근 전에 모임을 갖는 서너 명의 친구들이 요한복음을 함께 읽으며 예수님이 그날 하루 자신들의 삶에 주시는 메시지를 생각해 볼 때도 분별의 언어를 말할 수 있다.

분별의 언어는, 선포된 복음을 듣고 성서의 진리를 배운 다음 기도하며 그것을 지금 자신의 삶 속에서 구체화할 때 나타나는 통찰과 결정, 태도와 실천을 겨냥한다. 나의 감정과 개인사, 부모, 예전에 지고 있던 죄의 짐, 세속 문화로부터 쌓아 온 오해들 때문에 이런 통찰들이 언제나 분명하지는 않다. 일요일에 예배당에서는 너무나도 단순하고 명백해 보이던 복음의 메시지가, 월요일에 출근하자마자 너무나도 복잡해지기 시작한다. 교실에 앉아 있을 때는 너무나도 깨끗하고 간단하고 질서정연해 보였던 물을 가족들이 온통 흐려 놓고 만다.

내가 생각하기에 20세기의 가장 탁월한 구약학자인 게르하르트 폰 라트(Gerhard von Rad)는, 성경에서 권면의 언어가 신명기에서 처음으로 등장한다고 말했다. 신명기에서는 직설법의 '복음'과 명령법의 '율법'과 나란히 권면의 언어가 나타난다는 것이다. 율법과 혼동하기 쉬운 이 권면은 구원의 복음에 지속적으로 참여하는 것을 전제한다. 이것은 복음(kērygma)이나 율법(didachē) 모두와 엄연히 구별된다. 권면은 이미 선포된 구원의 말씀을 받아들이고 율법의 가르침으로 교육을 받았지만 뒤죽박죽인 매일의 삶 속에서 위로와 격려, 분별이 필요한 사람들에게 사용되는 언어다.[5] 흔히 교회 생활에서 '영혼의 치유'와 '영성 지도'라고 불리는 언어의 형식이다.

이러한 언어는 교회 안에서, 그리스도 안에서 자라고 성숙해 가는 과정에서 절대적으로 필요하다. 물론 이를 위해 세 형식의 언어

(선포적, 교육적, 권면적)가 모두 필요하지만, 권면적 언어는 적어도 직설법(있는 그대로 말하는 언어)과 명령법(그것에 무언가를 하라고 사람들에게 명령하는 언어)을 선호하는 미국 교회에서는 가장 소홀히 취급되는 언어다. 이 언어는 설교와 가르침의 언어가 각 사람의 개인적인 삶과 이웃과 더불어 사는 삶 속으로 들어가는 과정에 관심을 기울이는 언어라고 할 수 있다. 개인성은 언제나 회중 안에서만 존중받고 위엄을 얻는다. 이 속에서 권면의 언어의 핵심 요소는 바로 침묵이 필요한 경청이다.

우리를 성숙한 믿음의 삶으로 이끄는 가장 탁월한 안내서 중 하나인 이사야서 곳곳에서 위로와 권면의 언어를 접할 수 있다. "위로하라. 내 백성을 위로하라.…너희는 예루살렘의 마음에 닿도록 말하며…"(사 40:1-2). 이 언어는 광야를 지나며 혼란스러워하는 많은 영혼들에게 지침이 되었던 시편 23편의 언어이기도 하다. "주의 지팡이와 막대기가 나를 안위하시나이다"(시 23:4). 예수님이 팔복의 두 번째 축복으로서 애통하는 이들을 축복하실 때도 이 언어를 사용하셨다. "그들이 위로를 받을 것임이요"(마 5:4). 이러한 대표적인 구절에서는 각각 '파라칼레오'(*parakaleō*)라는 동사가 사용된다. "위로하라" "용기를 내라" "너는 혼자가 아니다" "내가 언제나 너와 함께 있다."

또한 이것은 예수님이 제자들과 마지막으로 대화를 나누실 때 사용하신 언어이기도 하다(요 13-18장). 제자들은 예수님과 함께했던 3년 내내 위대한 선포를 들었다. "천국이 가까이 왔느니라!" 그들은 놀라운 가르침도 들었다. "천국은 마치…와 같으니라." 그러나 제자들과 보내신 마지막 밤에, 예수님은 그들과 서두르지 않으시며 길고 친밀한 대화를 나누신다. 예수님은 권면과 위로의 언어를 사용하신다. 제자들은 예수님 안에서 일어난 일, 즉 천국과 구원에 관해 알고 있다. 그들은 부르심이 무엇을 뜻하는지 알고 있다. 예수님의 비유와 담화와 기도는 모든 것을 생생하게 해주었다. 이제 이 모든 것을 소화하여 자기 것으로 흡수해야 한다. 몸 안으로 받아들여 그리스도의 몸의 근육과 뼈, 말초 신경과 뇌 세포로 삼아야 할 필요가 있다. 제자들은 친구, 제자, 예수를 따르는 사람으로서 새로운 정체성을 얻었지만, 이제 막 시작했을 뿐이다. 그들은 자라고, 그들이 아는 대로 변해야 하며, 성숙해야 할 필요가 있다. 그리스도 안에서 자라나야 한다.

앞으로 정확히 어떤 일이 어떻게 일어날지를 분명히 설명하기 위해 예수님은 새로운 단어 '보혜사'(Paraclete)를 소개하신다. 영어 성경에서 이 말은 '변호자'(Adovcate, NRSV), '상담자'(Counselor, RSV), '위로자'(Comforter, KJV), '친구'(Friend, 「메시지」) 등으로 번역된다. 예수님은 이 단어를 네 번 사용하시고(요 14:16, 26; 15:26; 16:7), 제자들이 보혜사가 누구인지, 혹은 무엇인지 추측하도록 내버려두지 않으신다. 예수님은 보혜사가 '진리의 영', 곧 '성령'이라고 분명히 말씀하신다. 보혜사이신 성령이 그들의 삶 속에서 예수님의 말씀을 계속 말씀해 주실 것이라고 약속하신다. 예수님은 어떻게 살아가야 하는지 그들 혼자서 알아내도록 내버려두지 않으신다. "내가 너희를 고아와 같이 버려 두지 아니하고"(요 14:18).

위로와 권면의 언어는 성령의 언어, 관계와 친밀함의 언어다. 예수님의 말씀이 우리 안으로 들어와 그 말씀이 우리가 **되도록** 말하고 듣는 방식이다. 그것은 새로운 정보, 설명이 아니다. 그것은 우리 옆에, 우리 안에 있는 하나님의 말씀이며, 우리 삶의 정황 속에서 하나하나 이루어지는 말씀이다.

바울은 이렇게 위로의 언어로 전환하면서, 이 언어를 확증해 주는 위로의 삶에 대해 설명한다. 위로하는 삶에서 나오는 말일 때만 그 위로의 말이 믿을 만한 것이 된다. 그는 이런 삶을 "모든 겸손과 온유로 하고 오래 참음으로 사랑 가운데서 서로 용납하고 평안의 매는 줄로 성령이 하나 되게 하신 것을 힘써 지키는" 삶이라고 설명한다(엡 4:2-3).

위로의 언어를 유창하게 구사하는 데 도움을 주는, "너희가 부르심을 받은 일"의 다섯 가지 표지들 중에서 그 어느 것도 바른 말씀을 알거나 바른 의미를 이해하는 것과 관계가 없다. 이 다섯 가지는 말을 하는 방식과 그 말이 담고 있는 관계적인 요소를 가리킨다. 부름받은 이들의 무리인 교회 안에서 이 부르심을 적합하고 '합당하게' 말하는 유일한 방법은, 겸손하고 온유하고 오래 참음으로 말하는 것이다. 즉 교만하지 않게, 모질지 않게, 서두르지 않으면서 이야기하는 것이다. 성숙해지는 데 오랜 시간이 걸릴 수도 있고, 거기에 이르기까지 수없이 멈추어 쉬어야 할 수도 있다. 하지만 서두를 수는 없다. 성숙해지는 것은 단순화시킬 수 없는 복잡한 과정이다. 지름길은 없다.

위로의 언어를 말하기에 알맞은 유일한 환경은, 사랑과 평화를 적극적으로 추구하는 공동체다. 다시 말해서, 다른 이들을 비인격적으로 취급하는(사랑 안에서 서로 용납하지 **않는**) 태도는 함께 부름받은 이들의 본질을 거부하는 것이나 마찬가지다. 그리고 다른 이들을 경쟁자로 취급하는(다른 이들을 평화의 언약 안에 하나가 된 동반자로 대하지 **않는**) 태도는 교회를 **교회 되게** 하는 그리스도께서 '담을 허무신' 상황을 거역하는 것과 다름없다.

바울을 따라서 내가 말하고 싶은 바는, 우리가 아무리 훌륭하고 강력하게 구원의 복음을 선포한다 해도, 하나님 나라의 진리를 아무리 정확하고 철저하게 가르친다 해도, 권면과 위로의 언어를 숙달하지 못한다면 그리스도의 장성한 분량까지 자라날 확률은 희박하다는 것이다.

:: 하나님 측량법

우리의 부르심에 관해서는 진지하게 생각해 보아야 할 것들이 많다. 계속해서 쏟아지는 교회에 대한 은유, 하나님의 활동을 가리키는 동사, 어디에서 재어 보아도("그 너비와 길이와 높이와 깊이", 엡 3:19) 풍성한 하나님의 충만하심. 아낌없이 베푸시는 은혜에 머리가 어질어질할 정도다. 이제 바울은 여기서의 실제 삶, 이 나라에서 영주권을 얻어 직업을 구하고 언어를 배우고 가족을 부양하며 새 본향을 집으로 삼아 자라고 늙어 가는 삶으로 조금씩 초점을 옮긴다.

히브리 성경으로 철저히 교육받고 자란 훌륭한 유대인인 바울은 이스라엘의 신앙고백에 포함된 '하나'라는 단어로 시작한다. "이스라엘아 들으라. 우리 하나님 여호와는 오직 유일한 여호와이시니"(신 6:4). 한 분. 그는 이 말을 일곱 번 반복한다. 한, 한, 한, 한, 한, 한, 한. 한 분. 하나를 강조한다.

그렇다. 많은 일이 일어나고 있다. 또한 해야 할 일도 많다. 그러나 서로 상관없는 많은 일들이 아니다. 그저 서로 다른 일들, 서로 연결되지 않은 임의의 사람들이 아니다. 쓰레기 더미 속에서 조각을 찾아내어 무언가 가치 있는 것을 만들어 내려 하는 것이 아니다. 부르심의 삶을 사는 것은 "하나 되게 하신 것을 힘써 [지키며]…우리가 다 하나님의 아들을 믿는 것과 아는 일에 하나가 되어 온전한 사람을 이루어 그리스도의 장성한 분량이 충만한 데까지" 삶을 사는 것이다(엡 4:3, 13). 근원이 되며 모든 것을 포괄하는 하나됨으로서의 교회는, 근원이 되며 모든 것을 포괄하는 하나이신 하나님으로부터 흘러나온다. 이 하나됨은 근원이 되고 모든 것을 포괄하는 하나됨으로서의 그리스도인의 소명, 그리스도인의 삶 속에서 다시 울려 퍼진다.

여기서 바울이 한 분이신 하나님을 반복적으로 강조하는 것은,

마치 잔소리하듯이 그저 우리가 믿어야 할 교의로서 유신론을 주장하려는 것이 아니다. 오히려 바울은 목회자로서 우리가 근원적인 단순함에 참여하고 있음을 다시 확인시켜 주려는 것이다. 삼위일체의 하나됨에 참여하는 우리 삶의 단순성은 심오하며 획득하기 어려운 것이다. 우선순위를 놓고 경쟁하는 삶이 아니라, "하나님을 사랑하는 자 곧 그의 뜻대로 부르심을 입은 자들에게는 모든 것이 합력하여 선을 이루는"(롬 8:28) 삶이다. 어떻게 해야 하나님을 가장 기쁘게 해 드릴지 불안에 휩싸여 사는 삶이 아니라, "한 뜻을 품고" 사는 삶이다(키르케고르). 많은 일에 염려하고 근심하여 주의가 분산되는 마르다의 삶이 아니라, "한 가지만이라도 족한" 마리아의 삶이다(눅 10:41-42).

이러한 근원적이며 본질적인 하나됨은 매우 가까이에, 즉 우리가 보는 곳 어디든지, 우리가 만지는 것 어디에나 있다. 바울은 하나됨의 일곱 가지 차원을 설명함으로써 이를 깨닫게 해준다. "몸이 하나요, 성령도 한 분이시니…부르심의 한 소망 안에서…주도 한 분이시요, 믿음도 하나요, 세례도 하나요, 하나님도 한 분이시니, 곧 만유의 아버지시라. 만유 위에 계시고 만유를 통일하시고 만유 가운데 계시도다"(엡 4:4-6).

일곱은 단순한 숫자 이상이다. 성경을 꾸준히 읽어 온 사람들은 여기서 상징적인 의미를 발견한다. 일곱째 날 완성된 창조, 시편 29편에서 일곱 번의 '우렛소리'로 표현된 주의 목소리, 종말을 이야기하는 요한계시록의 뼈대를 이루는 일곱 가지 '일곱들.' 여기서 일곱은 각각이 자체로서 하나의 통일체가 된다는 뜻이 아니라, 하나님과 교회의 근원적인 통일성, 수많은 차원의 그리스도인 소명의 통일성을 측정한다는 뜻이다.

헨리 애덤스(Henry Adams)는 중세의 경이로운(신학적, 영적, 건축학적으로) 두 건축물인 몽생미셸 성당과 샤르트르 성당에 관한 탁월한 연구를 통해, 독자들로 하여금 이 정교한 예배당을 순례하고 그 안에서 살며 기도했던 사람들을 만나게 해준다. 그는 '하나님 측량법'(deometry)이라는 새로운 말을 만들었다. 그는 하나님을 측량하는 척도는 다양성을 만들어 내는 통일성이라고 말한다.[6] 이것은 곧 바울이 말하는 바이기도 하지만, 차이점이 있다. 헨리 애덤스는 12세기 교회에 대한 역사적, 미학적 연구서를 쓴 반면, 바울은 통일성이자 다양성이며, 하나인 동시에 모두인 소명을 실제로 경험했던 1세기의 교회(혹은 교회들)에 편지를 썼다. 바울에게 하나님 측량법이란 지나 버린 과거의 연구 주제가 아니다. 바울과 그의 독자들이 함께 교회로 세워지는 과정에서 그들이 동참하고 실천하는 바에 관한 이야기다.

더 살펴보아야 할 것이 있다. 이 신앙고백의 각 부분은 비슷한 길이의 세 가지를 묶어 두 그룹으로 나눌 수 있다. 몸-성령-소망, 그리고 주-믿음-세례. 두 번째 그룹에는 문법적으로 세 가지 성(性)으로 표기된 '하나'라는 말이 정확히 남성, 여성, 중성(*heis, mia, hen*)의 순서대로 나타난다. 일곱 번째 항목인 한 분이신 하나님, '곧 만유의 아버지'에 관해서는 삼중적인 전치사로 마무리된다. "모든

것 위에 계시고 모든 것을 통하여 계시고 모든 것 안에 계시는 분"(새번역).[7]

비례와 반복을 통해 일종의 예전적 리듬감이 생겨나며 이를 통해 '모두'와 '하나'를 조화시키는 효과를 자아낸다. 이 부르심의 삶, 그리스도인의 삶, 교회로 살아가는 모든 이들의 삶의 수많은 차원들을 통해 한 분이신 하나님을 측정할 수 있다. 우리가 이 신앙고백대로 살수록 삶은 더욱 통일성을 갖게 된다. 우리가 통일성으로 들어갈수록, 더욱 하나가 되어 감을 느낄 수 있다.

"부르심을 받은 일에 합당하게 행할" 때 우리는 하나의 주제를 다양하게 변주하는 이 신앙고백의 리듬을 점점 더 자기 것으로 만들어 간다. 한 몸, 한 성령, 한 소망, 한 주, 한 믿음, 한 세례, 한 분 하나님, 곧 만유의 아버지. 마지막의 세 전치사("모든 것 위에 계시고 모든 것을 통하여 계시고 모든 것 안에 계시는 분")가 만들어 내는 점층법은, 상상할 수 있는 '모든 것'을 통일성 안으로 끌어들인다.

몇 해 전, 아내와 나는 피츠버그에서 한 해를 보냈다. 그곳에서는 거리와 사람들과 하는 일 모두가 낯설었다. 30년 동안 날마다 반복해 온 일상을 뒤로하고 그곳으로 간 것이다. 우리는 낯설음을 느꼈으며, 익숙함을 잃어버렸고, 의식적으로 이 새로운 소명에 적응하기 위해 노력했다. 우리가 했던 일 중 하나는, 날마다 한낮에 1.5킬로미터 정도 떨어져 있는 공원으로 산책을 가 큰 연못 주위를 거닐며 새와 식물을 살펴보는 것이었다. 그러면서 우리 삶에 일어난 이 갑작스러운 변화가 무엇을 의미하는지, 앞으로 어떤 일이 펼쳐질지에 관해서 곰곰이 생각해 보기도 했다.

어느 날 생각에 잠겨 연못으로 걸어가고 있는데, 자전거에 탄 한 남자가 우리 곁으로 지나쳐가다 갑자기 멈추더니 우리가 다가오기를 기다리는 것이었다. 자기 소개를 하지도 않고, 자초지종을 설명하지도 않고 그는 대뜸 "두 분 결혼하신 지 얼마나 되셨죠?"라고 물었다. 이 느닷없는 물음에 놀랐지만, 최대한 예의 바르게 "33년 됐습니다"라고 대답했다.

"그럴 줄 알았습니다. 두 분이 서로 완벽하게 발을 맞춰 걸으시는 거 아세요? 정말 완벽하게 똑같아요. 저는 결혼한 지 5년 되었는데 저희는 아직 그 경지에 이르지 못했답니다. 매번 저희는 근소한 차이로 발이 맞지 않거든요." 그는 이렇게 말했다. 그게 다였다. 다시 자전거에 올라가던 길을 갔다.

33년의 결혼 생활 동안 완벽한 리듬으로 함께 걷는 이 기적 같은 일을 숙달했다는 사실에 기뻐하며 우리는 계속 걸었다. 결혼 생활을 통해 자전거 타고 지나던 사람을 멈추게 할 정도로 대단한 일을 성취했다는 사실을 우리는 전혀 모르고 있었던 것이다. 우리는 이것에 관해 좀더 이야기를 나누었다. 그런데 의식적으로 발을 맞추려고 하는 순간 오히려 걸음이 어설프고 부자연스러워졌다. 부부답게 완벽한 리듬을 회복하려고 더 열심히 노력할수록 상태는 더 나빠졌다. 우리는 결국 노력하기를 그치고 그냥 걸었다. 우리는 완벽하게 발 맞춰 걷는 것은 결혼 생활의 목표로 삼아 날마다 한 시간씩 훈련한다고 해서 되는 문제가 아님을 분명히 깨달았다.

그리스도 안에서 하나가 되고 성숙하게 사는 것은 의식적인 노력으로 성취할 수 있는 것이 아니라는 생각이 들었다. 너무 많은 조건들이 얽힌 너무 많은 세부 항목들이 있다. 아마도 예수님은 이 점을 염두에 두고 "하나님의 나라는 볼 수 있게 임하는 것"이 아니라고(눅 17:20) 말씀하셨을 것이다.

:: 폰 휘겔 남작

21세기의 미국은 성장에 알맞은 환경을 제공하지 못한다. 성숙은 우리 문화의 특징이 아니다. '획득하고 소비하는' 데 집착하는 태도가 우리 문화의 특징이다. 더 나은 사람이 되는 대신, 우리는 더 많이 얻거나 더 많이 행동한다. 그러므로 많은 사람들이, 성숙해지지 않은 채 지금보다 더 나은 삶을 살 수 있는 길을 알려 주는 지도를 사려고 하는 것도 놀라운 일이 아니다. 재정적 안정성, 성적 만족, 경기 능력, 더 좋은 차, 더 좋은 직업, 더 좋은 교육, 더 좋은 휴가에 이르는 길을 알려 주는 지도.

하지만 이런 지도는 결내로 우리가 원하는 곳으로 데려다 주지 못한다. 더 많이 얻고 더 많이 행할수록 우리의 존재는 더 작아질 뿐이다. 우리는 "사람의 속임수와 간사한 유혹에 빠져 온갖 교훈의 풍조에 밀려 요동"하는 "어린아이"의 상태로 퇴보할 뿐이다(엡 4:14). 바울이 편지를 쓴 이래로 상황이 더 나빠졌는지는 알 수 없다. 그러나 기업과 연예계와 정부에서, 가장 안타깝게는 교회에서도, "속임수"와 "간사한 유혹"에 해마다 수십억 달러를 쏟아붓는 이 미국 땅을 볼 때 상황은 전혀 나아지지 않았음이 분명하다. 바울은 우리에게 무언가 다른 것을 기대한다.

성숙한 삶에 이르기 위한 지도 같은 것은 없다. 그리스도 안에서 성숙한 삶에 이르는 길을 알려 주는 지도는 더더욱 없다. 성숙이란 곧 모든 것, '만유'를 '한 분'과 동화시키는 것이다. 부모와 생물학, 학교 교육, 이웃, 예배, 성경, 친구, 기도, 실망, 사고, 상처, 노래, 우울증, 정치, 돈, 죄, 용서, 직업, 놀이, 소설, 자녀, 시, 결혼, 자살. 이 '모든 것'과 '한 분'이신 하나님. 에베소서에서는 네 번에 걸쳐 하나님을 '충만'(*plērōma*)8)이라고 지칭한다. 성부, 성자, 성령 하나님.

지도가 없다면 우리는 어떻게 해야 할까? 지도를 얻으려는 생각을 버려야 한다. 전문가들의 '해답'을 기대해서는 안 된다. 우리가 필요하다고 생각하는 것들로 삶을 규정하는 태도를 버려야 한다. 통일성, 한 분, 중심에 이르는 지름길은 없다. 삶이 혼란스럽고 여러 경쟁하는 목소리들을 대하게 될 때, 단순하고 답이 하나인 해법은 대단히 매력적으로 보인다. 그러나 대개 그런 것은 속임수일 뿐더러, 우리 삶을 항구적인 미숙함이라는 궁지로 몰아넣을 것이다.

하나의 해답과 교묘한 속임수, 유혹과 더 나은 삶에 대한 공허한 약속이라는 이 문화적 혼란에 대한 복음의 대안은 교회다. 바울이 말하는 한 분과 만유 안에서 우리에게 계시된 교회. 그리스도의 몸 전체에 모든 적혈구와 백혈구를 두루 순환시키시는 그 한 분. 우리는 '그리스도의 장성한 분량이 충만한 데까지' 자라기에 적합한 조건을 제공하는 이 공동체 안에 완전히 젖어든다. 에베소서에 제시된 바울의 가르침을 따라 우리는 하나님의 행하심과 그분의 영광 안에, 바울과 다른 모든 성도들과 더불어, 은혜와 선한 일의 세계 안에, 평화를 이루시며 교회를 창조하시는 그리스도의 사역 안에, 하나님의 각종 지혜와 기도에 익숙해진다. 어린아이처럼 '만유'의 다양성을 즐거이 누리며 그 '한 분' 안에서 천천히 성숙해 가는 것에 만족한다.

하지만 조심해야 한다. 교회는 이상적인 곳이 아니다. 마을에서 괜찮은 몇몇 사람들만 모인 모임이 아니다. 애초에 그런 모임이 되려 하지도 않았다. 하나님은 그분께 다가오는 사람들을 까다롭게 선별하지 않으신다. 그곳에는 수많은 죄인들, 위선자들, 버릇없고 불결한 사람들이 있다. 주위를 둘러보며 그리스도의 장성한 분량에 합당한 사람들을 만날 것이라고 기대한다면 엄청난 실망에 빠질 뿐이다. 이들은 그리스도의 분량에 이르도록 자라가는 중인 사람들이다. 이미 그만큼 자란 사람은 별로 많지 않다. 이 성장의 과정에서 그야말로 모든 단계에 있는 사람들을 만나게 된다. 아직 기저귀도 떼지 못한 아이들로부터, 하나님의 자녀가 되는 것이 무엇을 뜻하는지 발견해 가고 있는 순진하고 순수한 어린이들, 쉽게 열정에 불타오르다가도 말을 안 듣고 반항하는 청소년들, 부모로서의 책임과 의무를 다하기 위해 열심히 노력하고 있는 젊은 어머니와 아버지들, 직업과 가정 때문에 소홀히 했다가 이제야 너무 늦지 않았기를 바라며 놓쳐 버린 것을 다시 찾고 있는 중년들, 죽음을 부인하며 의학적으로 그것을 지연시키고 정서적으로 그것을 회피하기 위해 가능한 모든 수단을 동원하는 문화 속에서 죽음을 마주하고 있는 나이 든 사람들까지.

이따금(그리고 어쩌면 생각보다 드물지 않게) 우리는 그리스도의 장성한 분량이 충만한 데까지 이른 것처럼 보이는 사람들을 만난다. 미국 교회의 문화 속에는 유치한 것을 예찬하고 미숙한 것을 칭송하는 세속적인 태도가 정말이지 놀랄 정도로 깊숙이 침투해 있다. 그래서 우리가 찾는 것을 알지 못하면, 그것을 보아도 알아차리지 못하고 놓쳐 버리기 일쑤다. 그러나 분명히 성숙함에 이른 사람들이 있다.

나는 그리스도인의 삶을 정서적으로 교만한 상태와 동일시하는 사람들 속에서 자랐다. 과시적인 태도가 널리 퍼져 있었다. 평범한 것이란 '그리스도가 없는' 사람들에게나 해당되는 말이었기에, 우리는 무아지경에 이르는 훈련을 받았다. 나는 금세 싫증을 느끼고 어떤 식이든 성숙에 이른 사람들을 찾기 시작했다. 쉽지는 않았지만 내가 다닌 교회마다 그런 사람을 찾을 수 없었던 교회는 없었다. 어떤 이들은 친구이자 안내자가 되었다. 또 어떤 사람들은 그들을 알고 멀리서 지켜보는 것으로도 충분했다.

이윽고 나는 성숙에 이르는 길은 평범한 것을 통해 나 있음을 깨닫게 되었다. 배웠던 많은 것을 잊어야 했다. 지나치게 욕심 부리지 않는 법, 야심찬 목표나 결심을 추구하지 않는 법을 배워야 했다. 나의 정체성을 만들어 낸 성경과 교회 안에서, 주위 사람들의 삶 속에서 그것을 발견할 때, 삶의 작은 부분에 최대한 진실해지는 법을 배워야 했다.

이런 안내자들 중에서 나에게 가장 큰 영향을 미친 사람은 내가 한 번도 만나 보지 못한 사람이다. 프리드리히 폰 휘겔(Friedrich von Hügel) 남작은 내가 태어나기 7년 전에 죽은 사람이다. 해마다 받는 신체검사와 학년을 기준으로 했을 때 나는 분명 성인이었지만, 바울이 말하는 성숙을 기준으로 했을 때는 아직 "온갖 교훈의 풍조에 밀려 요동하는"(4:14) 어린아이였다. 소명에 관해서나 영적으로나 전혀 성숙하지 못한 사람이었다. 나의 안내자들 중 한 사람이었던 퀘이커 철학자 더글러스 스티어(Douglas Steere)가 폰 휘겔을 추천해 주었고, 그의 책을 몇 쪽 읽지 않아 나는 '그리스도의 장성한 분량'까지 자란다는 것이 무엇인지를 아는 성숙한 사람과 대면하고 있음을 깨달았다. 그 이후로 지금까지 나는 그의 책을 읽고 있다.

폰 휘겔은 나에게 꼭 필요한 시점에 꼭 필요한 이미지를 제공했다. 나는 기독교 신앙에 익숙했다. 그러나 시간과 공간 안에 존재하는 제도로서의 교회, 하나님에 관한 비판적인 사유로서의 신학, 부활의 삶으로서의 기도란, 마치 불안정한 중심인 '나'의 주위를 도는 별개의 행성들과 같았다. 폰 휘겔은 그리스도인의 삶이 지닌 통합성을 설명하기 위해 신체적 성장(유아기, 청소년기, 성년기)의 유비를 사용했다. 유아기는 제도적인 것에 해당하며, 청소년기는 지적인 것에 해당하고, 성년기는 삶에서 실천하는 모든 것이 부활의 삶 안에 결합되는 기도에 해당된다. 우리는 성숙에 이르기까지 이 세 단계를 거친다. 한 단계도 빠뜨릴 수 없다. 각 단계가 다음 단계로 흡수되어 하나의 결합된 삶을 이룰 때 성숙에 이르게 된다.

이렇게 간략히 요약하는 것으로는 폰 휘겔의 풍성하게 짜여진 논의를 제대로 소개할 수 없다. 나는 그저 그가 성숙에 관해서 에베소서의 바울 다음으로 내 삶에 결정적인 영향을 미쳤다고 말하고 싶을 뿐이다. 사도 바울을 요약할 수 없듯이, 폰 휘겔 남작도 요약할 수 없다. 그가 명쾌하게 풀어 낸 정교하고도 복잡한 생각들은 그의 글을 직접 읽어야만 온전히 이해할 수 있다.<sup>9)</sup>

평신도 그리스도인으로서 예수님의 삶뿐만 아니라 아내와 세 딸,

강아지 퍽(Puck)으로 이루어진 이 땅의 가정이라는 현실에도 깊이 뿌리 내린 폰 휘겔의 심층적인 삶의 경험과 폭넓은 사고는, 놀랄 정도로 많은 사람들에게 그가 직접 손으로 쓴 편지에 고스란히 담겨 있다. 그는 사람들에게 성숙한 삶에 이르는 길은 "노란 벽돌이 깔린 길"이 아니라 억지로 치워 낼 수 없는 수많은 어려움을 만나게 되는 길이라고 끈질기게 충고했다. 조카에게 쓴 편지의 한 부분은 이 주제를 잘 보여 준다.

> 열여덟 살의 나이로 도덕적, 종교적 훈련을 받기로 결심했을 때, 도미니크회의 수도사로서 위대한 영혼과 지성의 소유자였던 한 분이 내 손을 잡고 이렇게 경고하셨지. "도덕적으로 성장하고, 하나님을 섬기고, 그리스도를 사랑하고 싶다고 했지? 만약 네가 각 단계마다 영적인 외로움과 어둠, 공허함 속에 몇 주, 아니 몇 달씩이라도 기꺼이 거하겠다는 각오로 천천히 한 걸음씩, 철저하게 현실적으로 한 걸음씩 산을 오르듯 살아간다면, 너는 분명 성숙하게 되고 이런 것들을 성취할 수 있을 것이다. 항상 빛만 비춰 달라고 하거나…십자가와 시험을 제거하거나 최소화하려고 한다면, 그것은 순진한 어리석음이나 미숙한 장난일 뿐이다."[10]

그리스도인의 삶이 아무리 웅장한 것이라고 해도, 폰 휘겔은 부활을 살며 그리스도 안에서 자라가는 것에 관한 한 지름길은 없다고 말한다. 평범한 것을 무시하거나 낭만화하지 않는다. "아무리

어려워도 매듭을 끊을 수 없고, 아무리 염증을 일으키거나 감각을 마비시킬 정도라도 맞서거나 회피할 수 없다."[11] 그는 성숙에 이르는 길은 반드시 "우둔해 보이고, 치러야 할 대가를 생각하면 전혀 영리하지 않고 답답하고 느린 길, 어쩌면 어리석고 무시당하며 패배하는 길처럼 보이지만 결국 생명을 창조하는"[12] 길일 수밖에 없다고 말한다.

우리의 삶이 부활의 삶이 될 때만, 모든 면에서 성숙에 이르도록 자라 튼튼하고 흔들리지 않으며 강건한 삶을 살 때만 부활의 삶이 무엇인지 알 수 있다는 사실은 너무나도 자명하다. 사도 바울과 폰 휘겔 남작은 우리에게 '그리스도의 장성한 분량'에 이르는 것 외에 다른 어떤 것에도 만족해서는 안 된다고 말한다.

## 제4부
# 행동하는 교회

증인이 된다는 것은,
선전 활동에 참여하거나 사람들을 선동하는 것이 아니라
살아 있는 신비가 되는 것이다.
그것은, 하나님이 존재하지 않으신다면
그의 삶 자체가 무의미한 듯이 살아가는 것을 뜻한다.

쉬아르 추기경

## 10. 거룩과 성령

에베소서 4:17-32

> 너희는 유혹의 욕심을 따라 썩어져 가는 구습을 따르는 옛 사람을 벗어 버리고,
> 오직 너희의 심령이 새롭게 되어 하나님을 따라 의와 진리의 거룩함으로
> 지으심을 받은 새 사람을 입으라.…하나님의 성령을 근심하게 하지 말라.
> 그 안에서 너희가 구원의 날까지 인치심을 받았느니라.
> 에베소서 4:22-24, 30

> …놀라운 사실은, 바로 지금도 거룩에 이르는 데 필요한
> 모든 재료가 네 손에 쥐어져 있다는 것이다.
> 프리드리히 폰 휘겔, 「프리드리히 폰 휘겔 남작이 조카에게 보낸 편지」

어떤 단어는 그 자체로는 그다지 중요하지 않은 듯하지만, 다른 '흥미진진한' 말들과 함께 쓰일 때는 핵심어 역할을 하는 경우가 있다. 바울이 에베소서 4:1에서 사용하는 '그러므로'라는 말은, 하나님이 교회를 어떻게 만드시고 그 안에 거하시는가에 관한 이야기로부터 우리가 지금 어떻게 하나님이 만들고 거하시는 교회로서 바르게 살아야 하는가에 관한 이야기로 화제가 전환됨을 알려 준다. "그러므로 주 안에서 갇힌 내가 너희를 권하노니 너희가 부르심을 받은 일에 합당하게 행하여…." 바울의 '그러므로'는 (지금까

지 이 편지의 주제였던) 하나님의 성품과 그분이 하신 일과, (이 편지 나머지 부분의 주제가 될) 우리의 성품과 우리가 할 일을 연결한다. 에베소서 4:1-16은 주제를 전환하는 구절로서, 하나님이 만들고 거하시는 교회에 대한 이야기와, 우리가 그 안에서 살아가고 참여하는 교회 즉 우리가 그 속에서 성숙에 이르며 '그리스도의 장성한 분량이 충만한 데까지' 자라가는 그 나라에 관한 이야기를 이어 준다. 그리스도인의 삶, 즉 **교회**라는 환경 속에서 살아가는 방식은 하나님의 성품과 그분이 교회 안에서, **우리** 안에서 활동하시는 방식과 일치해야 한다.

바울이 두 번째로 사용하는 '그러므로'(4:17)는 전환 구절이 끝났음을 보여 준다.[1] 이제 그는 우리에게 초점을 맞춘다. 이 편지의 나머지 부분에서는 우리를, 즉 우리가 하는 일과 그 일을 하는 방식을 집중 조명한다.

'집중 조명'이라는 말은 적합한 말이 아닐지도 모른다. 우리는 결코 교회의 삶의 중심이 아니기 때문이다. 바울은 '그러므로'라는 말을 사용함으로써, 지금까지 자신이 했던 모든 이야기와 연결되어 있다는 점에 계속해서 주의를 기울이게 만든다. 우리는 혼자 힘으로는 살아가지 못한다. 교회란 우리가 관리하고 조정할 수 있는 어떤 과제가 아니다. 니케아 신조의 말처럼 교회는 이미 완벽하다. "하나이며 거룩하고 보편적이며 사도적인 교회."

교회의 삶에서 우리 자신의 힘에 의지해서는 안 된다는 점을 분명히 하기 위해 바울은 4-6장 전체에 걸쳐 '그러므로'라는 접속사를 반복적으로 사용한다. 이 접속사는 우리를 교회 안에, 우리를 부르신 하나님과 유기적으로 연결된 우리의 소명 안에 위치하게 한다. 그는 이 말을 아홉 번 사용한다.[2] 이러한 연결이 온전히 유지될 때 우리는 성령이 우리 안에 새롭게 창조하신 의와 거룩의 삶을 살게 된다.

우리에 관한 논의를 시작하는 이 시점에 바울은 '심령'(spirit)이라는 말에 초점을 맞춘다. "오직 너희의 심령이 새롭게 되어 하나님을 따라 의와 진리의 거룩함으로 지으심을 받은 새 사람을 입으라"(엡 4:23-24). 보통 'spirit'을 '심령', 그러니까 사람의 영, 속사람을 직접적으로 가리키는 말로 번역하는데, 바울 서신의 가장 탁월한 주석가 중 한 사람인 고든 피(Gordon Fee)는 이를 전혀 다르게 번역한다. 그는 이 단어가, 인간의 영혼이 아닌 성령을 가리키는 것으로 해석한다. "성령으로 마음을 새롭게 하여." 에베소서 전체는 우리 안에서 하나님의 삶을 살아가시는 성령의 일을 일관되게 강조하기 때문에 이 본문에 대한 고든 피의 주석은 고대와 현대의 몇몇 다른 학자들로부터도 지지를 받고 있으며, (나에게는) 매우 설득력 있어 보인다.[3] 성령은 우리의 마음을 새롭게 하심으로써 우리 안에 의와 거룩함을 창조하신다. 우리 안에 하나님의 성품을 재창조하심으로써 우리 안에 새로운 삶을 만들어 가신다. 바울은 4장 30절에서 이러한 성령의 역할을 다시 한 번 이야기하게 될 것이다.

## :: 스타와머스 치프

캐나다 서부의 내가 한때 살았던 곳에서 북쪽으로 100킬로미터 정도 떨어진 곳에는 스타와머스 치프(Stawamus Chief)라는 암벽 등반으로 유명한 산이 있다. 이 산에는 600미터 높이의 화강암 암반이 수직으로 솟아 있고, 여름에는 암벽 등반을 하는 사람들이 이 바위 여기저기를 오르는 것을 볼 수 있다. 이들은 이따금 밤에 헛간 외벽에 매달린 누에고치처럼 벽에 그물침대를 매달고 거기서 잠을 자기도 한다. 나는 정말로 위험한 취미 생활이라고 생각했다.

하지만 그 광경은 언제나 나를 매혹했다. 근처를 지날 때마다 나는 차를 세우고는 한동안 쌍안경으로 그 광경을 지켜보곤 했다. 내 주의를 끌었던 것은 행동이 아니었다. 그 위에서 하는 행동에는 대단할 것이 없었기 때문이다. 등반을 하는 이들은 느리고 신중하게 움직인다. 매번 움직일 때마다 시험해 보고 예측한 후에 움직인다. 이 행동에 저돌적인 즉흥성이나 무모한 전율 같은 것은 없었다. 아마도 떨어지지 않는 것, 즉 죽지 않는 것이 가장 최고의 전율일 것이다. 내 주의를 끌었던 것은 죽음이었을지도 모른다. 죽음을 무릅쓰고 줄 하나에 매달려 있는 생명.

하지만 나는 그것이 아무리 위험하다고 해도 보이는 것만큼 위험하지는 않음을 알고 있었다. 계곡 아래에서 맨눈으로 볼 때는 등반하는 이들이 중력을 벗어난 것처럼 보인다. 그러나 쌍안경으로 보면 각 사람이 밧줄과 카라비너(강철 고리)와 피턴(혹은 너트, 쐐기, 보호장구)을 갖추고 있음을 알 수 있다. 가벼운 금속으로 만들어진 단단한 쐐기못인 피턴은 필수 장비에 속한다. 내 아들 둘은 암벽 등반을 하는데, 나는 그 아이들이 등반 계획을 세우는 이야기를 종종 들었다. 그들은 세심하게 경로를 정한 다음, 실제로 등반하면서는 중간중간에 '확보물'(protection)을 끼워 넣는다. 이를테면, 바위 표면의 작은 틈에 망치로 피턴을 박아 넣고 밧줄을 걸어 두면 갑자기 떨어져 죽는 것을 막을 수 있다. 암벽 등반을 하는 이들 중 확보물을 제대로 챙기지 못하는 사람이 있다면, 그는 분명 경력이 짧은 사람일 것이다.

스타와머스 치프에서 등반하는 이들을 지켜보던 어느 날(그 당시 나는 머릿속으로 에베소서의 이 구절에 관한 강의를 준비하고 있었다), 나는 바울이 사용한 '그러므로'가 교회라는 (땅에서부터 하늘까지) 수직으로 솟은 암벽 표면에 박혀 있는 피턴이나 쐐기못과 같은 역할을 하고 있으며, 그리스도인은 그 암벽을 오르라는 부르심을 받았다는 생각이 들었다. '그러므로'는 쐐기못, 즉 기분과 상황, 오판과 피로에서 우리를 지켜 주는 확보물이다. 우리는 그리스도의 장성한 분량에 이르기 위해 자라가기 시작할 때 비전("주는 그리스도시요!")이나 위험("자기를 부인하고 자기 십자가를 지라"), 영감("그분의 영광을 찬양하라")에 대해서는 너무나도 잘 알고 있다. 그러나 '확보물'이 없다면 생존을 장담할 수 없다.

교회 안의 삶은 위험하다. 대부분의 위험은, 우리가 그리스도인으로서 좀더 높은 경지에 올랐다고 느끼게 만드는 신앙 생활 방식을 만들고 그것에 익숙해지는 데서 온다. 우리는 예수님에 관해서 배우고 예수님을 위해 일하는 데 너무나도 부지런해져서 정작 그분과의 사귐에는 시들해진다. 오랫동안 교회 안에 존재해 왔고 지금도 계속되고 있는 위험은, 우리가 영혼의 생명을 조금씩 갉아먹는 역할 즉 종교적인 역할을 떠맡게 된다는 점이다.[4]

교회 생활을 한다고 해서 우리가 더 높은 차원의 복음의 삶을 살게 되는 것은 아니다. 믿음은 위험을 감수하는 삶이다. 사랑은 위험을 감수하는 삶이다. 예배는 위험을 감수하는 삶이다. 우리는 하나님과 교회, 교인들에게 익숙해질 때 믿음의 삶이 얼마나 위험한지를 잊어버리고 확보물을 갖추는 일을 소홀히 하게 된다. 각각의 '그러므로'는 우리가 화강암 표면에 계속 붙어 있을 수 있도록 바위 사이에 망치로 박아 넣은 피턴이다. 바울은 우리에게 피턴을 넉넉하게 주었고, 우리는 그 하나하나가 다 필요하게 될 것이다.

칼 바르트는, 우리가 언제나 그리스도인의 삶에서 초심자일 수밖에 없다고 강력하게 주장했다. 얼마나 많이 알든지, 얼마나 부지런하든지, 그리스도인의 삶에서 졸업이란 결코 없으며 계속해서 더 높은 차원으로 나아갈 뿐이다. 평신도나 목회자 할 것 없이, 그리스도인의 삶이나 섬김에서 "초심자의 것이 아닌 것은 없다.…큰 어려움 없이 해낼 수 있는 판에 박힌 일이 되거나 연습으로 숙달된 기교가 될 때 그리스도인이 하는 일은 자기 모순이 되고 만다. 많은 일에서 장인이 되거나 심지어 대가가 될 수 있다. 그러나 그리스도인, 하나님의 자녀가 되는 일에서는 결코 그럴 수 없다."[5]

여기 엄청난 아이러니가 있다. 교회로부터 거리를 두며 주변을 맴돌고 이따금 참여해 보는 그리스도인들에게는 대개 이런 위험이 찾아오지 않는다. 그러나 교회에 강한 애착을 느끼며 책임을 맡는 이들은 자연히 다른 이들의 관심을 받게 된다. 우리는 스타와머스 치프를 오르는 암벽 등반가들이다. 어떤 이들은 우리를 비판하고, 어떤 이들을 우리를 우러러본다. 그러나 우리는 어떤 식으로든 우리가 분리된 하나의 계급처럼 취급받는다는 것을 안다. 우리는 숙련된 그리스도인들이다. 우리는 무언가를 이룬 사람들, 성숙한 사람들이다. 우리는 점점 핵심 인물이라도 된 듯 우쭐해진다.

교회에서 우리의 지위나 평판이 어떠하든, "너희가 돌이켜 어린아이들과 같이 되지 아니하면…"(마 18:3)이라는 예수님의 말씀은 우리에게도 예외 없이 적용된다. 그러나 우리가 수년간 교회의 삶에서 필요한 밧줄을 다루는 법을 익히고 다른 이들이 우리를 성숙한 그리스도인이나 지도자로, 심지어는 '성인'으로 우러러보기 시작할 때, 스스로를 어린아이라고 생각하기가 놀라울 정도로 어려워진다. 능력이 커지니 겸손함은 사라져 버린다.

'확보물'이 없다면, 계속해서 우리를 머리와 유기적으로 연결된 몸의 일부가 되도록 만들어 주는 '그러므로'라는 연결 장치가 없다면, 우리는 처음 그 모습대로 예수님을 따르는 어린아이처럼 살기는커녕 예수님 대신 주인 행세를 하게 되는 경우가 너무도 많다. 어떤 경우에는 다른 이들의 행복을 보살피는 아주 좋은 주인이기도 하지만 어떤 경우에는 그 모습이 거의 위장도 하지 않은 경건한 깡

패와 다름없다.

## :: 부정적인 공간

교회가 하나님의 존재와 사역이라는 점으로부터, 교회가 하나님의 존재와 사역에 대한 우리의 참여이기도 하다는 점으로 초점이 전환되는 이 부분은 부정적인 명령으로 시작된다. "이제부터 너희는 이방인이 그 마음의 허망한 것으로 행함같이 행하지 말라"(엡 4:17). 나는 이 서신서에 꽤나 익숙하지만 이 구절을 읽을 때마다 마치 도로에서 과속방지턱을 만나는 기분이 든다. 지금까지 거의 모든 말이 찬란한 긍정의 말이었다. 바울은 열정이 넘쳤고 찬양을 그칠 줄 몰랐다. 아무리 찬양을 해도 모자란 듯 그 부족한 부분을 메우려고 안달이 난 것처럼 보였다. 은유와 직유가 넘치는 그의 언어는 정열적이었으며, 구문의 힘줄을 끊어지기 직전까지 팽팽히 잡아당겼다.

"이제부터 너희는 이방인이 그 마음의 허망한 것으로 행함같이 행하지 말라." 이 무채색의 근엄하고 부정적인 말은 그의 성격과 어울리지 않아 보인다. 왜 하나님이 하시는 일에 대해 그토록 열정적으로 이야기했던 바울이, 교회가 하나님과 더불어 그분을 위해 행할 수 있는 일에 대해 설명하면서는 그와 마찬가지로 열정적으로 이야기하지 않는 것일까? 왜 그는 그들에게 '하나님을 위해 위대한 일을 행하라'고 도전하지 않았을까? 분위기는 충분히 달아올랐다. 어째서 그는 그들에게 행동하라고 권면하지 않았을까? 하나님이 그들 안에서 그들을 위해서 행하시는 모든 '예'에 기꺼이 참여하려고 하는 이 시점에 어째서 이렇게 '아니오'라고 말하는 것일까?

나는 그가 그들의 성숙도를 신뢰하지 않기 때문이었을 것이라고 생각한다. 새롭게 그리스도인이 된 이 남자와 여자들은 비유대교 문화 속에서 자랐다. 그들은 유대인으로 자란 사람이라면 누구에게나 익숙한 수세기에 걸친 풍부한 이야기와 예배, 도덕적 실천 없이 교회에 들어온 사람들이다. 에베소의 이방인들은 이 모든 점에 관해 초심자들이었다. 이방인으로서 그들은 그리스와 로마의 남신과 여신들의 이야기가 매일의 삶에 배경이 되던 세상으로부터 교회로 들어온 사람들이다. 이 이야기들은 분명히 종교적이기는 했지만 그 안에는 도덕적인 내용이 전혀 없었다. 그 문화의 초자연적인 영역에는 성적인 부도덕과 폭력이 넘쳐날 뿐이었다.

그 시대 이방인의 상상력 속에서는 종교와 도덕이 섞일 수 없었다. 그들의 문화에 도덕이 없었다는 말이 아니다. 그들에게는 도덕적인 삶에 관한 지혜를 이야기하는 철학자들이 있었으며, 그들의 가르침은 수세기 동안의 시험을 통과한 것이었다. 그러나 대부분 학교 교육을 받지 못했던 거리의 남자와 여자들과 상당수의 노예들에게 철학자들은 별로 큰 영향력을 미치지 못했을 것이다. 보통 사람들의 상상력 속에서는, 제우스와 헤라가 성적으로 방탕하며 살인과 강간을 일삼는 신들을 관장했다. 이방인들이 자신들의 남신과 여신에 관해 했던 이야기들은 비범한 심리학적 통찰을 보여주기도 하고 오랜 시간이 흘러도 여전히 흥미진진하기도 하다. 그러나 그 속에 정의로운 도덕에 관한 이야기는 없다. 에베소 시를 주재하던 여신 아르테미스는 외설적인 공공 조형물 사이에서 다산을 상징하는 천 개의 가슴을 가진 우상이었다.

이것이 바로 여기서 '이방인'이라는 말이 나타내는 세계의 모습이었다. 이 말은 유대인과 대비되는 인종 집단을 지칭하는 말이라기보다는, 풍부한 종교적 상상력을 지니기는 했지만 도덕적으로는 너무나도 빈약했던 문화를 가리키는 말이었다.

그러므로 바울은 이 이방인 그리스도인들이 매일 세상에서 하는 일과 행동에 초점을 맞추어 이야기하기 시작하는 이 시점에, 이 놀랍고 새로운 복음을 취한다고 하면서도 아무 생각 없이 옛 문화의 덫에 그대로 빠져 지내기가 얼마나 쉬운지를 경고한다. 오랫동안 몸에 밴 이방인의 습성에 젖어 그들은 계속해서 종교가 도덕과 아무런 상관이 없다고 생각할지도 모른다. 바울은 이 옛 이방인의 생활 방식을, 이해력이 어두워지고 하나님의 생명에서 떠나 있으며 "자신을 방탕에 방임하여 모든 더러운 것을 욕심으로" 행하는 방식이라고 묘사했다(4:18-19).

만약 바울이 대부분 유대인으로 이루어진 교회에 편지를 썼다면, 기본적인 도덕적 가르침을 이렇게 자세히 다루지는 않았을 것이다. 유대인들은 요람에서부터 십계명을 들으며 자란다. 그들은 시편 15편으로 기도한다. "여호와여, 주의 장막에 머무를 자 누구오며, 주의 성산에 사는 자 누구오니이까?"(1절) 이 물음에 대한 답으로서 그들은 모호함이라고는 전혀 찾아볼 수 없는 단순한 열 가지 행동, 즉 너무나도 분명한 도덕적인 행동을 제시한다. 또한 이와 비슷한 두 가지 질문을 던지는 시편 24편으로 기도한다. "여호와의 산에 오를 자가 누구며, 그의 거룩한 곳에 설 자가 누구인가?"(3절) 이번에는 세 가지 분명한 도덕적인 행동을 그 답으로 제시한다. 유대인들은 수세기 동안 철저한 도덕 교육을 통해 하나님의 선물을 받아들이고 의와 거룩함 안에서 자라기 위해 마음밭을 갈아 왔다. 의와 거룩함은, 하나님께 응답하며 교회 안에서 바르게 사는 삶을 설명하기 위해 바울이 사용한 말이다.

그러나 이방인들은 모세의 가르침이나 다윗의 기도를 듣지 못하고 자랐다. 그들은 아르테미스와 헬레네, 오디세우스와 아킬레스, 오르페우스와 에우리디케, 오이디푸스와 이오카스테의 이야기를 들으며 자랐다. 그러므로 그들을 신실한 삶의 세계로 이끌고 은혜의 선물에 응답하는 삶을 살고, 의와 거룩함 속에서 무럭무럭 자라게 하기 위해 바울은 꼭 필요한 부정어를 사용하고 있다. 이방인들이 도덕적인 삶을 사는 데 도움이 될, 전혀 복잡하거나 어렵지 않은 단순한 몇 가지 지침만으로도 그리스도 안에서 자라날 좋은 토양을 마련해 줄 수 있다.

그리스도인의 삶은 도덕적 행위로 시작되지 않는다. 하나님을 얻기 위해 선해져야 하는 것은 아니다. 하지만 하나님이 움직이시는 삶으로 들어온 후에 도덕적인 행위는 성숙한 부활의 삶에 형식을 부여한다. 도자기 꽃병이 꽃다발에 형태를 부여하듯, 우물에서 부엌으로 물을 옮길 때 두레박이 물을 담는 용기가 되듯, 나팔이 압축된 공기에 형태를 부여하여 소리를 내듯, 도덕적 행위는 형태가 된다. 도덕적 행위는 부활을 표현하는 예술적 형식이다.

친구들의 초대로 20대 후반의 한 여자가 우리 교회에 출석하기 시작했다. 몇 주 후 그녀는 나와 이야기를 나누고 싶다고 했다. 그녀는 그리스도인이 되고 싶어 했다. 그녀는 기독교 신앙에 관해 거의 알지 못했고, '그리스도인이 된다는 것'이 무슨 뜻인지도 몰랐다. 우리는 이야기를 나누고 기도했다. 이렇게 그녀는 그리스도인이 될 준비를 하고 예수님을 따르겠다고 헌신했다. 세례도 받았다.

하지만 그녀는 신앙에 관해서 별로 아는 바가 없었기에 지금까지 자라 온 문화 속에서 살고 친구들과 똑같이 행동했다. 그녀는 미국식으로 살아가는 여전한 '이방인'이었다. 그녀는 다시 이야기를 나누고 싶다고 말했다. 그래서 우리는 2, 3주에 한 번씩 내 서재에서 만나 이야기를 나누며 함께 기도하고 그녀가 이제 막 시작한 이 새로운 삶의 의미에 대해 공부했다. 그것은 너무나도 신선하고 새로웠다. 그녀는 전에는 전혀 몰랐던 내적인 삶을 살게 되었고, 존재하는지도 몰랐던 공동체에 속하게 되었다.

이렇게 부활을 실천할 때 기독교 신앙이 한 사람 안에서 처음으로 살아 움직인다. 이것을 듣고 볼 수 있는 이런 대화는 언제나 흥미롭다. 그녀는 모든 것을 받아들였고, 기꺼이 그리고 기쁘게 모든 것을 끌어안았다. 하지만 한 가지 나를 당혹스럽게 한 것이 있었다. 그녀는 남자친구와 동거 중이었던 것이다. 그녀는 스무 살 때부터 줄곧 남자친구와 동거해 왔고, 동거는 여섯 달 이상 지속되는 경우가 드물었다. 그녀는 결혼에는 관심이 없었다. 그녀는 변명하지 않고 이 모든 것을 나에게 이야기했다. 그것도 고백이라기보다는 서로를 알아가게 될 때 흔히들 나누는 대화처럼 이야기했다. 나는 무슨 말을 해야 할지 몰랐다. 틀림없이 그녀는 그리스도인으로서의 삶은 우리의 성적인 생활에도 어떤 영향을 미친다는 것을 알고 있었다. 그녀는 주일마다 교회에 나왔고, 이 기독교 공동체에 점점 익숙해져 가고 있었다. 나는 그녀가 결국에는 알아차릴 것이라고 생각했다. 그리고 그녀가 이 문제에 대해서 이야기하기를 기다렸다.

그러다 어느 날 나는 충동적으로 이렇게 말했다. "우리는 일곱 달 동안 이렇게 대화를 나눠 왔습니다. 애스트리드, 부탁 하나 들어 줄래요?"

"물론이죠. 뭔데요?"

"여섯 달 동안 혼자 살도록 해 봐요."

놀란 그녀는 "왜 그래야 하죠?"라고 말했다.

"그냥 내 부탁이니까요. 내 말을 믿어 봐요. 나는 그게 중요하다고 생각해요."

나중에 나는 그 주에 그녀의 남자친구가 나갔다는 것을 알게 되었다. 두 달 후에 만났을 때 그녀가 이야기를 꺼냈다. "처음에 나에게 여섯 달 동안 혼자 살라고 말씀하셨을 때, 왜 그러시는지 몰랐어요. 하지만 '내 말을 믿어 보라'고 하셔서 그렇게 했어요. 이제 두 달이 지났네요. 이제 이유를 알 것 같아요. 정말 자유로워진 느낌이에요. 전에는 한 번도 이렇게 '나 자신'처럼 느껴진 적이 없었어요. 나 자신에 대해 이렇게 편안하게 느낀 적이 없었어요. 모두 나처럼 한다고 생각했죠. 내 친구들 모두 그렇게 사니까요. 그저 이게 미국식 생활 방식이라고 생각했어요. 이제 다른 사람들과의 관계에 대해 많은 것을 알게 되었어요. 그 사람들이 훨씬 더 깨끗하고 온전하게 보여요. 아주 깨끗해 보여요. 그리고 있잖아요, 언젠가 결혼을 하고 싶다는 생각도 하게 됐어요. 감사드려요."

그 결단은 약속한 여섯 달을 채웠고 그 후 2년이 지날 때까지 지속되었다. 그런 다음 그녀와 약혼자는 결혼 서약을 했으며, 내가 그들의 결혼식을 주례했다.

'부정적인 공간'(negative space)은 예술가들이 쓰는 용어다. 조각이나 회화에서 여백의 중요성을 가리키는 말이다. 미술가는 무엇을 넣을지뿐만 아니라 무엇을 뺄지도 알아야 한다. 열려 있음, 비어 있음, 숨 쉴 공간. 당신이 보지 못한 것이 작품을 볼 수 있는 적절한 공간을 제공한다. 예술 작품에서 부정적인 공간은 당신이 보는 것만큼이나 중요한 역할을 한다.

부활을 실천하는 방법을 찾을 때도 부정적인 것이 중요하다. 그것은 마음을 어지럽히는 것들을 정돈한다. 우리에게 교회의 모습을 소개할 때 바울은 신중하다. 그는 우리에게 명령을 잔뜩 쏟아놓지 않는다. 그는 하나님 나라의 일을 맡으라고 성급하게 우리를 부추기지 않기 위해 조심한다. 그는 우리가 하지 말아야 할 것을 이야기하며 먼저 기초 작업을 한다. 바울이 하지 말라고 한 것 중에 그 어떤 것도 영웅적인 노력이 필요한 경우는 없다. 어느 정도 자기를 절제하고 최소한의 노력만 하면 된다. 거짓된 모습을 버리라. 해가 지도록 분노를 품지 말라. 도둑질하지 말라. 나쁜 말을 하지 말라. 성령을 근심하게 하지 말라. 언쟁하지 말라. 비방하지 말라. 원한을 품지 말라. 음행하지 말라. 이 같은 부정적인 명령은 에베소인들의 이방 문화 속에서 흔히 있는 일이라고 여겨지고 어떤 경우에는 용인되기까지 했던 행동이나 태도에 관한 것이었다. 그리고 미국인들의 이방 문화에서도 마찬가지다. 상황은 별로 달라진 게 없다.

그리스도인 삶의 대부분은 하나님의 말씀과 그분이 하신 일에 대한 응답이다. 부정적인 것은 우리의 삶을 규정하지 못한다. 하나님의 긍정이 우리를 규정한다. 부정의 역할은 주된 활동, 즉 하나님의 활동을 위한 여지를 마련하는 것이다. 말을 너무 많이 하거나 일을 너무 많이 할 때 우리는 하나님이 행하시는 일을 방해하게 된다. 우리는 주의를 산만하게 만드는 요소가 된다. 교회의 삶에 깊숙이 꽂이들수록 우리는 문화석으로 용인되지만 반드시 버려야 할 이방의 생활 방식이 존재한다는 것을 깨닫게 된다. 우리가 자라 온 이 이방의 문화 속에, 세속 사회에서는 매우 우러러보며 그에 대해 보상을 주기도 하지만 우리는 그렇게 해서는 안 되는 요소들이 있음을 깨닫게 된다. 잘못된 시간이나 장소에서 하는 좋은 말이나 좋은 행동은 나쁜 것이다. '그리스도의 장성한 분량이 충만한 데까지' 이르도록 성숙하기 위해서, 즉 부활을 실천하기 위해서는 많은 부정적인 공간들, 즉 말하지 않고 행동하지 않는 것이 필요하다.

## ∷ 숨어 계신 삼위일체의 위격

이 모든 부정적인 명령에 대한 전제("더 이상 이방인처럼 살지 말라")는 사실 엄청난 긍정이다. 하나님이 활동하신다. 믿기지 않는 방식으로 우리의 상상을 초월하여 활동하신다. 이제 에베소서에서 하나님이라는 말은 때로는 성부를, 때로는 성자를, 때로는 성령을 가리킨다는 것을 분명히 알 수 있다. 세 위격 모두 우리 위에 계시며 창조하고 공급하신다. 우리와 함께 계시며 계시하고 구원하신다. 우리 안에 계시며 복 주시고 거룩하게 하신다.

이 세 위격 안에는 역동적인 하나됨이 있다. 그러나 성부, 성자, 성령이 각각 독특하게 행하시는 역할과 주요한 행위들도 있다. 성부 하나님은 말씀으로 모든 것을 존재하게 하시고 모든 것을 하나로 모으신다. 성자 하나님은 우리의 역사 안으로 들어오셔서 우리가 알아볼 수 있는 인간의 모습으로 활동하시는 하나님을 보여 주시며 모든 이들을 위한 구원을 성취하신다. 성령 하나님은 우리와 더불어 우리 안에 계시며, 우리를 초대하고 이끌고 권하셔서 우리가 하나님 되심의 모든 방식에 참여하도록 힘쓰신다. 바울은 그리스도 안에서 자라는 과정으로 우리를 이끌며 이 모든 하나님의 활동을 분명히 보여 준다. 삼위일체의 교리란, 교회가 이 모든 활동을 상호적 관계 안에서 행하시는 하나님에 관해 생각하는 방식이다.

하나님이 하나님 되시는 모든 방식에 참여하고 그것을 닮아 가고자 할 때, 우리는 반드시 하나님을 삼위일체적으로 바라보아야만 한다. 하나님의 위격들 한 분이 전면에 나설 때마다 다른 두 위격들도 동시에 은연중에 관여하신다. 성부는 결코 성자와 성령으로부터 고립되지 않으신다. 성자는 성부와 성령과 따로 떨어져 계시지 않는다. 성부, 성자와 별개로 성령을 경험하는 경우는 결코 없다. 한 분 하나님이 계시다. 그러나 절대로 이 하나님을 하나의 추상적 관념이나 원리, 진리, 혹은 힘으로 이해해서는 안 된다. 하나님이 하나님 되시는 모든 방식은 비인격적이지 않으며 철저하게 인격적이다. 분리되지 않고 관계적이다. 일반적이지 않고 구체적이다. 그리고 하나님은 **오직** 인격적이며 관계적이고 구체적인 방식으로만 존재하신다.

삼위일체의 관점은 '한 분' 하나님을 수학적으로 정의하거나 살아 계신 하나님을 생명 없는 숫자로 환원하려는 시도를 막아 준다. 숫자는 가장 추상적이며 비인격적인 언어다. 숫자는 비인격적인 모든 것(시세와 행성, 금융 시장)을 다룰 때 가장 효과적이다. 그러나 인격체를 다룰 때는 사실상 쓸모가 없고, 하나님과 이야기하고 그분에 관해서 이야기할 때는 더더욱 그렇다. 그러므로 하나가 셋과 같다거나 셋이 하나와 같다는 식의 숫자 놀음으로는 삼위일체를 이해할 수 없다. 삼위일체는 산수와 전혀 상관이 없다. 삼위일체는 성부, 성자, 성령으로 스스로를 우리에게 계시하시는 하나님에 대해 생각하고 그분께 관계적으로 응답하는 법을 배우는 방식이다. 하나님은 삼중적으로 인격적이시며, 분명하고 단호하게 인격적이시다. 마찬가지로 부활을 실천하며 자라기 위해서 우리는 분명하고 단호하게 인격적이어야 한다.

지금까지 바울은 주로 성부와 성자 하나님에 대해 이야기해 왔다. 어느 정도 예상 가능한 일이다. 지금 바울은 하나님이 두 가지 측면에서 행하신 모든 일에 관해 설명하고 있기 때문이다. 즉 우리를 지금의 모습대로(구속하여 그분의 영광을 찬양하며 살도록 선택하신 하나님의 자녀들로) 만드시고, 교회를 지금의 모습대로(그리스도의 몸, 부활의 공동체, 그리스도의 장성한 분량에 이르기까지 자라나는 그리스도인의 회중으로) 만드신 것에 관해 이야기했다.

바울은 성부나 성자에 관해 이야기한 것만큼 우리와 함께하시는 성령에 관해 자주 이야기하지 않는다.[6] 그러나 성령에 관한 최초의 언급은 전략적인 중요성을 띤다. 성령에 대한 언급이 '하늘에 속한 모든 신령한 복'을 하늘에서뿐 아니라 땅에 있는 우리에게도 주셨다는 긴 서두를 결론짓기 때문이다. 우리는 이 모든 것에 참여한다. 우리는 하나님이 하시는 모든 것을 그저 구경만 하는 사람들이 아니라 "약속의 성령으로 인치심을" 받은 내부자들이다.

"이는 우리 기업의 보증이 되사 그 얻으신 것을 속량하시고 그의 영광을 찬송하게 하려 하심이라"(엡 1:13-14). 바울은 우리에게 부활의 삶에 적합한 태도에 관해 이야기하면서 이 구절을 다시 한 번 반복한다.

성령은 우리와 함께 계시는 하나님이시며, 우리를 그분이 하시는 모든 일에 인격적인 참여자로 만드시고 우리에게 능력을 주셔서 그분이 하시는 모든 일 안에 들어가게 하신다. 창조 사역에서 그 어느 것도, 화해 사역에서 그 어느 것도 '저 너머에' 있어 존경의 대상이 되거나, 특별한 사람들을 위해 따로 구별되어 있거나, 하나님이 가장 아끼는 이들을 위해 유보된 것은 없다. 성경 안의 모든 것은 삶으로 살아낼 수 있는 것이다. 그렇다고 획득해서 우리가 원하는 대로 사용할 수 있는 상품이라거나, 마음대로 활용해도 좋은 기술이라는 말은 아니다. 성령은 일하시는 하나님의 임재다. 그분은 하나님의 창조와 구원 사역에 하나님의 숨('영')을 불어넣으시고, 우리가 부활의 삶에 열정적으로 참여할 수 있도록 하신다.

우리가 몸으로, 가정과 이웃, 직장 안에서 이 부활의 삶을 살 수 있는 것은 하나님이 교회 안에서, 그리고 우리 안에서 구체적이며 인격적으로 일하시기 때문이다. 그러나 여기에는 일종의 신적 익명성이 존재한다. 하나님은 우리를 성령이 이끄시는 참여의 삶으로 이끄실 때, 자신을 드러내지 않으신다. 의롭고 거룩한 삶은 물구나무를 서서 걷거나 공중제비를 돌며 다이빙을 하는 것이 아니다. 하나님은 우리가 그분의 증인이 되고자 할 때, 즉 섬기고 찬양하고 돕고 치유하고 돌보고 사랑하려고 할 때 우리를 사용하신다. 그렇지만 모든 사람들이 하나님이 임하셨고 살아 계신다는 것을 눈치챌 수 있도록, 그래서 마땅히 받으셔야 할 영광을 받으실 수 있도록 우리 머리 위에 후광을 달아 주지는 않으신다. 그리고 하나님은 우리처럼 때로는 나태하고 믿음 없이 사는 경우도 적지 않은 인생들과 관계 맺는 것을 당혹스러워하지도 않으신다. 그분은 자신의 평판을 지켜 내려고 우리와 거리를 두시는 분이 아니다.

어제 나는 아내와 숲을 걷다가 대머리 독수리 한 마리가 불과 6미터 거리에서 하늘로 날아오르는 것을 보았다. 그 독수리는 사슴의 시체를 먹고 있다가 우리가 다가오는 것을 알고 날아가 버린 것이다. 이렇게 가까이에서 대머리 독수리를 보기란 쉽지 않다. 우리는 깜짝 놀라 서 있었고, 2미터 너비의 거대한 날갯짓에 숨이 막힐 지경이었다. 독수리는 나뭇가지 위로 날아 앉았다. 그 정도면 안전한 거리에서 우리를 감시하며 자기 저녁거리를 지킬 수 있다고 생각했을 것이다. 우리는 하나님이 만드신 너무나도 아름다운 자연에 내부자로 초대받는 영광을 누리는 듯했다.

 오늘 아침 나는 한 시간 정도 예수님의 십자가 죽음과 부활에 관한 요한복음의 말씀, 즉 나의 구원에 관한 이야기를 읽고 묵상했다. 바로 이 이야기에 속한 내가 아는 많은 사람들, 일부는 이미 죽었고 일부는 살아 있는 사람들을 떠올리며 향수에 젖었다. 역사의 핵심을 이루는 구원 사역에 관한 희망의 이야기에 나 자신이 내부자로 참여하고 있음을 깨닫고 다시 한 번 감격했다.

점심을 먹은 후 나는 5킬로미터를 운전해 마을로 나갔다. 우체국에 들러 소포를 찾고 식료품점에 들러 저녁에 샐러드를 만들 붉은 양파와 요구르트를 샀다. 주유소에 들러 차에 휘발유를 넣었다. 그러면서 약 열다섯 명 정도의 사람들을 만나 이야기를 나누었다. 그중 절반은 이름도 알고 그들의 사정도 얼마간은 알고 있다. 서너 명은 일요일마다 함께 예배하는 사람들이다. 아무것도 '일어나지' 않았고 기억할 만한 이야기도 듣지 못했다. 하지만 다르게 생각해 본다. 그들 중 몇 사람의 삶 속에서, 어쩌면 내가 아는 모든 이들의 삶 속에서 거룩과 의가 실현되고 있음을 나는 알고 있다. 그중 일부는 자세히 알고 있다. 바로 창조를 살아내고 구원을 살아내는 이야기 말이다.

바로 이런 일상 속에서, 그러니까 우리가 출근하고 심부름을 하고 친구와 낯선 이들을 만날 때, 성령 하나님이 우리의 몸과 영혼 속에서 창조와 구원을 살아내신다. 우리는 성령의 사역을 눈치 채거나 주목하지 못하는 경우가 많다.

나의 친구인 신약학자 데일 브루너(F. Dale Bruner)는 성령을 '숨어 계신 삼위일체의 위격'이라 부른다. 이는 정말 맞는 말인 것 같다. 성령은 조용하지만 우리를 양육하시는 강력한 존재이시다. 성부의 창조 사역과 성자의 구속 사역에는 선포적이며 이목을 집중시키고 극적인 특징이 있어서 그에 관해서는 공적인 차원으로 이해하는 것이 적합하다. 반면 성령이 보통 사람들과 평범한 상황 속에서 창조와 구속을 구체적인 모습으로 드러내실 때, 이것은 대개 신문의 머리기사가 되지 못한다. 하지만 그렇다고 해서 그분의 사역이 덜 강력하거나 덜 효과적인 것은 결코 아니다. 삼위일체에 관해 '숨어 계신'이라는 형용사는 소심함이나 주저함과는 전혀 상관이 없다. 이 말은 현란함이 아니라 꼭 필요한 신중함을 뜻한다.

바울은 에베소서 1:1-14에서 처음으로 언급했던 성령 하나님에 관한 말씀을 4장 30절에서 반복한다. 하지만 이번에는 맥락이 다르다. 1장에서 성령은 우리의 삶 속에서 하나님의 모든 일이 이루어질 것이라는 약속이었다. 성령은 위대한 구속의 사역이 하나님의 소유된 백성인 **우리** 안에서 일어날 것이라는 보증이시다.

4장에 나타나는 성령에 대한 두 번째 언급에서는 1장에 나타난 성령의 사역의 특징을 반복한다. 성령은 우리가 이러한 구속의 유업을 받게 될 것임에 대한 보증이시다. 하지만 이번에는 그에 앞서 부정적인 명령을 먼저 언급한다. "하나님의 성령을 근심하게 하지 말라."

지금까지 바울이 제시한 모든 도덕적·윤리적 명령은 우리가 살면서 서로를 대하는 방식과 관련된 것이었다. 그리고 모두 '이렇게 하지 말고, 이렇게 하라'의 형태를 띠었다. 처음에는 부정적인 명령, 그 다음에는 긍정적인 명령이었다. 그러나 이 명령은 부정적인 명령으로만 이루어져 있다. 다른 모든 명령은 우리가 다른 이들을 어떻게 대해야 하는가를 말해 준다. 하지만 이 명령은 하나님을 향한 우리의 태도를 이야기한다. 그리고 긍정적인 명령으로 보충되지 않은 유일한 명령이다.

이 구절은 묵상해 볼 가치가 있다. '근심하게 하다'라는 말은 인격적이며 관계적인 의미를 지닌 동사다. 여기서 바울은 그리스도 안에서 자라나고 성숙한 삶을 개발하기 위해 필요한 올바른 조건을 제공해 주는 행동들에 관해 설명하고 있다. 성령은 이러한 행동들을 사용하셔서, 하나님이 성부와 성자 안에서 교회를 통해 세상에 대해 하나님이 되시는 방식을 증언하신다. 이 행동들은 그 자체로서는 그저 텅 빈 형태일 뿐이며, 이 형태를 내용과 활력으로 채우셔서 의와 거룩을 담아내는 그릇이 되게 하시는 분이 바로 성령이시다.

만약 이 형태를 비인격적인 규칙으로 이해하고 그것을 지키거나 어기더라도 우리에게 어떤 일이 일어나는 것 외에 다른 어떤 영향도 미치지 않을 것이라고 생각한다면, 우리는 그런 행위가 신성에 심히 인격적인 영향을 미친다는 사실, 즉 하나님의 영이 고통당하신다(근심하신다)는 사실을 잊고 있는 셈이다. 만약 그 형태를 취하여 우리 나름대로 사용하고(진리를 말하고, 정직하게 일하고, 가난한 이들과 나누고, 친절하고, 사랑하는 등) 개인적인 실천을 위한 지침으로 활용한다면, 사실상 우리는 성령을 거부하거나 무시하거나 물리치는 것과 같다. 성령에 대해 등을 돌리고 자신의 삶을 스스로 책임지고 자기 나름의 의와 거룩을 실천하려고 하기 때문에, 최악의 경우에는 하나님을 모독하는 것이나 다름없다.

반드시 깨달아야 하는 사실은, 무엇보다도 성령이 우리를 배려하신다는 점이다. 그분은 강압이나 조작, 강요를 모르신다. 성령은 우리를 존귀하게 대하시며 우리의 자유를 존중하신다. 성령은 능력을 주시는 하나님의 임재다. 그분은 우리 안에서 축복과 구원의 삶, 부활의 삶을 일으키신다. 그것은 결코 자기 의지의 삶이나 자기 의의 삶, 원하는 것을 얻기 위해 하나님을 이용하는 삶이 아니다. 만약 이런 태도와 사고방식을 가지고 산다면 그것은 성령을 근심하게 하는 삶이다.

한 가지 더. 교회 안에는 성령의 부재에 관해 심각하게 불평하는 이들도 있다. 이 비판자들은 성령의 임재가 어떤 모습이어야 하는지를 안다고 확신하면서 그분이 안 계신다고 목소리 높여 항의한다. 또한 그들은 성령을 다시 모셔 들이는 전략을 고안해 낸다. 그러나 우리는 성경과 교회의 전통을 통해 성령이 익명성을 선호하신다는 것을 잘 알고 있다. 그리고 바울은 우리가 이미 약속의 성령으로 '인치심'을 분명히 말하고 있다(1:13; 4:30). 그렇다면 바로 지금 주어지는 것을 찾아보고 그로 인해 하나님을 찬양하는 것이 더 현명하지 않겠는가? 어떤 이들은 성령의 부재에 항의하고 부흥에 열을 올리는 태도가 '하나님의 성령을 근심하게' 하는 또 다른 모습일 수도 있다고 지적한다.[7] 하나님의 성령은 우리의 영에 꼭 필요한 안내자이시다.

# 11. 사랑과 예배

에베소서 5:1-20

> 그러므로 사랑을 받는 자녀같이 너희는 하나님을 본받는 자가 되고,
> 그리스도께서 너희를 사랑하신 것같이 너희도 사랑 가운데서 행하라.
> 그는 우리를 위하여 자신을 버리사
> 향기로운 제물과 희생제물로 하나님께 드리셨느니라.
> 에베소서 5:1-2

> 부활은 나를 영원의 바람이 잘 통하는 열린 세계로 데려다 준다.
> 폴 쉐러, 「하나님이 보내신 말씀」

바울은 우리 삶의 심층적인 삼위일체적 리듬에 대해 이야기하고 있다. 하나님이 하나님 되시는 모든 방식을 생생히 인식하며 거기에 **참여하는** 삶, 즉 부활을 살아내는 것에 관해 이야기한다. 앞 장에서 의와 거룩함을 참여적으로 이해하라고 말했던(엡 4:17-32) 바울은 이제 5장에서 사랑과 예배에 대해 이야기한다.

우리는 성부 하나님과 성자 하나님의 존재와 사역에 참여하는 삶을 이미 시작했다. 기억하라. 이것은, 미국에서 하나님이 하시는 일에 참여하는 것을 뜻하는 말로 흔히 사용하는 '적용'과는 다르다. '적용'이라는 말은, 일단 하나님이 어떤 분이시며 무슨 일을 하시는지를 알고 난 후에는 이를 실천에 옮기는 것이 우리의 책임이라는 뜻을 풍긴다. 이보다 더 심각한 오해를 불러일으키는 말은 없을 것이다. 하나님은 그분의 계시와 성육신에 철저하게 관여하셨듯이 우리의 참여에도 철저하게 관여하신다. 그리고 그분은 성령을 통해 그렇게 하신다.

바울은 하나님이 하나님 되시는 방식을 종합적으로 이해하기 위해 필요한 튼튼한 기초를 세웠다. 하나님이 자신을 성부로 계시하시는 방식(창조와 언약의 영광), 하나님이 성자로 자신을 알리시는 방식(예수님 안에서 성취된 구원과 구원의 공동체인 교회), 하나님이 성령으로서 우리와 함께 계시는 방식(능력을 주시는 하나님의 넘치는 은총 속에서 우리에게 주신 하나님의 생명). 에베소서 1-3장에서는 주로 성부와 성자로서의 하나님의 존재 방식에 관해 이야기했다. 그렇다고 성령에 대한 이야기가 전혀 없었던 것은 아니다. 어찌 그럴 수 있겠는가? 하나님의 모든 존재와 말씀, 행위 속에는 하나님이 하나님 되시는 모든 방식이 내포되어 있다.

그러나 4:1-16에서 바울은 하나님의 존재와 행위에 대한 '우리의' 참여에 관한 이야기로 대단히 능숙하게 화제를 전환한다. 그것은 흑백의 전환이 아니었다. 말하자면, 첫 번째 부분은 모두 하나님에 관해서만 이야기하고 두 번째 부분은 모두 우리에 관해서만 이야기하는 식이 아니다. 결코 그렇지 않다. 하나님의 삶과 인간의 삶은 분리된 주제가 아니다. 우리는 일차적으로 성령을 통해 우리 실제 생활의 모든 특수성 속에서, 심층적이며 인격적이고 분리될 수 없는 관계 속에서 하나님의 존재에 참여한다.

하나님 안에 있는 모든 것과 하나님에 관한 모든 것이 실현 가능하다는 것, 하나님이 우리를 이 모든 것에 참여시키신다는 것을 우리가 알 수 있는 이유는 하나님이 성령으로 우리와 함께 계시기 때문이다. 성부, 성자, 성령은 단순히 배우고 믿어야 할 진리에 그치지 않는다. 그분들은 살아내야 할 진리이시다. 교회는 일차적으로 교육하는 곳이 아니다. 그곳은 하나님을 살아내고 부활을 실천하는 곳, 이를테면 운동장이다.

그러나 먼저 '그러므로'라는 확보물이 다시 한 번 필요하다(엡 5:1). 하나님의 부르심대로 사는 것이 무엇을 뜻하는지 잘 알수록, 실제로 그렇게 살아가기 위해 더 많이 노력하게 될수록, 우리는 더욱 경계하며 교회와 세상 안에서의 **하나님**의 존재와 사역과, 교회와 세상 안에서의 **우리**의 존재와 사역이 생생하고 유기적으로 연결될 수 있도록 계속해서 힘써야 한다. 그 어떤 것도 당연히 여겨서는 안 된다. 스스로의 힘에 의지하다가 길에서 벗어나지 않기 위해서는 부활을 사는 삶의 모든 요소에 주의를 기울여야만 한다. 물론 긴장하고 불안해하며 두려움에 떨 필요는 없지만, 경계는 반드시 필요하다. 이 본문에서는 사랑과 예배라는 부활의 삶을 이루는 한 쌍의 요소에 관한 논의를 다 마치기 전에 '그러므로'라는 말이 한 번 더 등장하게 될 것이다(5:7).

여기서 필요한 확보물은, 우리가 스스로의 힘에 의지하다가 길을 벗어나기 전에 의도적으로 그리고 천천히 하나님의 방식에 몰입하는 것이다. "그러므로…너희는 하나님을 본받는 자가 되고…." 우리는 지금 훌륭한 부활의 삶의 자격증이나 천국 입장권을 얻기 위한 시험을 치르기 위해 벼락치기 공부를 하는 게 아니다. 우리는 기도하는 마음으로 상상력을 동원해 하나의 존재 방식을 체득하려고 애쓰는 중이다. 하나님이 하시는 일을 바라보라. 그리고 그분의 방식대로 그 일을 행하라. 부모와 함께 생활하면서 그들로부터 올바른 행동을 배우는 어린아이들처럼 하나님을 본받는 자가 되고 하나님과 친밀한 교제를 나누라. 아브라함과 모세, 여호수아와 갈렙, 드보라와 룻, 다윗과 요나단, 엘리야와 사르밧 과부, 예레미야와 바스홀, 이사야와 아하스, 아모스와 아마샤, 호세아와 고멜의 이야기를 읽으라. 무엇보다 예수님의 이야기를 읽으라. 예수님과 그의 어머니, 예수님과 헤롯, 예수님과 삭개오, 예수와 베드로, 예수와 유다, 예수와 막달라 마리아, 예수와 글로바의 이야기를 읽으라. 기도하고 행동할 때 우리는 하나님과 그분의 방식을 우리에게 계시해 주는 이런 이야기에 깊이 몰입한다.

우리가 혼자서 하나님의 존재와 사역이라고 생각하는 것들은 대부분 옳지 않은 것이다. 하나님의 존재와 사역에 관해서 우리의 문화가 말하는 바도 거의 전부가 옳지 않다. 유념하라. 절대적으로 틀렸다는 말은 아니다(그 안에는 놀라울 정도로 엄청난 진리와 선,

아름다움이 뒤섞여 있다). 하지만 그것을 통째로 삼킨다면 (키르케고르가 진단한 대로) "죽음에 이르는 병"에 걸릴 위험이 있을 정도로 심각하게 잘못되고 만다. 계시는 현실(하나님이라는 현실, 교회라는 현실, 영혼이라는 현실, 부활이라는 현실)에 대한 급진적인 방향 수정이다. 우리는 사탄의 거짓말에 맞서기 위한 보호장구를 갖추기 위해 성경과 예수님 안에 드러난 하나님의 계시에 끊임없이 반복적으로 몰입할 필요가 있다. 사탄의 거짓말은 정말 그럴듯하다. 그것은 미소를 지으며 유혹하고 그리스도의 십자가로부터 우리의 관심을 다른 곳으로 돌려 놓는 거짓말이며, 살아 계신 하나님을 우리가 활용하고 통제하기에 알맞은 우상으로 변형시킬 방법을 가르쳐 주겠다며 친절하게 제안하는 거짓말이다.

**그러므로** "하나님을 본받는 자가 되라." "그리스도께서 너희를 사랑하신 것같이" 사랑하며 신중하게 하나님의 방식을 따르고 그리스도께서 "우리를 위하여 자신을 버리사 향기로운 제물과 희생 제물로 하나님께 드리셨듯이" 예배하며 하나님의 길을 걸으라.

:: "모든 것이 허물어지고, 중심이 사라졌다…"

사랑과 예배를 실천하기가 그다지도 어려운 것은, 이 세상의 방식이 우리 삶의 방식에 싶숙이 자리잡고 있기 때문이다. 이 세상은 사랑이나 예배에 대해서 크게 신뢰를 두지 않는다. 현대의 미국에서 사랑하고 예배하는 행위는 (고대의 에베소나 로마, 아테네에서와 전혀 다름없이) 문화적으로 부적절하다는 취급을 받고 배척을 당한다. 당신의 영혼을 돌보는 데만 관심이 있다면, 사랑하고 예배해도 좋다. 그러나 가난한 이들을 부유하게 하고, 나라들 사이에 평화를 이루고, 주린 이들을 먹이고, 아픈 이들을 치료하고, 환경을 건강하게 만들어 세상을 변화시키려고 한다면, 사랑이나 예배 따위는 잊어버리라. 이런 것으로는 아무것도 이룰 수 없다. 세상의 문제를 해결하기 위해 무언가를 해 보겠다고 진지하게 생각한다면, 이미 증명된 방식을 받아들이고 **실제로 효과를 내는** 무언가를 행해야 한다.

세상이 인정하는 선을 행하는 수단, 세상의 '권세들'로부터 공인받고 대중적으로 허용되는 수단으로는 교육, 기술, 선전과 광고, 입법, 금전 등이 있다. 그리고 마지막 수단으로는 전쟁이 있다. 다른 방식으로 문제를 해결할 수 없을 경우 우리는 전쟁을 하게 된다. 우리가 쓰는 말과 우리의 상상력 속에 전쟁 용어가 얼마나 깊이 침투해 있는지 놀랍기 그지없다. 우리는 암에 맞서 싸우며, 자유를 위해 싸운다. 마약과의 전쟁, 빈곤과의 전쟁, 평화를 위한 전쟁을 선포한다. 가장 큰 아이러니는 마지막 말이다. 평화를 반대하는 이들을 죽이겠다는 말이다.

아일랜드의 시인 윌리엄 버틀러 예이츠(William Butler Yeats)는, 1919년 "재림"(The Second Coming)이라는 유명한 시를 통해 증오가 넘치고 전쟁 때문에 피로 물든 세상을 향해 예언자처럼 외쳤다. 당시에 세상은 고도로 계몽되었고 기술이 크게 발전했으며 비교적 번영하고 있었다. 하지만 그는 세상이 거짓과 폭력의 늪으로 빠져들고 있음을 알고 있었다.

> 모든 것이 허물어지고, 중심이 사라졌다.
> 오직 무질서만이 세상에 퍼진다.
> 피로 물든 물결이 넘실댄다. 도처에서
> 순수라는 이름의 예식은 물에 잠겨 버렸다.[1]

그의 시는 2천 년 동안 지속된 기독교 세계가 파괴되고 예수님의 탄생과 전적으로 대조를 이루는 폭력적이며 야만적인 반문명이 탄생할 것임을 예언한다. 이것이 예이츠가 말하는 "재림"이다. 예수님이 약속하신 대로 "인자가 구름을 타고 능력과 큰 영광으로 오는"(마 24:30) 대신, 재림에 관한 예이츠의 계시는 요한계시록에 나타난 짐승의 도래다. 한 "사나운 짐승, 마침내 그의 때가 왔다./ 그는 태어나기 위해 베들레헴을 향해 웅크리고 있는가?"

많은 이들에게 "재림"은, 마치 예수님의 비유에 등장하는 재판장처럼 "하나님을 두려워하지 않고 사람을 무시하는"(눅 18:4) 사회를 비판하는 예언자적 텍스트의 역할을 해 왔다. 예이츠가 이 시를 쓴 이후 "피로 물든 물결"은 점점 거대해져 사회적, 정치적, 성적 폭력이라는 해일이 되고 말았다. 이러한 곳이 바로 교회가 사랑과 예배를 실천해야 할 세상 아닌가? 도덕은 엄청나게 타락했고 언어도 너무나도 심하게 부패했기 때문에 많은 이들은 사랑과 예배를 삶의 변두리로 밀어 둔 채 세상의 방식으로 최선의 상황을 만들어 내려고 노력한다.

그러나 흥미롭게도 예이츠가 "재림"을 쓰고 나서 한 달 후, "오직 무질서만이" 넘치는 바로 그 세상에 그의 딸 앤이 태어났다. 3년 후 그는 "내 딸을 위한 기도"(A Prayer for My Daughter)라는 또 다른 시를 쓴다. 그가 "재림"에서 묘사한 것과 정반대로, 이 시에는 감동적인 희망이 넘친다. 이 기도에서 그는 자신의 딸이 절망의 시대에서 자랄 것임을 인정한다. 이렇듯 "중심이 사라진" 세상에서 요람에 누워 있는 그의 딸은 한때 그리스도께서 누워 계시던 그곳에서 사나운 짐승이 날뛰는 악몽을 어떻게 피할 수 있겠는가? 그는 이제 가장 온화한 사랑과 존경의 마음으로 기도한다. 이 예식은 곧 예배다. 나중에 출판을 위해 자신의 시를 간추릴 때 그는 딸을 위한 시를 사나운 짐승에 대한 예언을 담은 시 바로 뒤에 오게 했다.[3] 예이츠가 "내 딸을 위한 기도"에서 말하는 얼핏 연약해 보이는 사랑과 예배의 방식은, 시끄럽게 소리 지르는("분노가 가득한 오래 된 고함 소리") 그 시대 사람들의 "오만과 증오"가 어린 딸을 위해 기도하는 자신의 "온전한 순수함"을 결코 짓누르지 못할 것이라는 소망의 근거가 된다.

나는 사랑과 예배를 무시하는 이들에 맞서 이를 옹호해 줄 증인으로서 예이츠를 법정으로 불러들인 것은 아니다. 그의 영성은 대체로 주술과 신화를 재료로 삼아 그가 스스로 만들어 낸 것일 뿐이다. 하지만 그의 목소리가 공적인 영역에서는 도움이 된다고 생각한다. 사랑과 예배가 파괴될 수 없으며, 증오와 전쟁을 택한 세상이 아무리 나쁜 상황을 만든다고 할지라도 사랑과 예배를 실천하는 우리의 방식이 더 오래 살아남고 더 탁월한 결과를 얻게 될 것임을 증언하고 있기 때문이다. 부활을 사는 사람들은 순진하지 않다. 사실 부활의 삶은 십자가의 "피로 물든 물결" 속에서 가장 완벽하게 표현되었다. 상황은, 적어도 언론에서 보도하는 상황은 부활의 삶을 사는 데 결코 호의적이지 않다.

예이츠보다 3천 년 앞서 한 히브리 시인은 자신을 흔들리게 하는 암울한 상황을 자세히 묘사한 후에 어떻게 균형을 회복할 수 있었는지 이야기한다. 그는 다음과 같은 2행 연구로 자신의 기도를 마무리한다.

우리가 하나님을 의지하고 용감히 행하리니
　그는 우리의 대적들을 밟으실 자이심이로다. (시 108:13)


그렇다. 사랑하고 예배함으로써 부활을 살라. 내가 아는 사람 중에서는 그 누구도 사랑과 예배가 바람직하다는 데 이의를 제기하지 않는다. 적어도 그리스도인들 중에는 사랑과 예배가 그들의 삶 어딘가에 한 자리를 차지한다는 것을 부인하는 이들이 거의 없다. 그러나 **실천**에 관해서는 어떤가? 여기서부터는 의견이 갈리기 시작한다. 이 문제를 올바르게 이해할 필요가 있다.

## :: 사랑의 언어

하나님을 본받아 하나님이 사랑하는 방식대로 사랑하라는 명령에는 세 가지 형태의 '사랑'이 있다. 우리는 '사랑받는 자녀'로 정의된다. 그리고 '사랑 가운데서 행하라'는 명령을 받는다. 여기서 행동을 가리킬 때 바울이 사용하는 단어는 '걷다'(*peripateō*)이다. 땅을 딛고 걷듯이 사랑하라는 말이다. 그리고 이 사랑은 우리가 실제 역사 속에서 행해지는 볼 수 있는 사랑, 예수님의 이야기(계시) 속에서 들을 수 있는 사랑, '우리를 사랑하시는' 예수님 안에서 직접 경험하는 사랑이다. 그는 이렇게 세 가지 형태로 표현된 말을 통해 기본적인 모든 것을 다룬다. 하나님이 사랑하시는 자녀로 세례를 받은 우리의 정체성, 우리가 살고 있는 사랑의 나라, 예수님께 사랑받는 우리의 경험이다.

이 말은 우리가 자라며 '사랑'이라는 말을 사용해 온 방식과 그 의미가 다르다. 운이 좋다면(모두가 그렇지는 않다), 부모로부터 처음 이 말을 듣는다. 나중에는 어린 시절의 친구에게 이 말을 하고, 시간이 더 흘러 청소년기에 이르면 머뭇머뭇 사랑하는 이에게 그 말을 한다. 때로 우리 중 일부는 결혼 서약에서 이 말의 의미를 더 진지하게 생각해 보기도 한다. 하지만 머지않아 이 말을 마구잡이로 사용하게 되며, 이 말은 값어치가 떨어지고 그저 '좋아한다'의 동의어로 사용될 뿐이다. "나는 야외 활동을…저 옷을…이 영화를…양키즈 팀을…사랑한다." 아마도 '사랑'은 우리가 좋아하고 우리를 매혹하고 우리가 갈구하는 것을 말할 때 우리가 가장 자주 사용하는 단어일 것이다. 이 말은 너무 흔하게 사용되어서 신학적인 함의나 인격적인 상호 관계라는 의미를 잃어버리고 말았다.

부활의 삶과 관련하여 이 말을 다시 사용하려고 한다면, 먼저 많은 준비 작업을 해야 한다.

이 부활의 삶에서 우리가 실천하는 사랑은 하나님에게서, 오직 하나님에게서만 비롯된다. 모든 사랑은 하나님의 사랑에서 비롯된다. 하나님의 사랑은 성부, 성자, 성령이 주시는 모든 형태의 은혜 속에 깊이 침투해 있다. 그것은 언제나 인격적이다. 그것은 언제나 하늘에서처럼 땅에서도 이루어지는 사랑이며 결코 추상적인 관념이나 사상이 아니다. 그것은 언제나 구체적인 인격이나 장소와 연관을 맺으며, 결코 막연한 일반론이 아니다.

이 점은 반복해서 강조할 필요가 있다. 사랑이라는 말은 하나님이 그 기원이며 예수님이 그 내용이고 성령이 그 동력이라는 핵심적인 의미를 상실했으며, 그 어떤 말보다도 심각하게 훼손되고 말았기 때문이다. 거짓말을 그럴듯하게 보이기 위해 그 어떤 말보다도 자주 '사랑'이라는 말을 사용한다. 그리고 그 어떤 말보다 사랑이라는 미명하에 어리석음을 저지르는 경우가 많다.

'나는 당신을 사랑합니다'라는 말은 삶을 변화시키고 삶을 깊어지게 하고 삶을 구원하는 말이다. 하나님이 그렇게 말씀하신다.

11. 사랑과 예배

그리고 우리도 하나님의 이름으로 그렇게 말한다. 그러나 이 말이 하나님으로부터 비롯되었고 하나님이 그 내용이라는 사실을 잊어버릴 때, 이 말은 한없이 하찮아지고 진부해진 천박한 말이 되고 만다. 해마다 '발렌타인 데이'에는 진부한 말들이 넘쳐난다. 수백만 명의 사람들이 '나는 당신을 사랑합니다'라는 말을 하려고 상투적인 말로 가득한 카드와 엄청난 양의 초콜릿 상자와 장미를 소비한다.

그러나 더 심각한 것은, 이 말이 너무나도 철저하게 성애를 연상시키는 말이 되었기 때문에, 최선의 의도와 순수한 마음으로 이 말을 해도 그 의미와 정반대로 받아들여지는 경우가 허다하다는 점이다. 삼위일체의 모든 활동을 암시하며, 세상의 모든 사람들에게 중요한 의미를 지니고 있고, 부활을 사는 데도 핵심적인, 우리에게 주어진 가장 좋은 말이 쓰레기 취급을 받게 된 것이다. 사랑의 성애화로 인해 사랑에서 성기와 욕정을 제외한 모든 것이 제거되었고 사랑하는 이와 사랑받는 이가 활홍경의 소비자로 전락하고 말았다. 어떤 대상을 얻으려는 욕심에 사로잡힌 삶은 결국 그로 인해 인격마저 잃어버리게 된다. 사람은 더 많은 것을 얻을수록 그 인격은 더 많이 잃어버리게 된다. 우리가 사용하는 말 중에서 관계를 나타내는 가장 좋고 가장 복잡한 단어인 '사랑'은 너무나도 잘못 사용되어서 그 말 때문에 사람들을 착취할 대상으로 취급하는 지경에 이르렀다. 이 말 자체가 피폐해졌다. 이 말을 더 많이 사용할수록 우리와 다른 이들을 더 많이 피폐하게 만든다. 말은 중요하다. 말은 생명을 죽이

기도 하고 살리기도 한다. '사랑'이라는 말은 어떠한가?

바울이 사랑의 실천에 대해 이야기한 후 곧바로 음행으로 사랑이 타락하는 것에 대해 경고하고 있다는 사실은 의미심장하다(엡 5:3-5). 음행은 섹스로 환원된 사랑, 관계가 없는 사랑, 사랑이 없는 '사랑'이다. 최선의 것이 타락할 때 그것은 최악이 된다. 셰익스피어는 "썩은 백합은 잡초보다 냄새가 훨씬 고약하다"고 신랄하게 말했다. 섹스 자체에 문제가 있다는 말이 아니다. 아가서는 사랑에 대한 열정적인 찬가로서, 성적인 것을 존귀하고 선한 것으로 받아들이며 성숙하고 거룩한 친밀함을 가져다주는 것으로 여긴다. 아무리 '영적'이라고 할지라도 사랑에서 성을 제거하려는 시도에 대해서는, 아가서가 성경에 포함되었다는 사실만으로도 적절하게 반박할 수 있다. 그러나 성으로 **환원된** 사랑, 그저 소비를 위해 상대를 비인격화하는 사랑은, 그 첫 쾌락이 어떠했든지 얼마 가지 않아 추하고 저급해지며 결국 친밀함마저 파괴해 버린다. 사랑 없는 '사랑'이 전염병처럼 퍼질 때, 예수님이 말씀하셨듯이 우리는 "음란한 세대"(마 12:39)에 살고 있음을 알게 된다. 그럴 때 우리는 어떻게 하나님이 사랑이신지, 어떻게 사랑하시는지, 어떻게 우리가 하나님과 더불어 사랑을 실천해야 하는지를 새롭게 발견하기 위해 부단히 노력해야 할 필요가 있음을 깨닫게 된다.[3]

12세기의 그리스도인 클레르보의 베르나르는 "하나님의 사랑"(On

Loving God)이라는 글을 썼다. 그는 현대와 마찬가지로 사랑의 의미가 매우 혼란스러웠던 그 시대의 문화 속에서, 사랑을 이해하고 실천하는 것에 관해 유익하고 거룩한 조언을 제공했다. 12세기는 서양 세계에서 사랑의 성애화가 전염병처럼 퍼지던 때였다. 이 전염병은 통제되지 못한 채 우리 시대까지 지속되고 있다. 이름 붙일 만한 사랑은 모두 정염의 사랑으로 간주되었으며 기사도적인 사랑에 대한 예찬이 만연했다. 기사들은 이런 연애에 몰두했고 음유시인들은 이를 노래했다. 그들은 음란한 사랑을 '진정한' 사랑인 양 추켜세우는 데 성공했다. 이 사랑은 서로 인격적으로 관계를 맺는 것이 아니라 이상화된 대상을 정복하는 것이었으며, 하나님과 예수님, 성령을 배제한 사랑이었음은 물론이다. 또한 종교적으로는 기독 교회의 사랑에 대한 이해와 실천을 오염시켰던 카타리파의 이단적인 사랑관으로 표출되었다.[4]

클레르보의 베르나르는 이런 문화를 잘 알고 있었다. 그는 그것이 예수님과 성경 안에 나타난 기독교 계시에 치명적인 위협이 된다는 것을 간파했다. 그는 이런 유해한 사랑의 표현이 사회와 교회에 침투하는 것에 반대하는 일을 자신의 저작과 설교, 목회 사역의 핵심 주제로 삼았다. 그가 가장 집중했던 작업은 아가서에 대한 방대한 주석을 쓰는 것이었는데, 그 시대의 문화가 부정하고 낭만적인 사랑을 찬양했다는 점에서 이것은 매우 중요하다. 아가서는 하나님이 창조하시고 복되게 하신 사랑이 얼마나 아름답고 존귀하며 철저한 관계적 상호성에 기초하고 있는지를 매우 직접적인 성적 표현으로 다루는 책이기 때문이다.

그보다 더 간결한 글인 "하나님의 사랑"에서 베르나르는 네 가지 차원의 사랑을 이야기했다. 첫 번째 차원은 '자신을 위해 자신을 사랑하는 것'이다. 우리는 스스로의 힘으로 상황을 통제하려고 애쓴다. 우리는 살아가는 능력, 우리 현대인들이 '자존감'이라 부르는 것을 개발해 나간다. 그것은 좋은 일이며 다른 이들도 그렇다고 인정하는 듯하다. 그러나 삶은 너무나도 복잡하며 우리가 어찌할 바를 모르는 수많은 일이 닥쳐오기도 한다. 자기애를 통해 얻은 능력은 한계가 있으며, 우리는 얼마 가지 않아 자신의 해결 능력을 넘어서는 상황에 처해 있음을 알게 된다. 그때 우리는 하나님께 돌이켜 그분의 도우심을 구한다.

이로써 우리는 두 번째 차원으로 넘어간다. '자신을 위해 하나님을 사랑하는 것'이다. 우리는 하나님이 우리를 위해서 하실 수 있는 것 때문에 하나님께로 돌이킨다. 우리는 기도한다. 성경을 읽는다. 우리의 기도가 기대한 대로 응답받는 경우가 거의 없고, 성경이 우리가 바라던 대로 문제를 해결하는 지침서가 아님을 알게 되더라도, 어쨌든 좋은 일도 일어난다. 이 단계는 오랜 시간 지속될 수도 있다. 그러나 점점 우리는 하나님의 방식에 익숙해지고, 미숙하고 자기에게 몰두하는 모습이 줄어들고, 하나님을 우리가 상상한 모습이 아니라 그분의 모습 그대로 이해하고 받아들이기 시작한다. 그리고 우리가 발견한 하나님의 선하신 본성에 이끌리게 된다. 날마다 하나님께 원하는 바를 적어 둔 목록의 여백에, 하나님이 우리에게 어떤 분이신지에 관한 메모가 쌓여 가기 시작한다. 그러나 하나님이라는 주제가 있기는 하지만, 아직은 하나님이 유일한 주제인 것은 아니다.

이제 세 번째 단계인 '하나님을 위해 하나님을 사랑하는' 차원으로 넘어간다. 사랑은 친밀한 경배로 발전한다. 우리는 하나님께 얻을 수 있는 것 때문이 아니라 그분 자신으로 인해 그분을 사랑하게 된다. 이것은 자기를 잊어버리는 사랑이다. 이런 사랑으로 동정녀는 하나님께 "주의 여종이오니, 말씀대로 내게 이루어지이다"(눅 1:38)라고 말했다. 이런 사랑으로 시므온은 "주재여, 이제는 말씀하신 대로 종을 평안히 놓아 주시는도다"(2:29)라고 기도했다. 이런 사랑으로 마리아는 예수님의 발치에 앉아 꼭 필요한 한 가지에 전념했다(10:42). 이런 사랑으로 이사야는 성전에서 "내가 여기 있나이다. 나를 보내소서"라고 말했다(사 6:8).

이제 몇 걸음만 더 나아가면 네 번째 단계, 바로 '하나님을 위해 자신을 사랑하는 것'이다. 하나님을 사랑하면 우리의 인간적인 참모습이 축소되지 않는다. 하나님의 사랑은 우리를 더욱 우리 자신이게 한다. 하나님의 사랑은 우리를 멸시하지 않는다. 하나님의 사랑은 우리에게 생색내지 않는다. 우리를 향한 하나님의 사랑이 하나님을 향한 우리의 사랑을 가득 채운다. 성숙한 사랑에는 상호성이 존재한다. 우리가 하나님과 동등하거나 동급이라는 말이 아니라, 하나님의 사랑 안에서 우리의 온전한 인격이 존중받게 된다는 뜻이다. 이전 세 단계의 사랑은 대체되지 않고 완성된다.

하나님은 사랑이시다. 사랑은 하나님 존재의 핵심이다. 또한 하나님의 형상으로 지음받은 사람도 그 핵심은 사랑이다. 우리는 그런 존재로 지음받았다. 사랑하는 사람으로, 사랑받는 사람으로. 사랑할 때 우리는 가장 온전한 우리가 된다. 우리의 가장 좋은, 가장 성숙한 모습대로 살게 된다. 감히 말하자면, 모든 사람은 마음속 깊은 곳 어딘가에서 우리의 이러한 일차적이며 핵심적인 정체성을 느끼고 있다.

그러나 극심한 아이러니가 있다. 사랑은 우리의 존재이며, 우리가 그토록 원하고 실천하고 싶은 것이다. 그러나 우리는 사랑하고 사랑받을 때 가장 많은 실패를 경험한다. 우리는 계속해서 사랑에 실망한다. 우리에게는 절망적일 정도로 사랑할 능력이 없음을 깨닫는다. 학교 생활을 잘해 우수한 성적을 받고 우등으로 졸업할 수도 있다. 직장 생활을 잘해 승진도 하고 높은 급여를 받을 수 있다. 훌륭한 의사로, 믿을 수 있는 기계공으로, 노련한 변호사로, 현명하고 부지런한 농부로 명성을 얻을 수도 있다.

그러나 사랑하는 능력은 좀처럼 붙잡을 수 없다. 사랑하는 데는 아무런 보상이 없다. 성취의 단계도 없다. 우리의 성취도를 증명해 줄 학위 같은 것도 없다. 그래서인지 우리는 너무나도 자주 포기한다. '그렇다. 나는 사랑하고, 잘 사랑하고, 신실하게 사랑하고, 꾸준하게 사랑하고, 정말로 온 마음과 생각과 힘을 다해 사랑하고 싶다.

하지만 나는 사랑을 잘 할 줄 모른다. 그러니 사랑이란 것은 사랑하는 능력을 타고난 사람들과 성인들에게 맡겨 두자. 나는 내가 잘하는 일을 할 것이다. 일하거나 손님을 대접하거나 정원을 가꾸거나 글을 쓰거나 가르칠 것이다. 할 수 있는 일을 무엇이든 해 볼 것이다. 하지만 나에게는 재능이 없다. 나는 그저 나에게 주어진 밭을 일구겠다.'

분명 이해할 만한 상황이지만 옳은 것 같지는 않다. 사랑을 내가 행해야 할 무언가로 이해하고 해석하기 때문이다. 그것을 행하는 데 더 많이 투자할수록 더 잘하게 될 것이라는 식이다. 그리고 그것을 잘 못한다면 잘하는 일을 하면서 그것으로 인정을 받으면 된다는 말이다. 다시 말해서, 사랑이란 직업을 유지하고 가족을 부양하고 기회를 즐기기 위해 해야 할 다른 모든 일과 다를 게 없다는 것이다.

여기에는 두 가지 명백한 잘못이 있다. 첫째로, 사랑을 마치 골프 경기처럼 향상시키거나 심지어 완벽히 숙달할 수 있는 기술로 이해하고 있다. 둘째로, 하나님의 일이라는 맥락 없이 사랑을 이해하고 있다.

사랑을 바른 시점에 바른 것을 말하는 것과 관련된 문제라고 생각한다면 이는 사랑에 대한 오해다. 그렇지 않다. 사랑은 우리가 무슨 말을 하든지 우리가 어떤 사람이든지 하나님이나 이웃과 관계를 맺는 것에 관한 문제다. 사랑은 최고의 관계적 언어다. 또한 사랑이 하나님에게서 비롯되었음을 무시한다면 그 역시 사랑에 대한 오해다. 사랑은 신학적인 언어로 시작된다. 사랑은 계시된 삼위일체의 모든 활동을 통해 하나님의 음성을 듣고 그분께 주의를 기울이는 관계와, 우리 앞에 있는 사람들의 말을 듣고 다정하게 주의를 기울이는 관계 **모두**에서 사용되는 언어다.

오래 전 대학원을 다닐 때 나는 독일어 시험을 통과해야 했다. 하지만 강의를 듣고 제대로 배울 시간이 없어서 문법을 익히고 책을 읽으며 혼자 독일어를 공부했다. 시험 치를 준비가 되었다고 생각했을 때 담당 교수를 찾아갔고, 교수는 나를 자신의 서재로 데려가 책장에서 책을 한 권 꺼내 "독일어로 읽어 보세요"라고 말했다. 나는 읽었다. "번역하세요." 나는 번역했다. 그것은 시리아어 문법책이었다. 문법책에서는 한정된 어휘만 사용하기 때문에 번역하기가 쉬웠다. 그는 다른 책을 한 권 꺼내 나에게 건넸다. 똑같은 과정을 반복했다. 나는 내가 읽는 내용을 이해했고, 만족스럽게 번역하고 있다고 생각했다. 하지만 그가 눈살을 찌푸리기 시작했고 나는 불안해졌다. 세 번째 책은 이집트 역사에 관한 책이었다. 나는 아무 쪽이나 펴서 맨 위부터 읽기 시작했다. 읽고 또 읽고 또 읽었다. 도무지 끝날 줄 모르는 전형적인 독일어 문장이었다. 그 면의 절반쯤 내려왔는데도 마침표가 나오지 않고 주어와 동사가 어떻게 연결되는지도 벌써 잊어버렸다. 결국 나는 더듬거리다가 멈추고 말았다. 그때 그가 말했다. "피터슨 씨, 독일어를 어디서 배웠죠?" 내가 잘 모르는 부분을 찾아내려고 할까 봐 두려워 혼자서 공부했다고 말하는 게 내키지 않았다. 나는 머뭇거렸고 그가 계속해서 말했다. "집에서는 어떤 말을 사용하죠?" 나는 "노르웨이어를 약간 합니다"라고 말했다('약간'도 과장이었다. 나는 1년에 한 번 삼촌과 숙모, 어머니와 성탄절 저녁 식사를 할 때만 노르웨이어로 말했다). 그는 계속해서 말했다. "당신의 억양은 정말 특이하군요. 어떤 억양인지 잘 모르겠어요. 흥미롭군요." 그러고 나서 그는 억양에 관해 한참 동안 이야기했다. 그리고 나에게 번역시키는 것을 잊었다. 나는 시험을 통과했다. (나중에 나는 그가 억양을 알아차릴 수 있다는 것에 대단히 자부심을 느꼈으며, 그 자부심 덕분에 내가 낙제를 면하게 되었다는 것을 알게 되었다.)

언제나 이런 종류의 일이 일어난다. 우리는 '사랑 가운데서 행하라'는 명령을 듣는다. 서둘러 그 명령을 행하기 위해 책도 읽고 다른 이들에게 물어 보기도 한다. 요령을 터득했다고 생각했을 때 아는 바를 실행에 옮기기 시작한다. 상당히 기분이 좋다. 제대로 하고 있는 것 같다. 하나님은 지켜보고 계신다. 그때 뭔가 잘 안 되고 있다는 느낌이 살짝 들기 시작한다. "당신은 사랑의 언어를 어디서 배웠습니까?" 혼자서 배웠다는 것이 밝혀진다. 그것도 다른 이들이나 하나님과 살아 있는 관계를 맺기 위해서가 아니라 그저 시험을 통과하기 위해서 혼자 익힌 것이다. 하지만 하나님은 우리가 무엇을 하는지 알고 계신다. 우리는 바른 말을 바른 순서대로 사용하고 있다. 하지만 억양과 말투, 어조에 무언가 문제가 있다. 진정한 사랑, 인격적인 사랑이 아니다. 살아 있는 언어가 아니라 '책' 속의 언어일 뿐이다.

교회는 우리가 이 사랑의 언어를 배울 수 있는 일차적인 장소다. 세상에서와 달리 교회에서는 이 언어를 배우기가 유리하다. 세상의 사랑처럼 성애화된 음행과 간음이 끝없이 반복되지 않으며, 반대로 저명한 교수가 사랑에 관해 강의하고 보고서 과제를 제출하고 책상 위에 문법책과 색인집과 사전들이 가득한 곳도 아니다. 교회는 삼위일체 하나님과 다른 이들과 더불어 사랑의 언어를 배우는 일에 전념하는 사람들의 모임이다. 우리는 사랑을 책에서 배우지 않는다.

## :: "잠자는 자여, 깨어서 죽은 자들 가운데서 일어나라"

사랑하라. 그리고 예배하라. "사랑 가운데서 행하라"라는 명령은 그리스도께서 우리를 사랑하시고 "우리를 위하여 자신을 버리신" 방식을 토대로 나온 것이다(엡 5:2). 우리는 "평생에 듣던" "주 예수 크신 사랑"을 거듭 들을 수 있고, 그리스도께서 사랑하신 방식대로 진지하게 사랑을 실천하려고 하는 사람들과 사귐을 나눌 수 있는 시간과 장소를 확보할 때 사랑 안에서 성숙해 갈 수 있다. 예배하는 교회가 바로 그런 시간과 장소다. 예배하는 교회는 예수님이 하나님께 드리는 "향기로운 제물과 희생제물"(5:2)

에 집중한다. 예배할 때 우리는 그 제물과 희생제물에 참여하는 사람들이 된다. 그리고 시간이 흐르면 그런 참여를 통해 그리스도께서 사랑하신 바로 그 사랑이 우리의 삶을 가득 채운다. 예배의 행위를 통해 우리는 사랑의 삼위일체와 더불어, 거기 우리와 함께 있는 남자와 여자, 아이들, 즉 부활을 사는 모든 이들과 더불어 사랑의 삶을 길러 간다.

나는 에베소서에서 사용하는 '예배'라는 용어를, 그리스도인들이 예배당에 모여 함께 드리는 예배라고 이해하고 싶다. 예배는 하나님 앞에서 그분을 높여 드리는 내적인 태도나 반응을 뜻하는 말로 사용되기도 한다. 그런 예배는 혼자서든 다른 이들과 함께이든 상황과 장소를 막론하고 드릴 수 있다. 현악 4중주를 들으면서도, 사람들로 붐비는 해변에서 석양을 바라보면서도, 갓난아이가 기적처럼 세상에 태어나는 분만실에서 몇몇 사람들과 함께 신성한 경외감을 느끼는 그 순간에도 예배할 수 있다. 그러나 우리가 어떻게 부활을 실천하면서 그리스도 안에서 자라고 성숙할 수 있는가에 관해 이야기하는 에베소서에서는, 예배라는 말이 공동 예배, 즉 다른 이들과 더불어 드리는 예배라는 뜻으로 사용되고 있다고 생각한다. 우리의 개인적인 욕구나 취향을 충족시키는 게 아니라 하나님의 우선권을 존중하는 분위기 속에서 예배당에 모여 다른 이들과 더불어 앉거나 서서 드리는 예배다. 그런 예배를 통해 하나님은 우리에게 말씀하시고, 그리스도가 우리를 위해 자신을 바치시며, 성령이 우리의 삶에 능력을 주신다. 회중 속의 모든 남자와 여자,

어린이는 먼저 우리를 사랑하신 하나님의 아들과 딸로서 존귀하게 여김을 받는다.

에베소서에 나타난 예배에의 부름은 간결하고 위엄 있다.

"잠자는 자여,
　깨어서 죽은 자들 가운데서 일어나라!
그리스도께서 너에게 비추이시리라."(엡 5:14)

예배할 때 우리는 온전히 주의를 집중해야 한다. 그리스도 안에서 자라는 것은 우리 안에 있는 모든 것, 우리가 맺는 관계에 관한 모든 것과 상관이 있다. 부활을 실천할 때 우리는 그리스도의 모든 존재와 행위에 대해 깨어 있게 된다. 그렇게 계속 깨어 있을 때 우리는 성숙해진다. 우리에게는 얻을 수 있는 모든 도움이 필요하다. 그리고 우리가 교회로서 예배드릴 때 바로 그런 도움을 얻게 된다. 그곳이 도움을 얻을 수 있는 유일한 장소인 것은 아니지만, 역사상 대부분의 시간 동안 대부분의 나라에서 대부분의 그리스도인들이 가장 큰 도움을 받아 왔던 장소다.

예수님이 하나님께 드리는 "향기로운 제물과 희생제물"은 예배가 하나님의 사랑이라는 바다 깊숙이 닻을 내리게 해준다. 수세기에 걸쳐 히브리 사람들은 소제와 어린 양, 유향과 수송아지를 향기로운 제물로 가져와 세겜과 헤브론, 베델과 브엘세바의 제단 위에, 광야에 세운 회막과 예루살렘 성전의 제단 위에 희생제물로 바쳤다. 하나님께 감사와 속량의 제물을 바쳤고, 죄와 용서를 위해 속죄제와 속건제를 드렸다. 예배는 백성, 즉 회중이 하나님 앞에 모여 희생제물을 바치는 행위였다. 다양한 제사는 그들이 하나님 앞에 자신들의 실패한 삶, 곤궁에 처한 삶, 감사하는 삶을 가지고 나오는 방식을 상징하는 일종의 수어(手語) 역할을 했다.

수세기 동안 드려진 모든 예배, 즉 모든 제단과 희생제물, 기도를 포괄하는 모든 예배 중 가장 중심을 차지하는 것은 유월절 만찬에서 절정을 이루는 유월절 주간이었다. 해마다 행하는 유월절 식사라는 예배 행위를 통해, 히브리인들은 하나님이 이집트의 압제로부터 자신들을 구원하시고 새로운 생명을 선물로 주셨음을 잊지 않고 계속해서 기억할 수 있었다. 천 년이 넘는 시간 동안 이 예배는 히브리 민족이 하나님의 백성으로서의 정체성을 유지하는 데 결정적인 역할을 했다. 유월절 예배는 그저 이어져 내려온 평범한 이야기가 아니라, 그들의 구원에 관한 이야기였다. 그들은 자신들의 구원을 극적으로 재연하는 일에 참여함으로써, 즉 죽음과 부활을 먹고 마심으로써 그 이야기를 다시 한 번 체험했다.

예수님은 열두 제자들과 함께 예루살렘에서 해마다 행하는 유월절 만찬을 지키심으로써 "향기로운 제물과 희생제물"로서 수세기에 걸친 예배를 완성하셨다. 예수님이 만찬의 주인(the host: host는 성찬의 빵이라는 뜻이기도 하다—역주)이셨다. 그분이 식탁에서 하신 행위와 말씀("이것은 너희를 위하여 주는 내 몸이라.…이 잔은 내 피로 세우는 새 언약이니, 곧 너희를 위하여 붓는 것이라")이 유월절 만찬을 성찬으로 변화시켰다. 그 이튿날 그분은 몸소 유월절 어린양의 희생제물이 되셔서 골고다 십자가 위에 못 박혀 죽으셨다.

그로부터 얼마 지나지 않아 성찬은 기독 교회의 예배에서 가장 중요한 요소가 되었다.

우리는 예배할 때 성찬을 나누는 것 외에, "시와 찬송과 신령한 노래"를 부르며 주를 찬양하기도 한다(엡 5:19). "범사에 우리 주 예수 그리스도의 이름으로 항상 아버지 하나님께 감사 드린다"(5:20). 세례를 베풀고, 하나님의 말씀인 성경을 읽고 선포하고 가르친다. 헌금을 드린다. 부활을 증언하는 예배를 통해 죽은 이들을 위해 복을 빈다. 결혼 예식에서는 정절의 서약을 교환하는 남녀를 축복한다. 하지만 예배에서 행하는 모든 것을 포괄하는 중심은 성찬이다. 중심이 없다면 "만물은 무너진다." 예배는 그저 무질서가 될 뿐이다.

부활을 사는 예배는 사랑을 실천하는 토대가 된다. 사랑은 혼자 하는 행위가 아니며 관계적이다. 사랑은 일반적인 행위가 아니며 언제나 구체적이다. 사랑은 혼자서 시작하거나 혼자서 규정할 수 없다. 언제나 '그리스도께서 우리를 사랑하신 것같이' 사랑해야 한다. 그렇다면 우리는 관계적이며 구체적인 것을 존중하며 그리스도의 방식대로 사랑을 실천하는 법을 배우기 위해 무엇을 하는가? 바로 교회에 가서 '먼저 우리를 사랑하신' 하나님을 예배한다.

그리스도인은 언제나 이렇게 해 왔다. 2천 년 동안 하나님을 예배하면서 각 대륙의 교회들은 다채로운 예배의 형식과 순서를 발전시켜 왔다. 성경에서는 단 하나의 형식이나 순서를 강요하지 않는다. 그렇다고 해서 교회마다 어떤 식으로 예배하든 상관없고 무엇이든 다 괜찮다는 말은 아니다.

우리는 사랑이 그리스도 안에 뿌리내리고 있지만(엡 3:17) 그 뿌리가 뽑히고 성애화되어 결국 의미를 잃어버릴 수 있음을 보았다. 낭만적인 환상은 사랑을 비인격적으로 만든다. 마찬가지로 예배 역시 계속해서 위험에 처해 있다. 예배는 상품화되어 하나님을 가장 싸게 구입하고 최신의 영적 유행을 추구하는 소비자들을 위한 상품으로 전락할 위험에 처해 있다. 하나님이나 하나님에 관한 것들을 프로그램이나 원리, 만족을 주는 것으로 포장하고 광고할 때, 우리는 비인격화되고 사랑할 능력을 상실하게 된다. 하나님 상표가 찍힌 상품과 서비스를 사고파는 예배당에서는 그리스도의 장성한 분량까지 성장할 가능성이 거의 없다. 더 이상 우리는 사랑을 배우고 더불어 실천하는 데 도움이 될 여건을 만들어 갈 시간과 공간을 확보할 수 없다.

미국에서는 예배가 너무나도 심하게 상품화되어서 교회는 하나님을 위해 효과적으로 살아가는 방식을 제공하는 곳으로 전락하고 말았다. 세속 문화가 사랑을 낭만화하여 음행과 간음으로 만들어 버렸듯이, 교회 문화는 소비자의 취향에 맞도록 만들어진 예배 방식을 조장해 왔다. 사랑을 "와, 나 이거 좋아" 혹은 "나 이거 갖고 싶어" "난 아무것도 마음에 안 들어"라는 식으로 재정의하는 왜곡된 예배 말이다.

그리스도인들이 행하는 가장 중요한 두 가지인 사랑과 예배를 이렇게 그르치고 있다는 사실이 부끄럽기 짝이 없다고 생각하는 이들도 있다. 교회를 무시하는 교양 있는 사람들에게 교회가 그런 부정적인 평판을 얻고 있다는 것은 전혀 놀랍지 않다. 만약 교회가 그렇듯이 은행이 돈을 다루는 일에 서툴다면, 그 은행은 한 주도 못 가 문을 닫고 말 것이다. 만약 병원이 교회처럼 어설프게 아픈 사람을 돌보고 응급 환자를 치료하고 마취제를 다루고 분만 시술을 한다면, 그 병원은 금세 파산하고 말 것이다. 만약 프로야구 팀이 수비와 타격, 투구에서 교회처럼 많은 실수를 한다면, 그 팀은 텅 빈 구장에서 경기하게 될 것이다.

하지만 다른 관점에서 이야기해 볼 수도 있다. 우리는 사랑하고 예배할 때 우리가 가진 최선의 것, 창조되고 구속받은 존재로서 최선의 것을 드려야 한다. 하지만 창조되고 구속받은 존재로서의 최선의 것은 한 사람이 결단하고 노력한다고 해서 성취할 수 있는 것이 아니다. 하나님은 삼위일체의 모든 활동을 통해 존재하신다. 마찬가지로 교회는 교인들의 모든 특수성 속에 존재한다. 사랑과 예배에서는 사소한 것 하나하나에 이르기까지 가족과 친구, 이웃과의 인격적인 관계(반응하고 받고 주는 관계)가 요구되며, 또한 성부, 성자, 성령과의 관계(마찬가지로 반응하고 받고 주는 관계)가 요구된다. 사랑과 예배는 어느 한 부분도 고립될 수 없다. 복잡한 관계를 제거한 후 실험실로 옮겨 연구하고, 익히고, 그런 다음 오염된 것과 모호한 것을 다 없애고 깨끗하게 만들어서 일상의 삶으로 돌려보내 다시 사용할 수 있는 것이 아니다. 사랑과 예배를 책임지는 사람은 결코 내가 아니다. 언제나 나는 수많은 차원으로 이루어진 관계에 참여할 뿐이다.

누구나 믿음 안에서 크게 자라난 후에야 사랑과 예배를 실천하는 데 조금이라도 익숙해질 수 있다. 능숙한 수준에 이른다는 것은 불가능하다. 사랑과 예배는 연습과 훈련을 통해 전문가가 되고 우리 중 누군가는 세계적인 권위자가 될 수 있는 그런 종류의 실천이 아니다. 사랑과 예배에 올림픽 같은 것은 없다.

또한 교회 안에는 미숙함에서 성숙함에 이르기까지 다양한 단계에 속한 남자와 여자, 어린이가 있다. 마치 제1바이올린 주자가 아직 현을 조율하는 법도 배우지 못한 열 살짜리 아이와 함께 연주하고 초심자와 대가가 나란히 연주하는 교향악단과도 같다. 교회는 사랑과 예배를 실행하는 예술 회관이 아니다.

또 다른 측면도 생각해 볼 수 있다. 사랑과 예배 행위의 아주 작은 것 하나하나도 다 타락하고 하나님을 욕되게 할 가능성이 있다.

죄를 막아 주는 예방접종 같은 것은 없다. 사랑과 관련된 죄는 밧세바와 동침하는 것 외에도 수없이 많다. 예배와 관련된 죄는 금송아지를 둘러싸고 춤추는 것 외에도 수없이 많다.

그렇다고 해서 사랑과 예배를 시시하게 해도 된다거나 제대로 하지 않아도 상관없다는 뜻은 아니다. 내가 주장하는 바는, 참으로 성령이 만드신 교회를 끌어안고자 한다면 그 지저분한 모습까지도 끌어안아야 한다는 것이다. 인간 사이의 관계와 삼위일체적 관계는 무척 복잡한 것이며, 우리 안에는 성숙함에서 미숙함까지 각 단계에 이른 사람들이 있고, 모두가 죄에 빠지기 쉬운 나약한 존재라는 사실을 그대로 받아들여야 한다. 그런 모습 속에서 교회가 만들어졌고, 이것이 바로 성령이 일하시는 조건이다. 교회에 대해 진지하게 생각하고 성령이 하시는 일에 참여하기를 원한다면, 이것이 바로 우리에게 주어진 조건이다. 우리는 여기에 익숙해져야 한다.

대개 우리가 예배로 부름받는 장소는 예배당이다. 이곳은 하나님을 예배하기 위해 성별된 장소, 우리가 말씀과 성례전에서 듣고 보는 것들을 통해 하나님 계시의 세계에 깊이 잠기는 곳이다. 예배를 위해 구별된 시간은 보통 주일이다. 이 날은 히브리인들이 안식의 날로 지키던 일곱째 창조의 날과 그리스도인들이 지키는 예수님 부활 후 첫 번째 날이 결합된 날이다. 예배하는 주기는 대개 일주일이다.

기독교의 예배는 우리를 성부 하나님, 성자 하나님, 성령 하나님이 만들어 주신 포괄적인 실재로 다시 데려다 준다. 이 예배는 지난 엿새 동안 일어난 모든 일과 다음 엿새 동안 일어날 모든 일을 포함하는 실재다. 우리가 보는 것과 보지 못하는 모든 것을 포괄한다. 우리의 본성을 창조하시고 날마다 우리 안에 영원한 구원의 삶을 만들어 가시고, 하나님이 하시는 일 가운데서 일하게 하시고, 빨래를 하고 기계를 수리하고 식료품을 팔고 양자역학을 가르치고 밀을 재배할 때도 거룩과 사랑의 삶에 참여할 수 있도록 해주시는 하나님의 모든 활동을 포괄한다. 이것은 매우 어려운 일이다. 어떤 교회도 이것을 완벽하게 해내지 못하며, 어떤 교회는 시도조차 하지 않는다. 그러나 실패하더라도, 주의를 기울여 교회 안에서 성령이 행하시는 일을 분별하는 사람은 누구든지 그분의 영광을 찬양하는 예배를, 적어도 희미하게라도 보게 될 것이라고 나는 확신한다.

예배로의 부름은 우리를 깨워 우리 안에서 그리고 우리를 둘러싸고 일어나는 모든 일에 주의를 기울이게 한다. "잠자는 자여, 깨어서 죽은 자들 가운데서 일어나라! 그리스도께서 너에게 비추이시리라!" 세상은 하나님과 함께 살아 있다. 보라! 들으라! 마음을 열라! 와서 먹으라!

우리가 예배할 때 성령은 우리 안에 임하시고 우리로 하여금 성부의 창조 사역과 성자의 구원 사역에 참여하는 '내부자'가 되게 하신다. 예배할 때 우리는 주중에 세상에서 맡은 일과 책임으로부터 의도적으로 물러난다. 앉거나 무릎을 꿇고 기도하기 위해 손을 모으고 찬양하며 손을 든다. 우리는 성령을 모셔 들여 그분이 우리 안에서 사랑과 거룩의 삶을 만들어 가시도록 하고 이로써 성부와 성자와 하나가 된다. 성령은 이 모든 것을 기꺼이 해주시는 분이기에, 우리는 아무것도 하지 않아도 된다. 그러나 우리는 참여하고 주의를 기울여야 하며 기꺼이 받아들이고자 하는 태도를 취해야 한다. 우리는 하나님이 하시는 일에 참여하기를 원한다. 우리가 하는 일에 하나님이 참여하시기를 원한다. "오소서, 성령이여." 우리는 머리 위에 축복을 받고 순종하는 마음을 가지고 더 가벼운 발걸음으로(여전히 주의를 기울이고 기꺼이 받아들이려는 태도를 유지하며) 예배당을 나가게 되길 바란다.

그리스도인의 성숙은 하나님을 위해 더 많은 것을 행하는 문제가 아니다. 중요한 것은, 하나님이 우리 안에서 우리를 통해서 더 많은 것을 행하시는 것이다. 미숙한 사람은 자기 중심적이며 늘 불안하기 때문에 시끄럽다. 성숙한 사람은 조용히 순종과 겸손의 삶을 추구할 뿐이다. 기독교의 예배는 비율과 우선순위를 재조정하는 의도적인 행위다. 하나님을 위해 내가 일하는 것에서 내 안에서 일하시는 하나님, 성령께로 초점을 옮기는 것이다.

이블린 언더힐(Evelyn Underhill)은 학식이 깊고 매우 경건한 영국의 평신도였다. 우리들 가운데도 너무나도 많은 사람들이 그러하듯 그녀도 교회에 대해 어려움 느꼈다. 그러나 오랫동안 생각하고 성찰한 후에 그녀는 이렇게 말했다. "교회는 우체국처럼 '꼭 필요한 곳'이지만 언제나 계산대 너머에는 편협하고 부적합한 직원이 있기 마련이다. 그런 사람들 때문에 분노하게 되는 경우가 많다." 하지만 마침내 그녀는 '짜증나는' 직원들의 문제를 극복하고 이렇게 말했다. "나는 정기적으로 꾸준히 순종적인 태도로 공동 예배를 드리는 것이 당신의 영적 삶을 이루어 가는 데 가장 중요한 요소라고 생각한다.…아무리 혼자서 성경을 많이 읽고 기도를 많이 한다고 해도 그것이 교회의 삶과 예배에 겸손하게 몰입하는 것을 대신할 수는 없다."⁹

바울은 예배의 본질에 속하는 것과 그렇지 않은 것에 관해 이야기하면서 두 가지 완전히 대조적인 명령을 사용한다. "술 취하지 말라.…오직 성령으로 충만함을 받으라"(엡 5:18). 예배하는 방식으로서 술과 성령이 대조를 이루고 있다. 에베소가 자리한 소아시아에서 가장 널리 퍼진 예배의 형태는 디오니소스에 대한 예배였다. 디오니소스 제의에서는 황홀경을 이끌어내기 위해 춤과 자극적인 음악을 활용했다. 디오니소스는 술의 신이었다. 춤과 음악과 더불어 술에 취하는 것이 열광('신들린 상태')에 이르는 방법이었다. 바울은 에베소의 사람들이 공공연히 행하던 시끄럽고 흥청망청하는 제의 행위를 지적하며 이를 그리스도인들이 "성령으로 충만"하게 되는 기독교의 예배와 대조시켰다. 그저 술에 취해 춤을 추는 '방탕함'과 "마음으로 주께 노래하며 찬송하는" 달콤한 음악을 대비시켰다(5:19).

디오니소스 숭배와 관련된 광적인 무절제와 아름다운 화음으로 노래하며 찬송하는 그리스도인들의 예배는 날카롭고 인상적인 대조를 이루었다. 성령은 예배하는 교회마다 그런 아름다움을 표현하게 해주신다. 이것이 바로 하나님의 성령으로 충만한 잔을 마시며 예배하는 교회의 모습이다. 우리는 하나님의 말씀을 읽고 설교를 듣는다. 그리고 다시 한 번 우리 삶의 이야기를 바로잡는다. 우리는 성찬, 즉 그리스도께서 하나님께 드리는 '향기로운 제물과 희생제물'을 먹고 마시며 구원의 삶을 받고 다시 예수님께로 초점을 맞춘다. 우리는 노래하며 감사드리고, 인사를 나누며 기도한다. 다시 성령으로 새로워져 삼위일체와 더불어 부활을 살 수 있게 된다.

우리가 가진 능력이나 의지만으로는 사랑의 삶을 살 수 없다. 더 열심히 노력한다고 해서 가능해지지 않는다. 성령 안으로 들어가라. 하나님은 성령을 주셔서 우리 안에 하나님의 삶을 살게 하신다. 우리는 흔들리지 않는 중심을 향해 방향을 전환한다. 축도와 함께 교회를 떠날 때 '베들레헴을 향해 웅크리고 있는 사나운 짐승'을 훨씬 덜 두려워하게 된다.

## 12. 가정과 일터

에베소서 5:21-6:9

> 그리스도를 경외함으로 피차 복종하라.
> 에베소서 5:21

> 평범한 것 속의 천국…
> 조지 허버트, 「성전」에 실린 "기도"

이제 바울은 우리에게 가장 익숙한 곳, 우리가 부활을 사는 가장 일차적인 장소에 관해 이야기한다. 먼저 남편과 아내, 부모와 자녀가 친밀하게 함께 사는 공간인 가정이 나온다. 요리를 하고 식사를 하는 주방과 잠을 자고 사랑을 나누는 침실, 손님을 맞고 함께 즐거움을 나누는 거실(엡 5:21-6:4). 그런 다음 주인과 노예, 고용주와 종업원, 사장과 노동자로서 날마다 함께 일하는 일터에 관해 이야기한다. 농장과 시장, 학교와 채석장, 도로를 건설하고 벽돌을 쌓는 곳 말이다(6:5-9).

바울은 이미 성령이 하나님의 생명과 임재를 통해 우리 존재와 삶의 모든 세세한 부분까지 철저하게 파고드신다는 사실을 이해하는 광범위한 기초 작업을 이미 해 놓았다. 하나님께 속한 것 중에는 우리가 살아낼 수 없는 것이 하나도 없다. 창조 안의 그 어떤 것도, 구원 안의 그 어떤 것도 우리의 본질이나 우리가 함께 사는 사람들, 우리가 함께 일하는 사람들과 동떨어지거나 무관한 것이 없다. 예수 그리스도의 복음은 모든 일점일획이 여기에서 살아내고 우리의 몸으로 구체화시키고 우리의 일상생활의 현실 속에서 실천해야 할 말씀이다.

비록 한때는 우리를 둘러싼 세상을 성과 속으로 나누고 그리스도인은 성스러운 것에 국한된 책무만을 맡고 있으며 세속적인 것은 그저 견뎌내야만 하는 것일 뿐이라고 생각했을지라도, 이제는 더 이상 그렇게 생각할 수 없다. "하나님이 **세상**을 이처럼 사랑하사…"(요 3:16). 전에는 집안일과 생활비를 벌기 위한 직장 생활이 '진짜' 그리스도인들이 맡은 전략적으로 중요한 하나님 나라의 일보다 열등하다고 생각했지만, 이제는 더 이상 그렇게 생각할 수 없다. 예수님은 그런 생각을 몸소 뒤엎으시며 "누구든지 이 어린아이와 같이 자기를 낮추는 사람이 천국에서 큰 자니라.…누구든지 나를 믿는 이 작은 자 중 하나를 실족하게 하면 차라리 연자 맷돌이 그 목에 달려서 깊은 바다에 빠뜨려지는 것이 나으니라"라고 말씀하셨다(마 18:4, 6).

이 문제에 관해서 성경과 예수님의 말씀이 의심의 여지없이 분명함에도 불구하고, 복음과 구원에 관한 거대한 사상과 광대한 시각에 집중하다 보면 화려하지 않은 일상에 진지하게 임해야 한다는 복음의 가르침에 충실하지 못하는 경우가 많다. 카리스마와 비범한 설득력, 조직화의 열정을 은사로 받은 사람은 일상생활의 지루함으로부터 크고 이상적이며 영향력 있는 무언가를 끄집어내려 하는 저항할 수 없는 충동이 있다.

그러나 그런 것에 탐닉할 때, 그 결과는 파괴적이며 사춘기적인 상태를 영원히 벗어나지 못하게 된다. 그리고 우리가 대부분의 시간을 함께 보내는 사람들, 가족과 직장 동료들은 우리의 미숙함 때문에 큰 고통을 겪게 된다. 공적으로 찬사를 받는 사람들은 특히나 그런 위험에 취약하다. 교회와 정부, 사업계와 대학교의 저명한 지도자들, 작가와 연예인들 중에는, 가장 가까운 사람들과의 관계에서 유치하고 실망스럽게 행동하는 것으로 악명 높은 사람들이 너무나도 많다. 그들은 자신이 "상한 갈대"이며 "꺼져 가는 등불"이라는 것을 결코 깨닫지 못하는 듯하다(사 42:3).

그러므로 바울이 에베소서에서 그리스도 안에서 성숙한 삶을 이야기하면서 가정과 일터의 덜 화려한 생활에 이르기까지 부활을 살아야 한다고 말하는 까닭을 이해할 수 있다. 하나님을 위해서 큰일을 하는 것은 정말로 대단한 일이다. 하지만 어떤 의미에서 하나님을 위해 작은 일을 하는 것은 훨씬 더 대단한 일이다. 이와 관련해 캐슬린 노리스는 자신의 시와 비망록에서 일관되게 말했다. "매일 우리가 맡은 임무, 날마다 사랑하고 예배하는 활동은 우리로 하여금 종교가 단지 엄격한 지적 활동이 아니라는 사실을 계속해서 기억하도록 해준다.…기독교 신앙은 관념으로 이루어진 난공불락의 요새가 아니며 철학이나 믿어야 할 신념을 적어 놓은 목록이 아니라 하나의 생활 방식이다."[1]

## :: 보리오불라가

찰스 디킨스(Charles Dickens)는 자신의 소설 「황폐한 집」(*Bleak House*)에서 위대한 사상과 대의에 몰두하며 살아가는 이들, 무엇보다도 법과 정의를 추구한답시고 사람들이 실제로 어떻게 살아가는지는 전혀 모르거나 관심도 없는 인물 군상을 길고도 자세히 그리고 통렬하게 묘사했다. 초반부에 등장하는 젤리비 부인은, 말하자면 에베소서를 읽기 시작하기는 했지만 5장까지는 가 보지 못한 사람들을 대표하는 전형적인 인물이다.

젤리비 부인은 성경책을 펴고 바울의 에베소서를 읽기 시작하는 적지 않은 수의 그리스도인들의 모습을 희비극적으로 대변한다. 긴 첫 문장(헬라어 단어 201개로 이루어진 멋있는 신학적 운문!)이 끝나고(엡 1:3-14) 한숨을 돌리는 즈음 그들은 이미 매료되어 있다. 그들은 창조와 그리스도, 교회를 오가며 삼위일체를 만화경처럼 눈부시게 묘사하는 바울의 언변에 흥분한다. 하지만 4장의 마지막 부분에 이르면 불안해하기 시작한다. 그들은 평범한 명령이 탁월한 은유를 대체하기 시작했음을 눈치 챈다. 운문은 줄어든 대신 멋없는 산문이 주를 이루게 된 것을 깨닫는다. 그들은 이미 바울 메시지의 정수를 맛보았고 이제 영광스러운 부활의 삶을 시작하기만 하면 된다고 생각한다. 더 이상 참을 수 없다. 이제는 "그분의 영광을 찬양하며" 살라는 말 같은 것을 들을 수 없게 되었다.

그들은 책을 덮는다. 절대로 5장과 6장을 읽지 않는다. 하지만 그들은 너무 일찍 책을 덮은 것이다.

우리는 에스터 서머슨이라는 어린 소녀를 통해 젤리비 부인을 알게 된다. 에스터는 사촌인 리처드와 에이더와 함께 런던에 있는 젤리비 부인의 집으로 보내진다. 부인이 그 아이들을 하룻밤 동안 재우고 돌보기로 한 것이다. 사촌들은 이튿날 잔다이스 대 잔다이스 소송과 관련하여 변호사를 만나기로 되어 있다.

그 아이들이 도착했을 때 젤리비 부인은 집에 없었다. 그들은, 씻지도 않고 제대로 옷도 입지 못한 채 지저분하고 사고에 노출된 집 안에서 무관심으로 내팽개쳐진 젤리비 가족의 아이들을 보았다. 마침내 젤리비 부인을 만나게 되었을 때, 그들은 그녀가 눈이 아름다운 작고 포동포동하고 상냥한 여자라고 생각했다. 그 눈은 "마치 아프리카보다 더 가까운 것은 아무것도 없다는 듯…먼 곳을 바라보는 흥미로운 습관을 가지고 있었다." 그녀는 "머릿결이 아주 좋았지만 아프리카에서 맡은 일에 너무나도 몰두한 나머지 머리를 빗을 시간도 없었다." 우리는 젤리비 부인이 기독교 자선 사업에 헌신한 여인임을 알게 된다. 그녀가 지금 열정을 쏟고 있는 곳은 아프리카다. 니제르 강 서안에 있는 보리오불라가(Borrioboola-Gha)에서 커피를 재배하고 원주민을 기독교화하고 2백 가정이 살 집을 마련하는 일에 몰두하고 있다. 그런데 그녀의 집은 방마다 쓰레기로 뒤덮여 있다. "그저 정돈되지 않은 정도가 아니라 매우 더러웠다." 하지만 젤리비 부인은 그 모든 것을 보고도 "상냥하게 미소 지을" 뿐이었다.

그녀는 그 밤 자신의 손님으로 찾아온 세 아이들에게 자신을 소개하며, "애들아, 내가 굉장히 바쁘다는 것을 알게 될 거야. 하지만 이해해 주렴. 지금 나는 아프리카 일 때문에 다른 것에는 신경을 쓸 수가 없단다. 많은 단체와 개인들과 편지를 주고받느라 너무 바빠.……그런 일만으로도 시간이 모자라. 하지만 괜찮아. 일이 잘되고 있으니까. 그리고 날마다 성공하게 될 거란 확신이 더 커지고 있어."

저녁 준비가 되었다. 에스터는 이렇게 말한다. "좋은 대구와 구운 소고기, 커틀릿 요리, 푸딩을 먹었다. 요리를 조금이라도 했더라면 훌륭한 저녁이었을 테지만 날 것이나 다름없었다. 감자 접시를 석탄통 안에 잘못 두는 등 몇몇 사고들 때문에 길어진 저녁 시간 내내 젤리비 부인은 똑같은 모습이었다. 우리에게 보리오불라가와 원주민에 관한 흥미로운 이야기를 아주 많이 들려주었고, 편지가 넘쳐나는 통에 고깃국에 편지 네 통이 빠지기도 했다.…우리에게 말한 것처럼 그녀는 대의를 위해 헌신하느라 정말로 할 일이 너무 많고 바빴다."[2]

 디킨스는 젤리비 부인과 아프리카 선교를 희극적으로 묘사한 이 장에 "먼 곳을 바라보는 박애"라는 제목을 붙였다. 이런 상황이 기독교 공동체에서 그렇게 자주 일어나지 않는다면 훨씬 더 우스웠을 것이다. 하지만 불행하게도 이런 일은 너무나 자주 일어난다. 가정과 직장에서 일어나는 일에는 시간을 할애하지도 않고 주의를 기울이지도 않는 사람들 때문에, 교회 생활의 핵심인 부활의 삶이, 구체적이지 않은 대의와 저 멀리 보리오불라가에서 완수해야 할 프로젝트로 뒤바뀌고 만다. 젤리비 부인의 후손들이라 부를 만한 이 사람들은 계획을 세우고 후원자를 확보하고 극적이고 낭만적인 복음 사역을 위한 열정을 불러일으키는 데 몰두한다. 그러는 동안 너무 바빠서 자녀를 돌보고 지루한 일상 속에서 집을 깨끗이 하는 영광스러운 부활의 삶을 살지 못하게 된다.

가정과 직장은 구체적인 관계와 의무의 구체적이고 세세한 일들에 몰입하게 해준다. 가정과 일터에서 일어나는 일은 일반화될 수 없다. 거기에는 추상적인 것이 전혀 없다. 모든 것과 모든 사람이 이름을 가지고 있다. 모든 것이 손을 뻗으면 닿는 거리에 있다. 그리고 언제나 모든 것과 모든 사람이 사실상 다른 모든 것과 모든 사람들의 관계 속에서 일하고 있다. 가정과 일터에서는 그 어떤 것도, 그 어떤 사람도 다른 모든 것과 동떨어져 관조의 대상이 되는 미술관의 예술 작품이 아니다.

어니스트 헤밍웨이(Ernest Hemingway)는 소설 속 인물의 목소리를 빌려 이렇게 말했다. "성스러운, 영광스러운, 희생 같은 말만 들으면 나는 언제나 당황스럽다. 동네 이름, 번지수, 강 이름, 부대 이름과 날짜 같은 구체적인 것에 비하면 영광, 명예, 용기, 거룩 같은 추상적인 말은 허황하게 느껴진다."[3] 헤밍웨이는 한 세대의 미국인들에게 '거대한' 말과 구체성이 없는 추상 명사, 실질적이지 않은 것에 대해 의심하는 법을 가르쳐 주었다.

바울도 지금 그것을 가르치고 있다. 성령이 우리가 "측량할 수 없는 그리스도의 풍성함"(엡 3:8)에 참여하게 하시는 방식을 설명하면서, 결론적으로 우리가 가정과 일터에서 일어나는 일에 세심하게 주의를 기울여야 한다고 주장하고 있다는 점은 의미심장하다. 부활의 **실천**은 가정과 일터에서 시작되어야 한다. 우리는 절대로 이곳을 졸업하고 더 높은 단계로 나아가지 않는다. 거대한 말은 여전히 그대로 남아서 우리가 기도하며 우리 앞에 찬란하게 펼쳐진 영광을 계속해서 신뢰하게 해준다. 그러나 부활을 실천하기 위해서는 이름을 가진 사람들, 구체적인 임무, 매일 해야 할 일에 몰두해야 한다.

바울은 예수님의 부활에 참여하는 삶으로, 성숙으로 우리를 한 걸음씩 이끈다. 우리로 하여금 '그분의 영광을 찬양하는' 삶을 이루는 작은 부분 하나하나에 익숙해지게 한다. 그는 우리에게 옛 생각과 행동으로 다시 물러나지 말고("이방인이 그 마음의 허망한 것으로 행함같이 행하지 말라", 엡 4:17), 성령이 우리의 삶을 의롭고 거룩한 삶으로 만들어 가실 때 기꺼이 겸손하게 응답하는 태도를 길러 나가라고("하나님의 성령을 근심하게 하지 말라", 4:30) 충고한다. 그는 개인적인 관계와 교회 생활의 핵심을 이루는 사랑과 예배의 기초에 관해 설명하면서, 우리가 '그분의 영광을 찬양하며' 살도록 하나님이 주시는 모든 선물을 잘 받아들일 수 있는 마음을 길러야 한다고("성령으로 충만함을 받으라", 5:18) 말한다.

이것은 위를 향한, 안을 향한, 하나님을 향한 움직임이다. 기대감이 점점 더 커진다. 우리는 "주께 노래하며 찬송하며, 범사에 우리 주 예수 그리스도의 이름으로 항상 아버지 하나님께 감사하게" 된다(5:19-20). 어떤 멋진 일들이 펼쳐지게 될지 궁금해진다. 우리는 다음 단계의 거룩한 영광으로 나아갈 준비가 되었다. 성령이 이루어 주신 이 삶에서 그 다음 단계는 무엇일까?

바로 이것이다. "피차 복종하라"(5:21). 이 말에 이어 바울은 가정 생활과 일터에서의 관계에 대해 자세히 이야기한다. 만약 우주적인 어떤 것을 기대했다면, 코앞에서 문이 쾅 하고 닫히는 기분일 것이다.

바울은 멋진 상황이 펼쳐지기를 기대하는 우리 모두의 마음속에는 보리오불라가의 환상이 잠재적으로 자리잡고 있음을 알았던 것일까? 성령이 우리에게 보리오불라가에서 해야 할 '일'에 관한 비전을 주셔서 이제 더 이상 따분한 집안일에 매달리고 직장에서 일할 필요가 없다고 착각하기 쉽다는 것을 알았던 것일까? 그래서 성령이 어떻게 우리 가운데 하나님을 임하게 하시고 그분의 일을 행하시는지에 관한 설명을 마무리하기 전에, 우리가 가장 가까운 땅 즉 가정과 일터에 굳건히 발을 딛고 서야 한다고 강조한 것일까? 나는 그렇다고 생각한다.

## :: "나란히 날갯짓하며 나란히 노를 저으며"

가정과 일터에서 부활을 사는 삶에 관한 가르침은 "그리스도를 경외함으로 피차 복종하라"라는 말로 시작된다(엡 5:21). 이어서 바울은 우리가 매일 삶에서 다루게 되는 여덟 가지 대표적인 '피차'의 관계에 관해 이야기한다. 그중 여섯은 가정에서의 관계이며 둘은 직장에서의 관계다.

우리는 혼자 힘으로 성숙할 수 없다. 성숙, 특히 그리스도의 장성한 분량이 충만한 데까지 이르는 성숙은 이름을 알지 못하는 보리오불라가의 수백 명의 사람들이 아니라 **이름을 알고 있는** 사람들과의 관계를 통해서만 이루어질 수 있다. 우리는 이들을 직접 선택할 수 없다. 우리가 좋아하거나 존경하는 사람들만 고를 수도 없다. 우리는 먼저 우리가 직접 선택하지 않은 사람들과 함께 살아간다. 처음에는 부모, 나중에는 자녀가 바로 그들이다. 그리고 상황이 어찌 변하든 관계없이 "부유하거나 가난하거나 기쁠 때나 슬플 때나 아플 때나 건강할 때나 두 사람이 살아 있는 한" 함께하기로 다짐한 사람과 더불어 살아간다. 그리고 교회에서 '모든 성도들'과 함께 지낸다. 교회는 우리의 정체성을 개별화하거나 우리의 성장을 스스로 책임지도록 내버려두지 않는다. 오히려 "우리가 서로 지체가" 되었으며 "피차 복종하라"고 말한다. 우리가 혈연 관계에 있지 않은 사람들에 대해 책임감을 느끼고 그들과 친밀한 교제를 나누게 하려고 교회에서는 가족의 호칭(형제와 자매, 아버지와 어머니)을 꾸준히 사용해 왔다. 예수님은 자신을 따른 이들을 가리키며 "나의 어머니와 나의 동생들을 보라"라고 말씀하심으로써 그분과 우리의 가족 관계를 더 넓게 확장시키셨다(마 12:49).

바울이 언급하는 가정과 일터에서의 여덟 가지 책임은 모두 문화적으로 규정된 역할을 가리킨다. 한국의 불교 가정에서 자라난 여인과 이탈리아의 가톨릭 가정에서 자란 여인은 가정 안에서 자녀가, 남편과 아내가, 아버지와 어머니가 어떤 역할을 하는지에 관해 서로 다른 경험을 갖고 있다. 아버지를 전혀 몰랐던 디트로이트 도심의 젊은 남자의 렌지스의 가족 농장에서 부모와 일곱 형제와 함께 사는 사람은 전혀 다른 가정 생활의 경험을 갖고 있다. 이스라엘의 키부츠와 시카고의 정육 공장에서는 일터에서의 역할을 완전히 다른 방식으로 경험한다. 가정 생활과 직장 생활이 이렇듯 다양한 문화적 맥락에서 이루어지고 있음을 감안할 때, 과연 바울이 우리에게 다양한 문화와 환경에서 어떻게 부활을 살아야 하는지를 가르쳐 줄 수 있을까?

몇 가지 일반적인 원칙 외에 그가 가르쳐 줄 수 있는 것이 없다는 것을 우리는 금세 알게 된다. 그는 세세한 충고나 조언을 하지 않는다. 그는 어떻게 자녀를 키우고 배우자와 잘 지내야 하는가에 관한 공식적인 '기독교적' 조언을 제공하지 않는다. 그는 우리가 받아들이는, 이미 문화적으로 규정된 역할을 그리스도께서 규정하신 역할로 대체할 뿐이다. 가정과 직장 생활의 모든 양상은, 아내로서 남편과의 관계, 남편으로서 아내와의 관계, 자녀로서 부모와의 관계, 부모로서 자녀와의 관계, 노예로서 주인과의 관계, 주인으로서 노예와의 관계에 관해 우리가 자라면서 배워 온 대로가 아니라 그리스도와의 관계 안에서 재정의된다.

가정과 일터의 모든 복잡한 관계의 본질을 재정의할 때 반복적으로 사용되는 구절은 '주께 하듯'(아홉 번)과 '주 안에서'(두 번)이다. 바울은 열한 번 등장하는 이 구절들을 통해 우리가 맡은 역할을 문화적인 관점이 아니라 그리스도의 관점에서 이해해야 한다고 말하는 셈이다. 마지막으로 노예와 주인 사이의 관계에 관해서는, 비록 세상의 문화에서는 다르게 생각하겠지만 그들은 '같은 주인'을 섬기는 동료라고 말한다. '같은 주인' 즉 그리스도는 우리에게 문화가 아니라 그리스도께서 맡겨 주신 역할에 따라 살라고 명령하신다.

우리가 같이 살고 같이 일하는 이들과의 관계 속에서 우리를 다시 이해해야 한다고 말한 바울은, 그런 삶은 곧 그리스도께 하듯, 주 안에서, 같은 주인을 섬기며 사는 삶이라고 설명한다. 부활을 살 때 우리는 더 이상 문화에서 취한 모범과 비교해서 우리의 역할을 이해하지 않고, 언제나 예외 없이 그리스도와 비교해서 이해한다. 그리스도인의 성숙을 가늠하는 잣대는 '그리스도의 장성한 분량'이다.

만약 진지하게 부활을 살고자 한다면 우리는 부활하신 그리스도와 더불어 살아야 한다. 우리는 예수님이 용서하시고 사랑하시고 나병 환자를 만지시고 낯선 이들을 받아들이시고 친구를 위해 기도하신 **방식**에 주의를 기울인다. 우리는 예수님의 방식에 관해 많은 것을 알고 있다. 부활은 우리가 평생에 걸쳐 노력해도 다 이해하지 못하는 교의적인 진리가 아니다. 금욕 훈련을 통해 완벽히 습득할 수 있는 태도가 아니다. 부활은 '오직 한 길'이신 예수님을 의지하고 순종하는 **실천**이다. 그때 '능력 주시는 하나님의 임재'이신 성령은 예수님의 이름으로 우리 안에 삼위일체의 삶이 생동하게 하신다.

그리스도께서 가정과 일터에서 우리가 맡은 역할을 규정하시기 때문에 바울은 우리에게 이렇게 권면한다. "그리스도를 경외함으로 피차 복종하라"(엡 5:21). 이 문장은 "그리스도를 경외함으로"와 "피차 복종하라"라는 두 부분을 결합할 때 비로소 철저히 반문화적인 진술이 된다. 이 둘을 따로 떼어놓으면 그 강력함을 잃는다.

"피차 복종하라." 성숙이란, 근육을 최대한 강화하기 위해 역기를 들어 올리고 이따금 거울 앞에 서서 자신의 발전 상황을 점검하는 보디빌딩 훈련과는 다르다. 성숙은 고립된 상태가 아니라 언제나 관계적이다. 혼자서 최선을 다한다고 성숙해지지는 않는다. 최선의 인간 관계를 이룰 때 우리는 비로소 성숙해진다. 다른 사람보다 더 강해지거나 그를 압도하고 정서적으로나 육체적으로 지배한다고 해서 성숙해지는 것이 아니다. 우리는 자신을 남에게 강요하지 않고, 오히려 약점과 강점 모두를 함께 나누며 다른 이의 삶 속으로 들어간다. 우리는 다른 사람의 삶 속으로 들어가지만, 그 문을 강제로 열지는 않는다. 상호성은 언제나 "피차 복종하는" 것이 포함된다.

미국인들은 이런 것에 익숙하지 않다. 우리는 지나치게 경쟁적인 문화 속에서 자라났다. 학교 공부든, 운동 경기든, 월급이든, 인기나 외모든, 업무 성과든 할 것 없이 우리는 남과 비교해서 자신의 모습을 가늠한다. 우리는 요람에서부터 경쟁심을 키우며 자란다. 우리가 주변 사람들을 승자와 패자로 나누어 평가한다면 다 이런 문화 때문이라고 말할 수 있다.

이런 경쟁적인 분위기 덕분에 우리 안에 있는 최선의 것을 끄집어낼 수 있는 경우도 많다. 하지만 그로 인해 최악의 결과가 빚어지는 경우도 그만큼 많고, 어쩌면 그보다 더 많을지도 모른다. 가정이라는 환경 속에서 우리 안에 있는 가장 나쁜 모습이 드러나기도 한다. 만약 가족이 서로(남편과 아내가, 부모와 자녀가, 형제와 자매가) 경쟁한다면 친밀감은 어느새 사라지고 만다. 우리는 '피차 복종'할 때만 가정 안에서 성숙을 이룰 수 있다. 그러나 이것은 쉽지 않다. 복종의 기술보다는 경쟁의 기술이 훨씬 더 익히기 쉽다. 성숙은 하나의 기술이며, 가정은 우리가 그것을 습득할 수 있는 가장 기본적인 배경이 된다.

성숙을 저해하는 경쟁적인 분위기로 말하자면 직장도 만만치 않다. 하지만 인간관계가 가족의 경우만큼 친밀하지 않은 일터에서는 경쟁의 역학이 더 미묘하다. 생산성이나 업무 성과와 관련해 경쟁의 요소는 분명 유용한 측면이 있다. 그러나 경쟁 때문에 노동자를 하나의 기계 부품으로 비인격화하지 않기 위해서는 분별이 필요하다. 일터에서는 거의 모든 일을 다른 이들과 함께 한다. 그리고 일을 잘하려면 바른 예절도 필요하고 인간관계에서 주고받는 법도 알고 있어야 한다. 만약 노동자를 업무의 차원에서만 바라보고 고용주가 비인격적인 역할에 따라서만 행동한다면, 그 직장은 정서적으로나 영적으로 황무지가 되고 말 것이다.

그리고 경쟁하는 분위기가 교회 안에까지 파고들 때 결국 그 교회는 엉망진창이 되고 만다.

"피차 복종하라"에는 "그리스도를 경외함으로"라는 구절이 전제 조건처럼 따라붙는다. 이 전제 조건이 충족되지 않으면 '복종'

하는 태도가 발전할 수 없다. 그리스도를 경외하지 않는다면 가정이나 직장에서 '피차 복종'하는 모습을 보기가 매우 어려울 것이다. "피차 복종"하라는 충고가 우리를 짓밟히고도 가만히 있기만 하는 사람으로 전락시키고 말 것이다.

바울이 사용하는 경외라는 말은 원래 '두려움'(*phobos*)이라는 뜻을 가지고 있다. 즉, '그리스도를 경외함으로'라는 말은 '그리스도에 대한 두려움에서'라는 뜻이다. '주(여호와)에 대한 두려움'이라는 말은 구약에서 올바른 삶의 태도, 하나님의 말씀과 하나님의 방식에 적절하게 반응하는 지혜로운 자세를 나타낼 때 가장 흔히 사용하는 구절이다. 바울은 신명기와 이사야, 잠언과 시편에서 가져온 '주에 대한 두려움'을 '그리스도에 대한 두려움'으로 바꿔 사용한다.[4]

대부분의 번역자들이 바울이 사용한 '두려움'을 '경외'나 '존경' '외경' 같은 말로 옮겨 원어가 지닌 날카로움을 무디게 만들어 버렸다. 공포나 두려움, 공황 등의 부정적인 의미를 피하기 위한 방법이라고 이해할 수도 있지만, 그러기 위해 너무 많은 것을 희생시켰다.[5] 이런 말로는 거룩을 대면할 때 느끼는 "두려움과 떨림"(키르케고르)을 담아내지 못한다. 하나님은 적당히 길들여질 수 없는 분이다. 하나님은 우리가 편안히 대할 수 있는 무언가로 환원될 수 없는 분이다. 거룩한 신비가 없는 하나님은 우리가 무릎 꿇어 경배할 하나님이 아니라 맞춤 제작된 싸구려 우상일 뿐이다.

경쟁적인 미국 문화 속에서 "피차 복종하라"는 명령을 실천하기 어렵듯이, 불경한 미국 문화 속에서는 복종하는 삶에서 탯줄과도 같은 역할을 하는 "그리스도를 경외하는[두려워하는]" 태도도 갖추기 어렵다. 어쩌면 우리는 인류 역사상 가장 철저하게 불경한 사고방식을 지닌 것을 자랑스러워하는 사람들인지도 모른다. 대체로 미국인들은 거룩함에 대한 감각이 극히 미미하다.

경외하는 두려움, 혹은 두려워하는 경외감이란 성스러운 것이 존재함을 인정하는 태도나 성향이라고 말할 수 있다. 나보다 크거나 나은 누군가 앞에서 가만히 서 있거나 무릎을 꿇거나 고개를 조아린다. 이런 태도는 우리가 불이 붙은 떨기나무를 보고 신을 벗음으로써 시작되고, 우리가 만나는 모든 사람 안에 있는 그리스도를 알아보고 경외할 때 우리의 관계 안에 충만해진다.

경외란 설명할 수 없는 어떤 방식으로 거룩한 신비에 반응하는 것을 말한다. 그러므로 우리는 결코 거룩함이 정확히 무엇인지를 제대로 이해하거나 정의할 수 없다. 거룩한 두려움은 그 안에 힘을 가지고 있다. 그 힘은 우리의 존재를 초월한 어떤 것으로 우리를 이끈다. 우리는 경외심을 '만들어 낼' 수 없고 우리 자신의 의지에 따라 경외할 수도 없다. 경외심에 우리의 무릎을 꿇게 하거나 침묵에 빠지게 하는 그 특별한 힘은 우리 안에 있지 않다.

경외심은 우리를 자라고 더욱 성숙하게 해준다. 주에 대한 두려움은 우리의 마음과 영혼을 열어 더 나은 우리가 되게 한다. 그것이 없을 때 우리는 지금 도달해 있는 지식이나 태도, 통찰력의 수준에 그대로 머물러 있을 수밖에 없다.

올바른 두려움이 없다면, '그리스도를 경외함'이 없다면, 우리는 틀림없이 불경건한 습성을 키우고, 무엇이든 '…에 불과한' 것으로 여기는 전염병에 걸리고 말 것이다. 태아는 원형질 덩어리에 불과하다. 말은 쟁기를 끄는 힘에 불과하다. 렘브란트의 그림도 캔버스에 칙칙한 물감을 발라 놓은 것에 불과하다. 아이는 골칫덩어리에 불과하다. 여자는 예쁜 얼굴에 불과하다. 식사는 접시 위에 담긴 비타민과 칼로리 덩어리에 불과하다. 남자는 돈 버는 기계에 불과하다.

혹은 신비가 모두 사라져 버린 가정이나 일터에서는 아내는 '집사람'에 불과하고, 남편은 '그 사람'에 불과하고, 고용주는 '사장'에 불과하고, 노동자는 '일꾼'에 불과하다. 친밀함이 전혀 없는 말들이다. 인간적 본질이 빠진, 역할과 기능만 가리키는 말들이다.

나는 여기서 흥미로운 점을 발견했다. 4장에서 바울은 교회는 몸이고 그리스도께서 그 머리가 되시며 우리가 그 지체라고 이야기했다. 그는 마치 그 몸을 해부라도 하듯이 "그에게서 온 몸이 각 마디를 통하여 도움을 받음으로 연결되고 결합되어 각 지체의 분량대로 역사하여 그 몸을 자라게 하며 사랑 안에서 스스로 세우느니라"(엡 4:16)라고 묘사했다. 몇 절 앞에서 그는 성령이 우리 삶에 "성도를 온전하게 하여 봉사의 일을 하게"(4:12) 하는 은사를 주신다고 말했다.

'온전하게 하다'는 뜻의 '카타르티스모스'(katartismos)는 신약성경 전체에서 이곳에 단 한 차례 등장한다. 존경받던 그리스 의사

갈레노스는 탈구된 관절을 다시 맞춘다는 뜻으로 이 말을 사용했다. 이 말은 '카타르티조'(*katartizō*)라는 동사에서 파생된 단어다. 신약 성경에 이 동사는 다양한 문맥에서 여러 차례 나타난다. 그물을 깁거나 고치는 것(마 4:21), 어떤 임무에 적합하도록 자격을 갖추는 것(눅 6:40), 창조 이전의 혼돈이 잘 운행되는 우주로 만들어진 것(히 11:3)을 말할 때 이 단어가 사용된다. 모든 용례가 건강하거나 온전한 상태(*artios*)를 회복하거나 창조하는 것과 관련된 뜻을 담고 있다.[6]

몸은 관절에 의해 지탱된다. "각 마디를 통하여 도움을 받음으로 연결되고 결합된"(4:16) 몸에서 관절이 빠지거나 관절염과 같은 고집 때문에 굳어지거나 교만으로 부풀어오른다면, 그 몸은 제대로 기능할 수 없다. 바울은 그리스도의 몸에 있는 여덟 가지 중요한 관절에 관해 이야기한다. 여섯은 가정에 있으며(아내, 남편, 아버지, 어머니, 자녀, 부모) 둘은 일터에 있다(노예와 주인, 지금으로 말하자면 노동자와 고용주에 해당한다). 가족과 직장 동료들이 제대로 결합될 때 그리스도의 몸은 좋은 상태를 유지하며 계속 기능하고 '그분의 영광을 찬양'하며 살 수 있다. 만약 가족과 직장 동료들을 이어 주는 관절이 바르게 기능하지 않는다면, 관절에 유연성이 없어서 편안하게 움직일 수 없다면, 그 몸은 건강하지 않다. 그 지체가 서로 맞지 않기 때문이다.

가정과 일터에서의 관계들 중에서 바울은 남편과 아내의 결혼 생활을 가장 자세히 이야기한다. 우리가 맺는 관계 중에서 이보다 더 복잡하고 어려우며, 한편으로는 즐겁고 만족스러운 관계는 없다. 결혼과 교회 사이에는 비슷한 점이 아주 많다. 바울은 둘의 유사점을 활용해 어떻게 결혼과 교회를 이해하고 거기에 참여할 것인가를 이야기한다.

결혼과 교회는 모두 사회와 교회 안의 개인주의에 대담한 공격을 가하는 인간관계를 통해 이루어진다. 그 둘은 개인주의의 **죄**, 혼자서 하나님과 관계 맺고 혼자서 배우자나 자녀들과 관계 맺고 싶어 하는 죄를 공격한다. 그리스도 안에서의 성숙은 그 무엇보다도 관계(하나님을 신뢰하고 예배하는 관계, 사람들이 서로 의롭게 대하고 사랑하는 관계)를 통해서 이루어지는 것이므로, 결혼 생활을 관찰하고 묵상함으로써 우리는 교회 생활에 꼭 필요한 통찰력과 마음의 습성을 기를 수 있다.

로버트 프로스트(Robert Frost)는 인상적인 이미지를 동원해 결혼에 관한 시를 한 편 썼다. 나는 언제나 이 시가 결혼에 관한 시인 동시에 교회에 관한 시이기도 하다고 생각해 왔다. 그는 딸의 결혼을 축하하기 위해 이 시를 썼다. 이 시에서는 결혼 생활의 친밀함이 "가고 싶은 곳은 어디든 갈 수 있는" 자유가 아니라 다른 종류의 자유, 즉 "성급함이 아니라 민첩함"을 제공한다고 말한다. 그것은 "나란히 날갯짓하며 나란히 노를 저으며" 자발적이고 아름다운 조화를 이루며 사는 자유를 준다.[7]

'한 몸'을 이룬 남편과 아내 사이의 친밀한 관계는 정적이지 않으며 동적이다. 둘 사이의 관계는 "나란히 날갯짓하며 나란히 노를 저으며" 계속해서 움직이고 빨리 변화하는 관계다. 머리와 지체로 이루어진 교회라는 '한 몸' 안의 친밀한 관계 역시 정적이지 않으며 동적이다. 그 관계는 "나란히 날갯짓하며 나란히 노를 저으며" 계속해서 움직이고 빨리 변화하는 관계다.

바울이 결혼에 관심을 기울이는 까닭은, 결혼 생활이 우리의 일차적인 삶의 자리이며 성령이 그 안에서 우리가 부활을 실천하고 사랑과 의, 사랑과 찬양의 삶을 살게 하시기 때문이다. 바울은 결혼에 철저한 주의를 기울인다. 그는 결혼 생활이 얼마나 중요하고 복잡한지, 얼마나 어렵고 힘든지 잘 알고 있다. 마거릿 마일즈(Margaret Miles)는 근본적으로 가정 생활과 결혼 생활이 그저 관념에 그치지 않고 구체적인 모습으로 그리스도 안에서 성숙할 수 있는 중요한 기회를 제공하는 금욕 생활이라고 주장하면서 알렉산드리아의 클레멘스를 인용한다. "결혼은 부단한 영적 훈련이다. 세상살이의 어려움, 가정을 돌보고 자녀를 키우는 책임과 비교하면 독신 생활은 사치다."[8]

그러나 바울은 성령이 하나님의 모든 활동을 통해 우리를 성숙에 이르게 하시는 일차적인 삶의 자리인 교회에 훨씬 더 관심이 많았다. 바울은 에베소서 5:22-32에서 다섯 번에 걸쳐 교회와 결혼을 짝지어 이야기한 후 마지막으로는 교회에 관해 이야기한다. "이 비밀[결혼]이 크도다. 나는 그리스도와 교회에 대하여 말하노라"(5:32) 결혼은 신비다. 결혼을 통해 남편과 아내가 "그리스도를 경외함으로 피차 복종"하게 되는 것은 신비다. 결혼은 사랑과 거룩 안에서 성숙에 이르는 길인 것이다. 그러나 비교하자면, 사랑과 거룩의 삶으로 성숙해 가는 것에 있어서는 교회가 더 큰 신비다. 머리이신 그리스도와 몸인 그리스도인이 "나란히 날갯짓하며 나란히 노를 저으며" 앞으로 나아가기 때문이다.

## :: 사이

교회의 본질은 삼위일체이신 성부 성자, 성령이 각각 그 방식대로 행하시는 모든 일이다. 우리는 그 대부분을 보지 못한다. 우리는 '하늘에 속한 모든 신령한 복'도 '약속의 성령으로 받은 인치심'도 눈으로 볼 수 없다. 만물이 '그의 발 아래에 복종'한 것이나 '막힌 담'이 헐린 것을 사진으로 찍는 데 성공한 사람도 아직은 없다.

그러나 이렇게 보이지 않음에도 불구하고, 보려고 노력하지 않아도, 현미경이나 망원경의 도움 없이도 교회에서 많은 것을 볼 수 있다. 남자와 여자, 어린이가 세례받는 것을 본다. 이름을 알고 있는 이웃들이 성찬에서 그리스도의 살과 피를 먹고 마시는 것을 본다. 사흘 전 야외 공연을 보며 도시락을 나눠 먹었던 친구가 성경말씀을 읽고 설교를 듣는 것을 본다. 지난 주에 내 차의 찌그러진

범퍼를 고쳐 주었던 남자가 기도하는 것을 본다. (우리는 고개를 숙이고 있으므로 그가 기도하고 있음을 안다.) 저쪽에서는 1년 전쯤 나의 암을 진단하고 방사선 치료를 주선해 주었던 여자가 오르간을 연주하는 것을 본다.

교회에서 우리가 보는 모든 것을, 볼 수 없는 것과 따로 떼어서 생각한다면 그 어느 것도 교회의 모습이라 할 수 없다. 그리고 볼 수 없는 것 역시 보이는 모든 것과 따로 떼어서는 그 어느 것도 교회의 본질이라 할 수 없다. 보이지 않는 교회 같은 것은 없다. 보이는 교회 역시 존재하지 않는다. 교회에서는 보이지 않는 것과 보이는 것이 하나다. 지금까지 그 누구도 보지 못했던 하나님(요 1:18)이 없다면 교회도 없다. 우리가 볼 수 있는 "각 나라와 족속과 백성과 방언에서 아무도 능히 셀 수 없는 큰 무리"(계 7:9)가 없다면 교회도 없다.

교회는 (보이지 않는) 하늘과 (보이는) 땅 **사이에서** 일어나는 모든 일을 위한 무대다.

나는 교회를 이해하는 데 '사이'(between)라는 말이 필수적이라고 생각한다. 이는 내가 스스로 발견한 사실이 아니라 마르틴 부버(Martin Buber)에게서 배운 것이다. 부버는 우리가 살고 있는 이 시대가 부과한 구체적인 조건 속에서 어떻게 온전하고 거룩한 삶을 살 것인가에 관해 글을 쓰고 가르치며 평생을 살았던 독일계 유태인이다. 그는 전쟁과 나치 수용소, 동족 유태인 백만 명이 처형된 가스실, 삶의 터전을 잃고 소외된 유태인의 고향을 마련하려는 시온주의 운동에 이르기까지, 그 시대 신문에 보도되던 눈에 보이는 모든 것에 철저히 동참하며 살았다. 독일에서 추방된 그는 1938년에 팔레스타인으로 이주했다. 거기서 그는 신생국 이스라엘을 건설하는 일에 참여했고 새로 설립된 이스라엘의 대학교에서 교수가 되었다.

내가 이 모든 것(우리가 살고 있는 세상의 모습을 근본적으로 바꿔 놓은 중요한 공적, 사회적인 사건에 깊이 관여했다는 사실)을 이야기한 까닭은, 자신의 책 「나와 너」(*I and Thou*)⁹⁾에서 그는 그 시대의 폭력적인 대재앙에 관해 단 한 마디도 하지 않지만 결국 그가 쓴 내용 모두가 자신의 시대와 속속들이 연관을 맺고 있기 때문이다. 이 책은 눈으로 볼 수 없는 어떤 것, 관계, '사이'에 관한 책으로, 당시에는 큰 주목을 받지 못했다. 이 책 자체가 보이지 않는 것에 관한 책이듯 몇 년 동안 이 책은 거의 보이지 않는 책으로 취급 받았다.

이 책은 하나님에서 시작된다. 3천 년 전에 미디안의 불붙은 떨기나무에서 모세에게 자신의 이름을 알려 주신 그 하나님에서 시작된다(출 3:13-14). 이 책은 많은 사람들, 특히 나에게, 우리 주위의 모든 것 속에서, 그러니까 당시의 유럽에서 유태 민족과 그들의 하나님을 말살하려 했던 시도와 이후 기술과 통신 산업의 전례 없이 빠른 발전으로 비인간화가 초래된 비극적인 시대 상황 속에서,

하나님의 보이지 않는 임재가 무엇인지를 새롭게 이해할 수 있는 성경적인 근거를 회복하게 해준 결정적인 책이 되었다. 이 책은 엄청난 원동력의 근원이 되었고, 출간된 지 90년이 지난 지금도 그 원동력은 사그라지지 않았다.

이 책은 세 단어의 히브리어로 이루어진 문장('ehyeh 'asher 'ehyeh)에서 발전한 것이다. 미디안의 불붙은 떨기나무로부터 하나님이 모세에게 말씀하시고 모세가 하나님의 이름을 여쭈었을 때, 그가 들은 대답은 이름이 아니었다. 이름은 명사다. 명사는 어떤 것을 규정하고 그것의 위치를 지칭하며 대상화한다. 모세가 들은 것은 동사였다. "나는 있다.…나는 나다.…나는 여기에 있다.…나는 임재해 있다." 히브리어로 이 동사는 '있다'(hāyâ)의 일인칭 형태다. "나는 있다"와 다시 한 번 반복되는 "나는 있다." **나는 곧 나다**. "나는 있다"의 반복. 나는 있다. 나는 여기에 있다. 나는 존재다. 하나님의 이름 아닌 '이름'은 음역하면 '야웨'다. 부버는 이 말을 "나는 있어서 있는 자"라고 번역한다. 그런 다음 이렇게 설명한다. "나는 드러내는 자다. 나는 여기 존재하는 자다. 권능의 물줄기는 영원히 흐른다. 사귐은 영원히 계속된다. 그리고 소리는 영원히 외친다. 그 밖에는 다른 아무것도 없다."[10]

우리는 하나님을 하나의 대상으로 삼을 수 없다. 하나님은 우리가 이름 붙일 수 있는 대상이 아니다. 우리는 하나님을 하나의 관념으로 대체할 수 없다. 하나님은 우리가 논할 수 있는 관념이 아니다. 우리는 무언가를 만들거나 행하기 위해 하나님을 이용할 수 없다. 하나님은 우리가 이용할 수 있는 권력이 아니다.

단순한 이야기처럼 들린다. 실제로 그렇기도 하다. 그러나 이를 그대로 받아들이고 싶어 하는 사람은 없을 것이다. 오랫동안 우리는 하나님을 우리의 형상대로 만들고 우리의 목적을 위해 그분을 이용하고 싶어 했다. 모세와 그를 따르는 수많은 히브리 예언자들은, 하나님이 우리의 관점이 아닌 그분의 관점에 따라 하나님이 되신다는 사실을 받아들이지 못하게 만드는 우리의 사상과 태도를 끊임없이 경고했다. 예수님은 하나님의 마지막 말씀이시다.

그러나 하나님을 하나님의 관점이 아니라 우리의 관점에 따라 생각하기 좋아하는 완고한 우리는 떨기나무의 모세와 동굴 속의 엘리야, 성전 안의 이사야에 관한 이야기를 반복해서 새롭게 들어야만 한다. 마르틴 부버는 히브리의 이 거대한 예언자적 전통을 강력히 대변한다. 「나와 너」는 하나님이 스스로 계시하신 그대로의 하나님을 열정적으로 이야기한다. 사물이나 사상, 권력이 아니라 우리가 오직 그 앞에 나아갈 수 있을 뿐인 임재하시는 하나님 말이다.

이 책에서 부버는 하이픈으로 연결된 세 개의 복합어, 나-그것, 우리-그들, 나-너에 관해 이야기한다. 이 복합어 중 그 어느 것도 반으로 쪼개어 따로 이해할 수 없다. 이 복합어는 인간관계의 기초가 되는 동시에 하나님과의 관계로까지 자연스럽게 확장된다.

나-그것: 이것은 관계 자체를 부인하고 파괴하는 관계다. 나-그것은 타자를 대상, 하나의 사물로 만들어 버린다. **그것**이란 비인간화된 인간이다. 타자는 경험하거나 이용해야 할 어떤 것이다. 타자는 **내**가 하고 싶은 대로 하기 위해 거기 존재한다. 나는 그것의 목소리에 귀 기울이지 않고, 그것에게 내가 원하는 것, 내가 그것에 대해 생각하는 바를 이야기한다. 나는 그것을 색다른 하나의 경험으로 대한다. 나는 그것과 이야기를 나누지 않는다. 나와 그것 사이에는 상호적인 관계가 없다. 나-그것으로 존재하는 사람은 상호성이라는 것을 알지 못한다. "그가 '너여!' 하고 부를 때는 '아, 물건을 이용할 수 있는 나의 능력이여!'를 의미한다."[11]

우리-그들: 세상은 빛의 자녀들과 어둠의 자녀들, 이렇게 둘로 나뉜다. 이것은 세상에 관해 생각하는 매우 편리한 방식이다. 잘못된 것은 무엇이든지 **그들** 때문이라고 생각하면 되기 때문이다. 복합성 같은 것은 사라지고 만다. 모든 것이 일순간에 정리된다. 염소와 양이 있으며, 본래부터 양이 승리하게 되어 있다. 예수님이 그렇게 말씀하지 않으셨던가? 우리-그들은 언제나 선동가들을 끌어들인다. 그리고 선동가들은 엄청난 무리를 끌어모은다. 이 관계에서는 사실상 **우리**처럼 생각하거나 느끼지 않는 사람은 누구든 악마로 취급한다. 국가나 종교, 인종, 가족, 정당, 팀 등이 그들이 될 수 있다.[12]

나-너: 이것은 가장 실제적인 삶, 인간관계 속에서 사는 삶을 기본적으로 표현하는 말이다. "'나-너'는 오직 우리 전 존재로만 말할 수 있다. 전 존재에 집중하고 깊이 결합하는 일은 결코 나 혼자서는 일어나지 않는다. 또한 나 없이도 일어날 수 없다. 나 자신이 되기 위해서는 당신이 필요하다. 모든 현실의 삶은 바로 만남이다."[13]

관계가 없으면 인간성도 없다. 태초에 "관계가 있다."[14] 존재하는 모든 것의 본질에는 상호성이 내재해 있다. "사람은 '너'를 통하여 '나'가 된다."[15]

나-그것과 우리-그들에 있는 하이픈은 분리와 고립, 단절을 표시한다. 나-너의 하이픈은 '사이' 즉 인격체 사이의 역동적인 영혼의 관계를 표시한다.

나-그것의 관계에서는 사람을 사물로 바꾸어 버린다. 그렇게 함으로써 나는 그를 사용하거나 버리거나 무시할 수 있게 된다. 이 말은 사고파는 행위를 나타내지만, 사실 이런 관계는 삶의 모든 영역까지 침투해 있다. 이런 관계가 교회 안까지 파고들 때 우리가 함께 예배하고 일하는 사람들이 대상화되고 만다. 우리가 사랑하는 사람이 점차 기능에 불과한 존재로 전락하게 된다. '예수님을 위해 일하고 교회의 사명을 완수해야' 한다는 중압감에 우리는 가족과 직장 동료를 한 몸의 지체가 아니라 기계 부품처럼 취급하기 시작한다. 남자와 여자, 어린이를 거룩한 신비에 참여하는 사람들이 아니라 고쳐야 할 문제나 이용해야 할 자원으로 취급하는 용어를 사용하기 시작한다. '자산과 부채' '핵심 인물' '기능 장애' '지도자의 자질' '조직의 체질 개선'과 같은 비인격화를 부추기는 수많은 나-그것의 용어를 만들어 간다. 그리스도께서 명령하신 사랑의 관계를 포기하고 추상적인 능률성을 더 중요하게 생각하여 계획과 프로그램, 목표와 비전, 전도 통계와 선교 전략에 집착하게 된다.

우리-그들은 타자를 적으로 취급하고, 근본적으로 타자를 악마로 취급하게 만든다. 군사적, 종교적 전쟁, 정치적 갈등, 사상적 싸움에서 특히 두드러지게 사용되는 말이다. 이런 말들은 더 이상 언어가 진리를 말하는 수단이 되지 못하게 만든다.

우리는 홀로 고립되어 독립적으로 살 수 없다. 정말이지 삶이라는 거미줄은 너무도 복잡하게 얽혀 있다. 우리에겐 우리 자신 이상의 그 무엇인가가 있다.

그런데 우리는 '그것-하나님'의 세계에서 살아가려고 발버둥친다. 하나님께 우리가 바라는 모든 것을 이야기할 수는 있지만 결코 그분을 '너'로 여기며 그 목소리에 귀 기울이거나 '너'라고 부르지는 않는다. 하나님을 비롯한 타자와 거리를 유지하며 살아가려고 노력한다. 숨 쉬고 먹고 마시는 데 필요한 모든 조건을 부여하는 우주 전체에 무관심한 채 살아가려고 노력한다. 우리가 말씀하시는 하나님께 귀 기울이며 순종하며, 성찬을 통해 스스로를 내어주시는 예수님의 생명을 먹고, 성령의 은사를 받아 사랑의 공동체에 참여하도록 끊임없이 지지해 주는 교회 없이 살아가려고 노력한다.

삶은 관계적으로만 존재한다. 모든 것이 연결되어 있다. 하나님은 오직 관계적으로만, 성부, 성자, 성령으로서만 하나님이시다. 하나님은 관계적으로만 창조하신다. 하나님은 관계적으로만 존재하신다. 하나님은 관계적으로만 주신다. 교회는 하나님의 관계성이라는 조건 아래 모인 그리스도인들의 공동체다. 에베소서는 온통 관계성에 대해 이야기한다.

우리는 관계성의 행위를 통해 잉태되며, 그 후 아홉 달을 자궁 안의 절대적인 친밀함 속에서 지낸다. 우리는 혼자서 태어나지 않는다. 우리는 아버지와 어머니가 맺은 관계를 통해 태어났다. 자궁에서 나온 후 몇 년은 어려울 것이 없다. 우리에게 필요한 모든 것이 제공되고, 음식과 온기, 애정을 주는 사람들이 있다. 어머니의 젖을 물고 있을 때 우리는 어머니와 하나다. 아버지의 등에 올라탈 때 우리는 아버지와 하나다. 형제와 자매는 우리와 함께 놀고 함께 웃는다. 하지만 얼마 지나지 않아 우리는 혼자 살아가고 스스로 길을 헤쳐가고 자신의 뜻을 다른 사람에게 강요하며 살겠다는 환상에 빠지기 시작한다. 나-그것이라는 잡초가 우리를 뒤덮어 버린다. 나-너의 친밀함 속에 죄라는 틈이 생기기 시작한다. 단절을 막지 못하니 '너' 없는 우리가 되고 만다. 바울은 이것을 허물과 죄로 인한 죽음이라고 부른다(엡 2:1).

참으로 이상하고도 슬픈 일이다. 그리스도의 몸을 세우기 위해 온전함과 성숙에 이르는 길을 떠날 때 가장 먼저 다치게 되는 사람들은 우리와 가장 가까운 사람들이다.

변화는 조용하고도 은밀하게 찾아온다. 믿음의 삶을 시작할 때 우리는 교회의 이 풍성한 유산에 참여하는 사람으로서 그저 '그리스도인'이 아니라 그 이상의 강렬한 무언가를 하도록 부름받았다고 느낀다. 우리에게는 해야 할 **일**이 있다. 교회의 지도자가 되고 책임을 맡는다. 같이 일할 사람들을 불러모으고, 자기 편을 만들고, 반대하는 이들을 논쟁으로 굴복시키고, 무기력한 이들에게 동기를 부여하고, '하나님의 영광'을 위한 계획이나 프로그램을 성공시키기 위해 참여할 사람들을 끌어모은다. 그러나 거기에 하나님은 없다. 배우자나 자녀는 뒷켠으로 밀려난다. 이론적으로는 같이 일하는 동료들보다 하나님이 우선할지도 모른다. 그러나 우리가 생각하는 그 하나님은 더 이상 하나님이 아니라 '그것'이 되고 만다. '그것'이 점점 더 커져 가며 횡포를 부리고 있는데도 '나'는 지휘하고 프로그램을 운영하고 비전을 제시하며 하나님 나라에 기여하고 있다는 착각에서 벗어나지 못한다.

마르틴 부버는 단호하다. 그는 사람들과 하나님을 '너'가 아니라 '그것'으로 대하기가 얼마나 쉬운지, 얼마나 많은 사람들이 그렇게 하고 있는지를 보여 준다. 또한 그는 그런 모습이 얼마나 끔찍한지를 알게 해준다. 하나님이 "그리스도를 경외함으로 피차 복종하라"고 만드신 사람들의 공동체가, 그 자체를 목적으로 삼고 역할과 비인격적인 능률과 기능만을 중시하는 몰인격적인 황무지로 변하고 만다. 그 역할과 기능이 아무리 정당하더라도 그것은 하나님에 대한 신성모독일 뿐이다.

## :: 언약궤와 무덤

세인트 폴에 있는 베델 대학교의 미술사 교수인 웨인 루사(Wayne Roosa)는, 그의 훌륭한 미술 비평에서 이스라엘의 언약궤가 '사이의 관계'를 보여 준다고 지적했다.[16] 그의 탁견은 부활의 삶이 무엇인지를 더욱 분명히 이해하는 데 도움이 된다.

광야의 회막 한가운데 자리한 언약궤는 하나님께 드리는 예배에 가시적인 초점을 제공했다. 그것은 길이가 약 130센티미터, 너비와 높이가 약 75센티미터인 직사각형의 관처럼 생긴 상자로서 금박이 입혀져 있었다. 언약궤의 덮개는 시은좌(施恩座, Mercy Seat)라 불렸고 양끝을 그룹들이 날개를 펴 덮고 있었다. 그러나 사실 시은좌, 은혜의 자리는 결코 '자리'가 아니었다. 왕이신 하나님, 야웨의 임재를 나타내기 위해 천사들의 그들의 날개로 만든 빈 공간이었다. 야웨, "그룹 사이에 좌정하신 이"(시 80:1). 야웨, 모세에게 임재로서 자신을 계시하신 하나님, 자기 백성을 이집트 노예 생활에서 건져내신 하나님, 천둥과 번개가 치는 시내 산에서 자기 백성에게 말씀하신 하나님, 가나안으로 향하는 광야길에서 그들을 만나와 메추라기로 먹이신 하나님. 언약궤 안에는 그들 구원의 헌장인 십계명이 적힌 두 돌판이 들어 있었다.

언약궤의 초점과 기능은 그룹의 날개 사이에 만들어진 빈 공간, 볼 수도 들을 수도 없고 만질 수도 없는 그것이었다. 하지만 그것은 불완전한 비어 있음이 아니라 충만한 비어 있음, 곧 "만물 안에서 만물을 충만하게 하시는 이의 충만함"(엡 1:23)이었다. "나는 나다. 나는 여기 네 앞에 있다. 너는 네 앞에 있다." 예수님은 요한복음의 "나는 부활이고 생명이다"를 비롯하여 일곱 차례 "나는 …다"라고 말씀하심으로써 불붙은 떨기나무의 "나는 곧 나다"를 완성하셨다.[17] 이 모든 것은 예수님이 '사이'로서 우리에게 임재하시는 하나님이심을 말해 준다. 우리는 사이를 볼 수 없으며, 관계를 볼 수 없다. 관계는 '그것'의 부재이며, 그리하여 '너'를 받고 줄 수 있는 상태다. 삶에서는 이야기할 것도 많고 해야 할 일도 많다. 그러나 삶을 **사는** 것에서는 관계가 기본이다. 삶이란 이야기하거나 듣거나 보거나 행하는 것이 아니라, 상호성과 관계의 행위, 나와 너, 너와 나 **사이**의 행위다.

그룹 사이의 공간은 들을 수 없고 볼 수 없는 공간이다. 마법으로 불러낼 것도 없고 통제하거나 조작할 것도 전혀 없다. 그것은 충만함을 담은 없음이다. 없음은 진공이 아니다. 그것은 가장 근원적인 물질인 공기로 이루어진다. 히브리어로 '루아흐'(*rûaḥ*), 헬라어로 '프뉴마'(*pneuma*), 라틴어로 '스피리투스'(*spiritus*), 독일어로 '가이스트'(*Geist*). 영어에서는 다른 말을 사용한다. 숨, 바람. 삶을 가능하게 하고 말 그대로 살아 움직이게 하고 생명을 주는 보이지 않는 것. 영어에서 관계의 매개에 관해서 이야기할 때 흔히 '영혼'(*spirit*)이라는 말을 쓴다. 그러나 영어의 '영혼'이라는 말은 우리가 숨쉬는 공기와 부는 바람이 가지고 있는 은유적인 어원의 원래 어감을 잃어버렸다. 이것을 기억해야 한다. 영혼/공기는 물질이다.

공기가 목과 후두, 치아, 혀, 입술, 폐를 통과하면서 말이 나온다. 공기는 볼 수 없고 들을 수 없다. 공기는 손으로 만질 수 없다. 그러나 특정한 조건에서 우리의 감각은 무언가를 감지한다. 공기 압력에 어떤 변화가 일어나면 공기가 움직이고 우리는 바람이 부는 것을 느낀다. 폐를 수축시켜 손바닥에 입김을 불어 보면 공기가 실제로 존재하는 것을 확인할 수 있다. 비 온 다음 온도가 적당하면 어떤 화학적인 변화에 의해 공기 안에 알싸한 오존 냄새가 퍼진다. 바람이 불 때 우리는 나무가 바스락거리고 연이 날고 배가 나아가는 것을 보며 공기가 움직인 결과를 보게 된다.

그래도 보이지 않는 공기가 실제로 존재하는지 더 확인해야겠다면 숨을 참고 숨쉬기를 그치기만 하면 된다. 얼마 지나지 않아 우리는 얼굴이 파래질 것이며, 그 누구도 숨쉬지 않고 공기를 통하지 않고 살 수 없다는 것을 온몸으로 알게 될 것이다. 폐에 바람이 들어가지 않으면 우리는 죽는다.

영혼(바람, 공기, 숨)은 가장 충만한 삶의 은유다. 영혼은 보이는 모든 것에 생명을 주는 보이지 않는 것, 외적인 모든 것을 살아 움직이게 하는 내적인 것, 그것 없이는 아무것도 살 수 없는 것이다.

영혼은 보이지 않는 '사이'에 존재한다. 그것은 관계가 일어나는 조건, 둘 사이에 관계가 이루어지게 해주는 보이지 않는 어떤 것이다. 인간의 가장 큰 특징, 즉 관계를 맺을 수 있는 능력은 영혼으로서 사이에 있다. 관계는 눈으로 볼 수 없다. 그저 비어 있는 공간, 곧 그룹의 날개가 만들어 낸 영원하고 형언할 수 없는 깊이 안에서 일어나는 일을 바라보거나 거기에 참여할 수 있을 뿐이다.

사이를 가리키는 또 다른 말은 '신비'다. 우리는 신비를 통제할 수 없다. 사람은 신비를 만들어 낼 수 없다. 우리가 통제하거나 만들어 낼 수 있는 것을 넘어서는 어떤 것이 있다. 바울은 남편과 아내 사이의 관계를 신비라고 이름 붙였다. 그리고 곧이어 그리스도와 교회의 관계에도 신비라는 이름을 붙였다(엡 5:32). 신비에 들어가기 위해 우리는 우리가 아닌 어떤 것, 우리보다 큰 어떤 것 앞에 겸손히 엎드려야 한다. 신비를 이해하는 전제 조건은 내어 맡기는 것이다.

영혼은 관계로 존재하시는 하나님을 나타낸다. 하나님은 자신 안에서 성부, 성자, 성령의 연합으로 관계 맺으시며 우리와 주고받는 관계를 맺으신다. 하나님은 오직 관계적으로만 하나님이시다. 우리는 오직 관계적으로만 하나님을 알고 그분과 함께 있을 수 있다. 하나님은 우리 앞에 자신을 숙고해야 할 관념이나 맛보아야 할 경험으로 나타내지 않으신다. 하나님은 자신을 이용해야 할 권력으로 나타내지 않으신다. 하나님은 오직 관계 안에서 우리 앞에 자신을 나타내신다. 또한 하나님은 우리를 물건 취급하지 않으시며, 대상이나 자원으로 여기지 않으신다. 방문객들이 다니면서 '하나님이 이루신 것'을 볼 수 있도록 교회라는 동물원에 전시해 둘 흥미로운 인간쯤으로 취급하지 않으신다.

하나님은 나-너로서만 스스로를 계시하신다.

우리는 하나님을 나-너로서만 알 수 있다.

나는 너를 나-너로서만 알 수 있다.

너는 나를 나-너로서만 알 수 있다.

이 관계들이 이루어지는 빈 공간은 결코 비어 있지 않고 임재로 충만하다. 임재는 측정할 대상이나 논의할 사상, 이용할 자원이 아니다. 그것은 나와 너 '사이'의 관계이며 포옹과 만남이다. '나' 없이 '너'는 존재할 수 없다. '너' 없이 '나'는 존재할 수 없다. 영혼은 관계가 생겨나고 성숙해 가는 보이지 않는 '사이'다.

특히 사람들을 당연하게 여기고 소홀히 대하기 쉬운 가정과 일터에서, 그 누구도 당연하게 여기고 소홀히 대하지 말라. "야, 너"가 아니라 "너"라고 말하라. 한 친구가 나에게 이렇게 말했다. "부활의 비어 있는 무덤이 언약궤의 비어 있는 시은좌를 떠올리는 것 같지 않나? 빈 무덤을 가리키며 부활의 증거라고 말했던 '찬란한 옷을 입은'[눅 24:4] 두 천사는 어쩌면 언약궤의 충만한 비어 있음을 보여 준 두 그룹을 암시하는 것이 아닐까?"

나는 한 번도 생각해 보지 못했던 정말 흥미로운 관점이라고 생각했다. 그리고 지금도 그렇다.

# 13. 마귀의 간계와 하나님의 전신갑주

에베소서 6:10-17

끝으로, 너희가 주 안에서와 그 힘의 능력으로 강건하여지고,
마귀의 간계를 능히 대적하기 위하여 하나님의 전신갑주를 입으라.…
항상 성령 안에서 기도하고…두기고가 모든 일을 너희에게 알리리라.
에베소서 6:10-11, 18, 21

악마의 첫 번째 속임수는 우리로 하여금 그가 존재하지 않는다고 믿게 만드는 것이다.
보들레르

마지막 말. 바울은 이제 작별을 고한다. 그의 말투는 건조하기 그지없다. 앞으로 교회에 닥쳐올 무서운 일들(반대와 박해, 그로 인해 일어날 낙심과 배교, 순교)을 감안할 때, 그의 말 속에는 불안이나 두려움을 암시하는 내용이 이상할 정도로 없다. 그는 목소리를 높이지도 않는다. 스코틀랜드의 백파이프 악단이나 미국혁명기의 군악대처럼 진두에 나가는 군대를 선동하기 위한 격정적인 수사법 같은 것은 없다. 그는 경기 전 탈의실에 모여 사기를 불어넣기 위해 "최선을 다하자!"라고 말하는 코치가 아니다.

평생토록 끈기 있게 순종하며 예수님을 따르는 삶에 관한 가장 지혜로운 조언을 준 스승 중 한 사람인 프리드리히 폰 휘겔 남작은, 성급하게 서둘러서는 아무것도 이룰 수 없다고 말하곤 했다. "두려움에 빠져 성급하게 서두르는 태도는 아무런 쓸모가 없다."[1] 길들여지지 않은 열심은 무익하거나 오히려 해가 된다. 기독교 공동체에서 두려움을 자극해 하나님을 신뢰하고 이웃을 사랑하는 삶을 살도록 동기를 부여한다면 성숙함의 습성을 결코 기를 수 없을 것이다. 교회가 그 선포와 가르침을 힘찬 구호와 상투적인 말로 환원하려 한다면, 삶의 모든 부분을 충만하고 은혜롭게 통합하는 현실의 섬세한 뉘앙스들을 포기하는 것과 다름없다. 십자가의 길을 우회하게 해주고 즉각적인 만족에 이르게 해준다고 약속하는 지름길을 택하고 싶은 유혹에 굴복해 버리는 그리스도인들은, 결국에는 그 만족이라는 것이 중독으로 바뀌게 되고 가정과 일터, 교회에서 성숙한 관계를 이루는 데 걸림돌이 될 뿐임을 깨닫게 된다.

바울은 마지막 말을 통해, 지금까지 그가 이끌어 준 길 위에 꾸준히 머물러 있으라고 당부한다. 이 주제에 관해서는 새롭게 이야기할 게 없다. 그래서 그는 다섯 가지를 당부하며 자신의 이야기를 간략히 상기시킨다. 흔들리지 말고 굳게 서 있으라. '적'이 누구인지 정확히 파악하라. '영광'의 삶을 살기 위한 기초 훈련을 계속하라. 무엇보다도 기도하라. 그리고 마지막 인사로 두기고를 개인적으로 언급한다.

## :: "굳게 서라"

무엇보다도 먼저 굳게 '서라'(stand). 바울은 이 단어를 네 번 반복한다. "마귀의 간계를 능히 대적하기[stand] 위하여"(엡 6:11), "너희가 능히 대적하고[withstand]"(13절), "모든 일을 행한 후에 서기[stand] 위함이라"(13절), "그런즉 서서[stand]"(14절). 이제 흔들림 없이 당신 발 딛고 있는 그곳에 서라. 똑바로 일어서라. 딴 곳에 마음을 빼앗기지 말라. 광고나 앞으로 시작할 프로그램에 집착하지 말라. 굳게 서라.

우리가 지금 살고 있는 축복의 장소에 굳게 서라. 이미 우리에게 넉넉하게 주어진 하나님의 축복 외에 무엇을 더 바랄 수 있겠는가? 이 축복이 얼마나 놀라운 것인지, 축복, 그것도 하나님께 축복을 받았다는 사실이 얼마나 기쁜 것인지를 깨닫고 있는가? 의무와 비판, 오해, 불신, 조작, 경쟁, 소비, 거짓말과 유혹으로 가득한 이 세상에서 이런 무조건적이며 전적인 축복이 어디에 또 있겠는가? 가만히 서서 이 축복을 받으라.

하나님이 우리에게 주신 교회, 곧 성경과 예수님 안에 있는 계시에 마음껏 다가갈 수 있으며 함께 찬양하고 고통을 나눌 벗들이 있는 공동체 안에 굳게 서라. 이 계시를 바르게 이해하려면 아직 가야 할 길이 멀다. 이것은 살아 있는 말씀이다. 계속해서 들으라. 그리고 환대라는 놀라운 선물을 나눠 주는 이 교회를 끌어안으라. 이곳에서 우리는 주님의 친구들과 더불어 우리 주의 생명을 먹고 마시러 성찬대 앞으로 거듭 나아간다. 우리는 이런 성찬으로의 초대에 익숙하지 않다. 가게 주인에게 우리는 고객이고, 의사와 상담가에게 우리는 고쳐야 할 문제일 뿐이다. 양심도 없는 나쁜 사람들에게 우리는 착취의 대상일 뿐이다. 다른 경우에 우리는 피해야 할 낯선 사람일 뿐이다. 다행히 예외적인 경우도 많기는 하다. 그러나 우리 사회에 널리 퍼져 있는 개인주의적인 무관심은 우리의 영혼을 서서히 무너뜨려 온전한 인간으로 살아가지 못하게 만든다. 교회가 지닌 이토록 분명한 계시와 이토록 한결같은 환대가 얼마나 드물고 귀한 것인지 깨닫고 있는가? 이 선물을 당연한 것으로 취급하지 말라. 이 선물을 최대한 활용하라.

성령 안에 굳게 서라. 성령은 관계의 하나님이시다. 성령을 통해 우리의 영혼은 하나님과의 관계, 서로와의 관계 속으로 들어간다. 하나님은 임재이시다. 그분의 성령으로 우리의 영혼은 임재 앞에 있게 된다. 간접적인 것, 남이 전해 준 것에 만족하지 말라. 우리는 은혜의 세계, 성령의 은사의 세계 안에 잠겨 있다. 우리의 삶은 은혜, 즉 주고받는 선물로 이루어져 있다. 선물은 언제나 상호적이다. 받는 사람과 주는 사람이 없으면 선물도 없다. 보류해 둔 선물은 선물이 아니다. 상대가 받을 때까지 선물은 진정한 선물이 되지 못한다. 은혜란 삼위일체 하나님이 우리 안에서 행하시고 그런 다음 우리가 서로에게 행하는 모든 일, 그 사이에서 일어나는 포괄적이고 지속적인 교환을 가리키는 또 다른 말이다. 다시 말해서, 부활을 사는 것이 곧 은혜다.

그러나 죄의 습성은 관계적인 삶을 살 수 있는 능력을 약화시킨다. 하나님을 변두리로 몰아내고, 다른 사람들을 다가오지 못하게 차단하거나 우리가 마음대로 부릴 수 있도록 묶어 두기를 원하는 세상에서 오래 된 죄의 습성은 날마다 더 강해진다. 비인간화라는 죽은 물고기로 너무나도 심하게 오염된 이 급류에서 빠져나오기는 쉽지 않다. 누군가 내민 손을 붙잡고 그 급류를 빠져나온 것을 기억하는가? 그분이 숨도 제대로 쉬지 못하는 당신을 강에서 건져냈다. 그제야 당신은 단단한 땅 위에 발을 딛고 성령의 신선한 공기를 호흡하기 시작했다. 상황을 파악하기까지는 시간이 좀 걸렸다. 가지기보다는 받아들이고, 취하기보다는 주고, 사람들을 사물로 대하기보다는 그 사람의 얼굴을 바라보고 그의 이름을 기억하기 시작했다. 물에서 빠져나오는 것보다는 훨씬 덜 어려웠다!

그리고 당신은 많은 도움이 필요하다는 것을 알게 되었다. 다행히도 예배와 기도, 긍휼을 통해 관계의 삶, 성령이 선물로 주신 받고 주는 삶을 실천하기 위해 모인 사람들의 공동체에서 그 도움을 받을 수 있게 되었다. 이제는 그들 중 많은 사람들이 이런 삶을 사는 데 별로 능숙하지 않다는 것을 알아차렸을 것이다. 그것도 그다지 나쁘지는 않다. 그렇지 않았다면 지레 겁부터 먹을 테니까. 하지만 여기 말고 그 어디서 이런 삶을 기꺼이 시도해 보려고 하는 벗들을 만날 수 있겠는가? 이 삼위일체로 이루어신 공동체 속에서 이 사람들과 더불어 서 있으라.

에베소의 교인들을 향한 메시지는, 그리스도 안에서 성숙에 이르는 삶을 살도록 하나님이 그리스도 안에서 만들어 주신 교회에 분명한 초점을 맞추라는 것이다. 교회는 신뢰할 수 있는 자리다. 교회는 든든한 기초다. 이곳의 조건은 그리스도의 장성한 분량이 충만한 데까지 성장하기에 적합하다. 굳게 서라.

우리는 새로운 상품이 끊임없이 우리 앞에 제시되는 광고 문화 속에서 살고 있다. 이런 문화에서는 무엇이든 금세 시대에 뒤처진 것이 되어 버린다. 오래 지속되도록 만들어진 것은 없다. 경제가 건전성을 유지하기 위해서 우리는 최신의 것을 최선의 것이라고 받아들여야만 한다. 새로운 차, 최신 유행의 옷, 혁신적인 기술로 만든 컴퓨터, 새로 출간된 베스트셀러 소설, 이제 막 발견된 기적의 다이어트 방법. 하나를 사거나 사용해 보자마자 그 다음 것으로 넘어가야 한다. 금세 싫증을 내는 우리는 이제 막 산 물건이나 아직 채 다 읽지 못한 책, 두 달 전에 다니기 시작한 교회를 쉽게 포기하고 딴 것으로 눈을 돌린다. 고도의 기술을 동원해 엄청난 자금을 쏟아부어 눈길을 잡아끄는 광고가 지칠 줄 모르고 우리를 유혹한다. 모든 '최신'의 것은 아찔할 정도로 빠른 속도로 또 다른 '최신'의 것으로 대체된다.

이렇게 새 것에 열광하는 태도가 교회 안까지 파고들 때 우리는 최신의 하나님, 최신의 예배, 최신의 교육, 최고의 설교자를 찾기 시작한다. 미국에는 교회 쇼핑이 전염병처럼 퍼져 있다. 종교에서 새로운 것이 퍼져갈 때 성숙함은 희박해진다. 예수님을 따른다는 것은 소비 행위가 아니라는 사실은 너무나도 분명하다. 기도는 습득할 수 있는 기술이 아니다. 관계 안에 있는 사람만이 기도할 수 있다. 보석이나 이국적인 풍광을 즐길 수 있는 크루즈 여행으로는 사랑을 키워 갈 수 없다. 사랑은 순종과 희생, 경외를 요구한다.

바울은 우리가 영적인 새로움에 몰두할 때 영원히 미숙한 상태에서 벗어나지 못할 것이라고 경고한다. "이는 우리가 이제부터 어린아이가 되지 아니하여, 사람의 속임수와 간사한 유혹에 빠져 온갖 교훈의 풍조에 밀려 요동하지 않게 하려 함이라.…오직 사랑 안에서 참된 것을 하여 범사에 그에게까지 자랄지라"(엡 4:14-15). 마음을 다잡으라. 당신의 터전을 지키라. 굳게 서라.

## :: 마귀의 간계

우리가 사는 세상은 예수님을 따르는 우리를 적대시한다. 우리는 모세처럼 '타국 땅'에 사는 이방인임을 깨닫는다(출 18:3). 그러나 적이 누구인지 어디 있는지를 파악하는 일이 언제나 쉬운 것은 아니다. 바울도 이를 인정한다. "우리의 씨름은 혈과 육을 상대하는 것이 아니요"(엡 6:12). 그렇다면 혈과 육이 없는 이 적은 누구인가? 유령인가? 그렇지는 않다.

지금까지 바울은 이 보이지 않는 적에 관해서 별로 이야기하지 않았다. 그는 "하늘에서"(엡 1:20) 다스리시는 예수님과 대조하여 "모든 통치와 권세와 능력과 주권"(1:21)이라는 말을 썼다. 거의 스쳐가듯 "공중의 권세 잡은 자"(2:2)라고 말하기도 했다. 예수님이 "십자가로" 막힌 담, 곧 "원수 된 것"을 헐어 내셨다고 말했다(2:14, 16). "마귀에게 틈을 주지 말라"고 경고했다(4:27). 우리가 사는 시대에 관해 설명하면서 "때가 악하니라"라고 말했다(5:16).

하지만 바울은 줄곧 우리에게 하나님이 이 세상의 중심으로서 절대적으로 임재하신다고 말해 왔다. 하나님은 그분의 임재를 증언하고 표상하는 수단으로서 교회를 만드시고 우리를 불러 그분과 더불어 "나란히 날갯짓하며 나란히 노를 저으며" 살도록, 그분의 본질과 행하심 안에서 살도록 부르셨다. 에베소 교인들을 향한 마지막 말을 통해 바울은 적에 관해 더 직접적으로, 더 분명하게, 더 자세히 이야기한다. 우리는 "마귀의 간계"에 맞서야 하며 "통치자들과 권세들과 이 어둠의 세상 주관자들과 하늘에 있는 악의 영들"과 맞서야 한다(6:11-12).

우리에게는 하나님의 백성으로서 적과 맞서고 적의 위협을 받아 온 오랜 역사가 있다. 하나님을 미워하는 이들은 하나님의 백성에 대한 적대감을 드러낸다. 하나님의 백성인 이스라엘의 이야기에는 칼과 창, 병거로 중무장한 적들이 자주 등장한다. 가장 대표적인 적은 이집트였다. 시편 83편에서는 하나님의 백성에 맞서는 다양한 민족을 열거한다. '에돔의 장막'과 이스마엘인, 모압과 하갈인, 그발과 암몬과 아말렉, 블레셋과 '두로 사람', 앗수르, '롯 자손', 미디안인, 시스라와 야빈, 오렙과 스엡, 세바와 살문나(시 83:6-11). 각 민족의 이름은 전쟁과 폭력에 관한 기억을 불러일으킨다.

그러나 바울이 열거한 적은 그와는 성격이 다르다. 통치자들, 권세들, 세상 주관자들, 악한 영들(6:12). 여기서는 그 어떤 이름도 이야기가 떠오르게 하지 않는다. 우리의 적은 무엇일까? 우리의 적은 누구일까? 바울이 열거한 적의 이름에서 '악'(ponēria)이라는 말은 주기도문의 마지막 간구 "다만 악[ponērou]에서 구하시옵소서"에 사용된 단어와 그 어원이 같다. 우리는 무엇을 경계해야 하는가? 우리는 무엇으로부터 구원받아야 하는가? 우리는 악처럼 보이지 않는 악으로부터, 우리가 악으로 알아차리기 어려운 악으로부터 구원받아야 한다.

세상에서 사람들은 잘못된 것처럼 보이고 실제로도 잘못된 것을 많이 행한다. 바울도 그중 일부를 언급한다. 음행과 도둑질, 완악한 마음, 방종, 순결하지 않은 행동, 정욕, 거짓, 악한 말, 악독, 분노, 떠드는 것, 비방하는 것, 악의가 바로 그것이다. 그는 왜 이런 것이 잘못인지 설명하지 않고, 이런 것에 대해 우리에게 경고하지도 않는다. 그저 우리에게 이런 것들을 행하지 말라고 말할 뿐이다. 이런 것들은 쉽게 알 수 있다. "안 돼"라는 한 마디면 충분하다. 모세의 율법이 적힌 돌판에서는 열 가지 계명을 이야기한다. 우리의 선조들은 도덕적인 행위에 대한 분명한 지침을 제시하기 위해 일곱 가지 '대죄'(deadly sins)에 관해 이야기했다. 우리는 이런 잘못,

이런 죄와 관련해 우리가 어디에 서 있는지 알고 있다. 이런 죄를 지었을 때 고백하고 회개하고 용서받을 수 있다. 때로 복잡하고 여러 가지 문제가 파생되기도 하지만, 이런 것들은 모두 다 드러나 있다. 우리에게는 우리를 이끌어 줄 부모와 우리를 가르치고 우리를 위해 기도해 줄 목회자와 사제들이 있으며, 우리를 서로에게서 보호해 줄 법률이 있고, 범죄 행위를 막아 줄 처벌 제도가 있으며, 나쁜 짓을 제어할 거대하고 복잡한 사법 제도, 즉 경찰과 군대, 판사와 변호사, 경비원과 감시 체계, 감옥과 철창이 있다.

대부분의 경우 죄에 관해 엄청난 신비 같은 것은 없다. 이름을 붙이고 그것을 적절히 다룰 수 있다. 물론 모든 것이 흑백으로 나뉘지는 않겠지만, 그럼에도 우리는 대개 무엇이 잘못된 것인지를 안다.

그러나 우리가 죄라고 이름 붙이는 것 말고도 세상에는 훨씬 더 많은 악이 존재한다. 한 개인이나 개인들의 무리에 책임을 지울 수 없는 악, 거의 악으로 보이지 않는 악이 존재한다. 이런 악은 삼지창을 휘두르는 악마나 유황불을 내뿜는 용 같은 만화 속 등장인물과는 아무런 관계가 없다. 이 편지를 쓰기 몇 해 전에, 바울은 에베소로부터 서쪽으로 에게 해를 가로질러 3백 킬로미터 정도 떨어진 고린도의 그리스도인들에게, 그냥 선한 정도가 아니라 눈부시도록 선하게 보이는 악에 속지 말라고 경고한 바 있다. "사탄도 자기를 광명의 천사로 가장하나니"(고후 11:14).

에베소서에서 바울은 우리가 보거나 만질 수 없는 ("혈과 육"이 아닌) 적에 대해 "마귀의 간계"라고 이름 붙인다(엡 6:11). 바울은 "간사한 유혹"이라고 번역된 4:14에서도 같은 말을 사용했다. 마귀의 간계와 간사한 유혹. 이것이 바로 적이다. 하나님의 적, 교회의 적, 하나님 백성의 적, 예수님을 따르는 모든 남자와 여자, 어린아이의 적. 우리가 볼 수 없고, 악으로 알아차리고 악이라고 이름 붙일 수 있는 형태를 지니지 않은 적. 바울은 우리에게 선으로 보이는 악을 경계하라고 말한다.

**간계**라는 말 속에 악이 살금살금 우리 삶에 파고드는 방식을 알 수 있는 실마리가 있다. 마귀의 간계(*methodeia*). 마귀가 일하는 수단과 방법. 우리는 수단이나 방법을 볼 수 없다. 그것으로 이루어진 일만 볼 수 있을 뿐이다. 원하는 바를 효과적으로 이루게 해준다면, 그 방법은 기꺼이 받아들여지지만, 악은 그 방법 안에 숨어 있다. 결과물이 선하다고 생각되면 그 방법에 대해서는 무관심해진다. 사람들에게 물건을 많이 팔 수 있다면, 그 방식이 거짓말(선전)이라고 하더라도 우리는 신경 쓰지 않는다. 방법의 악함은 성취된 목표가 주는 유익 안에 은폐된다.

이런 악과 "내가 곧 길이요, 진리요, 생명이니"(요 14:6)라고 말씀하신 예수님을 비교해 보라. 예수님은 우리를 속여 무언가를 행하게 하지 않으신다. 그분은 우리가 그분을 따르도록 계략을 꾸미지 않으신다. 길, 진리, 생명―모두가 하나다. 길, 진리, 생명―모두가 유기적인 통일체다. 모두가 눈에 보이고 인격적이며 완전히 드러나 있고 **계시되어** 있다. 마귀는 그렇지 않다. 모든 것이 추상적이고 비인격적이며 선으로 위장하고 있다. 악은 우리가 볼 수 없는 방법 속에 숨어 있다.

바울이 말하는 "통치자들과 권세들"이란 이런 종류의 악이다. 악으로 보이지 않는 악, 빛으로 위장한 악, 선의 모습을 하고 있지만 조용히 보이지 않게 사람들의 생명을 파괴하는 악. 우리는 '권세들'이 정확히 무엇인지, 그 본질을 알지 못한다. 우리는 그 작용, 비인간화하고 죽음에 이르게 하고 소외시키는 작용을 통해서만 악을 인식한다. 이 얼굴 없고 형체가 없으며 알아차리기 힘든 악을 어디서 찾을 수 있을까?

"세상의 문제와 보이지 않는 영역을 관장하는 기관과 구조" 속에서 통치자와 권세를 찾아야 한다고 한 마르쿠스 바르트의 말은 교회의 일치된 의견을 표현한 것이라고 볼 수 있다.[3] 기관은 그 안에서 일하는 이들에게 익명성을 보장해 주며 비인격적인 권력을 행하기 때문에 악을 키우는 온상이 된다. 기관 그 자체가 악하다는 말이 아니라 기관이 "악의 영들," 즉 악이라는 영적 세력을 은폐시켜 준다는 말이다. 이곳저곳에서 인간이 악의 세력과 공범이 되지만 어느 곳에서나 그렇지는 않다. 그러나 그 누적된 결과가 결국 악으로 인식되기 오래 전부터 악의 세력은 구조 전체에 흩어져 존재한다. 기관이 더 커질수록, (나라를 운영하고, 돈을 벌고, 사법 질서를 집행하고, 종교를 조직화하고, 아픈 이들을 돌봄으로써) 선을 위해 존재한다는 평판을 유지하기 위해 홍보 활동을 더 많이 벌일수록, 더 많은 악이 숨겨지게 되며 그 악을 찾아내고 그에 대해 조치를 취하기가 더 어려워진다.

어떻게 기관이 이런 종류의 악을 위한 익명의 전초기지 역할을 하는지를 가장 예리하게 사유하고 분석한 그리스도인은 프랑스의 사회학자인 자크 엘륄(Jacques Ellul)이다.[3] 이런 기관에 참여하는 대부분의 사람들이, 때로는 모든 사람들이 자기 일터에서 악이 얼마나 축적되고 유포되는지 전혀 알지 못한다. 어찌 알 수 있겠는가? 악은 선한 것처럼 나타난다. 많은 책에서 엘륄은 권세에 관해, 그리고 어떻게 권세가 선을 위해 세워진 기관 속으로 은밀하게 파고들어 그 기관을 악을 위장하는 데 이용하는지에 관해 폭넓게 연구했다. 이런 기관은 선한 의도로 설립되었고 사회도 그것으로부터 계속해서 유익을 얻고 있기 때문에 대부분의 경우 그 안에 숨어 있는 악을 발견하지 못한다. 적어도 엘륄과 그와 비슷한 생각을 지닌 다른 이들이 나타나기 전까지는.

엘륄은 훌륭한 탐정이다. 그는 그 자체로는 모두 선한 돈과 언어와 기술이 회사와 정부, 언론, 학교, 교회 그리고 여타 사회적, 정치적, 문화적 구조 속에서 제도화될 때 아무도 알아차리지 못하는 사이에 악해지고 만다는 사실에 특별히 주의를 기울인다. 기본적으로 선한 돈이 우상화되면 맘몬 신이 된다. 기본적으로 선한 언어가 타락하면 선전을 위한 거짓말이 된다. 기본적으로는 선한 기술이 비인격화되면 관계를 배제한 시스템이 되고 만다.

이스트 할렘에 있는 한 선교 단체에서 가난한 이들과 함께 일하게 된 변호사 윌리엄 스트링펠로우(William Stringfellow)는 엘륄의 통찰을 미국의 상황에 맞게 발전시켰다. "이 사회의 통치자와 권세들은 무자비하고 자기 증식적이며 모든 것을 집어삼키는 제도적인 절차를 만들어 내 인간의 삶을 공격하고 억압하며 좌절시키고 파괴하고 있다."[4]

## :: 하나님의 전신갑주

그러므로 세상은 위험하다. 우리의 삶은 위태롭다. 부활을 사는 삶이 심각한 위협을 받고 있다. 그리스도 안에서 자라는 삶이 공격을 받고 있다. 적은 누구이며 어디에 있는가? 우리는 마귀의 간계, 그 알아차리기 어려운 속임수가 난무하는 세상 속을 뚜벅뚜벅 걸어가고 있다. 어찌 해야 할까? 답은 두 가지다. 악이 어디서 오는지, 어떻게 그 모습을 드러내는지 알지 못한 채 악을 멀리하기 위해 최선을 다하며 두려움과 공황에 빠져 산다. 아니면 대중 선동가나 도덕주의자, 순수함을 옹호하는 이들과 더불어 남을 비방하고 개혁 운동을 펼치며 우리가 반대하는 것으로 우리 자신을 규정함으로써 부정적인 영성의 삶을 산다. 물론 둘 중 어느 편에도 속하지 않는 채 무기력한 자기 만족에 빠져 라오디게아 교회처럼 누구에게도 거슬리지 않는 미지근한 상태로 살아가는 많은 사람들이 있다.

그러나 다른 길도 있다. 방어적인 태도로도 공격적인 태도로도 살지 않고, 대신 그리스도 안에 있는 우리의 모습대로 행동하고 믿으며, 적 앞에서 공포에 빠지지도 않고 적에 맞서 성전을 벌이지도 않으면서 그리스도인으로서 우리의 지위를 지키며 사는 것이다. 이것이 바로 에베소서에서 바울이 가르치는 삶이다. 우리는 교회라는 하나님의 집에서 그리스도를 주로 모시고 사는 사람들이라는 독특한 정체성을 깨닫고 개발하며 살라고 부르심을 받았다. 우리는 성경과 그리스도를 통해 계시된 부활을 사는 독특한 삶의 방식을 증언하는 사람들이다. 추상적인 교리나 '진리'가 아니라, 전략이나 프로그램이 아니라, 예수님 안에서 그리고 이제 우리 안에서 인격적으로 육화된 부활을 사는 사람들이다.

바울은 우리에게 이 삶을 대표하는 여섯 가지 표본을 제시한다. 진리와 의, 평안, 믿음, 구원, 하나님의 말씀이 바로 그것이다. '마귀의 간계'와 달리 이 여섯 가지는 그 어느 것도 무언가를 **하기** 위한 수단이 아니다. 새로운 계획이나 프로그램이 아니다. 그 어느 것도 우리 스스로의 힘으로, 자율적으로 행할 수 없다. 이 모두는 선물이며, 주는 행위를 통해서만 선물로 유지될 수 있다. 산다는 행위, 즉 인간이 다른 인간과 더불어 **있음**을 통해 육화될 때만 이런 선물이 존재할 수 있다. 그 어느 것도 인격적이지 않은 것이 없다. 사전을 찾아본다고 그 뜻을 알 수 있는 말들이 아니다. 우리가 완벽하게 익힐 수 있는 영적 기술이 아니다. 우리에게는 아브라함과 이삭, 야곱, 요셉, 모세, 여호수아, 사무엘과 다윗, 엘리야와 엘리사, 이사야와 아모스, 예레미야와 하박국, 에스라와 느헤미야, 마리아와 엘리사벳, 세례 요한과 시므온, 베드로와 야고보와 요한, 바울과 바나바의 삶을 통해 이 여섯 가지 용어가 피와 살을 얻어 살아 움직이게 되는 이야기들로 가득한 책이 있다. 우리는 이 여섯 단어 모두가 "길이요, 진리요, 생명"(요 14:6)이시며 "자기 목숨을 많은 사람의 대속물로 주신"(마 20:28) 예수님 안에 육화되었음을 알게 된다.

바울은 군사 용어를 통해 이 여섯 단어를 서로 연결함으로써 우리가 직면한 위험이 얼마나 심각한지를 다시 한 번 강조한다. 이것은 전적으로 성경적이다. 요한계시록은 우리가(동시에 하나님이!) 어떻게 묵시론적 차원에서 죄와 악을 다루는 일에 참여하는지를 가장 폭넓게 그려내고 있다. 이것은 곧 뱀과 여자 사이의 적대 관계(창 3:15)이며 하늘에서 일어난 전쟁(계 12:7)이다. 부활의 삶의 여섯 가지 양상에 각각 갑옷의 이름을 붙임으로써 그리스도 안의 삶이 그저 수동적인 것이 아니라 그 각각이 그리스도의 구속 사역에 참여하는 한 분야를 이룬다는 사실을 깨닫도록 도와준다. 이 용어들은 직무 내용을 적은 목록이 아니다. 그것을 토대로 전략을 짜낸 다음 최선을 다해 실행해야 할 어떤 것이 아니다. 우리 자신이 무기다. 우리가 어떤 사람인지가 우리가 하는 일보다 더 우선이다.

자크 엘륄은 이 부활의 삶은 이 세상 안에서 살아야만 한다고 주장한다. 그러나 동시에 그는 그리스도인이 "다른 모든 이들과 똑같은 방식으로 행동해서는 안 된다. 이 세상 속에서 다른 어떤 사람도 성취할 수 없는 역할을 해내야 한다"라고 주장한다. 그는 이 역할을 세 가지로 정의한다. (아래의 것은 엘륄의 주장을 내가 요약하고 바꾸어 쓴 것이다.)

1. 너희는 세상의 소금이다(마 5:13).
2. 너희는 세상의 빛이다(마 5:14).
3. 이리 떼 가운데로 양을 보내듯 내가 너희를 보낸다(마 10:16).

**세상의 소금**이란, 소금이 하나님과 이스라엘 사이의 언약의 징표라고 말하는 레위기 2:13을 그대로 인용한 구절이다. 그렇다면 예수님은 그리스도인들이 예수 그리스도 안에 있는 새로운 언약의 가시적인 징표라고 말씀하시는 셈이다. 그러므로 반드시 그리스도인들은 이런 징표가 되어 다른 사람들이 이 언약을 볼 수 있게 해주어야 한다. 그렇게 하지 않으면 다른 사람들은 그들과 세상이 어디를 향해 가고 있는지 어떻게 알 수 있겠는가?

**세상의 빛**은 어둠을 제거하고, 죽음으로부터 빛을 가르고, 역사에 의미와 방향을 부여한다. 교회의 존재가 세상에 빛을 준다. 그리스도인은 그가 표상하는 구원의 증인이다.

**이리 떼 가운데로 양을 보내듯**. 예수 그리스도께서는 세상의 죄를 지신 하나님의 어린양이시다. 하지만 모든 그리스노인들 역시 그들의 주인과 똑같이 여겨진다. "세상에서는 모든 사람이 '이리'가 되고 싶어 하고 그 누구도 '양'의 역할을 하려 하지 않는다.

그러나 이러한 희생의 산 증인이 없다면 세상은 살 수 없는 곳이 되고 만다. 그렇기 때문에 그리스도인들은 '이리'가 되지 않도록, 다시 말해서 다른 이들을 지배하려고 하는 사람들이 되지 않도록 매우 조심해야 한다."[5]

마르바 던(Marva Dawn)은 강연과 설교, 책을 통해 (교회 문화를 비롯한) 현대 미국 문화에 대해 이러한 예언자적인 통찰을 제시해 왔다. 그녀는 '마귀의 간계'를 폭로하는 우리 시대의 가장 귀하며 분별력 있는 증인들 중 한 사람이다. 그녀는 특히 예수님이 말씀하신 '양'에 관한 엘륄의 분석을 유익하고도 시의적절하게 설명해 준다. 그런 다음 그녀는 '하나님의 내주와 약함의 신학'을 제시한다.[6]

에베소서 6:10-20에 나타난 여섯 가지 군사적인 은유(띠, 흉배, 신, 방패, 투구, 검)는 위험에 대한 지각을 더 날카롭게 해주고 빛과 어둠, 하나님과 사탄 사이의 전투가 얼마나 묵시적으로 긴박한지를 더욱 분명히 보여 준다. 이것은 심각한 전쟁, 하늘에서 일어난 전쟁이다. 야웨의 군대와 모든 '그리스도의 군사'가 마지막 한 사람까지 전투에 징집되었다. 이 은유는 이것이 우리가 온전히 참여해야만 하는 전투라는 사실을 결코 한 순간도 잊어서는 안 된다는 점을 분명히 말하고 있다.

그러나 바울은 동시에 이러한 은유를 통해, 이것을 우리 바깥에 있는 것으로, 우리가 입기도 하고 벗기도 하는 어떤 것, 우리가 할 수도 있고 하지 않을 수도 있는 어떤 것으로 여겨서는 안 된다고 분명히 말하고 있다. G. K. 체스터턴(Chesterton)은 그리스도인은 우리 주위의 모든 잘못된 것을 대할 때 갑각류가 되거나 척추동물이 된다고 지적했다. 갑각류는 골격이 밖으로 노출되어 있는 반면, 척추동물은 뼈대가 내부에 있다. 갑각류는 바깥은 딱딱하지만 안은 부드럽다. 척추동물의 경우 바깥은 부드럽고 약하지만 안은 단단하다. 갑각류 그리스도인과 척추동물 그리스도인. 어느 쪽의 삶이 더 우월할까? 하나님의 전신갑주란 삼위일체의 삶(진리, 의, 평안, 믿음, 구원, 하나님의 말씀)을 우리 안에 내재화하는 것이며, 영광의 소망이신 그리스도를 우리 안에 모시는 것이다.

전신갑주는 우리가 어떤 일을 하는지가 아니라 우리가 누구인지를 통해 다시 정의된다. 우리는 누구인가? 먼저 하나님의 어린양과 '그의 기르시는 양'처럼, 군림하려 하지 않고 싸우기를 즐기지 않는다. 부활의 삶에서 이 은유는 전혀 군사적이지 않은 것을 가리킨다. 부활의 삶은 철저히 평화주의적이지만 절대로 수동적이지 않은 삶의 방식이다. 언어적이든 물리적이든 폭력은 결코 용납되지 않는다. 또한 모든 "하나님의 뜻"(행 20:27)을 생각해 보아도 폭력은 상상조차 할 수 없다. 그러나 우리들 중에 이 점에 관해 주저하는 이들이 너무나도 많다. 전쟁을 낭만화하고 이를 '악에 대한 성전'으로 미화하는 문화 속에서 평화에 관한 하나님의 분명한 말씀에 귀를 기울이기란 쉽지 않다. 주저하는 모습은 분명 악의 세력에 맞서는 태도가 아니다.

'하나님의 전신갑주'는 힘으로 반대를 없애거나 극복하는 것과는 아무런 상관이 없다. 우리에게 주어진 무기가 우리를 공식적인 평화주의자로 만들지 않는다고 할지라도, 적어도 우리로 하여금 호전적인 언어를 사용하지 못하도록 하는 것은 틀림없다. 하나님의 전신갑주를 내재화할 때 우리는 비겁하게 두려움에 떨거나 반대하는 이들을 악마로 취급함으로써 더 심한 편집증에 빠지지 않는다. 여섯 가지 '무기'는 외부로 드러나는 무기가 아니다. 부활의 삶은, 방어적이지도 공격적이지도 않은 철저하게 비폭력적인 삶의 방식이다. 예수님은 마귀를 물리치기 위해 '마귀의 간계'를 사용하지 않으셨다. 우리도 그럴 수 없다. 위협적인 통치자들과 권세들을 우리 편으로 끌어들인다고 해서 악을 극복할 수는 없다.

하나님의 전신갑주를 입기 전에(그리고 그것을 계속 입고 있기 위해) 넘어야 할 중요한 장애물은, 우리가 완전한 승리를 거두기는커녕 우세해지지도 못하는 것처럼 보이는 때가 많다는 사실이다. 하루를 마무리하며 되돌아보면 진리와 의, 평안, 믿음, 구원, 하나님의 말씀이라는 무기가 아주 미미한 효력조차도 발휘하지 못한 것 같은 생각이 든다. 이런 상황이 몇 달, 심지어 몇 년이 계속되면 우리는 인내심을 잃어버리고 정말로 효과 있어 보이는 다른 무기를 취하려고 한다. 예를 들어, 진리나 하나님의 말씀보다 선전이 훨씬 더 빨리 결과물을 내는 경우가 많다. 의나 구원보다는 돈이 훨씬 더 효과적으로 일을 진척시킨다. 의사소통이나 조직화에 관해서는 인내하는 사랑보다는 기술이 훨씬 더 효과적이다. 평화와 찬양과 믿음은 간절한 소망에서 나온 공허한 말일 뿐이지만 폭력은 바로 우리 눈앞에서 변화가 일어나게 해준다.

그럴 때마다 우리는 성경과 예수님 안에 드러난 하나님의 계시로 다시 한 번 들어가, 창조가 시작된 이래로 어떤 일이 일어났고 지금까지도 계속 일어나고 있는지를 묵상하며, 끈기 있게, 느리게, 귀를 기울이며 읽어 내야 한다.

"이 어둠의 세상"(엡 6:12)에서 하나님의 나라가 가시적으로 임하게 하는 너무나도 복잡하고 어려운 일에 평생을 바친 지혜로운 사람들의 증언에 새롭게 귀 기울이는 것은 특히나 유익하다.

마르틴 부버는 이런 지혜를 증언한다. 철저히 세속화하던 유럽 사회 속에서 홀로코스트라는 극악무도한 재앙을 거치면서도 그는 자신의 히브리 선조들이 가지고 있던 소망을 신실하게 증언하고 새로운 방식으로 제시해 냈다. "참된 승리는 알아볼 수 없는 방식으로 느리게 찾아오지만 그 영향력은 그야말로 광범위하다. 하나님이 역사의 주인이라는 우리의 믿음이 때로는 공개적으로 웃음거리가 될지도 모른다. 그러나 역사 속에는 우리의 믿음을 확증해 주는 비밀스러운 무언가가 분명히 있다."[7]

케임브리지 대학교의 근대사 교수였던 허버트 버터필드(Herbert Butterfield)는 하나님이 어떻게 기독교 신앙이 우리의 역사 안에서 일하시는 하나님의 모습을 증언하고 있는지를 주의 깊게 연구했다. 교회가 폭력과 부패, 타락과 정면으로 맞서 싸워 악의 세력을 정복할 수 있었던 적은 한 번도 없다고 말하면서 이렇게 단호히 충고한다. "배후에서 악마를 공격하자. 악마에게 독이 될 더 온화한 미덕으로 그를 놀라게 하자. 적어도 세상이 극단으로 치달을 때에는 사랑의 가르침이 우리 행동의 궁극적인 기준이 된다."[8]

미국에서 도로시 데이(Dorothy Day)는 가난한 이들에게 먹을 것과 잘 곳을 넉넉히 제공하는 일에 평생을 바쳤다. 대공황 시절 이 나라를 황폐하게 했던 끔찍한 빈곤을 바라보며 그녀는 뉴욕의 오갈 데 없는 이들을 돕는 일에 평생을 바치기로 결심했다. 그녀의 삶과 저술로 인해 이 나라 전역에 '환대의 집'(Hospitality Houses)이 생겨났다. 그녀는 게토와 슬럼, 노숙의 문제를 해결하는 일에 직접 참여하면서 자신이 창립한 주간지 "카톨릭 노동자"(*The Catholic Worker*)를 통해 이런 문제를 사람들에게 알렸다. 이렇게 그녀는 언론 활동을 통해 최악의 시대에 비폭력적이며 온정적이고 지혜로우며 용기 있는 방식으로 그리스도를 증언했다. 그녀는 가난 속에서 세상의 주목을 받지 못한 채 정부와 여론의 반대를 무릅쓰며 평생 일했지만, 굴하지 않고 "내 형제 중에 지극히 작은 자"(마 25:40)들과 더불어 부활의 삶을 실천했다.

## :: "항상 성령 안에서 기도하고"

하나님의 전신갑주를 취하여 악의 세력에 맞서라는 조언은 기도하라는 훈계로 마무리된다. "간구"와 "기도"라는 말이 여섯 차례 명사나 동사 형태로 사용되고 있다.

에베소서는 교회가 하나님의 선물로서 교회의 머리 되시는 그리스도 안에서 성숙에 이르도록 자랄 수 있는 조건을 제공해 준다는 것을 계시한다. 에베소서의 메시지는 마치 샘에서 물이 터져 나오듯 기도로 시작된다(엡 1:1-23). 그런 다음 기도는 땅 속으로 흐른다. 기도는 마치 지하수처럼 교회 깊숙이 계속 흐르고 있다. 중간쯤에 이르러 다시 한 번 물이 잠깐 지표로 나온다(3:14-21). 그러나 이 편지 전체에 걸쳐 기도라는 샘물이 모든 명사와 동사, 구문과 품사에 물을 대고 있음을 알 수 있다. 우리를 교회와 더불어 그리스도 안에서 성숙하도록 인도하는 이 메시지는 기도의 공동체 안에서 개발된 것이다. "믿음과 삶에 관해서 이 서신서가 말하는 모든 것은 기도의 형태로 요약된다. 실제로 이 편지는 에베소 교인들에게 보내는 편지인 동시에 하나님께 드리는 진지하고 경건하고 위엄 있는 기도이기도 하다."[9]

메시지의 결론부에 이르자 다시 한 번 기도가 표면으로 나타난다. "항상 성령 안에서 기도하고"(6:18). 말로 하는 기도도 기도이긴 하지만, 기도가 그저 '말로 하는 기도'에 국한되는 것은 아니다. 우리가 성숙에 이르기까지 자라갈 때 기도는 점점 더 우리의 모든 언어의 기반이 되며 그 안을 가득 채우게 된다. 바울은 로마서에서, 우리가 기도할 때 아무리 무의식적이며 짧은 기도라고 할지라도 (예를 들면 "아빠! 아버지!"처럼) 그 기도 안에 하나님의 성령이 친히 우리와 더불어 계신다고 말했다(롬 8:15-16). 그리고 우리가 어떻게 기도해야 할지 모를 때, 심지어는 우리가 기도하고 있는지 알지 못할 때에도, 우리 안에 있는 성령은 "말할 수 없는 탄식으로" 우리를 위해 친히 기도하신다(롬 8:26).

모든 기도가 의식적인 기도인 것은 아니다. 모든 기도를 기도라고 분간해 낼 수 있는 것도 아니다. 기도는 우리가 그리스도 안에서 자라갈 때 우리가 하는 모든 말의 기반이 되며 이따금 그 표면으로 나타나기도 하는 언어다. 우리 대부분은 스스로 인식하는 것보다 훨씬 더 많이 기도한다. 기도할 때 하나님께 주의를 집중하지 않아도 된다는 말이 아니라, 기도하는 데는 숙달된 기술이 필요하지 않다는 말이다. 더 열심히 노력하는 것은 도움이 되지 못한다.

우리는 성경을 교과서로 삼고 교회를 학교로 삼는 언어의 세계로 들어간다. 하지만 그것은 언제나 '종교적인' 것처럼 느껴지지 않는다. 기도는 부활의 삶에 가장 걸맞은 언어다. 여느 말을 배울 때와 마찬가지로, 기도의 말을 배우고 익힐 때도 가장 좋은 방법은 그 말을 쓰는 사람과 어울리는 것이다. 우리는 학교에 들어가기 오래 전부터 그저 부모와 형제자매, 이웃의 어린아이들과 이야기를 나눔으로써 자기도 모르는 사이에 모국어를 유창하게 말하게 된다. 모세와 그의 이야기, 다윗과 그의 시편, 이사야의 설교, 몸소 비유와 기도를 들려주신 우리 주의 말씀을 들을 때, 교회의 공동 예배에서 우리를 이끄는 목회자와 사제들과 사귐을 나눌 때, 웨슬리나 와츠와 함께 찬송가를 부를 때, 우리는 알지도 못하는 사이에 기도하며 기도하는 법을 배우게 된다.

기도하고 "여러 성도를 위하여 구하라"(엡 6:18)는 말씀은 우리의 기도가 막연히 일반적인 기도가 되거나 자신의 일에 지나치게 몰두하는 기도가 되지 않게 해준다. 일반적인 기도나 자신을 위한 기도가 옳지 않다는 말이 아니라, 구체적인 인간관계는 우리가 매일 부활을 사는 일에 집중하게 해준다는 말이다. "불쌍히 여기며 서로 용서하기를"(4:32). 우리는 세례받은 사람들, 이름을 아는 '성도들', 그리스도 안의 형제자매들로 이루어진 공동체 안에 있다. 인간관계를 유지하기 위해서는 계속적으로 상대에게 관심을 기울여야 한다. 이 성도들, 그리스도 안에서 공통점이 가장 많은 이 사람들로부터 시작하라. 그런 다음 바깥을 향해 나아가라. 이들 중 많은 사람들이 우리가 생각하는 성도의 모습처럼 행동하지 않는 것은 우리가 신경 쓸 문제가 아니다. 그들이 성도인 까닭은 하나님이 그들을 성도로 보시고 그렇게 대하시기 때문이다. 우리의 교회와 가정에 속한 사람들을 위해 기도하는 것보다 우리가 알지 못하고 직접 상대할 필요가 없는 이들을 위해 기도하는 것이 언제나 더 쉽다. 하지만 우리는 하나님이 질서를 유지하고 기준을 세우고 규칙을 실행하는 일을 맡기신 사감 선생들이 아니다. 우리가 맡은 일은 그들과 더불어 부활을 사는 것이다. 그리고 기도는 부활을 사는 가장 개인적이며 복음적인 방법이다.

그런 다음 바울은 자신을 위해 기도해 달라고 두 번 당부한다(엡 6:19-20). 에베소 교인들과 마찬가지로 바울 역시 혼자 힘으로 설 수 있는 사람이 아니다. 바울은 다른 이들에게 도움을 구하기를 결코 주저하지 않았다. 우리 중 많은 사람들은 남에게 기도를 부탁하는 대신 그저 남들을 돕고 그들을 위해 기도하는 위치에 있기를 훨씬 더 좋아한다. 도움을 구한다는 것은, 지금 맡은 일을 하기에 우리가 적합하지 않은 사람임을 인정하는 것이다. 도움을 구하는 것은 약함을 드러내는 행위다. 또한 이는 "내게 능력 주시는 재[그리스도] 안에서 내가 모든 것을 할 수"(빌 4:13) 있다는 이상에 도달하지 못했음을 인정하는 것이기도 하다. 그러나 나는 "내가…할 수 있느니라"라는 바울의 말은 분명 "우리가…할 수 있느니라"라는 뜻이라고 생각한다. "또 나를 위하여 구할 것은…."

기도를 부탁하는 행동은 우리 모두를 같은 수준에 있게 해준다. 기도를 부탁할 때 우리는 교회 안에서 순례자의 삶을 사는 다른 이들과 동반자가 된다.

또한 기도를 부탁할 때 그 기도는 직접적인 기도, 관계에 있어 개인적이며 구체적이고 정직한 기도가 된다. 모든 형태의 언어 중에서 기도는 상투성에 가장 취약한 언어다. 상투어는 그 말 자체로는 정확하며 참되지만, 그 안에 담긴 개인적이며 관계적인 의미가 사라져 버린 단어나 구절이다. 이것은 엄청난 아이러니다. 기도의 언어는 이웃과 더불어 하나님께 이야기하고 그분의 음성에 귀를 기울이는 가장 개인적이며 친밀한 방법이다. 하지만 어떤 점에서는 가장 어려운 방법이기도 하다. 기도하기 위해서 우리는 그분 앞에 서야 하며 그분께 주의를 기울여야 하기 때문이다. 기도의 말에서 인격적인 것(하나님과의 관계이든 다른 사람과의 관계이든)을 제거한다면 그것은 더 이상 기도가 아니다. 상투적인 기도는 기도가 아니다. 그 말은 공허함을 위장할 뿐이다. 그러나 "또 나를 위하여 구할 것은…"이라고 말하면서 다른 사람들에게 우리의 필요를 알리고 기도를 당부할 때 그것이 상투적인 기도가 될 가능성은 거의 없다.

나의 친한 친구가 안식년을 맞아 교회를 몇 달 비우게 되었다. 그는 창립 때부터 이 교회를 섬겨 온 목회자였고, 교인들과의 관계도 매우 가까웠다. 9년을 함께 지낸 후 그들의 관계는 복잡할 정도로 친밀했다. 하지만 이 9년은 힘들고 어려운 시간이기도 했다. 그는 안식년을 통해 새로운 힘을 충전할 수 있기를 바랐다. 교인 중에 주일마다 예배 전에 그와 기도하고 주중에도 보이지 않는 곳에서 계속해서 그를 위해 기도하던 연세가 지긋한 여인이 있었다. 그녀는 종

13. 마귀의 간계와 하나님의 전신갑주

종 그에게 기도의 내용을 담은 쪽지를 보내기도 했다. 안식년 시작에 맞춰 열흘간 베네딕트 수도원으로 피정을 떠날 준비를 하던 그는 마지막 주일 예배가 끝나고 그녀에게서 이런 글이 적힌 쪽지 하나를 받았다.

"목사님, 혹시라도 다른 일들이 바빠서 이 글을 읽지 못하시더라도 괜찮습니다. 하지만 주일이 좋은 하루였다고 목사님께 꼭 말씀드리고 싶었습니다. 설교 말씀은 정말로 적절했고, 모든 사람들이 처음 설교와 그 다음 설교가 어떻게 연결되는지 이해할 수 있도록 해주셨습니다. 하지만 저는 목사님을 위해 기도하는 데 너무 집중해서인지 설교 말씀을 제대로 듣지 못했습니다. 저는 목사님이 나중에 그 시간을 되돌아보며 만족스러워할 수 있도록 설교하셨으면 하고 바랐습니다. 그리고 당신은 그렇게 설교하셨습니다. 목사님도 만족스러우셨을 것이라고 생각합니다. 다른 사람들도 모두 그러리라고 생각합니다. 기분을 솔직하게 말씀하시는 태도는 목사님이 모두에게 사랑받는 이유 중 하나입니다. 목사님이 정말로 어떤 기분인지 궁금해 할 필요가 없습니다. 그냥 알게 되니까요.

목사님, 목사님을 사랑하시고 베네딕트 수사님들이나 목사님의 아름다운 가족들과 더불어 당신에게 말씀하시는 하나님과 함께 살아가시기 바랍니다. 앞으로 몇 달 동안 삶을 바꾸는 경험들을 하시게 되길 빕니다. 어서 빨리 새로운 모습의 목사님을 만나고 싶습니다. 우리 모두 목사님과 목사님의 가족, 이 교회를 위해 기도하겠습니다. 하나님은 우리 모두와 언제나 함께하실 것입니다. 사랑을 담아 보냅니다…."

그녀는 그가 돌아온 후 몇 달이 지나 죽었다. 그는 그녀를 추모하며 교회 소식지에 이 글의 일부를 실었다. 그녀의 편지를 인용하며 나의 친구는 바울처럼 자신을 위해 기도해 달라고 교인들에게 당부했다.

우리가 누군가에게 기도를 부탁할 때마다 교회는 더 강해지고 더 성숙해진다. 우리는 자라난다.

## :: "두기고가 모든 일을 너희에게 알리리라"

에베소서에는 단 한 사람의 이름만 등장한다. 바로 두기고다. 나는 두기고가 에베소와 관련되어 사도행전에서 처음으로 언급되고 있다는 사실이 흥미롭게 여겨진다(행 20:4). 바울은 에베소서를 쓰기 몇 해 전에 에베소에서 말씀을 전한 적이 있다. 그의 설교는 이 도시에 폭동을 불러일으켰다. 바울과 두기고를 비롯해 그와 동행했던 일곱 사람은 그곳을 떠나야 했다. 그들은 다시 에게 해를 건너 마게도냐로, 마침내는 예루살렘으로 향했다. 이제 생의 마지막에 이른 바울은 로마의 감옥에 갇혀 있다. 어쩌면 마지막 편지가 될 에베소 교인들에게 보내는 이 편지를 쓴 후 바울은 처음 에베소 여행에 그와 동행했던 두기고 편에 이 편지를 에베소로 보낸다.

바울이 자신을 대신해 두기고를 보낸 것이 처음은 아니었다. 다른 세 편지에서도 그가 언급된다(골 4:7, 딤후 4:12, 딛 3:12). 두기고에 관해 다른 것은 알려진 바가 없다. 그러나 여기서 그의 이름은 개인적인 접촉을 의미한다. 그의 이름은, 바울의 편지에 담긴 모든 내용이 공동체를 이루며 살았던 실존 인물들의 경험과 직결된 것임을 잊지 않게 해준다. 그들은 성령에 의해 교회가 되고, 1세기 로마 제국 안의 구체적인 마을과 도시에서 예배하며 이 복음의 삶, 이 "그리스도와 하나님의 나라"(엡 5:5)의 삶을 증언하며 살았던 사람들이었다.

바울의 편지가 지닌 놀라운 특징 중 하나는 인명이 너무나도 많이 등장한다는 점이다. 인명이 80회나 등장한다. 그중에는 두기고의 경우처럼 하나 이상의 서신서에 반복적으로 등장하는 이름도 있다. 그 각각의 이름은 복음이라는 메시지를, 그리스도 안에서 자라며 부활을 살고 동시에 생계를 위해 일하고 가족을 부양하고 자신과 관련된 모든 정치적, 경제적인 문제를 다루어야 했던 특정한 남녀들과 연결해 준다. 바울 서신 속의 모든 말은 삶 속에서 실천된 말이었다. 그저 적혀 있거나 선포되거나 가르치거나 논의된 것이 아니라 실제로 세상의 모든 조건 속에서 실천된 말이었다.

하나님은 우리가 실제로 부활을 살도록 해주는 그리스도인 공동체인 교회를 우리에게 선물로 주셨다. 교회는 그저 추상적인 것이 아니며, 절대로 익명일 수 없다. 교회는 결코 고쳐야 할 문제도 낭만적인 이상도 아니다. 부활을 사는 방식은 다양하지만, 예수님 안에서 자신을 계시하시는 하나님과 더불어, 두기고를 비롯한 이름을 가진 사람들과 대화하지 않고는 결코 부활을 살 수 없다.

"두기고가 너희에게 모든 일을 알리리라." 바울은 에베소 교인들을 향한 자신의 메시지가 그것이 기록된 맥락 그대로, 즉 대화로서 전해지고 수신되기를 바랐다. 바울에게 일어나고 있는 '모든 일', 로마 교회에 일어나고 있는 모든 일, 로마에서 벌어지는 정치적 사건이 신자들의 교회에 미치는 영향, 어쩌면 여러 소문과 친구들의 안부 인사, 여행에서 일어난 이야기까지도.

교회가 하는 일에는 설교와 성례전, 신학과 예전, 성경공부와 기도회, 위원회와 사명 선언 외에도 많은 것이 있다. 교회에는 이름과 식사, 사소한 대화, 출생과 죽음이 있다. 교회에는 우리가 있다. 삼위일체의 위격과 교회를 이루는 사람들이 한 방에 있을 때 언어는 대화라는 형식을 취한다. 두기고가 에베소 교인들에게 말해야 할 '모든 것'은 교회의 본질과 무관한 것이 결코 아니다. 그리고 두기고는 당신과 나이기도 하다.

**부록**

# 부활의 삶에 관한 글을 쓴 작가들

"유일하게 슬픈 것은, 성도가 되지 않는 것이다." 레옹 블루아(Leon Bloy)의 이 말이 어른이 된 후 내 머릿속에 떠올랐다. 복음이라는 후한 선물, 즉 예수님을 따를 때 주어지는 풍성한 삶과 우리와 함께 이 여행을 떠나는 동반자들을 받아들이지 않는다는 것은 이루 말할 수 없는 낭비라는 뜻일 것이다. 우리가 예수님 안에 계시되고 성령 안에 나타난 하나님보다 못한 것에 삶을 허비할 때 우리는 생명 자체 즉 부활의 생명, 예수님의 생명을 놓치게 된다. 삶을 성과 속으로 분리할 때 우리는 이른바 성스러운 것을 주일과 천국에서 벌어지는 일로 한정하게 된다. 그리고 그렇게 할 때 우리는 불구가 되어 이른바 세속적인 것 안에 고동치는 하나님의 영광을 누릴 수 없게 된다. 큰 슬픔이 우리가 사는 세상을 자욱하게 뒤덮고 있는 것은 바로 이 때문이다. 하지만 미국 시장에서는 '성도'와 '거룩한 것'이 잘 팔리지 않는다. 그런 것은 틈새 시장을 위한 상품일 뿐이다.

에베소서는 부활의 책이다. 이 책은 우리가 성도임을 깨닫게 도와준다. 이는 우리가 평범한 그리스도인과 달리 후광을 두른 성인이라는 뜻이 아니라, 예수님의 부활이 그리스도 안에서 성장하며 부활을 실천하고 거룩의 세계에서 힘차게 살아갈 수 있게 해주었음을 깨달은 그리스도인이라는 뜻이다. 부활의 메시지가 이 책 전체를 압도한다. 마르쿠스 바르트의 말처럼 "복음은 단지 내세를 위한 것일 뿐이며 현재의 세계를 위해 남겨진 것은 탐욕과 거짓, 부정(不淨)이라는 가혹한 현실일 뿐"인 듯 살아갈 여지가 전혀 없다.[1]

그리스도인의 삶은 결코 판에 박힌 모습으로 조심스럽게 살아가는 삶이 아니다. 도덕적인 진흙탕을 피하며 고통에 빠지지 않기 위해 노력하고 행복한 내세를 보장받기 위해 충분한 선행 점수를 쌓아 가는 삶도 아니다. 교회는 결코 거룩, 성화, 완전을 전문적으로 취급하는 하나의 하위 문화가 되려고 하지 않는다. 거룩함은 전문가만이 할 수 있는 활동이 아니다.

각 세대마다 우리에게 주어진 삶을 살라고, 바로 지금 여기서 이 부활의 삶을 살라고 우리를 일깨우는 사람들이 있었다. 에베소 교인들을 향한 바울의 명령을 반향하는 목소리다.

> 잠에서 깨어나라.
> 관을 열어젖히고 나오너라.
> 그리스도께서 네게 빛을 보여 주실 것이다. (5:14, 「메시지」)

이들의 목소리는 크지 않다. 코앞에서 소리 지르는 목소리가 아니다. 우리에게 표를 달라고 호소하는 목소리가 아니다. 우리에게 무언가를 팔려고 애쓰지 않는다. 우리에게 무언가 새로운 것을 말해 주려고도 하지 않는다. 그저 부활의 삶에 관해, "그리스도의 장성한 분량이 충만한 데까지" 성장하는 것에 관해 증언할 뿐이다. 그들의 목소리는 단호하지도 않고 희미해서, 공기를 가득 채우는 소란함과 거리의 소음에 묻혀 잘 들리지 않는 경우가 많다. 그러나 부활의 삶에 대한 증언을 귀 기울여 듣는 훈련이 되어 있는 사람들은 어려움 없이 그 희미한 목소리를 가려낼 수 있을 것이다. 여기서 나는 그리스도 안에서 성장하고 믿음의 동료들과 더불어 부활을 살아가는 것을 이해하는 데 도움이 되는 일곱 명의 작가를 소개하고자 한다.

### 단테, 「신곡」(*The Divine Comedy*)

그리스도 안에서 성숙해 가는 삶에서 가장 자주 겪는 어려움은 작게 생각하는 경향이다. 우리들 대부분은 그리스도의 삶을 우리 삶에 끼워 맞추려 한다. 우리는 하나님을 위한 '자리를 마련하겠다'고 결심한다. 그러나 결국 우리에게는 종교적인 잡동사니만 남게 되는 경우가 허다하다. 커지기는커녕 폐소공포증에 빠진 기분이 들 뿐이다. 단테의 위대한 시(많은 이들은 그가 가장 위대한 기독교 시인이라고 생각한다)는 우리를 상상조차 하기 어려울 정도로 크고 광대한 하나님과 교회, 죄와 구원의 세계, 나와 내 이웃이 살고 있는 나라, 지옥과 천국으로 데려간다. 거기에 포함되지 않는 것은 아무것도 없다. 모든 것과 모든 사람이 포함된다. 정치와 경제, 전쟁과 가정, 유명한 사람과 보통 사람, 모든 것이 하나님과 관계를 맺고, 모든 사람이 모든 사람과 관계를 맺는다. 우리는 우리의 자그마한 삶 속에 하나님을 가둘 수 없다. 단테는 하나님의 광대하심에 우리를 맞춘다. 그렇게 할 때 우리에게 성장할 공간이 생긴다. 단테가 영혼을 탐색하며 사회의 문제를 분별해 내는 통찰력 넘치는 이 시를 쓸 때 일상적인 대화체의 언어를 사용했다는 점 역시 의미심장하다. 그는 의도적으로 예수님이 사용하신 거리의 언어와 같은 말투를 택했다. 그 시대의 문화적 엘리트들은 그가 대장장이와 나귀꾼의 언어로 글을 쓴 것에 대해 대단히 불쾌하게 생각했다. 이 가장 위대하고 가장 우주적인 기독교 시는 부활의 삶을 우리가 부활을 사는 언어로 표현한다(New York: Basic Books, 1962). (많은 탁월한 번역본이 있는데 나는 도로시 세이어즈의 번역본을 읽으며 자랐다.)

## 찰스 윌리엄스, 「비둘기처럼 내려오시는 성령」(*The Descent of the Dove*)

윌리엄스의 책을 읽기 시작할 때 나는 나처럼 살고 생각하며 기도하는 적은 수의 사람들과만 '관계를 맺던' 분파적인 그리스도인이었다. 이 책을 다 읽었을 때, 나는 수세기에 걸친 전통과 여러 대륙에 퍼져 있는 광대한 교회의 일원이 되었다. 시작할 때는 거의 전적으로 주관적인 영성을 가지고 있었지만, 이 책을 읽은 후에는 나 자신이 더 큰 어떤 것, 창조적이며 성육신적인 것에 속해 있음을 깨닫게 되었다. '교회'라는 세계 속에서는 어느 교회가 '참된' 교회, 혹은 '최선의' 교회인지에 관해 치열하게 논쟁하는 사람들을 드물지 않게 만나게 된다. 마치 차를 살 때 색깔과 마력, 연비 등을 기준으로 몇 가지 모델 중에서 하나를 고르는 것처럼, 교회가 취향과 선호의 문제로 전락하고 만 것이다. 혹은 아이들이 누구 아빠가 더 크고 힘이 센지를 논쟁하고 때로는 치고 박고 싸우는 것처럼 교회가 시시한 논쟁거리로 취급되기도 한다. 아니면 지난 번 회의의 회의록 말고는 아무것도 기억하지 못하고 관심도 없는 건망증 환자처럼 교회를 한 세대에 국한된 일차원적인 문제로 축소시키기도 한다.

윌리엄스는 이런 것에 관심을 둘 여유가 없다. 그는 성령 하나님이 2천 년 동안 교회 안에서 교회를 통해서 무엇을 행하셨는가에 관심을 둔다. 물론 사람들도 반드시 그 일에 참여한다. 그러나 이 모든 일을 이루어 가시며 하나의 포괄적이며 통일된 그리스도의 몸 안에 성도와 죄인 모두를 품으시는 것은 바로 성령이시다(New York: Oxford University, 1939).

**캐슬린 노리스, 「일상의 신비」**(*The Quotidian Mysteries*)
사탄의 장기는, 누구라도(특히 그는 그리스도인을 목표로 삼기를 즐긴다) 그에게 하루의 시간만 허락하면 온전한 삶이 어떤 것인지를 총천연색의 와이드 화면으로 보여 줄 수 있다는 것이다. 수많은 드라마, 모험, 화려함 그리고 무엇보다도 크기. 사탄의 가장 유명한 시험은 예수님에 대한 시험이었다. 그는 예수님께 "천하만국과 그 영광"을 보여 주었다(마 4:8). 예수님에 대한 시험이 실패한 후에도 사탄은 계속해서 예수님을 따르는 이들을 시험한다. 그리고 우리에 대해서는 상당한 성공을 거두고 있다. 하지만 우리에게는, 각 세대마다 사탄이 제시하는 휘황찬란한 풍경을 거부하며 땅에 귀를 바짝 대고 바로 우리 앞에 있는 사람과 일에 시선을 고정한 채 우리만의 갈릴리에서 예수님을 따르고 우리의 부엌과 뒷마당에서 부활을 사는 많은 증인들이 있다. 노스 다코타에 사는 캐슬린 노리스는 현대 미국의 삶 속에서 이러한 성숙한 단순함의 영성을 키워 가는 훌륭한 증인이다(New York: Paulist Press, 1998).

**프레드릭 뷰크너, 「하나님을 향한 여정」**(*The Sacred Journey*, 요단출판사 역간), **「이따금」**(*Now and Then*), **「설교란? 진실**

**을 말하는 것」**(*Telling the Truth*, 분도출판사 역간)

거룩은 직접적으로 주목하는 것을 싫어하는 경향이 있다. 그렇다면 어떻게 거룩한 삶에 관해서 글을 쓰거나 이야기하면서도 자신이 원래 가지고 있던 모습을 왜곡하거나 거짓으로 꾸미지 않을 수 있을까? 프레드릭 뷰크너는 그 방법을 찾았다. 그는 흠이 많고 혼란에 빠진 사람들을 택해 은총이 그들의 삶을 어떻게 변화시키고 그들로 하여금 생명력 넘치는 삶을 살게 하는지를 묘사하는 소설로 유명하다. 그러나 이 얇은 세 권의 비망록에서 그는 어떻게 성령이 자신의 삶 속에서 일하셨는지를 정직하고 꾸밈없이 이야기한다. 우리 모두는 성령의 일하심을 받아들임으로써 거룩한 삶, 부활의 삶에 어떤 식으로든 참여한다. 그러나 절대로 거룩한 삶을 훌륭하고 멋진 삶과 혼동해서는 안 된다. 거룩한 삶이란 하나님을 공손하게 대하는 문제가 아니다. 그것은 우리의 죄와 무지, 야망과 변덕(또한 우리의 사랑과 열망, 고결함) 속에서 거룩한 삶을 빚어 가시지만 결코 우리의 거친 모서리를 부드럽게 다듬지는 않으시는 하나님의 일을 받아들이고 거기에 참여하는 문제다. 거룩은 광내기가 아니다. 뷰크너는 거룩한 삶을 누구나 이룰 수 있고 매력적인 것으로 보이게 해주는 간증과 이야기를 절묘한 방식으로 들려준다(San Francisco: Harper & Row, 1982; San Francisco: HarperSanFrancisco, 1991; San Francisco: HarperSanFrancisco, 1991).

### C. S. 루이스, 「우리가 얼굴을 찾을 때까지」(*Till We Have Faces*, 홍성사 역간)

성숙에 이르는 데는 지름길이 없다. 성숙에 이르는 길은 길고도 고단하다. 서두르는 것은 결코 미덕이 아니다. 더 쉽게 더 빨리 성숙해지는 숨겨둔 비법 같은 것은 없다. 하지만 이야기는 도움이 된다. 이야기를 통해 우리는 복잡다단한 사람들과 장소들, 희생과 고통, 실패와 성공, 웃음과 눈물에 몰입하게 된다. 한 말씀 한 말씀으로 하루하루 이 모든 것에 형태와 아름다움("좋았더라, 심히 좋았더라!"라고 하신 창세기 말씀)을 부여하시는 성부, 성자, 성령의 복잡한 단순성을 알아가게 된다. 누군가 이야기할 때 그 이야기 안에 머물러야 한다. 그 이야기에 동의하면서 조급하게 화를 내며 떠나 버리거나 마음대로 이야기를 꾸며내서도 안 된다. 우리에게 가장 중요한 이야기는 성경의 이야기다. 하지만 이따금 다른 이야기꾼들이 와서 우리로 하여금 이야기 속으로 들어가도록 도와준다. C. S.루이스(Lewis) 역시 위대한 이야기꾼이다. 그의 「나니아 연대기」(*Narnia Chronicles*)와 우주 3부작(Space Trilogy)은, 우리의 시간과 공간 속에서 그리스도인의 삶을 사는 것이 무엇을 의미하는지를 더 잘 이해할 수 있도록 우리의 상상력을 정화시켜 준다. 그는 마지막으로 쓴 소설인 「우리가 얼굴을 찾을 때까지」가 자신의 최고의 작품이라고 생각했고, 나도 그렇게 생각한다. 하지만 가장 어렵고 읽기 힘든 책이기도 하다. 이 책이 어려운 근원적인 이유는, 인간에게 주어진 가장 어려운 책무 즉 예수 그리스도의 장성한 분량에 이르기까지 자라고 성숙하는 것에 관한 이야기이기 때문이다(New York: Harcourt, Brace, 1957).

### 프리드리히 폰 휘겔, 「프리드리히 폰 휘겔 남작이 조카에게 보낸 편지」(*Letters from Baron Friedrich von Hügel to a Niece*)

폰 휘겔은 20세기 초에 위대한 지혜를 가르친 영적 스승이었다. 그는 개인적인 수입에 의존해 살면서 성령의 삶과 자기 시대 사람들의 영적인 삶에 주의를 기울이는 데 평생을 바쳤다. 그의 글쓰기에는 독일어 특유의 장황함이 있다. 그러나 나는 그가 내가 아는 사람들 중에서 가장 건전하며 균형 잡혀 있고 지혜로운 지성과 영성을 겸비한 사람이라고 생각한다. 그는 몇백 년에 걸쳐 내려오는 실천적인 진리에 깊이 침잠함으로써 조언과 글을 통해 다른 많은 이들에게 굳건한 중심을 제시했다. 그는 파리 떼처럼 자신의 주위에 맴돌던 문화와 교회 안의 유행과 변덕에 결코 영향을 받지 않았다. 그의 영적 가르침 대부분은 몇 가지 다른 언어로 그가 직접 손으로 쓴 개인적인 편지를 통해 주어졌다. 그렇기 때문에 그의 글을 읽을 때 우리는 언제나 실제로 존재하며 이름을 갖고 있는 사람이 살아가는 삶의 이야기를 대하게 된다. 거대한 일반화 같은 것은 전혀 없다. 위로부터 내려오는 오만한 '지혜' 같은 것은 없다. 폰 휘겔을 읽을 때면 나는 단지 기독교 신앙에 관해 이야기하거나 그것에 관해 논쟁하는 것이 아니라 신앙을 살아내는 데, 그것도 잘 살아내는 데 일차적으로 관심을 두는 한 사람과 이야기를 나누는 기분을 느끼게 된다(Chicago: H. Regnery, 1955).

### 존 헨리 뉴먼, 「내 삶에 대한 변명」(*Apologia Pro Vita Sua*)

19세기 영국의 가장 탁월한 지성이었던 그는 놀라울 정도로 겸손한 사람이기도 했다. 양심을 아주 조금만 포기했더라면 그는 19세기의 가장 존경받는 그리스도인이 될 수도 있었다. 하지만 그는 조롱과 비방을 당하고 업신여김을 받았다. 뉴먼은 나에게 하나님을 따르는 대가로 교회나 세상으로부터 찬사나 보상을 받으리라 기대해서는 안 된다는 것을 가르쳐 주었다.

뉴먼의 생애(1801-1890)는 19세기의 처음부터 거의 마지막까지 이어진다. 19세기는 기독 교회가 모든 방향에서 공격을 받던 시기였다. 많은 이들은 교회가 가라앉고 있는 배와 같다고 확신했다. 많은 사람들이 두려워하고 회의하며 불안해했다. 그리고 상당수는 나른한 자기 만족에 빠져 있었다. 이 모든 상황에도 뉴먼은 결코 굴하지 않았다. 그는 교회 전체, 즉 초대교회와 현대 교회, 교회 안과 밖을 하나로 이해하려고 애썼다. 그리고 자기가 이해한 것을 글로 써 다른 이들도 이를 이해할 수 있게 하려고 노력했다. 19세기는 우리 시대와 비슷하지 않았다. 교회 밖에서는 많은 사람들이 교회를 멸시했고 교회 안에서는 많은 사람들이 교회의 의미를 제대로 이해하지 못하고 혼란스러워했다. 뉴먼은 대단히 간결하고 정확한 문체로 교회의 본질이 무엇인지, 교회 안에 있는 것이 무엇을 뜻하는지에 관한 글을 썼다. 그러나 시간이 흘러도 여전히 인정받고 있는 것은 그가 쓴 글뿐만 아니라 그가 쓴 것을 삶으로 실천했다는 사실이다(London: J. M. Dent and Sons; New York: E. P. Dutton, 1955).

뉴먼은 편지와 설교, 역사, 시, 신학 책, 소설을 썼다. 그 모든 것은 부활의 삶을 표현하고 있다. 나는 이 책의 마지막을 아직도 교회에서 예배할 때 찬송가로 부르고 있는 그의 기도문(새찬송가 379장-역주)으로 마무리하고자 한다.

> 내 갈 길 멀고 밤은 깊은데, 빛 되신 주
> 저 본향집을 향해 가는 길 비추소서.
> 내 가는 길 다 알지 못하나
> 한 걸음씩 늘 인도하소서.
>
> 이전에 방탕하게 지낼 때 교만하여
> 맘대로 고집하던 이 죄인 사하소서.
> 내 지은 죄 다 기억 마시고
> 주 뜻대로 늘 주장하소서.
>
> 이전에 나를 인도하신 주, 장래에도

내 앞에 험산준령 만날 때 도우소서.
밤 지나고 저 밝은 아침에
기쁨으로 내 주를 만나리.

아멘

주

## 들어가는 글

1) 누가는 요한과 예수님에 대한 이 문장을 삼상 2:26에 나오는 다음의 문장에서 응용했다. "아이 사무엘이 점점 자라매 여호와와 사람들에게 은총을 더욱 받더라."
2) Wendell Berry, *What are People For?*(San Francisco: North Point Press, 1990), p. 26. 「나에게 컴퓨터는 필요없다」(양문).
3) 에베소서의 저자가 바울이라는 데 모두가 동의하는 것은 아니고, 나도 그것을 고집하지는 않는다. 그러나 여러 가지 복잡한 설명을 피하기 위해서 에베소서의 저자를 언급할 때는 그냥 전통적으로 '바울'이라고 하겠다. 에베소서의 저자 문제와 관련해서 고려해야 할 모든 사항을 철저하고도 공정하게 조사한 글로는 Ernest Best, *A Critical and Exegetical Commentary on Ephesians*(Edinburgh: T. & T. Clark, 1998), pp. 6-35가 있다.
4) Wendell Berry, "Manifesto: The Mad Farmer Liberation Front", *Collected Poems*(San Francisco: North Point Press, 1985), pp. 151-152.

## 1. 에베소 교회

1) C. S. Lewis가 *Church Times* 135(1952년 2월 8일): p. 95에 쓴 편지에 처음 등장한 문구다.
2) 로마, 고린도, 데살로니가, 갈라디아, 빌립보, 골로새, 서머나, 버가모, 두아디라, 사데, 빌라델비아, 라오디게아, 안디옥, 예루살렘, 그레데.

3) 일곱 교회 중에서 사데 교회가 칭찬을 받지 못했다. "네가 살았다 하는 이름은 가졌으나 죽은 자로다"(계 3:1).

4) Charles Williams가 쓴 표현이다. *The Descent of the Dove: The History of the Holy Spirit in the Church*(London: Longmans, Green and Co., 1939).

5) Emily Dickenson, *Collected Poems*, ed. Thomas H. Johnson(Boston: Little, Brown and Company, 1960), p. 506.

## 2. 에베소를 향한 메시지

1) Eugene H. Peterson, "Introduction to Ephesians" in *The Message* (Colorado Springs: NavPress, 1993). 「메시지」(복있는사람).

2) Wallace Stevens, "Anecdote of the Jar", *The Oxford Book of American Verse*, ed. F. O. Matthiessen(New York: Oxford University Press, 1950), p. 630.

3) Charles Williams, *The Descent of the Dove*(London: Longmans, Green, 1939), p. 1.

4) 이러한 해석에 모든 사람이 동의하는 것은 아니다. 어떤 사람들은 그렇게 동사를 바꾸어 놓은(탈굼역과 시리아 페쉬타역과 같은) 다른 히브리어 번역본을 바울이 따른 것이라고 추측하기도 한다. 또 어떤 사람들은 '주다'라는 말이 '받다'라는 말에 함축되어 있기 때문에 의미론적으로 동등하다고도 주장한다. Markus Barth, *Ephesians*, Anchor Bible, vol. 34A(Garden City, NY: Doubleday, 1974), pp. 473-475를 보라.

5) John Stott, *The Message of Ephesians: God's New Society*(Downers Grove, IL: InterVarsity, 1979), p. 159. 「BST 에베소서 강해-하나님의 새로운 사회」(IVP)

6) *Dictionary of Paul and His Letters*, ed. Gerald F. Hawthorne and Ralph Martin(Downers Grove, IL: InterVarsity, 1993); *The Westminster Dictionary of Christian Spirituality*, ed. Gordon S. Wakefield(Philadelphia:

Westminster, 1983); 그리고 *Anchor Bible Dictionary*, ed. David Noel Freedman(New York: Doubleday, 1992)를 보면 선물에 대한 바울의 글을 아주 잘 정리해 놓았다.

7) T. S. Eliot, *The Complete Poems and Plays*(New York: Harcourt, Brace and Company, 1958), p. 98.

## 3. 하나님과 영광

1) Markus Barth, *Ephesian 1-3*, The Anchor Bible, vol. 34(Garden City, NY: Doubleday, 1974), p. 77.
2) *The Moviegoer*(1961), *The Last Gentleman*(1966), *Love in the Ruins*(1971), *Lancelot*(1977), *The Second Coming*(1980), *The Thanatos Syndrome*(1987).
3) N. T. Wright, *Paul: Fresh Perspectives*(London: SPCK, 2005), p. 101.
4) *Theological Dictionary of the New Testament*, ed. Gerhard Friedrich, trans. Geoffrey W. Bromiley(Grand Rapids: Eerdmans, 1967), vol. 5, pp. 452-456.
5) George Eliot, *Felix Holt*(New York: The Century Co., 1911), p. 69.
6) Barth, *Ephesians*, pp. 76, 81.
7) Gerard Manley Hopkins, *The Poems*, ed. W. H. Gardner and N. H. Mackenzie(London: Oxford University Press, 1967), p. 66.

## 4. 바울과 성도들

1) Gerard Manley Hopkins, "God's Grandeur", *The Poems of Gerard Manley Hopkins*(London: Oxford University Press, 1967), p. 66.
2) Martin Thornton, *Pastoral Theology: A Reorientation*(London: SPCK, 1964), p. 4.
3) M. C.로부터 온 편지, 2006년 7월 25일.
4) Robert Siegel, *The Waters Under the Earth*(Moscow, ID: Canon

Press, 2003), p. 70.

### 5. 은혜와 선한 일

1) William Stafford, *Writing the Australian Crawl*(Ann Arbor: The University of Michigan Press, 1978), pp. 23-25.
2) Kathleen Norris, *The Quotidian Mysteries: Laundry, Liturgy, and "Women's Work"*(New York: Paulist Press, 1998).

### 6. 평화와 무너진 담

1) Ernest Best, *A Critical and Exegetical Commentary on Ephesians* (Edinburgh: T. & T. Clark, 1998), p. 181.
2) 이 말의 족보는 훌륭하다. 그 기원은 성령과 관계된 것을 지칭하는 말이었다. 그러나 현재 미국에서 흔히 사용되는 용법에서, 이 말은 하나님의 성령은 예외적으로만 가리킬 뿐이며 대체로 인간의 영혼을 지칭하는 말로 축소되었다. 이 말을 따옴표 안에 넣은 것은 이런 식으로 축소된 개인주의적인 용법을 지칭하기 위해서다. 나는 *Christ Plays in Ten Thousand Places: A Conversation in Spiritual Theology*(Grand Rapids: Eerdmans, 2005), pp. 25-30에서 이 용어를 더 자세히 논한 바 있다. 「현실, 하나님의 세계」(IVP).
3) Philip Larkin, *The Less Deceived*(Hessle, Yorkshire: The Marvell Press, 1955), p. 28.
4) Simon Chan, *Liturgical Theology*(Downers Grove, IL: InterVarsity Press, 2006), p. 36.

### 7. 교회와 하나님의 각종 지혜

1) J. A. Robinson, *St. Paul's Epistle to the Ephesians*, 2nd ed.(London: Clark, 1922), p. 80.
2) *Poems and Prose of Gerard Manley Hopkins*, selected by W. H.

Gardner(Baltimore: Penguin Books, 1953), p. xx.

3) Norman H. MacKenzie, *A Reader's Guide to Gerard Manley Hopkins* (Ithaca: Cornell University Press, 1981), p. 130.

4) MacKenzie, *A Reader's Guide*, p. 233.

5) Markus Barth, *The Broken Wall: A Study of the Epistle to the Ephesians* (Chicago: Judson Press, 1959), p. 121.

6) Czeslaw Milosz, *Native Realm: A Search for Self-Definition* (Berkeley: University of California Press, 1968), p. 267.

7) Markus Barth, *Ephesians 1-3*, The Anchor Bible, vol. 34(Garden City, NY: Doubleday, 1974), p. 356을 보라.

## 8. 기도와 하나님의 모든 충만

1) 엡 1:22-23; 2:15, 26; 3:6, 7-10, 21; 4:15-16; 5:23, 25, 29, 32.

2) Markus Barth, *Ephesians 1-3*, The Anchor Bible, vol. 34(Garden City, NY: Doubleday, 1974), p. 391.

## 9. 한 분과 만유

1) 이것이 내가 2장에서 자세히 논의했던 에베소서의 핵심이다.

2) 엡 1:22; 2:10, 21; 5:23, 24, 25, 27, 29, 32.

3) *Theological Dictionary of the New Testament*, ed. Gerhard Kittel, trans. Geoffrey W. Bromiley(Grand Rapids: Eerdmans, 1965), vol. 3, pp. 530-536을 보라. 「신약성서 신학사전」(요단출판사).

4) Herman Melville, *Moby Dick*(1851; NewYork: W. W. Norton & Company, Inc., 1976), p. 40.

5) Gerhard von Rad, *Old Testament Theology*, trans. D. M. G. Stalker (New York: Harper & Row, 1965), vol. 2, p. 393을 보라. 「구약성서 신학」(분도출판사).

6) Henry Adams, *Mont-Saint-Michel and Chartres*(Garden City, NY:

Doubleday Anchor Books, 1959), p. 338.
7) Markus Barth, *Ephesians 4-6*, The Anchor Bible, vol. 34A(Garden City, NY: Doubleday, 1974), pp. 429, 467.
8) 엡 1:10, 23; 3:19; 4:13.
9) Baron Friedrich von Hügel, *The Mystical Element of Religion as Studied in Saint Catherine of Genoa and Her Friends*(London: J. M. Dent & Sons, 1961 [first edition, 1907]), vol. 1, pp. 3-82를 보라.
10) Friedrich von Hügel, *Selected Letters 1896-1924*, ed. Bernard Holland(New York: E. P. Dutton & Co., 1933), p. 266.
11) Von Hügel, *Selected Letters*, p. 38.
12) Von Hügel, *Selected Letters*, p. 137.

## 10. 거룩과 성령

1) 4:1에서 사용한 것과 동일한 단어다. 그러나 NRSV에서는 "이제 내가 이렇게 말합니다…"라고 번역한다. 훌륭한 번역이기는 하나 4:1에서 나타난 첫 번째 '그러므로'가 반복되고 있음을 명확히 보여 주지 못한다. KJV에서는 '그러므로'라고 새겨 원문의 반복을 보존하고 있다.
2) 엡 4:1, 17; 5:1, 7, 15; 6:14에서 *oun*이라는 말을 여섯 번 사용한다. 나머지 세 번은 이 말과 동의어인 *dio*(4:25; 5:14)라는 말을 사용한다.
3) Gordon D. Fee, *God's Empowering Presence*(Peabody, MA: Hendrickson, 1994), pp. 709-710.
4) Aldous Huxley의 소설 *Gray Eminence*에서는 이처럼 예수님과 교회에 대한 경건하고 순종적인 사랑이 가혹하고 무자비한 정치적 술수로 타락할 수도 있음을 진지하게 경고하고 있다(New York: Harper & Brothers, 1941, 초판).
5) Karl Barth, *Church Dogmatics*, IV/4: *The Christian Life*(Grand Rapids: Eerdmans, 1981), p. 79.
6) 에베소서에서 성부(혹은 하나님 아버지나 하나님)는 33회, 예수님(혹은

예수 그리스도나 그리스도 예수, 아들)은 21회, 성령(혹은 영)은 14회 언급된다.
7) Markus Barth, *The Broken Wall*(Chicago: Judson Press, 1959), p. 70 을 보라.

## 11. 사랑과 예배

1) W. B Yeats, *The Collected Poems*(New York: Macmillan, 1959), p. 184.
2) John Unterecker, *A Reader's Guide to William Butler Yeats*(New York: Noonday, 1959), pp. 166-168.
3) 바울은 엡 5:2에서 사랑하라고 명령하기 전에 사랑이라는 말을 여덟 번 사용하여 사랑이 하나님에게서 비롯되었음을 이야기했다. "사랑 안에서 그 앞에 거룩하고 흠이 없게 하시려고"(1:4), "그가 사랑하시는 자 안에서"(1:6), "모든 성도를 향한 사랑"(1:15), "하나님이 우리를 사랑하신 그 큰 사랑을 인하여"(2:4), "사랑 가운데서 뿌리가 박히고 터가 굳어져서"(3:17), "그리스도의 사랑을 알고"(3:18), "오직 사랑 안에서 참된 것을 하여"(4:15), "사랑 안에서 스스로 세우느니라"(4:16).
4) 프랑스 신학자 Denis de Rougement은 권위 있는 연구서 *Love in the Western World*(Garden City, NY: Doubleday, 1957)를 통해, 이 세기의 '낭만적 사랑'과 그런 사랑이 구체적으로 어떤 방식으로 기독교의 사랑의 주요한 경쟁자가 되었는지를 철저하게 논했다.
5) Douglas V. Steere, *Dimensions of Prayer*(New York: Harper & Row, 1963), p. 115에서 재인용.

## 12. 가정과 일터

1) Kathleen Norris, *The Quotidian Mysteries*(New York: Paulist Press, 1998), p. 77.
2) Charles Dickens, *Bleak House*(NewYork: New American Library, 1964), pp. 49-61. 「황폐한 집」(지식을만드는지식).

3) Ernest Hemingway, *A Farewell to Arms*(New York: Scribner's, 1957), p. 191. 「무기여 잘 있거라」(범우사).

4) 나는 *Christ Plays in Ten Thousand Places*(Grand Rapids: Eerdmans, 2005), pp. 39-44에서 '주에 대한 두려움'에 관해 자세히 논한 바 있다.

5) Markus Barth, *Ephesians 4-6*, The Anchor Bible, vol. 34A(Garden City, NY: Doubleday, 1974), pp. 608, 662-668.

6) T. K. Abbott, *The Epistles to the Ephesians and to the Colossians: A Critical and Exegetical Commentary*(Edinburgh: T. & T. Clark, 1897), p. 119.

7) Robert Frost, "The Master Speed," *The Poetry of Robert Frost*(New York: Holt, Rinehart and Winston, 1969), p. 300.

8) Margaret Miles, *Practicing Christianity*(New York: Crossroad, 1990), p. 99.

9) Martin Buber, *I and Thou*, trans. Walter Kaufmann[New York: Charles Scribner's Sons, 1970(원서는 1923년에 *Ich und Du*라는 제목으로 출판됨)]. 「나와 너」(대한기독교서회).

10) Buber, *I and Thou*, p. 160.

11) Buber, *I and Thou*, p. 109.

12) '우리-그들'은 번역자인 Walter Kaufmann이 부버가 사용하는 복합어를 해설하면서 사용하는 말이다. 그는 "너 없이 세상을 사는 방식은 매우 다양하다."라고 말한다.

13) Buber, *I and Thou*, p. 62.

14) Buber, *I and Thou*, p. 69.

15) Buber, *I and Thou*, p. 80.

16) Wayne Roosa, "A Meditation on the Joint and Its Holy Ornaments," *Books and Culture, A Christian Review*(Carol Stream, IL, Christianity Today International), January/February 2008, pp. 16-23.

13. 마귀의 간계와 하나님의 전신갑주

1) Baron Friedrich von Hügel, *Selected Letters 1896-1924*, ed. Bernard Holland(New York: E. P. Dutton,1933), p. 147.

2) Markus Barth, *Ephesians 1-3*, The Anchor Bible, vol. 34(Garden City, NY: Doubleday, 1974), p. 174.

3) Ellul의 수많은 책 중 가장 먼저 나온 책이며 그 이후 책들에 기초가 되는 사상을 담고 있는 책은 *The Presence of the Kingdom*, trans. Olive Wyon[Colorado Springs: Helmers and Howard, 1989(원서인 *Presence au Monde Moderne*은 1948년에 출간됨)]이다. 「세상 속의 그리스도인」(대장간).

4) William Stringfellow, *An Ethic for Christians and Other Aliens in a Strange Land*(Waco, TX: Word Books, 1973), p. 93.

5) Ellul, *The Presence of the Kingdom*, pp. 8-11.

6) Marva J. Dawn, *Powers, Weakness, and the Tabernacling of God* (GrandRapids: Eerdmans, 2001), pp. 35-71. 「세상 권세와 하나님의 교회」(복있는사람).

7) Martin Buber, *Israel and the World: Essays in a Time of Crisis* (Syracuse University Press, 1997), pp. 238-239.

8) Herbert Butterfield, *International Conflict in the Twentieth Century* (New York: Harper and Brothers, 1960), p. 98.

9) Markus Barth, *The Broken Wall*(Chicago: Judson Press, 1959), p. 29.

부록

1) Markus Barth, *The Broken Wall*(Chicago: Judson Press, 1959), p. 60.

# 인명 색인

Adams, Henry 272
Avison, Margaret 363

Barth, Karl 290
Baudelaire, Charles 72
Bernanos, George 27
Bernard of Clairvaux 321-323
Berry, Wendell 21, 24
Blake, William 28
Bloy, Leon 411
Browning, Robert 230-231
Bruner, F. Dale 305
Buber, Martin 365, 368, 373, 399
Buechner, Frederick 85, 416-417
Butterfield, Herbert 399

Chan, Simon 184
Chesterton, G. K. 397
Clement of Alexandria 363

Dante Alighieri 413-414
Dawn, Marva 396
Day, Dorothy 400
Dickens, Charles 346

Dickinson, Emily 50
Dillard, Annie 167
Dostoevsky, Fyodor 91

Eliot, George 96
Eliot, T. S. 81
Ellul, Jacques 391, 394

Fee, Gordon 287
Follette, John Wright 117
Frost, Robert 362

Galen 361
Gardner, W. H. 215
Gregory of Nyssa 220
Gunton, Colin 254

Hemingway, Ernest 350
Herbert, George 343
Hopkins, Gerard Manley 100, 215, 217
Huxley, Aldous 428

Kierkegaard, Søren 271, 358

Larkin, Philip 178
Lewis, C. S. 29, 170, 418

Mackay, John A. 53
MacKenzie, Norman H. 218
Melville, Herman 244
Miles, Margaret 363
Milosz, Czeslaw 219
Newman, John Henry 420

Nordon, E. 85
Norris, Kathleen 164, 346, 416

Oliver, Mary 201

Percy, Walker 86
Pirsig, Robert 139

Robinson, Marilynne 83
Roosa, Wayne 374
Rutherford, Samuel 109

Scherer, Paul 309
Siegel, Robert 132-133
Stafford, William 147
Steere, Douglas 279
Stevens, Wallace 62, 65
Stott, John 80
Stringfellow, William 392
Suhard, Cardinal 283
Sulivan, Jean 169

Teresa of Avila 249
Thornton, Martin 115, 227

Underhill, Evelyn 339

Von Hügel, Baron Friedrich 279, 285, 380, 419
Von Rad, Gerhard 265

Williams, Charles 72, 415
Williams, William Carlos 217
Wordsworth, William 240
Wright, N. T. 425

Yeats, William Butler 314

# 주제 색인

가정(households)
　"그리스도를 경외함으로 피차 복종하라"(being "subject to one another out of reverence for Christ") 352, 256
　과 '그리스도를 경외함'(and "reverence for Christ") 358-360
　과 가족 안에서의 경쟁(and competition in the family) 358
　바울이 말하는 여덟 가지 역할(Paul's eight designations) 353
　안에서 부활을 삶(practicing resurrection in) 343-378
　안의 관계/결혼(relationships in/marriage) 362-364
　을 무시하는 현대 사회(contemporary neglect of) 346-349
각종 지혜(manifold wisdom) 214, 218-220
갈라디아 회중에게 보낸 편지(Galatia and Paul's letter to) 34
개인주의(individualism) 173-175
'거저 주셨다'("Bestow") 90, 97-99
결혼(marriage) 362-364

겸손(humility) 291
경건주의적인 일(pietistic work) 163
경쟁(competition) 356-357
고린도 회중에게 보낸 편지(Corinth and Paul's letter to) 34, 130, 388
공동 예배(common worship) 61-65, 330
관계(relationships)
　가정과 일터에서의(in the household and workplace) 362-364
　결혼(marriage) 362-364
　나-너 관계(I-Thou) 368-373
　속에서 자신을 드러내시는 하나님(God's revelation within) 136-137, 377
　와 '사이'(and the "between") 364-373
　와 부활의 삶(and practice of resurrection) 136-137
　와 언어(and language) 240-241
　의 복잡성과 사랑과 예배(love and worship and the complexities of) 335-336

교회(church)
- '교회 안의 영광'("glory in") 228-237
- '심각한 땅 위의 심각한 집'으로서의 교회(as "a serious house on serious earth") 175-182
- 건물(the building) 177, 197
- 교인 수의 감소(falling attendance) 178
- 교회라는 기적을 인식함(recognizing the miracle of) 46-52
- 교회에서 일어나는 일에 관한 바울의 설명(Paul on what is happening in) 181
- 미국화(Americanization) 45, 144
- 보이는/보이지 않는(as invisible/visible) 197-198, 364-365
- 부르심과 에클레시아(the call and ekklesia) 260-161
- 선물로서의(as gift) 259
- 안에 '굳게 서라'(to "stand firm" in) 381
- 안의 환대(hospitality in) 196-197
- 오해(misunderstandings) 30, 40-44, 182-183, 251-253
- 와 '그리스도의 장성한 분량'에 이르지 못한 사람들(and people who do not measure up to "the full stature of Christ") 277-278
- 와 '영성'(and "spirituality") 178, 233, 258
- 와 결혼(and marriage) 362-364
- 와 관계(and relationship) 336-337, 362-364
- 와 권면의 언어(and paracletic language) 262-269
- 와 그리스도(and Christ) 46-52, 204, 360
- 와 그림자(and shadow work) 221-224
- 와 내경(and inscape) 214-221, 244
- 와 부활을 사는 것(and the practice of resurrection) 28-32
- 와 사랑(and love) 329, 335
- 와 성령(and Holy Spirit) 27-28, 46-52
- 와 세례(and baptism) 194
- 와 예배(and worship) 335
- 와 예배의 상품화(and commodification of worship) 44, 334, 384-385
- 와 이스라엘의 하나님 백성의 역사(and prehistory of people of God in Israel) 203
- 와 하나님의 각종 지혜(and God's manifold wisdom) 214, 218-220
- 우리가 그리스도 안에서 자라는 배경으로서의(as context in which we grow up in Christ) 27, 175-182

은유(metaphors) 14, 40-44, 51, 55, 62, 105, 164, 197-198, 375-

376, 396
  의 삶에 참여함에 있어서의 위험(dangers of participation in life of) 289-291
  의 전제 조건(preconditions of) 187
  인간적인/신적인(as human/divine) 228-237
  존재론적(ontological) 182-191, 195, 213
  하나님을 계시하는 어휘와 기도가 스며든 구문(God-revealing vocabulary) 251
  하나님이 창조하시고 거하시는 교회(God's creation of/presence in) 256-257
  "회중"도 보라
"교회에 가다"("Church Going") 178
교훈적 언어/가르침(didactic language/teaching) 171-72
'굳게 서라'("Stand firm") 381-383
권면의 언어(paraclesis, language of) 264-268
'그러므로'/바울의 확보물("therefores"/Paul's protective) 255, 286, 290, 311
그리스도 안에서 자라감(growing up in Christ)
  '그리스도의 장성한 분량이 충만한 데까지'(measuring up to the "full stature of Christ") 277-279, 355
  과 '피차 복종함'(and being "subject to one another") 356
  과 권면의 언어/권면의 삶(and paracletic language/paracletic life) 268
  과 미국 문화(and American culture) 20-21, 142-144, 275-276
  교회라는 배경(church context) 27, 175-182
  성숙/미성숙(maturity/immaturity) 142-143, 176, 336-337
  성숙한 삶으로 안내하는 것(guides to the mature life) 276
  에 대한 은유들(metaphors for) 14
  예배와 그리스도인의 성숙(worship and Christian maturity) 336
  책임을 지는 일(as taking up responsibilities) 76
  하나님의 광대하심을 인식함(recognizing the largeness of God) 203
  "부활의 삶"도 보라.
그리스도를 경외함(reverence for Christ) 355-357
그리스와 로마 문화(Greek and Roman culture) 235, 293
그림자(Shadow work) 221-224
기도(prayer) 227-253
  를 가르침/격려함(teaching/encouraging) 238

바울과 다른 이들을 위한(for Paul/
   for others) 404
부활을 사는 언어로서의(as language
   in which we practice resur-
   rection) 110, 401-402
비인격적 호기심으로 취급되는
   (treated as depersonalizing
   curiosity) 250
성령 안에서 기도함(in the Spirit)
   401
에베소서 도입부의 바울의 기도
   (Paul's introductory prayer) 85-
   108, 109, 227
에베소서 중반부의 바울의 기도
   (Paul's centering prayer) 227-
   253
와 '여러 성도를 위한 간구'(and
   "supplication for all saints")
   403
와 교회 (and church) 251-253
와 극단적으로 주관적인 기도(and
   hyper-subjectivity) 248
와 내적 삶의 개발(and cultivation
   of inner life) 247-249
와 상투어(and clich?) 405
와 세례받은 정체성(and baptismal
   identity) 111
와 언어(and language) 239-342,
   402
와 하나님의 충만(and plenitude
   of God) 243
의 왜곡(perversions of) 248-250
의 자세(position/posture of)
   237-238
의 형식과 모범(forms and models
   for) 117
인격적 언어인 기도(as personal
   language) 241-242
중보 기도(intercessory) 243-244
축복하는 기도 언어(prayer language
   of blessing) 112-114
길을 잃은 상태(lostness) 87

나-너 관계(I-Thou relationships)
   368-373, 378
「나와 너」(I and Thou) 366
내경(inscape) 214-221, 223
"내 딸을 위한 기도"("A Prayer for
   My Daughter") 316
'넘치게 하셨다'("Lavish") 99-101
니고데모(Nicodemus) 14-15
니케아 신조(Nicene Creed) 286

단순성(simplicity) 271, 418
데메드리오(Demetrius) 33
데살로니가 회중에게 보낸 편지
   (Thessalonica and Paul's letter
   to) 34
도덕과 그리스도인의 삶(morality
   and the Christian life) 295-298
두기고(Tychicus) 407-409
두려움, 경외하는(Fear, reverential)
   358-360
디도(Titus) 34

디모데(Timothy) 34, 37
디오니소스(Dionysius) 340-341

로마서(Romans, Paul's letter to) 34, 80, 263

메섹과 게달(Meshech and Kedar) 208-213
"모나드노크 산을 찾아서"("Looking for Mt. Monadnock") 133-134
미국 문화(American culture) 20-21
  개인주의(individualism) 173-175
  기업 모델과 교회(business model and churches) 43
  끊임없이 새로운 것을 추구하는 태도(built-in obsolescence) 334-335
  사랑과 예배의 실천의 어려움(difficulties of practicing love and worship in) 313-314
  에 관한 퍼시의 견해(Percy on) 86-87
  영적 소외(spiritual alienation) 86-87
  예배의 상품화(commodification of worship) 43
  와 경쟁(and competition) 356-357
  와 교회에 대한 기능주의적, 실용주의적 오해(and functional/pragmatic misunderstandings of church) 182-183
  와 권면의 언어(and paracletic language) 266
  와 미성숙(and immaturity) 142-143, 275-276
  은혜의 부인(denial of grace) 150
  잡종 그리스도인(hybrid Christians) 144
미크라(miqra) 58

"바위"("The Rock") 81
밧모 섬의 요한(John of Patmos) 38, 234-237
보이지 않는 적/악(enemies, unseen/Evil) 385-392
  '마귀의 간계'("wiles of the devil") 237, 389, 392, 398
  에 대한 반응(responses to) 392-393
  여섯 가지 군사적 은유(the six military metaphors) 396
  죄와 악(sin and evil) 386-387
  통치자들과 권세들(principalities and institutional powers) 386-387
'복을 주셨다'("Blessed") 90-92
복음서 저자들(gospel writers) 145
부르심(calling)
  과 교회(and the church/ekklesia) 260-261
  과 권면의 삶(and paracletic life) 268
  과 성경(and the Bible) 58

과 소명(and vocation) 260
에 대한 반응(responding to) 55, 260
의 삶을 사는 것(living) 270
부활의 삶(practice of resurrection) 24, 134-135
"그리스도를 경외함으로 피차 복종하라"(being "subject to one another out of reverence for Christ") 355-358
가정과 일터에서의(in households and workplaces) 343-378
과 '그리스도를 경외함'(and "reverence for Christ") 358-360
과 관계(and relationships) 136, 404-405
과 기도 언어(and prayer language) 110, 404-405
과 목표/목표 설정(and goals/goal-setting) 207
과 성령(and Holy Spirit) 303
과 세례받은 정체성(and baptismal identity) 111
교회의 실천(church practices) 27-28
사랑과 예배(love and worship in) 317
에 관한 글을 쓴 작가들(writers on) 411-422
을 사는 동반자/'모든 성도'(our companions in/"all the saints") 120-132

의 여섯 가지 양상(six aspects of) 393-394
하나님께 기대할 수 있는 다섯 가지 선물(five gifts we can expect from God) 113-114
"그리스도 안에서 자라감"도 보라.
부활의 삶에 관한 글을 쓴 작가들(writers on the practice of resurrection) 411-422
분별과 권면의 언어(discernment and paracletic language) 262-269
비둘기의 강림(Descent of the Dove) 47
빌레몬(Philemon) 34

사도행전(Acts of the Apostles) 46
사랑(love)
과 교회 안의 복잡한 관계(and the complexities of relationship in the church) 335-336
과 예배 행위(and act of worship) 329-330, 333
낭만적 사랑의 숭배(cult of romantic love) 322
무능력(inadequacy/incompetence in) 325
실천의 어려움(the difficulties in practicing) 313-314
에 관한 베르나르의 견해(Bernard of Clairvaux on) 322-324
의 네 차원(four degrees of) 323-324
의 성애화(eroticization of) 322

의 언어(the language of) 318-329
이웃을 사랑하라는 명령(command to love your neighbor) 370-371
하나님에서 비롯된(origin in God) 326
사울(Saul) 57
'사이'("Between") 364-373
　로서의 교회(the church as) 365
　로서의 하나님(God as) 374-375
　와 나-너 관계(and I-Thou relationships) 368-371
　와 신비(and mystery) 377
　와 언약궤(and the Ark of the Covenant) 374-377
삼위일체(trinity) 300-308
　의 하나됨(unity of) 270-271
　하나님을 보는 삼위일체적 관점 (acquiring a Trinitarian way of looking at God) 301
　'숨어 계신 위격'인 성령(Holy Spirit as "shy member") 306-308
선물(gift/gifts)
　과 은혜(and grace) 76-78, 108, 160
　로서의 일(work as) 160
　바울이 다루는 선물이라는 주제 (Paul's gift theme) 74-81, 113
　바울이 제시하는 선물 목록(Paul's lists of) 78-79
　선물로서의 교회(church as) 258-259
　수용성/받기(receptivity/receiving) 74-81, 108
　시편 68편의 각색(adaptation of Psalm 68 text) 74-81
　의 언어(language of) 77
　하나님께 간구하는 다섯 가지 선물 (the five gifts we can expect from God) 113
선포적 언어(kerygmatic language) 262-263
선한 일(good works)
　과 개인주의(and individualism) 175
　과 은혜(and grace) 153-158, 175
　의 왜곡(distortions of) 162
선(goodness) 21-22
설교와 권면의 언어(preaching and language of paraclesis) 262-269
성도들(saints)
　'모든 성도 중 가장 작은 자'인 바울(Paul as "the least of all the saints") 205
　'모든 성도'("all the saints") 120-132
　과 세례(and baptism) 125, 130-131
　명예로움을 내포한 말(as term of honor) 122
　성도로서의 정체성 유지하기(maintaining our identity as) 131-132
　자신을 성도로 보게 됨(learning to see ourselves as) 123-124
성령(Holy Spirit)
　'숨어 계신 삼위일체의 위격'(as

the "shy member of the Trinity")
306-308
"성령을 근심하게 하지 말라"("do
not grieve the Holy Spirit")
306-308
과 거룩함으로 새로워짐(and renewal in holiness) 287
과 교회(and church) 28, 46-52
과 권면의 언어(and language of
paraclesis) 268
과 부활의 삶(and resurrection
life) 303
과 비둘기의 강림(and the Descent
of the Dove) 47
과 예배 행위(and acts of worship)
338-339
안에서 '굳게 서라'(to "stand firm"
in) 382
예수님의 잉태와 교회 잉태의 병렬
구조(parallel between conception
of Jesus/the church) 46-52
회중의 형성(formation of congregation) 46-52
성령을 '근심하게 함'("Grieving" the
Holy Spirit) 306-308
성찬(Eucharist) 332-333
세례(baptism) 111
와 '성도들'(and "saints") 125
와 존재론적 교회(and the ontological church) 194
세상의 빛(light of the world) 395
세상의 소금(salt of the earth) 395

'속사람'("Inner being"/"Inner man")
247-253
수동성(passivity)
과 은혜(and grace) 147-153
의 실천(practicing) 142-153
수용과 선물(receptivity and gifts)
74-81, 108
시편(Psalms)
과 선물(and gifts) 74-81
과 인격적인 기도 언어(and personal
language of prayer) 241-242
바울이 각색한 68편 본문(Paul's
adaptation of Psalm 68 text)
66-82
신비(mystery)
결혼의(of marriage) 363-364, 377
와 '사이'(and the "between") 377
하나님 뜻의 비밀(of God's will)
101-103
'신비한 교회'("mystical church")
219
'신학적 미학'("Theological aesthetics")
22

아가서(Song of Songs) 41, 220,
321-322
아름다움(beauty) 20-22, 217
아리마대 요셉(Joseph of Arimathea)
15
아볼로(Apollos) 32
아브라함(Abraham)
과의 언약(covenant with) 186

하나님의 부름과 아브라함의 행함
(God's call and the walk of)
57
'악시오스' 은유(axios metaphor)
54-66
안식일(Sabbath) 104-5, 159, 163
언약궤(ark of the Covenant) 374-378
언약의 축복(covenant blessing) 186
언어(language)
   교훈적(didactic) 263
   권면의(paracletic) 264-269
   단테의 언어(Dante's) 413-414
   사랑의(of love) 318-329
   선물의 언어(of gifts) 77
   선포적(kerygmatic) 263
   예배와 인격적 대화의 언어
   (worship and personal, conversational language) 65
   와 '악시오스' 은유(and axios metaphor) 60
   와 관계(and relationships) 240-241
   와 기도(and prayer) 239-342, 402
   와 친밀함(and intimacy) 60, 241-242
   의 타락과 남용(debasement and misuse of) 37-88
   전쟁 용어(of war) 314
   탈인격화(depersonalizing) 104
   하나님과의 대화를 확장하여 다른 이들을 포함시킴(extending the conversation with God to include others) 61
   하나님을 계시하는 어휘와 기도가 스며든 구문(the God-revealing vocabulary and prayer-saturated syntax of church) 251
에베소 교회(Ephesus church) 32-39
   교회 이전의 삶을 기억하라는 바울의 명령(Paul's imperative to remember pre-church life) 184-185
   를 위한 바울의 중보기도(Paul's intercessory prayer for) 242-243
   바울의 방문(Paul's visit) 32-33
   와 디오니소스 제의(and Dionysiac worship) 340
   와 밧모 섬의 요한(and John of Patmos) 38, 234-237
   와 신약 성경의 다른 교회들(and other churches in the New Testament) 33-34
   와 정체성(and self-understanding) 234-235
   이방인 그리스도인(gentile Christians) 185-186, 293-295
   초대교회의 문제들(problems of the early church) 34, 37, 234-236
에베소서(Ephesus, Paul's message to)
   '그러므로'("therefores") 255, 286, 290, 311

'모든 성도'("all the saints") 120-132

'악시오스' 은유/균형 저울(the axios metaphor/balancing scales) 54-66, 69, 81

"굳게 서라"("stand firm") 381-383

공동 예배(common worship) 61-65, 330

교회 이전의 삶을 기억하라는 명령 (imperative to remember pre-church life) 184-185

가정과 일터에서 부활을 살라는 가르침(instruction to practice resurrection in household and workplace) 343-378

그리스도가 창조하신 교회(Christ's creation of Church) 204

다른 이들을 동료 여행자로 인식함 (awareness of others as fellow-travelers) 61

도입부/201단어로 된 축복 기도 (introductory sentence/the 201-word prayer of blessing) 85-108, 109, 227

독특성 및 다른 서신서와의 차이점 (uniqueness and contrast to other letters) 35-36

마무리(summary) 401

마지막 말(final words) 379-409

보이지 않는 적들(list of unseen enemies) 388-389

선물이라는 주제(gift theme) 74-81, 113

시편 68편의 각색(adaptation of Psalm 68 text) 74-81

와 '사랑'(and "love") 321

와 바울의 기도 언어(and Paul's prayer language) 115

와 바울의 개인적인 증언(and Paul's personal witness) 205

와 초대교회의 문제들(and the problems of the early church) 34, 37, 234-236

이방인 같은 삶의 방식을 금지함 (negative command regarding Gentile way of life) 292-298

죽음과 생명의 언어(language of death and life) 140

중반부의 기도(the centering prayer) 227-253

하나님의 동사들(God's verbs) 88-105, 244

하나님의 부르심/인간의 행함 (God's calling/human walking) 54-60

하나님의 영광을 탐험함(exploration of God's glory) 35

"에베소 교회"도 보라.

영광(glory)

'교회 안에서와 그리스도 안에서' ("in the church and in Christ Jesus") 228-237

을 돌리는 형태로서의 선한 일(works

as form of) 159-165
　을 탐험하게 해주는 에베소서(letter to Ephesians as explo-ration of) 35
　하나님의 영광을 찬송함(praise of God's) 106
'영성'("Spirituality")
　과 교회(and church) 178, 233, 258
　과 미국의 개인주의(and American individualism) 173-175
예배(worship) 329-341
　공동 예배(common) 61-65, 330
　디오니소스 제의(Dionysiac) 340
　로의 부름(call to/"sleeper awake") 331, 338
　를 실천하는 데 따르는 어려움(the difficulties in practicing) 313-317
　사적인 예배(private) 61
　상품화의 위험(dangers of commodification) 44, 334, 384-385
　스티븐스의 항아리 은유(Stevens's metaphor of the jar) 62-65
　시편 68편과 배경이 되는 성소 (Psalm 68 text and sanctuary setting) 68
　와 교회 안의 관계의 복잡성(and complexities of relationship in the church) 335-336
　와 그리스도인의 성숙(and Christian maturity) 336
　와 사랑의 실천(and the practice of love) 329-330, 333
　와 성령(and the Holy Spirit) 338-339
　와 인격적인 대화의 언어(and personal, conversational language) 65
　와 제물/희생(and offerings/sacrifices to God) 329-330
　유월절과 성찬(Passover and Lord's Supper) 332-333
　의 질서(the order of) 64
예수 그리스도(Jesus Christ)
　'를 경외함'("reverence for") 355-357
　'우리의 평화'로서의(as "our peace") 192-194
　그리스도의 능력이 미치는 네 차원 (four dimensions of the reach of Christ's power) 113-114
　를 통해서 일하시는 하나님(God's work through) 160
　바울의 동사들을 계시하고 실행하시는 분(and the revelation/execution of Paul's verbs) 103
　보는 법/알아보는 법을 배움 (learning to see/recognize) 135-137
　와 교회(pairing of church and) 46-52, 204, 360
　와 교회의 창조(and creation of church) 204

와 권면의 언어(and paracletic language) 267
　　의 몸으로서의 교회(church as body of) 360
　　의 승천(ascension of) 70-74, 78
　　의 인간성과 신성(as human/divine) 228-237
　　제자를 부르심(call to the disciples to walk) 57
예수님의 승천(ascension of Jesus) 72
예술가(artists) 217
　　와 그림자(and shadow work) 221-224
　　와 내경의 경험(and experience of inscape) 217
예정(predestination) 94
'예정하셨다'("Destine") 93-97
요한계시록(Revelation, Book of) 112, 271, 315, 394
유대인 그리스도인(Jewish Christians) 185
유월절 예배(Passover worship) 332
은유(metaphors) 14-16
　　'악시오스'(axios) 54-66, 69, 81
　　공동 예배와 스티븐스의 항아리(common worship and Stevens's jar) 62-65
　　교회(church) 14, 40-44, 51, 55, 62, 105, 164, 197-198, 375-376, 396

　　그리스도의 몸으로서의 교회(the church as Christ's body) 360
　　머리와 몸(head-and-body) 61, 201
　　무너진 담(the broken wall) 208
　　미국 기업에서 가져온 이미지(imagery from American business) 45
　　악에 대한 대응을 표현하는 군사적 은유(military metaphors for dealing with evil) 396-397
　　출생/위로부터 태어남(birth/born-from above) 14-15
　　환대하는 교회(the hospitable church) 196-199
은혜(grace) 139-165
　　바울의 단어의 변형(Paul's variations on the word) 99
　　와 개인주의(and individualism) 175
　　와 받기(and receptivity) 108
　　와 선물(and gifts) 76-78, 108, 160
　　와 선한 일(and good works) 153-158, 175
　　와 습득된 수동성(and acquired passivity) 147-153
　　와 일(and work) 153-165
　　와 하나님의 창조(and God's work of creation) 160-162
　　일터에서의(in the workplace) 153-158

하나님이 거저 주시는(God's bestowal of) 97-99
이리 떼 가운데 있는 양(sheep in the midst of wolves) 395
이방인 그리스도인(gentile Christians) 185-186, 293-295
일(work)
   선물로서의 일(as gift) 160
   의 경건주의적 영성화(pietistic spiritualization of) 163
   의 세속주의적 낭만화(secularist romanticization of) 162-163
   하나님의 창조의 일(God's work of creation) 155-157
   "선한 일"도 보라.
일터(workplaces)
   "그리스도를 경외함으로 피차 복종하라"(being "subject to one another out of reverence for Christ") 355-357, 373
   를 무시하는 현대 사회(contemporary neglect of) 346-349
   바울이 말하는 여덟 가지 역할(Paul's eight designations) 353
   에서 부활을 살기(practicing resurrection in) 343-378
   에서의 관계(relationships in) 362-364
   에서의 은혜(grace in) 153-158
   와 '그리스도를 경외함(and "reverence for Christ") 355-361
   와 경쟁(and competition) 256

자기 이해(self-understanding) 171-172
"재림"("The Second Coming") 314-315
제도적 권세 안에 있는 악(evil of institutional powers) 390-391
존재론적 교회(ontological church) 182-191, 220
   와 '우리의 평화'로서의 예수(and Jesus as "our peace") 192-194
   와 내경(and inscape) 220
지혜(wisdom)
   각종 지혜(manifold) 220-226
   와 하나님 뜻의 비밀(and the "mystery" of God's will) 102
진리(truth) 21-22

창세기의 노동 주간(Genesis workweek) 155-157, 163-164
창조(creation)
   와 은혜(and grace) 160-162
   의 전제조건(preconditions of) 187
   창세기의 노동 주간(Genesis workweek) 155-157, 163-164
   하나님의 창조의 일(God's work of) 155-157
축복(blessing)
   언약의 축복(covenant blessing) 186
   '복되신' 하나님(God "blessed") 90-92
   201단어의 기도로 시작하는 바울

의 서론(Paul's introductory 201-word prayer) 85-108, 109, 227
의 기도 언어(prayer language of) 112-114
출생의 은유(birth metaphor) 14

'택하셨다'("chose") 92-93

평화와 존재론적 교회(peace and the ontological church) 192-194
플라톤의 '보편자'(Plato's "universals") 21

하나님(God)
  '사이' 로서의(as "between") 374-375
  과 관계(and relationship) 136-137, 377
  동사들(verbs) 88-105, 244
  부름과 인간의 반응(calling and human response) 56-60, 260-261
  세상 안에서 하나님의 행동(actions in the world) 169-173
  의 각종 지혜(manifold wisdom) 214, 218-220
  의 사랑(love of) 318-319
  의 충만하심(plenitude of) 243
  이 자기를 계시하시는 방식(the ways that God reveals himself) 136-137, 377
  중심이 되시며 만물 안에 거하심(primacy and presence in everything) 202
  창조의 일(work of creation) 155-157
하나님 측량법(deometry) 269-273
하나님의 부름과 아담의 행함(Adam, God's call and the walk of) 57
하나님의 부름과 모세의 행함(Moses, God's call and walk of) 57
"하나님의 사랑"("On Loving God") 321-324
"하나님의 장엄함"("God's Grandeur", Hopkins) 100-101
하나님의 전신갑주(Armor of God) 379-409
하나됨(oneness) 270-271, 300
한계(boundaries) 94-95
"항아리의 일화"("Anecdote of the Jar") 62-63
환대(hospitality) 196-198
「황폐한 집」(Bleak House) 346-349
회중(congregation)
  '그리스도의 장성한 분량'에 이르지 못한 사람들(people who do not measure up to "the full stature of Christ") 277-278
  '모든 성도'("all the saints") 121
  과 '부르심'(and "call") 260-261
  과 공동체(and community) 209-213
  성령과 회중의 형성(Holy Spirit

and formation of) 46-52
의 미국화(the Americanization
　　of) 45
이라는 기적(miracle of) 46-52

# 성구 색인

**창세기**
1-2  *64, 155*
1  *155*
1:2  *187*
2  *155*
2:2-3  *157*
3:15  *394*
4:7  *37*
12:3  *186-187*

**출애굽기**
3:13-14  *366*
18:3  *385*

**레위기**
2:13  *395*

**민수기**
6:4  *39*

**사무엘상**
2:26  *423*

**시편**
8:1  *258*
8:5  *258*
15  *294*
23  *266*
23:4  *266*
24  *295*
29  *271*
29:2  *20*
47  *73*
47:5  *73*
47:6  *73*
47:8  *73*
68  *66, 70, 74-75, 81*
68:1-4  *67*
68:1-23  *68*
68:5-10  *67*
68:11-14  *67*
68:15-16  *67*
68:17-20  *67*
68:17-23  *68*
68:24  *68*
68:24-35  *68*
68:35  *68*

80:1  *374*
83  *386*
83:6-11  *387*
97:11  *156*
108:13  *317*
110:3  *187*
118  *116*
120  *211*

**아가**
6:4  *41*

**이사야**
2:2-3  *186*
6:8  *324*
40:1-2  *266*
42:3  *345*
54:4-7  *203*
60:7  *213*

**예레미야**
3:1-5  *203*

## 호세아
1-3 *203*

## 마태복음
4:8 *416*
4:21 *361*
5:4 *266*
5:13 *395*
5:14 *395*
10:16 *395*
11:8 *136*
12:39 *321*
12:49 *353*
18:3 *291*
18:4 *344*
18:6 *344*
20:28 *394*
24:30 *315*
25:40 *400*

## 누가복음
1-2 *46*
1:28 *98*
1:38 *324*
1:80 *15*
2:29 *324*
2:52 *16*
6:40 *361*
10:41-42 *271*
10:42 *324*
17:20 *275*
18:1 *117*

18:4 *315*
24:4 *378*

## 요한복음
1:1 *159*
1:1-14 *187*
1:16 *98*
1:18 *159, 168*
1:18 *365*
3:5-21 *14*
3:7 *14*
3:16 *344*
5:36 *159*
6 *347*
6:15 *76*
10:25 *159*
13-18 *266*
14:6 *389, 394*
14:16 *267*
14:26 *267*
15:26 *267*
16:7 *267*
17 *248*
19:38-40 *15*

## 사도행전
1-2 *46*
1:8 *71*
1:9-11 *71*
18:24 *32*
19:2 *108*
19:8 *33*

20:4 *407*

## 로마서
8:15-16 *402*
8:22 *141*
8:26 *402*
8:28 *271*
10:6 *257*
10:7 *257*
10:14-15 *263*
11:17-24 *203*
12:6-8 *80*
12:8 *80*

## 고린도전서
1:23 *48, 145*
1:26-29 *48, 79*
4:7 *77*
12:4-19 *79*
12:28-29 *79*
14:26 *80*
15:32 *38*

## 고린도후서
11:14 *388*

## 갈라디아서
2:19-20 *248*
3:8 *186*
3:28-29 *186-187*
6:16 *203*

**에베소서**
1-3 *310*
1:1 *121*
1:1-2 *27*
1:1-23 *401*
1:3-2:10 *203*
1:3 *85, 90, 103*
1:3-4 *84*
1:3-14 *84, 88, 106, 109, 169, 227, 244, 346*
1:4 *92, 103, 202, 203*
1:5 *103*
1:5-6 *93, 106*
1:6 *97, 103, 229*
1:7 *103*
1:7-8 *99*
1:8 *103*
1:8-9 *101*
1:9 *103*
1:10 *102-103*
1:11-14 *104*
1:12 *106, 229*
1:13-14 *106, 303*
1:14 *35, 171, 229*
1:15 *109, 121*
1:15-16 *106, 125*
1:15-23 *106, 109, 113, 120, 169*
1:16 *113*
1:17 *113*
1:17-23 *227*
1:18 *121*
1:20 *139-140, 386*
1:21 *386*
1:22-23 *173, 184, 201*
1:23 *176, 184, 253, 375*
2:1 *140-141, 372*
2:1-10 *244, 139*
2:2 *141, 386*
2:5 *140*
2:6 *140*
2:8-10 *139*
2:10 *154, 160*
2:11 *184, 203*
2:11-14 *204*
2:11-22 *169, 244*
2:12 *184*
2:13 *194, 235*
2:13-14 *169*
2:14 *181, 192, 197, 208, 386*
2:15 *181, 192, 253, 236*
2:16 *181, 192, 194, 386*
2:17 *181, 192*
2:19 *253, 197*
2:20 *236*
2:21 *253, 197, 212-213*
2:22 *253, 197, 205*
3:1 *205, 208*
3:1-13 *201, 204*
3:3 *205*
3:6 *201*
3:7 *205*
3:8 *205, 246, 350*
3:10 *201, 214*
3:14 *237*
3:14-21 *226, 228, 401*
3:16 *235, 244, 247*
3:16-17 *247*
3:17 *244, 334*
3:18 *226, 244*
3:19 *226, 244, 246, 269*
3:21 *228*
4-6 *56*
4:1 *53, 260, 262, 285*
4:1-16 *254, 259, 286, 310*
4:2-3 *268*
4:3 *270*
4:4-6 *271*
4:7 *53, 78*
4:12 *61, 78, 253, 360*
4:13 *16, 76, 141, 254, 256, 270*
4:14 *76, 276, 279, 389*
4:14-15 *385*
4:15 *16*
4:16 *40, 61, 360-361*
4:17 *259, 286, 292, 351*

4:17-32 *285, 309*
4:18-19 *294*
4:22-24 *285*
4:27 *386*
4:30 *285, 308, 351*
4:32 *403*
5:1 *311*
5:1-2 *309*
5:1-20 *309*
5:2 *329*
5:3-5 *321*
5:5 *408*
5:7 *312*
5:14 *331, 413*
5:15 *37*
5:16 *386*
5:18 *340, 351*
5:19 *333, 340, 351*
5:20 *351, 333*
5:21-6:9 *343*
5:21-6:4 *343*
5:21 *343, 351-352, 356*
5:22-32 *363*
5:22-33 *203*
5:26-27 *42*
5:31-32 *253*
5:32 *61, 364, 377*
6:4 *37*
6:5-9 *343*
6:10-11 *379*
6:10-17 *379*

6:10-20 *396*
6:11 *381, 389*
6:11-12 *236, 386*
6:12 *385, 387, 389*
6:13 *381*
6:14 *381*
6:15 *196*
6:18 *379, 401, 403*
6:18-20 *228*
6:19-20 *404*
6:21 *379*
6:22 *262*
6:23 *253*

**빌립보서**
3:14-15 *207*
4:13 *404*

**골로새서**
4:7 *407*

**디모데전서**
1:6-7 *37*
1:15 *205*

**디모데후서**
4:12 *407*

**디도서**
3:12 *407*

**히브리서**
11:3 *361*

**요한계시록**
1:12-20 *235*
2-3 *235*
2:2 *39*
2:4 *235*
2:4-5 *39*
2:9 *235*
2:13 *235*
2:14 *236*
2:15 *236*
2:20 *236*
2:24 *236*
3:16 *235*
6:2 *237*
7:9 *365*
12:7 *394*
21:2 *203*
21:9-11 *203*

옮긴이 **양혜원**은 서울대학교 불어불문학과를 졸업했고, 이화여자대학교에서 여성학으로 석사 과정을 공부했으며, 미국 클레어몬트 대학원대학교에서 종교학으로 석·박사 학위를 받았다. 일본 난잔종교문화연구소의 객원 연구원을 거쳐, 현재 이화여자대학교 한국여성연구원에서 연구 교수로 재직하고 있다. 「교회 언니, 여성을 말하다」(비아토르), 「유진 피터슨 읽기」, 「페미니즘 시대의 그리스도인」(공저, 이상 IVP) 등을 집필했으며, 「주님과 거닐다」, 「사랑하는 친구에게」(이상 IVP) 등을 번역했다.

옮긴이 **박세혁**은 서울대학교 서양사학과를 졸업하고 연세대학교와 에모리 대학교에서 신학을 공부했으며, 지금은 GTU(Graduate Theological Union) 박사과정에서 미국 종교사를 공부하고 있다. 「배제와 포용」, 「복음주의자의 불편한 양심」, 「복음주의 지성의 스캔들」, 「복음주의와 세계 기독교의 형성」, 「과학신학」, 「소비사회를 사는 그리스도인」, 「가치란 무엇인가」, 「하나님 편에 서라」, 「하나님 나라의 모략」(이상 IVP), 「목회자란 무엇인가」, 「목회의 기초」(이상 포이에마) 등을 번역했다.

# 부활을 살라

초판 발행_ 2010년 9월 1일
2판 발행_ 2018년 11월 8일
2판 3쇄_ 2023년 4월 20일

지은이_ 유진 피터슨
옮긴이_ 양혜원·박세혁
펴낸이_ 정모세

펴낸곳_ 한국기독학생회출판부
등록번호_ 제2001-000198호(1978.6.1)
주소_ 04031 서울시 마포구 동교로 156-10
대표 전화_ (02)337-2257  팩스_ (02)337-2258
영업 전화_ (02)338-2282  팩스_ 080-915-1515
홈페이지_ http://www.ivp.co.kr  이메일_ ivp@ivp.co.kr
ISBN 978-89-328-1658-6
    978-89-328-1659-3 (세트)

ⓒ 한국기독학생회출판부 2018

책값은 뒤표지에 있습니다.
무단 전재와 복제를 금합니다.